Däumler

Grundlagen der Investitions- und
Wirtschaftlichkeitsrechnung

Betriebswirtschaft in Studium und Praxis

Grundlagen der Investitions- und Wirtschaftlichkeitsrechnung

Mit
Aufgaben und Lösungen
Tests und Tabellen
Anwendersoftware auf CD-ROM

Von
Professor Klaus-Dieter Däumler

11., neubearbeitete Auflage

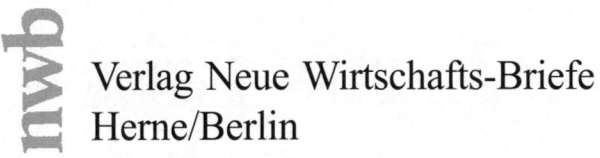

Verlag Neue Wirtschafts-Briefe
Herne/Berlin

ISBN 3-482-**52301**-0 – 11., neubearbeitete Auflage 2003

© Verlag Neue Wirtschafts-Briefe GmbH & Co., Herne/Berlin 1976

http://www.nwb.de

Druck: Plump OHG, Rheinbreitbach.

Vorwort

Dieses Buch enthält eine systematische Darstellung der Investitions- und Wirtschaftlichkeitsrechnung. Es erläutert die gängigen Investitionsrechnungsverfahren und bewertet sie im Hinblick auf ihre praktische Tauglichkeit. Deshalb ist es gleichermaßen für Studium und Praxis geeignet. Die deutschen Großunternehmungen wissen, wie wichtig Investitionsrechnungen als Entscheidungshilfen sind. Sie setzen durchschnittlich drei bis vier Investitionsrechnungsmethoden nebeneinander ein, um so zu einem abgerundeten Gesamtbild ihrer Investitionsvorhaben zu gelangen. Der Text des Buches ist in sechs Kapitel gegliedert:

- Grundlagen der Investitionsrechnung,
- Kapitalwertmethode,
- Interne Zinsfuß-Methode,   } dynamische Verfahren
- Annuitätenmethode,
- Statische Verfahren,
- Kritische Werte-Rechnung.

Beim Gang durch den Text unterstützt Sie das Buch durch zahlreiche Beispiele, Abbildungen und Übersichten und durch die praxisorientierte Stoffauswahl. Am Kapitelende finden Sie Checklisten, die der Stoffwiederholung dienen, sowie Fragen und Aufgaben, die den Lernerfolg sichern und der Festigung des Gelernten dienen. Zur Selbstkontrolle können Sie, liebe Leser, die Antworten und Lösungen dem Anhang entnehmen. Sie sollten das Buch mit dem Bleistift in der Hand durcharbeiten und alle angebotenen Übungsmöglichkeiten nutzen, denn Investitionsrechnung lernen Sie nicht durch bloßes Lesen, sondern nur durch selbstständiges Üben.

Das Buch ist so aufgebaut, dass Sie es nicht nur als Lehr- und Nachschlagewerk, sondern auch als Grundlage zum Selbststudium verwenden können. Betrachten Sie jedes Kapitel als eine Lektion. Gehen Sie erst dann zur Folgelektion über, wenn Sie die Fragen und Aufgaben am Kapitelende gelöst haben. Nehmen Sie sich je Kapitel drei bis vier Stunden Zeit. Lösen Sie danach, das ist der krönende Abschluss, die Testklausur auf Seite 272. Sie schaffen das in weniger als 60 Minuten, weil die Klausur nach dem Multiple-choice-Verfahren aufgebaut ist. Erzielen Sie bei der Klausur mindestens 50 Prozent der Gesamtpunktzahl, haben Sie Ihre Zeit vorteilhaft investiert.

Das Buch wurde an der Fachhochschule Kiel und an der Wirtschaftsakademie Schleswig-Holstein erprobt. Es enthält Erfahrungen aus Weiterbildungsveranstaltungen für Führungskräfte der Wirtschaftspraxis, ist also für Studierende und Praktiker geschrieben. Es eignet sich für das Studium an Hochschulen ebenso wie für die Ausbildung an Berufs-, Wirtschafts- und Verwaltungsakademien. Es spricht neben Wirtschaftlern auch betriebswirtschaftlich interessierte Vertreter ingenieurwissenschaftlicher Fachrichtungen an.

Die wirtschaftliche Entwicklung der beiden letzten Jahrzehnte hat in unserem Land den Durchbruch der dynamischen Investitionsrechnungsverfahren bei den Umsatzmilliardären gebracht: Über 90 Prozent der deutschen Großunternehmungen setzen heute dynamische Verfahren ein. 40 Prozent der kleineren und mittleren Unternehmen dagegen verzichten auf jegliche Investitionsrechnung. Bei den übrigen 60 Prozent sind die statischen Verfahren auch heute noch weit verbreitet.

Sie können das Buch ohne finanzmathematische Vorkenntnisse durcharbeiten, da die nötigen finanzmathematischen Verfahren im Lehrtext jeweils an der Stelle erläutert werden, wo Sie sie benötigen. Im Tabellenanhang finden Sie die finanzmathematischen Faktoren, die für die Lösung der Beispiele im Buch erforderlich sind. Sollten Sie darüber hinaus zur Bewältigung praktischer Fragestellungen umfangreichere Tabellen benötigen, sei auf mein im Literaturverzeichnis genanntes Tabellenwerk verwiesen.

Die elfte Auflage enthält viele Verbesserungen: Zahlen und Literaturangaben wurden auf den neuesten Stand gebracht, der Lehrtext aktualisiert und verbessert. Das Buch enthält eine CD, die die Arbeit des Praktikers erleichtert, weil sie aufgrund der Eingabedaten die Zielgrößen berechnet. Hinweise zur Installation und Handhabung der Anwendersoftware finden Sie am Ende des Buches. Für Anregungen und konstruktive Kritik danke ich meinen Studenten und Herrn Dipl.-Betriebsw. I. Arpe, Frau Dipl.-Betriebsw. A. Kauke, Herrn Prof. J. Grabe, Herrn R. Hoffmann, Frau Dipl.-Ing. S. Hoffmann, Herrn Dipl.-Volksw. W. Idelberger, Herrn Prof. Dr. K. Ringwald, Frau Dipl.-Volksw. R. Zachos und Herrn Dipl.-Betriebsw. G. Ziegler.

Dezember 2002   Klaus-Dieter Däumler
                                           Fachhochschule Kiel
                                           Fachbereich Wirtschaft
                                           Sokratesplatz 2
                                           24149 Kiel

Inhaltsverzeichnis

Benutzerhinweis

Übersichten und Abbildungen, Gleichungen und Fragen sind kapitelweise durch-
nummeriert, wobei die erste Zahl das Kapitel, die zweite die laufende Nummer innerhalb des Kapitels angibt. Beispiele:

Übersicht 2.3   = zweites Kapitel, dritte Übersicht,
Abbildung 2.4   = zweites Kapitel, vierte Abbildung,
Gleichung (2.5) = zweites Kapitel, fünfte Gleichung,
Frage 2.6   = zweites Kapitel, sechste Frage.

1.   Grundlagen der Investitionsrechnung

1.1   Notwendigkeit und Zweck der Investitionsrechnung

1.1.1   Volkswirtschaftliche Notwendigkeit

Die Bedeutung der Investitionsrechnung für Unternehmungen vergrößert sich in dem Maße, wie Produktionsprozesse mechanisiert und automatisiert und damit kapitalintensiver werden. Die Übersicht zeigt, dass die Brutto-Anlageinvestitionen (= Gesamtheit der Investitionen zur Erhaltung, Verbesserung und Erweiterung des Produktionsapparates der Volkswirtschaft) in den neunziger Jahren in Deutschland von 357 Milliarden Euro auf 418 Milliarden Euro in jeweiligen Preisen stiegen.

Jahr	Insgesamt	Ausrüstungs-investitionen		Bauinvestitionen		Sonstige Anlagen	
		Unternehmen	Staat	Unternehmen	Staat	Unternehmen	Staat
	in jeweiligen Preisen, in Milliarden Euro						
1991	356,9	147,6	6,1	156,9	34,0	11,3	0,9
1992	387,9	144,1	6,7	184,3	39,3	12,5	1,0
1993	381,0	124,5	5,8	197,0	39,6	13,1	1,1
1994	401,5	123,2	5,1	218,4	39,8	13,8	1,2
1995	404,2	125,0	4,8	223,7	35,1	14,4	1,2
1996	399,1	127,2	4,7	217,2	33,1	15,6	1,3
1997	401,1	133,1	4,1	215,9	30,1	16,6	1,3
1998	412,6	145,3	4,8	213,5	29,5	18,1	1,4
1999	426,0	154,3	5,1	214,4	30,9	20,0	1,5
2000	438,1	169,7	5,1	209,7	31,0	21,1	1,6
2001	417,8	161,9	5,3	197,8	29,2	22,0	1,6

Quelle: Institut der deutschen Wirtschaft, Deutschland in Zahlen 2002, S. 24.

Übers. 1.1: Bruttoanlageinvestitionen von Unternehmungen und Staat

Eine Volkswirtschaft, die wettbewerbsfähig bleiben will, muss investieren. Die Investitionsquote gibt an, wie viel Prozent der gesamtwirtschaftlichen Leistung eines Jahres für Ausbau und Modernisierung der Produktion und für Verbesserung der Infrastruktur ausgegeben werden. Im Vergleich mit den großen westlichen Industrieländern nahm Deutschland 2000 mit 21,6 % einen Mittelplatz ein. Auffällig ist der Abstand zum Erstplatzierten: Die Japaner verwendeten im gleichen Jahr 26,3 % des Bruttoinlandsproduktes zu Investitionszwecken. Auffällig ist auch die weltweit zu verzeichnende Abnahme der Investitionsquote im Zeitablauf: Sie fiel in Deutschland von 25,5 % 1970 auf 21,6 % 2000.

Land	Inlandsinvestitionsquote Bruttoanlageinvestitionen in Prozent des Bruttoinlandsproduktes			
	1970	1980	1990	2000
Belgien	22,7	21,1	20,3	21,1
Deutschland ab 1995 mit NBL	25,5	22,7	20,9	21,6
Dänemark	24,7	18,8	17,4	21,6
Frankreich	24,1	23,0	21,4	19,7
Griechenland	29,4	30,0	23,3	22,6
Großbritannien	19,0	18,1	19,6	17,5
Italien	24,6	24,3	20,3	19,6
Niederlande	26,5	21,4	20,9	22,7
Spanien	26,0	22,2	24,5	25,3
Norwegen	26,5	24,8	21,6	19,8
Schweden	22,3	20,0	21,5	17,3
Österreich	25,9	25,7	24,6	23,7
Schweiz	27,5	23,8	26,9	21,1
USA	18,0	20,2	16,9	20,2
Japan	35,5	31,6	32,2	26,3

Quelle: Institut der deutschen Wirtschaft, Deutschland in Zahlen 2002, S. 129.

Übers. 1.2: Investitionsquote im internationalen Vergleich

In einigen Ländern sind die Investitionsausgaben in laufenden Preisen trotz abnehmender Investitionsquote gewachsen. Dies gilt nicht nur für die Volkswirtschaft als Ganzes, sondern auch für die einzelnen Unternehmungen.

Wie Übersicht 1.3 zeigt, wurde 1993 und 1994 hauptsächlich die Rationalisierung als Investitionsmotiv genannt. Ab 1995 dominiert wieder der Wunsch nach Kapazitätserweiterung mit 56 Prozent - ein gutes Omen für die konjunkturelle Entwicklung in den nächsten Jahren.

Jahr	Als Hauptziel ihrer Investitionen nannten ... Prozent der Unternehmen		
	Kapazitätserweiterung	Rationalisierung	Ersatzbeschaffung
1976/80	27	43	30
1981/85	29	44	27
1985	34	44	22
1990	50	28	22
1991	50	26	24
1992	38	36	26
1993	30	41	29
1994	31	40	29
1995	37	36	27
1996	39	36	25
1997	43	32	25
1998	52	26	22
1999	50	25	25
2000	50	26	24
2001	56	21	23

Quelle: Institut der deutschen Wirtschaft, Deutschland in Zahlen 2002, S. 28.

Übers. 1.3: Investitionsziele

Teilt man den Kapitalstock, den für produktive Zwecke nutzbaren Bestand an Sachkapital einer Volkswirtschaft, durch die Anzahl der Erwerbstätigen, so erhält man die Kapitalintensität, salopp auch als Kosten eines Arbeitsplatzes bezeichnet. Die in Übersicht 1.4 ausgewiesene Kapitalintensität B (das ist der Kapitalstock je Erwerbstätigen zu Wiederbeschaffungspreisen) zeigt also, wie viel Geld man heute ausgeben müsste, um die für einen Arbeitsplatz nötigen Investitionen zu bestreiten. Sie berücksichtigt, dass ein Arbeitsplatz nicht nur aus Stuhl, Tisch und Telefon besteht, sondern auch (anteilig) aus Gebäuden, Maschinen und Vorräten. Die Errichtung eines Arbeitsplatzes im Bereich Energie- und Wasserversorgung kostete 1999 1,08 Millionen Euro.

	Kapital stock[1] in Mrd. Euro	Kapital- koeffizient[2]	Kapitalintensität[3] in 1 000 Euro	
			A	B
		nach Wirtschaftssektoren 1999		
Gesamtwirtschaft (mit Wohnungs- vermietung)	9 870,0	5,4	259,2	256,8
Land-, Forstwirtschaft, Fischerei	239,6	9,9	246,3	248,3
Produzierendes Gewerbe (ohne Bau- gewerbe)	1 327,3	3,1	156,3	155,2
Bergbau	36,2	5,4	272,3	271,0
Verarbeitendes Gewerbe	931,6	2,4	154,3	154,7
darunter:				
Ernährungsgewerbe u. Tabakver- arbeitung	117,5	3,4	119,2	120,1
Papier-, Verlags u. Druckgewerbe	73,3	2,5	108,9	106,7
Chemische Industrie	120,4	3,0	227,6	219,4
Metallerzeugung u. -bearbeitung	109,9	2,1	96,0	97,3
Maschinenbau	92,0	1,7	79,4	79,3
Herstellung von Büromaschinen, DV-Geräten, Elektrotechnik	108,5	1,9	107,8	107,8
Fahrzeugbau	124,2	2,4	120,1	120,4
Energie- und Wasserversorgung	359,5	9,4	1 116,6	1 81,0
Baugewerbe	75,6	0,7	26,5	26,4
Handel, Verkehr, Gastgewerbe	945,4	2,8	98,3	93,9
Finanzierung, Vermietung, Unter- nehmensdienstleister (ohne Woh- nungsvermietung)	887,2	2,7	179,1	177,3
Öffentliche und private Dienstleister	1 968,4	5,2	182,3	177,7
Wohnungsvermietung	4 426,5	20,9	11 263,4	11 304,6

1 Bruttoanlagevermögen ohne Nutztiere und Nutzpflanzungen; in Preisen von 1995.
2 Verhältnis Kapitalstock zu realer Bruttowertschöpfung.
3 Kapitalstock je Erwerbstätigen, A: in Preisen von 1995; B: zu Wiederbeschaffungspreisen ("Kosten eines Arbeitsplatzes")

Quelle: Institut der deutschen Wirtschaft, Deutschland in Zahlen 2002, S. 27.

Übers. 1.4: Kapitalstock, Kapitalkoeffizient und Kapitalintensität 1999

Für eine Volkswirtschaft, in der alljährlich viele Milliarden investiert werden, ist es von hoher Bedeutung, dass über diese Geldmittel sinnvoll disponiert wird. Dazu dient die Investitionsrechnung. Sie stellt ein Instrumentarium zur Verfügung, das Auskunft über die Vorteilhaftigkeit der jeweiligen Investitionen gibt und so die be- trieblichen Investitionsentscheidungen auf eine rationale Grundlage stellt.

1.1.2 Betriebswirtschaftlicher Zweck

Neben die volkswirtschaftliche Bedeutung einer Investitionsrechnung, die in der hohen Investitionsquote zu sehen ist, tritt ihr betriebswirtschaftlicher Nutzen. Jede Unternehmung muss die ihr zur Verfügung stehenden Geldmittel optimal nutzen. Nur so kann sie auf Dauer am Markt bestehen. Deshalb ist der Einsatz eines Instruments, das im Hinblick auf die betrieblichen Investitionen die Spreu vom Weizen trennt, für jede Unternehmung reizvoll. Gewinnsituation und Überlebenschancen Ihres Unternehmens verbessern sich, wenn Sie vorteilhafte Investitionen erkennen und durchführen. Genauso wichtig ist es, unvorteilhafte Investitionsvorhaben zu erkennen und zu unterlassen. Aus der Sicht des investierenden Unternehmers, des Investors, hat die Investitionsrechnung demnach drei Hauptfragen zu beantworten:

(1) **Einzelinvestition:** Soll über ein Einzelobjekt entschieden werden, so ermitteln Sie die Vorteilhaftigkeit im Sinne einer Ja-nein-Entscheidung (= absolute Vorteilhaftigkeit). Die Kernfrage lautet: Ist das zur Entscheidung anstehende Objekt vorteilhaft oder nicht?

(2) **Alternativenvergleich und Rangfolgeproblem:** Ein Investor kann in der Planungsperiode mehrere miteinander konkurrierende Investitionen durchführen. Auf Grund einer Vorauswahl gelten zwei Investitionsobjekte als vorteilhaft. Dann muss geprüft werden, welches der beiden Objekte das wirtschaftlichere ist (= relative Vorteilhaftigkeit). Ein analoges Problem besteht bei der Planung des optimalen Investitionsprogrammes. Die hier zu prüfenden Objekte schließen sich nicht gegenseitig aus. Die Bestimmung der relativen Vorteilhaftigkeit dient der Erstellung einer Rangfolge. Die Kernfrage lautet in beiden Fällen: Welches Objekt ist das beste, zweitbeste, drittbeste usw.

(3) **Nutzungsdauer- und Ersatzproblem:** Im Maschinenbestand eines Unternehmens finden Sie meist alte und neue Objekte. Insbesondere (aber nicht nur) bei den älteren Anlagen fragen Sie, wann der optimale Zeitpunkt für den Ersatz dieser Anlage durch eine neue gekommen ist (Ersatzproblem). Die im Rahmen einer Investitionsrechnung zugrunde zu legende voraussichtliche Nutzungsdauer der Neuanlage sollte so bemessen sein, dass der Vorteil für den Investor maximiert wird. Die Kernfrage lautet:

- bei Altanlagen: sofort ersetzen oder noch ein Jahr weiterbetreiben?

- bei Neuanlagen: wie lange voraussichtlich nutzen?

Betriebliche Zwecke der Investitionsrechnung: Die Investitionsrechung dient
also dazu, die absolute und relative Vorteilhaftigkeit von Investitionen zu beurteilen
sowie die optimale Nutzungsdauer und den optimalen Ersatzzeitpunkt von Investitionsobjekten zu bestimmen.

1.2   Investitionsbegriff und Vorteilhaftigkeit von Investitionen

1.2.1   Investitionsbegriff

Allgemein versteht man unter einer Investition das Anlegen von Geldmitteln („Einkleiden") in Anlagegüter (investire, lat. = einkleiden, bekleiden). Dabei lassen sich
verschiedene Arten von Investitionen unterscheiden. Zielt eine Investition darauf ab,
den betrieblichen Produktionsprozess zu erhalten, zu verbessern und/oder zu erweitern, so spricht man von Realinvestition oder Produktionsinvestition. Dazu zählen
nicht nur Maschinen, sondern auch Grundstücke, Gebäude, Werkzeuge, Vorräte,
Fahrzeuge usw. Werden dagegen Auszahlungen zum Zweck des Erwerbs von Forderungen getätigt (Forderungen = z. B. Bankguthaben, Pfandbriefe, Kommunalobligationen), so bezeichnet man diese Investitionen als Finanzinvestitionen. Es ist
zweckmäßig, auch die Finanzinvestitionen in den Investitionsbegriff aufzunehmen,
obgleich sie im strengen Sinne nicht das Kriterium der Einkleidung von Geldmitteln
in Anlagegüter erfüllen. Bei immateriellen Investitionen erfolgen Auszahlungen
beispielsweise zu Forschungs-, Entwicklungs- und Werbezwecken, wobei die Zu-
rechnung der damit verbundenen Einzahlungen oft schwierig ist.

Die Realinvestitionen lassen sich nach ihrer Zwecksetzung in Anfangs- oder Er-
richtungsinvestitionen, Ersatz- oder Erhaltungsinvestitionen, Rationalisierungsinvestitionen, Erweiterungs- oder Ergänzungsinvestitionen sowie Sozial- und Sicherheitsinvestitionen (z. B. Kantine, Sprinkleranlagen, Entgiftungsanlagen in der che-
mischen Industrie usw.) unterscheiden. Dabei ist zu beachten, dass der Übergang
zwischen Ersatz- und Rationalisierungsinvestition in der Praxis fließend ist: Es gibt
kaum eine Ersatzinvestition, die nicht gleichzeitig einen Rationalisierungseffekt hat.

Nach der zeitlichen Wirkung, d. h. nach der Lebensdauer der Investitionsobjekte,
lassen sich weiter kurz-, mittel- und langfristige Investitionen unterscheiden. Ferner
lassen sich Investitionen auch chronologisch trennen. Investitionen, die im Grün-
dungsstadium vorgenommen wurden, heißen Gründungsinvestitionen. Die darauf

folgenden Investitionen heißen laufende Investitionen. Im Hinblick auf den Investitionsträger sind private und öffentliche Investitionen auseinander zu halten. Öffentliche Investitionen dienen häufig zur Deckung eines kollektiven Bedarfs (Daseinsvorsorge-, Bildungs- und Sicherheitsinvestitionen) und unterliegen keinem privatwirtschaftlichen Gewinnstreben.

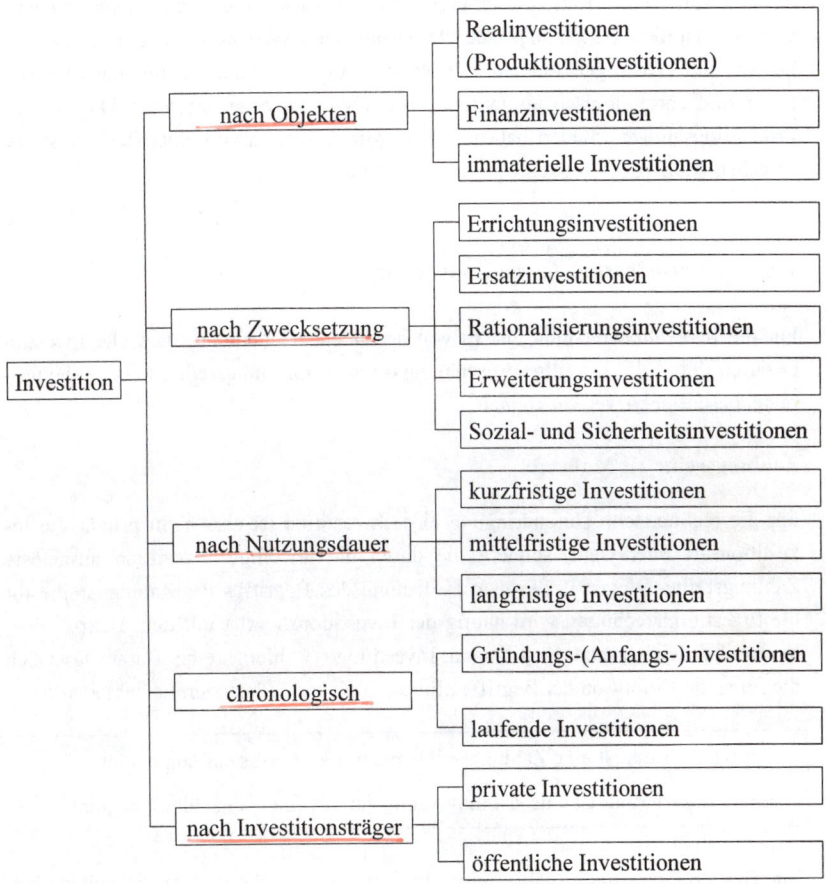

Übers. 1.5: Investitionsarten

Diese Einteilungskriterien sind im konkreten Fall meist nicht alternativ, sondern additiv zu verwenden. Wird in der Druck KG eine alte, aber technisch noch funktionsfähige Druckmaschine durch eine neue ersetzt, die einen kostengünstigeren Druck ermöglicht, so liegt eine Rationalisierungsinvestition vor, was das vorherrschende Investitionsmotiv betrifft. Weist die neue Anlage eine größere Kapazität als die alte auf, ist die Rationalisierungsinvestition gleichzeitig eine Erweiterungsinvestition. Ist die Restnutzungsdauer der Neuanlage größer als die der Altanlage, haben wir eine (vorweggenommene) Ersatzinvestition, die wahrscheinlich langfristiger Natur und chronologisch als laufende Investition zu bezeichnen ist. Da wir eine Produktionsanlage erneuert haben, können wir zusätzlich von einer Realinvestition sprechen. Außerdem liegt eine private Investition vor.

1.2.2   Vorteilhaftigkeit von Investitionen

Für die Investitionsrechnung ist es von besonderer Bedeutung, dass alle Investitionsarten durch die jeweilige Auszahlungs- und Einzahlungsreihe, kurz: Zahlungsreihe, beschrieben werden können.

Zahlungsreihe als Maßstab

Für die rechnerische Durchdringung einer Investition ist also nicht primär die Investitionsart interessant, sondern die durch die jeweilige Investition ausgelöste Zahlungsreihe. Wegen der großen Bedeutung des Begriffes der Zahlungsreihe für die Investitionsrechnung wird häufig der Investitionsbegriff mit dem Begriff Zahlungsreihe gleichgesetzt. Es gilt dann: Investition = Zahlungsreihe. Daraus lässt sich die folgende Definition der Begriffe „Investition" und „Finanzierung" ableiten[1]:

> Eine Investition ist eine Zahlungsreihe, die mit einer Auszahlung beginnt.
>
> Eine Finanzierung ist eine Zahlungsreihe, die mit einer Einzahlung beginnt.

Zur Beschreibung und Analyse einer Investition ist insbesondere die anhand des Zeitstrahls dargestellte Zahlungsreihe der betreffenden Investition von Nutzen. Das systematische Vorgehen am Zeitstrahl ermöglicht es, ein investitionsrechnerisches Problem anschaulich zu erfassen und zu lösen. Das macht der folgende Fall deutlich:

---

[1] Vgl. D. Schneider, Investition, Finanzierung und Besteuerung, S. 20 f.

Beispiel (Kauf und Lagerung von Weinbrand)

Ein Spirituosenhändler kauft eine Partie Weinbrand für insgesamt 10 000 €, lagert sie drei Jahre und hofft, den Weinbrand dann für 14 000 € weiterveräußern zu können.

Der Zeitstrahl dieser einfachen Investition besteht aus einer Auszahlung zu Beginn des ersten Jahres (= Zeitpunkt 0) und einer erwarteten Einzahlung am Ende des dritten Jahres (= Zeitpunkt 3).

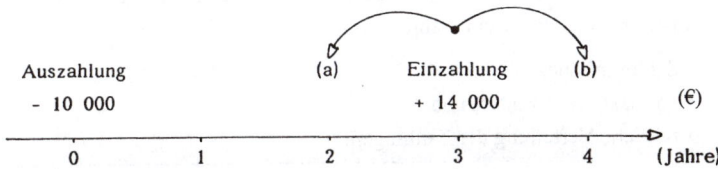

Auf dem Zeitstrahl sind die einzelnen Jahre abgetragen. Zeitpunkt 0 ist der Beginn des ersten Jahres. Zeitpunkt 1 stellt das Ende des ersten Jahres und gleichzeitig den Beginn des Folgejahres dar. Entsprechend repräsentiert Zeitpunkt 3 sowohl das Ende des dritten Jahres als auch den Anfang des vierten Jahres. Die Auszahlung kennzeichnen wir als Kassenabgang mit einem Minuszeichen. Die Einzahlung wird durch ein Pluszeichen als Kassenzugang kenntlich gemacht.

Für die Vorteilhaftigkeit der betrachteten Investition ist zum einen die Höhe der Aus- und Einzahlungen maßgebend: Könnte der Händler Spirituosen billiger einkaufen (Auszahlung kleiner 10 000) und/oder teurer verkaufen (Einzahlung größer 14 000), ist einsichtig, dass die Investition vorteilhafter wäre.

Die Vorteilhaftigkeit des Objektes hängt weiterhin von der subjektiven Mindestverzinsungsanforderung des Investors ab. Die Tatsache, dass die Einzahlung größer ist als die Auszahlung, reicht nicht aus. Ein Investor, der mit einem Zinssatz von 5 % pro Jahr kalkuliert, käme im gegebenen Fall zu einer positiven Einschätzung der Vorteilhaftigkeit. Ein Investor, der mit einem Zinssatz von jährlich 20 % als Untergrenze rechnet, käme zu einer negativen Beurteilung.

Drittens wirkt sich auch die zeitliche Verteilung der Ein- und Auszahlungen auf die Vorteilhaftigkeit der Investition aus:

(a) Kann der Weinbrand infolge günstiger Marktentwicklung bereits zum Zeitpunkt 2 veräußert werden, so erhält der Investor die 14 000 € ein Jahr eher, was sich günstig auf die Vorteilhaftigkeit auswirkt.

(b) Lassen sich die 14 000 € dagegen erst am Ende des vierten Jahres realisieren, so erscheint die Investition vergleichsweise weniger vorteilhaft.

> Zusammenfassend lässt sich sagen, dass die Vorteilhaftigkeit einer Investition von den „drei Z" abhängt, nämlich
> - Zahlungshöhe,
> - Zinssatz des Investors und
> - zeitliche Verteilung der Zahlungen.

1.2.3   Rechnungselemente der Investitionsrechnung

Daraus folgt, dass für die Berechnung der Vorteilhaftigkeit einer Investition ausschließlich die Rechnungselemente „Einzahlungen und Auszahlungen" in Frage kommen können. Diese Rechnungselemente sind im Sinne reiner Kassenbewegungen zu verstehen: Eine Einzahlung (Auszahlung) liegt vor, wenn ein Geldbetrag in die Kasse eingeht (die Kasse verlässt). Bei den weiteren Ausführungen gehen wir von den in Übersicht 1.6 gegebenen Definitionen der Grundbegriffe des Rechnungswesens aus[1].

---

[1] Vgl. auch: K.-D. Däumler/J. Grabe, Kostenrechnungs- und Controllinglexikon, S. 129 ff.

Begriff	Kurzdefinition	Dimension
Auszahlung	Abgang liquider Mittel pro Periode	€/Per
Einzahlung	Zugang liquider Mittel pro Periode	€/Per
Ausgabe	Geldwert der Einkäufe an Sachgütern und Dienstleistungen pro Periode	€/Per
Einnahme	Geldwert der Verkäufe von Sachgütern und Dienstleistungen pro Periode	€/Per
Kosten	Bewerteter Verzehr von Sachgütern und Dienstleistungen im Produktionsprozess während einer Periode, so weit zur Leistungserstellung und Aufrechterhaltung der Betriebsbereitschaft notwendig	€/Per
Leistung	In Geld bewertete, aus dem betrieblichen Produktionsprozess hervorgegangene Sachgüter und Dienstleistungen einer Periode	€/Per
Aufwand	Zur Erfolgsermittlung periodisierte Ausgaben einer Periode (= jede Eigenkapitalminderung, die keine Kapitalrückzahlung darstellt)	€/Per
Ertrag	Zur Erfolgsermittlung periodisierte Einnahmen einer Periode (= jede Eigenkapitalerhöhung, die keine Kapitaleinzahlung darstellt)	€/Per

Übers. 1.6: Kurzdefinition von Strömungsgrößen aus dem Rechnungswesen

Die Begriffspaare Einzahlungen/Auszahlungen und Einnahmen/Ausgaben sind klar voneinander zu trennen. Zwischen ihnen besteht die folgende Beziehung:

a) Wird weder auf Kredit gekauft noch verkauft, sind Einzahlungen und Einnahmen sowie Auszahlungen und Ausgaben identisch.

> (1) Einzahlung = Einnahme ⎫
> (2) Auszahlung = Ausgabe   ⎬ keine Kredite

Anders verhält es sich, wenn man Kredite in die Betrachtung einbezieht.

b) Zahlt der Käufer eines Gutes erst später, kann der Verkäufer vorläufig zwar keine Einzahlung, wohl aber einen Forderungszugang verbuchen. Hat der Käufer
   beim Lieferanten noch ein Guthaben, etwa aus früher geleisteten Anzahlungen,
   mindern sich bei Lieferung eines Gutes die Schulden des Verkäufers. Also gilt
   unter Berücksichtigung von Krediten:

> (1) Einnahme = Einzahlung + Forderungszugang + Schuldenabgang
>
> (2) Ausgabe   = Auszahlung + Forderungsabgang + Schuldenzugang

1.3 Rechnungselemente bei betrieblichen Rechnungen

1.3.1 Rechnungszweck als Bestimmungsgröße

Die Frage der Rechnungselemente berührt eine wesentliche Nahtstelle zwischen der
Investitionsrechnung und anderen betrieblichen Rechnungen. Grundsätzlich gilt:
Der Rechnungszweck bestimmt die Rechnungselemente. Rechnungselemente sind
also nicht richtig oder falsch, sondern zweckmäßig oder unzweckmäßig, gemessen
an den Aufgaben der jeweiligen Rechnung. Betrachten wir als Beispiel die betriebliche Finanzplanung. Ihre Zwecksetzung besteht in der Sicherstellung der künftigen
Zahlungsbereitschaft. Ihre Kernfrage lautet: Ist die Unternehmung auch in den kommenden Perioden noch liquide? Aus der Zwecksetzung folgt: Es müssen die künftigen Zahlungsströme erfasst werden. Also: Rechnungselemente = Einzahlungen und
Auszahlungen. Niemand wird eine Finanzplanung auf der Grundlage von Leistungen und Kosten oder auf der Basis von Erträgen und Aufwendungen durchführen,
da es sich hierbei um Rechnungselemente handelt, die zum Teil gar nicht oder nicht
in derselben Periode oder nicht immer betragsidentisch zahlungswirksam sind.

Anders verhält es sich bei der Investitionsrechnung: Selbst gut geführte Großunternehmungen verwenden bei Investitionsrechnungen, wie empirische Untersuchungen
belegen[1], nur selten die richtigen Rechnungselemente, nämlich Ein- und Auszahlungen (diese werden von 31,4 % genannt). Häufiger rechnen sie mit Kosten/Leis-
tungen (52 %), Einnahmen/Ausgaben (45 %) und Aufwand/Ertrag (43 %). Da die

---

[1] Vgl. U. Wehrle-Streif, Empirische Untersuchung zur Investitionsrechnung, S. 37 f. - N. Broer/K.-D. Däumler, Investitionsrechnungsmethoden in der Praxis, Eine Umfrage, S. 724.

befragten Unternehmungen gelegentlich mehrere Rechnungselemente nebeneinander nutzen, kommt man auf über 100 %.

1.3.2   Abgrenzung von Kostenrechnung und Investitionsrechnung

Insbesondere die Kostenrechnung wird häufig nicht klar genug von der Investitions- und Wirtschaftlichkeitsrechnung getrennt. Dabei sind die Unterschiede zwischen beiden Rechnungen gravierend.

(1) Die Kostenrechnung erstellt man zu bestimmten festen Terminen (Monats-, Quartals-, Jahresende). Die Wirtschaftlichkeitsrechnung erfolgt dagegen diskontinuierlich von Fall zu Fall.

(2) Die Kostenrechnung führt man für eine feste, vorgegebene Planungsperiode durch. Üblich sind monatliche bis jährliche Planungsperioden. Die Investitionsrechnung stellt demgegenüber auf die Gesamtlebensdauer des betreffenden Investitionsobjektes ab und ist in diesem Sinne eine mehrperiodige Totalrechnung.

(3) Die Kostenrechnung bezieht sich auf den Betrieb als Ganzes oder auch (bei Großunternehmen) auf einen Teilbetrieb. Die Investitionsrechnung bezieht sich dagegen in aller Regel nicht auf einen Betrieb oder Teilbetrieb, sondern auf ein einzelnes Objekt (z. B. Maschine, Gebäude) bzw. auf eine einzelne Finanzinvestition (z. B. Aktien, Obligationen). Dabei sind allerdings Rückwirkungen auf andere Bereiche möglich.

(4) Der wichtigste Unterschied zwischen den beiden Rechnungen besteht in dem jeweiligen Rechnungszweck: Während die Investitions- und Wirtschaftlichkeitsrechnung die absolute und relative Vorteilhaftigkeit sowie die optimale Nutzungsdauer und den optimalen Ersatzzeitpunkt eines Investitionsobjektes bestimmt, ist die Kostenrechnung (interne Erfolgsrechnung) durch folgende Zwecksetzungen gekennzeichnet[1]:

---

[1] Vgl. etwa: L. Haberstock, Grundzüge der Kosten- und Erfolgsrechnung, S. 10 f. - K.-D. Däumler/J. Grabe, Kostenrechnung 1, Grundlagen, S. 60 ff.

- Ermittlung des Betriebserfolges

Sie erfolgt monatlich oder vierteljährlich und dient der Beantwortung der Frage, ob der Betrieb als technischer Apparat der Unternehmung wirtschaftlich erfolgreich gearbeitet hat oder nicht.

- Kalkulation der betrieblichen Leistungen

Zum Beispiel, um den Angebotspreis zu überprüfen, die kurzfristige und die langfristige Preisuntergrenze zu errechnen, den Preis bei öffentlichen Aufträgen aufgrund von Selbstkosten zu ermitteln[1].

- Bereitstellung von Zahlenmaterial für Anpassungsentscheidungen im kurzfristigen Betriebsablauf

Zum Beispiel, um das gewinngünstigste Sortiment zusammenzustellen, das optimale Produktionsverfahren zu wählen und um sich richtig zwischen Eigenfertigung und Fremdbezug zu entscheiden[2].

- Bereitstellung von Zahlenmaterial für die Bewertung in der Handelsbilanz

Selbsterstellte Anlagen sowie Halb- und Fertigprodukte müssen in der Handelsbilanz zu Herstellungskosten bewertet werden.

Aus dem unterschiedlichen Rechnungszweck der Investitions- und der Kostenrechnung folgen mit zwingender Notwendigkeit unterschiedliche Rechnungselemente.

Soll gemäß der Fragestellung der Kostenrechnung untersucht werden, wie der Betrieb gearbeitet hat, so sind den betrieblichen Leistungen (= Betriebserträge = interne Erträge) die Werte der im Betrieb zum Zwecke der Leistungserstellung verbrauchten Sachgüter und Dienstleistungen (= Kosten) gegenüberzustellen. Dabei bleibt die Höhe des Betriebserfolges unbeeinflusst von der Frage, ob die betrieblichen Leistungen oder Kosten einer bestimmten Periode zahlungswirksam werden oder nicht.

---

[1] Zur Ermittlung von Selbstkostenpreisen vgl. etwa: K.-D. Däumler/J. Grabe, Kalkulationsvorschriften bei öffentlichen Aufträgen, S. 22 ff.

[2] Die drei Problemkreise sind ausführlich dargestellt bei: K.-D. Däumler/J. Grabe, Kostenrechnung 2, Deckungsbeitragsrechnung, S. 45 ff., 175 ff., 203 ff.

Soll dagegen die Vorteilhaftigkeit einer Investition geprüft werden, so sind die „drei Z" maßgebend, also Zahlungen, deren zeitliche Verteilung und der Zinssatz des Investors. Die Forderung, Investitionsrechnungen nur auf der Grundlage von Ein- und Auszahlungen durchzuführen, ist keinesfalls nur theoretischer Natur. Sie stellt vielmehr eine praktische Notwendigkeit dar[1]. Zwei Beispiele sollen zeigen, dass in einer Planungsperiode im Regelfall keine Übereinstimmung zwischen Kosten und Auszahlungen sowie zwischen Betriebserträgen und Einzahlungen existiert:

1. In der Kostenrechnung setzt man Materialkosten stets dann an, wenn in der Rechnungsperiode tatsächlich Material im Produktionsprozess verbraucht worden ist. Mit dem Materialverbrauch im Produktionsprozess sind jedoch keinesfalls zwingend Auszahlungen verbunden. Vielmehr können die Auszahlungen schon früher im Zusammenhang mit dem Aufbau des Materiallagers angefallen sein. Sie können aber auch erst später anfallen, falls das Lager mit Hilfe von Käufen mit vereinbartem Zahlungsziel aufgebaut worden ist. Nur ausnahmsweise, d. h. zufällig, ergibt sich in einer Planungsperiode eine Übereinstimmung von Kosten und Auszahlungen.

2. Wenn in einer Periode die Produktion über dem Absatz liegt, so entstehen Mehrbestände an Halb- und Fertigfabrikaten, die man für die Zwecke der Kostenrechnung der betrieblichen Leistung (Betriebsertrag) zurechnet. Zu Einnahmen führen diese Mehrbestände jedoch erst dann, wenn sie in einer späteren Periode verkauft werden können. Einzahlungen schließlich entstehen im Regelfall noch später, nämlich dann, wenn die entsprechenden liquiden Mittel zugeflossen sind.

---

[1] Die Frage der Rechnungselemente ist insbesondere bei großen und langfristigen Investitionen von Bedeutung. Bei kleinen Investitionen dagegen mag man die Wahl der richtigen Rechnungselemente als zweitrangiges Problem betrachten.

Abgrenzungs- kriterium	Kostenrechnung	Investitionsrechnung
Regelmäßigkeit	wird regelmäßig in bestimmten Abständen erstellt	wird von Fall zu Fall, also diskontinuierlich erstellt
Planungsperiode	wird für die Planungsperiode durchgeführt (= einperiodige Rechnung)	wird für die gesamte Nutzungsdauer, meist mehrere Perioden, durchgeführt (= mehrperiodige Rechnung)
Bezugsobjekt	Betrieb als Ganzes	einzelne Maschinen, Maschinengruppen, Gebäude, Betriebsteile
Rechnungs- zweck	kurzfristige Kontrolle und Steuerung des gesamten Betriebes (wie hat der Betrieb gearbeitet?)	Bestimmung der absoluten oder relativen Vorteilhaftigkeit einer einzelnen Investition; Bestimmung des optimalen Ersatzzeitpunktes
Rechnungs- elemente	Kosten und Leistungen	Einzahlungen und Auszahlungen

Übers. 1.7: Abgrenzung von Kostenrechnung und Investitionsrechnung

1.4 Investitionsrechnungsmethoden und ihre praktische Bedeutung

Wir unterscheiden zwei Gruppen von Investitionsrechnungsmethoden: dynamische und statische Verfahren. Die beiden Gruppen unterscheiden sich unter anderem dadurch, dass bei den dynamischen Verfahren die Zahlungen als Rechnungselemente überwiegen, während bei den statischen Verfahren Kosten und Leistungen oder Aufwendungen und Erträge als Rechnungselemente zum Ansatz kommen. Des Weiteren verzichten die statischen Verfahren auf die Berücksichtigung der Unterschiede im zeitlichen Anfall der jeweiligen Rechnungsgrößen durch Auf- oder Abzinsen[1]. Im Einzelnen umfassen die beiden Gruppen folgende Methoden der Investitionsrechnung:

---

[1] Eingehendere Ausführungen zum Unterschied zwischen statischen und dynamischen Verfahren finden Sie in Kapitel 5: Statische Verfahren.

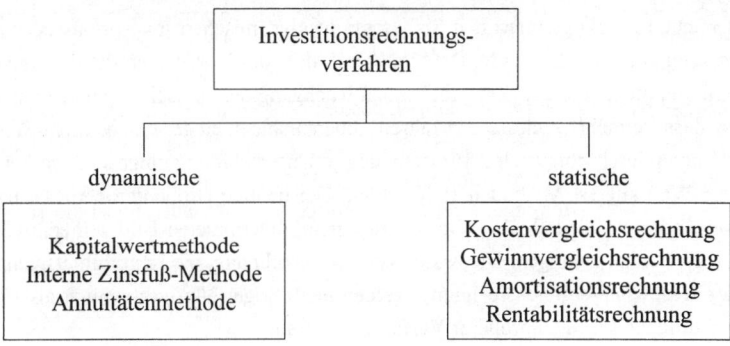

Bei Klein- und Mittelbetrieben werden heute noch überwiegend statische Verfahren eingesetzt. Lediglich bei den bundesdeutschen Großunternehmen kann seit den siebziger Jahren davon gesprochen werden, dass die Anwendung dynamischer Methoden, bei denen auf den zeitlichen Anfall der Zahlungen abgestellt wird, überwiegt. So ergab eine 1974 durchgeführte empirische Untersuchung von Grabbe[1], der 369 Großunternehmen in der Bundesrepublik über ihre Investitionsrechnungsmethoden befragte, dass 40 % der Unternehmungen nach einer statischen Methode ihr Ergebnis finden, während 60 % die dynamische Investitionsrechnung verwenden. Allerdings ergänzen jene Unternehmungen, die die dynamische Investitionsrechnung bevorzugen, ihre Rechnungen in aller Regel durch zusätzliche statische Berechnungen: Nur 6 % rechnen ausschließlich dynamisch.

Aus einer im Jahr 1985 durchgeführten Folgeuntersuchung, die an eine ähnliche Grundgesamtheit gerichtet war und eine ähnliche Rücklaufquote (45,7 % entsprechend 212 verwertbare Antworten) aufwies, wissen wir, dass die dynamischen Investitionsrechnungsmethoden an Boden gewonnen haben[2]. Nur noch 23 % der Großunternehmen beschränken sich 1985 auf statische Verfahren. Die große Mehrheit, 77 % der Unternehmungen, trifft Investitionsentscheidungen unter Benutzung dynamischer Rechnungen, die allerdings weiterhin häufig durch statische ergänzt werden: Nur 18 % rechnen 1985 ausschließlich dynamisch. Spätere Untersuchungen von 1989[3] und 1996[4] zeigen ein weiteres Vordringen der dynamischen Methoden.

---

[1] Vgl. hierzu: H.-W. Grabbe, Investitionsrechnung in der Praxis - Ergebnisse einer Unternehmensbefragung, S. 18 ff. Wegen der hohen Rücklaufquote von 46 % (= 169 verwertbare Antworten) kann die Untersuchung als überdurchschnittlich aussagefähig bezeichnet werden.

[2] Vgl. N. Broer/K.-D. Däumler, Investitionsrechnungsmethoden in der Praxis, S. 709 ff.

[3] Vgl. U. Wehrle-Streif, Empirische Untersuchung zur Investitionsrechnung, S. 20 ff.

[4] Vgl. B. Herrmann, Anwendung der Investitionsrechnungsmethoden in der Praxis, S. 34.

Übersicht 1.8 dokumentiert den Siegeszug der dynamischen Investitionsrechnungsverfahren von 1974 bis heute. Dabei fällt auf, dass das Vordringen der dynamischen
Verfahren nicht zu einem entsprechenden Rückgang der statischen geführt hat, sondern dass vermehrt mehrere Verfahren nebeneinander eingesetzt werden. Wurden
1974 noch durchschnittlich 2,16 Methoden je Unternehmung eingesetzt, so hat sich
dieser Wert auf 3,4 Methoden 1996 erhöht. Der heutige Großunternehmer setzt nebeneinander ca. 4 Methoden ein, um zu einem abgerundeten Bild seiner Investitionsvorhaben zu gelangen. Die Kostenvergleichsrechnung, die Rentabilitätsrechnung
und die Gewinnvergleichsrechnung werden heute sogar häufiger genutzt als 1974 -
ein deutlicher Trend zu größerer Verfahrensvielfalt.

Methode	Anwendende Unternehmungen							
	1974^a	Rang	1985^a	Rang	1989^a	Rang	1996^a	Rang
Kapitalwertmethode	21 %	5	48 %	3	59 %	1	73 %	1
Interne Zinsfuß-Methode	43 %	2	52 %	1	59 %	2	68 %	2
Amortisationsrechnung[b]	77 %	1	50 %	2	55 %[c]	–	53 %[c]	–
– dynamische	-	-	-	-	36 %	6	49 %	3
– statische	-	-	-	-	37 %	5	19 %	6
Kostenvergleichsrechnung	26 %	4	43 %	4	46 %	3	46 %	4
Rentabilitätsrechnung	31 %	3	37 %	5	39 %	4	44 %	5
Annuitätenmethode	7 %	7	23 %	6	25 %	7	5 %	8
Gewinnvergleichsrechnung	10 %	6	15 %	7	14 %	8	14 %	7
MAPI-Methode	1 %	8	1 %	9	0,5 %	10	0 %	-
Lineare Planungsrechnung	-	-	1,5 %	8	4 %	9	3 %	9
Zahl der angewandten Methoden	2,16		2,73		3,25		3,4	

a Prozentzahlen ergeben mehr als 100, weil viele Unternehmungen mehr als eine Methode anwenden.
b Ab 1989 sind dynamische und statische Amortisationsrechnung getrennt ausgewiesen.
c Schätzwert

Quellen: H.-W. Grabbe, Investitionsrechnung in der Praxis, S. 26 ff. - N. Broer/K.-D. Däumler, Investitionsrechnungsmethoden in der Praxis, S. 736. - U. Wehrle-Streif, Empirische Untersuchung zur Investitionsrechnung, S. 20. - B. Herrmann, Anwendung der Investitionsrechnungsmethoden in der Praxis, S. 34.

Übers. 1.8: Investitionsrechnungsverfahren bei Großunternehmungen

Mögliche Ursachen für die Tendenz zu größerer Verfahrensvielfalt sind[1]:

- die Bedeutung der statischen und der dynamischen Amortisationszeit zur Risikoabschätzung bei Investitionen, die zusätzlich zur Berechnung der Vorteilhaftigkeit erfolgen soll,
- das Beharren der Entscheidungsträger, die auch bei Einführung neuer Verfahren nicht auf die gewohnten bisher verfügbaren Informationen verzichten wollen,
- der Computereinsatz in der Investitionsrechnung, der es leicht macht, nebeneinander mehrere Verfahren durchzurechnen,
- die Nutzung unterschiedlicher Verfahren für unterschiedliche Investitionsarten oder unterschiedliche Entscheidungsprobleme. So wird die Kostenvergleichsrechnung vorrangig bei Kleininvestitionen und/oder zur Lösung des Ersatzproblems eingesetzt.

Neben der Zahl der angewandten Methoden hat sich auch die Rangfolge in der Beliebtheit der einzelnen Methoden geändert. Während 1974 die Amortisationsrechnung in 78 % aller Unternehmungen eingesetzt wurde und damit weit an der Spitze lag, führte 1996 die Kapitalwertmethode die Hitliste der Investitionsrechnungen an, gefolgt von interner Zinsfuß-Methode, dynamischer Amortisationsrechnung und Kostenvergleichsrechnung.

Es ist anzunehmen, dass sich die mittelständischen Unternehmungen mit einer gewissen zeitlichen Verzögerung ähnlicher Methoden bedienen wie die Umsatzmilliardäre. Das gilt auch hinsichtlich der Verfahrensvielfalt. Dafür spricht das Ergebnis einer Umfrage[2] bei 500 Mittelständlern im Jahr 1996. Da es keine einheitliche Definition für den Begriff mittelständisches Unternehmen gibt, wurde für die Untersuchung festgelegt: Mittelständler ist, wer 1994 einen Umsatz zwischen 20 und 399 Millionen DM hatte. Die Umfrage erbrachte 187 (37,4 %) verwertbare Fragebögen. Und sie zeigt, dass die Rentabilitätsrechnung die am häufigsten verwendete Methode ist, dicht gefolgt von interner Zinsfuß-Methode und Kapitalwertmethode. 70 % der Mittelständler wenden wenigstens eine dynamische Methode an; nur 30 % rechnen ausschließlich statisch. Im Durchschnitt setzen sie 2,4 Methoden nebeneinander ein.

---

[1] Vgl. auch H. Blohm/K. Lüder, Investition, S. 53.
[2] Vgl. K.-D. Däumler/D. Heidtmann, Anwendung von Investitionsrechnungsverfahren bei mittelständischen Unternehmungen, S. 4.

Verfahren	Anzahl der Unterneh-men	Prozentualer Anteil an den 153 Unternehmen, die Investi-tionsrechnung anwenden
dynamisch	107	69,93
Rentabilitätsrechnung	72	47,06
Interne Zinsfuß-Methode	68	44,44
Kapitalwertmethode	55	35,95
Kostenvergleichsrechnung	53	34,64
dynamische Amortisationsrechnung	44	28,76
statische Amortisationsrechnung	32	20,92
Annuitätenmethode	18	11,76
Gewinnvergleichsrechnung	18	11,76
sonstige Verfahren	5	3,27
Lineare Planungsrechnung	4	2,61
MAPI-Methode	0	0,00

Übers. 1.9: Investitionsrechnungsverfahren bei Mittelständlern 1996

1.5 Kalkulationszinssatz

1.5.1 Festlegung des Kalkulationszinssatzes

1.5.1.1 Begriff Kalkulationszinssatz

Wenn Sie eine Investition planen, dann müssen Sie vor Durchführung Ihrer Investitionsrechnung den Zinssatz festlegen, den Sie mindestens von Ihrem Investitionsobjekt fordern. Mit dieser subjektiven Mindestverzinsungsanforderung wird das Vorhaben dann durchgerechnet (kalkuliert). Der in dieser Rechnung verwendete Zinssatz heißt Kalkulationszinssatz oder Kalkulationszinsfuß.

> Definition: Der Kalkulationszinssatz ist die subjektive Mindestverzinsungsanforderung des Investors an sein Investitionsobjekt.

Bei der Festlegung des Kalkulationszinssatzes im konkreten Fall sind die Finanzierungsverhältnisse und die erwarteten Risiken zu beachten.

1.5.1.2   Kalkulationszinssatz bei Eigenfinanzierung

Soll eine Investition vollständig eigenfinanziert werden, so steht dem Investor als Alternative zur Durchführung der betrieblichen Investition die Anlage seiner Mittel am Kapitalmarkt offen. Daher kann sein subjektiver Mindestzins (= Kalkulationszinssatz) i_e niemals kleiner sein als der Habenzinssatz einer bestimmten Kapitalmarktanlage. Es gilt somit:

(1.1) $$i_e \geq \text{Habenzinssatz}$$ $i_e =$ Kalkulationszinssatz bei Eigenfinanzierung

Der Kalkulationszinssatz darf nicht etwa mit dem Kapitalmarktzinssatz verwechselt werden. Vielmehr stellt der Habenzins am Kapitalmarkt lediglich die absolute Untergrenze für den Kalkulationszinssatz dar[1]. Der Kalkulationszinssatz liegt im Regelfall beträchtlich über dem Marktzinssatz, da der Investor durch die Kapitalbindung im Investitionsobjekt ein Risiko eingeht. Die zu erwartenden jährlichen Ein- und Auszahlungen, die Nutzungsdauer und der Restwert sind unsichere, mit entsprechenden Risiken behaftete Größen. „Je größer das mit der Durchführung der Investition verbundene Risiko ist, desto höher wird der Kalkulationszinssatz im Allgemeinen angesetzt werden"[2]. Bezeichnet man den Risikozuschlag, den ein Investor bei einer bestimmten Investition veranschlagt, mit z, so können wir statt (1.1) schreiben:

(1.2) $$i_e = \text{Habenzinssatz} + z$$ $i_e =$ Kalkulationszinssatz bei Eigenfinanzierung
z = Risikozuschlag

1.5.1.3   Kalkulationszinssatz bei Fremdfinanzierung

Wenn ein Investor eine Investition vollständig fremdfinanziert, dann orientiert er seine Mindestverzinsungsanforderung am Fremdkapitalzinssatz (= Sollzinssatz des

---

[1] Vgl. E. Schneider, Wirtschaftlichkeitsrechnung, Theorie der Investition, S. 68.
[2] Ebenda, S. 68.

Kapitalmarktes): Der Kalkulationszinssatz kann nicht kleiner sein als der Zinssatz, den der Investor für die Überlassung des Fremdkapitals zahlen muss[1]. Es gilt also:

(1.3) $i_f \geq$ Sollzinssatz i_f = Kalkulationszinssatz bei Fremdfinanzierung

Dabei repräsentiert der Fremdkapitalzinssatz die Untergrenze. Die Mindestverzinsungsanforderung des Investors liegt um den Betrag z über der Untergrenze, wenn z Ausdruck des mit der geplanten Investition verbundenen Risikos ist:

(1.4) i_f = Sollzinssatz + z i_f = Kalkulationszinssatz bei Fremdfinanzierung
z = Risikozuschlag

1.5.1.4 Kalkulationszinssatz bei Mischfinanzierung

Für den Fall der Mischfinanzierung schlägt Schneider[2] einen Mischzinssatz i_m vor, der sich als gewichtetes Mittel aus dem Kalkulationszinssatz für das Eigenkapital i_e und dem Kalkulationszinssatz für das Fremdkapital i_f ergibt, wobei auch die Höhe des eingesetzten Eigenkapitals EK sowie die Höhe des eingesetzten Fremdkapitals FK zu berücksichtigen sind:

(1.5) $$i_m = \frac{EK \cdot i_e + FK \cdot i_f}{EK + FK}$$ i_m = Kalkulationszinssatz (dezimal) bei Mischfinanzierung

1.5.1.5 Kalkulationszinssatz in der Praxis

Nach welchen Kriterien legt die Praxis den Kalkulationszinssatz fest und wie hoch ist dieser? Diese Frage wurde in der Umfrage von 1985 von 161 (= 79 % von 203) Unternehmen beantwortet[3]. Obwohl zu erwarten war, dass zu diesem Punkt nur zurückhaltend Angaben gemacht werden, nannten 108 (= 67 % von 161) Unternehmen

---

[1] Vgl. E. Schneider, Wirtschaftlichkeitsrechnung, Theorie der Investition, S. 68.
[2] Ebenda, S. 68 f.
[3] Vgl. N. Broer/K.-D. Däumler, Investitionsrechnungsmethoden in der Praxis, S. 725 f.

sogar die genaue Höhe des von ihnen verwendeten Zinssatzes. Er lag 1985 im Mittel zwischen 8 und 10 Prozent, ist aber zwischenzeitlich auf breiter Front gestiegen: So ergab die Untersuchung von Wehrle-Streif 1989 einen Kalkulationszinssatz von durchschnittlich 9,6 Prozent bei den deutschen Großunternehmungen[1]. Die Herrmann-Untersuchung von 1996 zeigt den Kalkulationszinssatz bei deutschen Großunternehmungen in der Bandbreite von 7 bis 12 Prozent; die am häufigsten genannten Werte waren 8 und 10 Prozent[2]. Die Bandbreite von 7 bis 12 Prozent gilt auch für Mittelständler, für die 1996 im Mittel ein Kalkulationszinssatz von 9,78 Prozent errechnet wurde[3].

1996 äußerten sich 84 Prozent (122 von 133) der antwortenden Unternehmungen zu ihrem Kalkulationszinssatz und zu dessen Bestimmungsgründen[4]. Meist (in 58 von 112 Fällen) nannten sie den Fremdkapitalzinssatz als Bestimmungsgrund für den Kalkulationszinssatz. Am zweithäufigsten (33 von 112) wählten sie die Eigenkapitalverzinsung. An dritter Stelle steht der Zinsaufwand der tatsächlichen Finanzierung (19 von 112).

Bei den ermittelten Zinssätzen scheint es sich oft nur um Basiswerte zu handeln. Obwohl nur sehr wenige Angaben zu diesem Punkt in den ausgefüllten Fragebögen gemacht wurden, scheint es so zu sein, dass manche Unternehmen auf diesen Basiszins noch einen Aufschlag erheben, um steuerliche Auswirkungen, ein eventuelles Risiko und/oder Preissteigerungen zu berücksichtigen. Die Aufschläge auf den Basiszins können in ihrer Höhe dem Basiszins selbst nahe kommen und ihn in Ausnahmefällen auch übersteigen. Beispiel: So empfiehlt der Zentralverband der Elektrotechnischen Industrie (ZVEI) einen Kalkulationszinssatz von 27 %[5]. Dieser Zinssatz enthält mehrere Auf- oder Zuschläge, insbesondere wurde die Gewinnbesteuerung berücksichtigt. In solchen Fällen ist eine Diskussion um die richtige Untergrenze (Soll- oder Habenzinssatz) rein akademisch. Auch ist ein solches Vorgehen sachlich fragwürdig: Der Kalkulationszinssatz soll die zu verschiedenen Zeitpunkten anfallenden Zahlungen vergleichbar machen. Es empfiehlt sich nicht, ihm weitere Aufgaben zu übertragen. Wer ihm auch noch die Aufgabe aufbürdet, die Inflation, das Risiko und die Gewinnbesteuerung zu erfassen, der überfordert den Kalku-

---

[1] Vgl. U. Wehrle-Streif, Empirische Untersuchung zur Investitionsrechnung, S. 44.

[2] Vgl. B. Herrmann, Anwendung der Investitionsrechnungsmethoden in der Praxis, S. 52 ff.

[3] Vgl. K.-D. Däumler/D. Heidtmann, Anwendung von Investitionsrechnungsverfahren bei mittelständischen Unternehmungen, S. 16.

[4] Vgl. B. Herrmann, Anwendung der Investitionsrechnungsmethoden in der Praxis, S. 56 ff

[5] Vgl. ZVEI Schriftenreihe 5, Leitfaden für die Beurteilung von Investitionen, hrsg. v. betriebswirtschaftlichen Ausschuß des Zentralverbandes der Elektrotechnischen Industrie e. V., S. 39.

lationszinssatz. Besser ist es, die Problemkreise Inflation, Risiko und Steuern gesondert zu betrachten, und zwar in der Zahlungsreihe bei den Ein- und Auszahlungen.

1.5.1.6 Kalkulationszinssatz nach Nutzwertanalyse

> Nutzwertanalyse ist ein Verfahren zur Bewertung von Handlungsmöglichkeiten, das auch solche Bewertungskriterien heranzieht, die nicht in Geldeinheiten messbar sind, beispielsweise technische, psychologische, soziale oder ökologische Tatbestände[1].

Die Nutzwertanalyse ist universell anwendbar und - wie das folgende Beispiel zeigt - keinesfalls nur auf betriebswirtschaftliche Probleme beschränkt. Vielmehr wird sie (oft unbewusst) von den meisten von uns gelegentlich genutzt.

Beispiel (Partnerwahl mittels Nutzwertanalyse)

Die heiratslustige Eva muss sich entscheiden zwischen A(nton), B(runo), C(hristian) oder D(ieter). Sie bewertet jede sie interessierende Eigenschaft mit bis zu 10 Punkten.

Alternativen ⇒ ⇓ Eigenschaften	A	B	C	D
tüchtig	10	4	6	1
gebildet	9	2	4	10
gut aussehend	2	9	6	9
häuslich	10	2	5	1
sexy	1	10	7	9
vermögend	3	5	8	1
Punktsumme	35	32	36	31

Ergebnis: C(hristian) muss es sein.

---

[1] Vgl. K. -D. Däumler/J. Grabe, Kostenrechnungs- und Controllinglexikon, S. 238 f.

Ein Automobilhersteller gab an, Risikoanalysen mit Auswirkungen auf den „geforderten internen Zinsfuß" (= Kalkulationszinssatz) durchzuführen. Zuerst werden hier die Risiken einer Investition erfasst, um dann, je nach Umfang des Risikos, mit Punkten in einer Nutzwertanalyse bewertet zu werden. Für die erreichte Punktsumme wird dann eine interne Verzinsung in einer bestimmten Mindesthöhe gefordert. Auch ein Chemieunternehmen erklärte, in dieser Weise vorzugehen. Ein konkretes Projekt wird dann gemäß den vorliegenden Umständen einer der Kategorien zugerechnet und mit dem zugehörigen Kalkulationszinssatz durchgerechnet[1]. Diese Zinssätze müssen im Zeitablauf nicht konstant sein. Vielmehr können sie mit dem Kapitalmarktzins schwanken, da ein bestimmter Kapitalmarktzins die Ausgangsbasis darstellt, auf die - je nach Risikokategorie - ein bestimmter Zuschlag kommt.

Beispiel (Kalkulationszinssatz nach Nutzwertanalyse)

Risikoeinschät-zung ⇒ ⇓ Risikoart	sehr groß	groß	normal oder ohne Einfluss	klein	sehr klein
Genauigkeit des Investitionsumfanges	grober Schätzwert 3	detaillierter Schätzwert 6	Mischwert zw. Schätzung u. Richtpreis 8	Richtpreisrahmen 11	Richtpreis 14
Erfahrung mit der Technologie	neue Technologie 3	extern erprobt 6	teils/teils 9	intern erprobt 11	bekannt 14
Technische Nutzungsdauer	bis 2 Jahre 2	bis 4 Jahre 4	bis 6 Jahre 6	bis 8 Jahre 8	über 8 Jahre 10
Einsatzzeitraum (Produktionsprogramm)	bis 2 Jahre 3	bis 4 Jahre 7	bis 6 Jahre 10	bis 10 Jahre 14	langfristig (über 10 J.) 17
Stückzahlrisiko	sehr groß 4	groß 8	mittel 11	klein 15	sehr klein 19
Anlaufsituation	nicht greifbar 2	geringer Einfluss 3	nicht relevant 4	berücksichtigt d. Schätzung 6	berücksichtigt d. Erfahrung 7
Art und Umfang der Einsparungen	Gemeinkosten, indirekt 3	Zeitlohn 6	Fertigungslohn 9	Fertigungslohn + Material 11	Material 14
Auswirkungen auf die Arbeitsplatzgestaltung	nicht enthalten 1	indirekter Einfluss 2	teilweise enthalten 3	überwiegend enthalten 4	voll enthalten 5

Punktsumme bis 60 =
Interne Verzinsung von mindestens 40%
Punktsumme bis 80 =
Interne Verzinsung von mindestens 30%
Punktsumme bis 100 =
Interne Verzinsung von mindestens 20 %

Übers. 1.10: Festlegung des Kalkulationszinssatzes aufgrund des Risikos

---

[1] Vgl. N. Broer/K.-D. Däumler, Investitionsrechnungsmethoden in der Praxis, S. 731 f.

Wenn sich der Investitionsumfang nur grob schätzen lässt (3), die Technik noch nicht im eigenen Betrieb, sondern nur extern erprobt ist (6), die technische Nutzungsdauer bei maximal sechs Jahren liegt (6), das Produkt höchstens zehn Jahren im Programm bleiben kann (14), das Stückzahlrisiko sehr klein ist (19), die Anlaufsituation einschätzbar erscheint (6), die Investition Fertigungslohn-Einsparungen erbringt (9) und sich auf die Arbeitsplatzgestaltung nur indirekt auswirkt (2), ergibt sich eine Punktsumme von 65 und ein Kalkulationszinssatz von mindestens 30 %.

1.5.1.7 Kalkulationszinssatz nach Opportunitätskosten

In der Literatur wird der Kalkulationszinssatz gelegentlich auch nach dem Opportunitätskostenprinzip fixiert. Unter Opportunitätskosten versteht man u. a. den entgangenen Gewinn. Der Begriff Opportunitätskosten (opportunity costs, Alternativkosten) stammt von Green, der ihn erstmals 1894 im Sinne entgangenen Gewinnes verwendet; danach wurde der Begriff von Davenport und Marshall übernommen[1]. Heute werden viele Entscheidungsprobleme mit Hilfe von Opportunitätskostenbetrachtungen gelöst. Von besonderer Bedeutung ist die Verwendung der Opportunitätskosten im Rahmen der Kostenrechnung sowie der Investitions- und Finanzierungsrechnung[2].

Münstermann[3] definiert die Opportunitätskosten eines Beurteilungsobjektes als den gesamten Nutzen der besten nicht gewählten Alternative. Im Rahmen der Investitionsrechnung besteht der Nutzen der besten nicht gewählten Alternative in der dort erzielbaren Rendite oder Effektivverzinsung. Jede Geldeinheit, die im gewählten Investitionsobjekt gebunden wird, kann nicht bei der besten nicht gewählten Alternative eingesetzt werden. Dabei ist es gleichgültig, aus welcher Quelle die jeweilige Geldeinheit kommt, d. h. die Frage der Eigen- oder Fremdfinanzierung ist irrelevant. Da der Investor durch die Kapitalbindung in seinem Investitionsobjekt auf den Effektivzinssatz der besten nicht gewählten Alternative verzichtet, muss er diesen mindestens von der durchzuführenden Investition verlangen, wenn er wirtschaftlich nicht benachteiligt sein will. Die entgangene Verzinsung der besten nicht gewählten Alternative bildet somit den Maßstab für die Festlegung des Kalkulationszinssat-

---

[1] Vgl. D.I. Green, Pain-cost and Opportunity-cost, S. 2. - H. J. Davenport, The Economics of Enterprise, S. 62. - A. Marshall, Principles of Economics, An Introductory Volume, S. 519.

[2] Vgl. auch K.-D. Däumler/J. Grabe, Kostenrechnungs- und Controllinglexikon, S. 243.

[3] Vgl. hierzu: H. Münstermann, Die Bedeutung der Opportunitätskosten für unternehmerische Entscheidungen, S. 21.

zes[1]. Nach dem Opportunitätskostenprinzip gilt somit die folgende Bestimmungsgleichung für den Kalkulationszinssatz:

(1.6) $\boxed{i_o = \text{Alternativrendite}}$ i_o = Kalkulationszinssatz gemäß
                                                Opportunitätskosten

Unter Opportunitätskosten einer Investition versteht man die Rendite der besten nicht gewählten Investitionsmöglichkeit.

Die Festlegung des Kalkulationszinssatzes nach dem Opportunitätskostenprinzip steht nicht im Widerspruch zur Bemessung dieses Zinssatzes am Soll- oder Habenzins des Kapitalmarktes. So wurde die Festlegung des Kalkulationszinssatzes bei Eigenfinanzierung damit begründet, dass der Unternehmer als Alternative zur Investition seine Mittel am Kapitalmarkt anlegen könne. Daher könne der Kalkulationszinssatz niemals kleiner sein als der Habenzinssatz einer alternativen Kapitalmarktanlage. Das Opportunitätskostenprinzip greift diesen Gedanken auf und führt ihn weiter: Die relevante Alternativrendite ist beim Opportunitätskostenprinzip nicht allein der Effektivzinssatz einer bestimmten Investitionsart (Finanzinvestition am Kapitalmarkt), sondern der Effektivzinssatz derjenigen Vergleichsinvestition, die die beste nicht gewählte Alternative darstellt - gleichgültig, ob diese eine Finanz- oder Realinvestition ist.

Im Fall der Fremdfinanzierung gilt: Sind die Sollzinssätze am Kapitalmarkt entsprechend hoch, kann die günstigste Verwendung freier Mittel in der Fremdkapitaltilgung zu sehen sein. Die dadurch vermeidbaren Auszahlungen verbessern die Nettoposition des Investors in den künftigen Perioden. Vermiedene Auszahlungen sind genauso gut wie Einzahlungen. Fremdkapitaltilgung kann als Finanzinvestition aufgefasst werden.

Wichtig ist, dass Sie bei der Festlegung des Kalkulationszinssatzes von der Rendite einer konkret existierenden Alternativanlage ausgehen. Denn die durchzuführende Investition konkurriert stets mit der Anlage der betreffenden Mittel zum Kalkulationszinssatz. Setzt der Investor den Kalkulationszinssatz willkürlich an, ist die Vergleichsinvestition mit ihrer Rendite nur gedanklich, nicht de facto vorhanden. Der

---

[1] Eine eingehende Begründung hierfür findet sich bei: K. Bröhl, Der Kalkulationszinsfuß, S. 59 ff.

Investor rechnet mit ihr, obwohl es sie gar nicht gibt[1]. Kommt es infolge des Ansatzes eines zu hohen Kalkulationszinssatzes zur Ablehnung von Investitionsobjekten, ist der Investor nicht in der Lage, die durch die Ablehnung der Investitionsobjekte frei gewordenen Mittel zum in der Rechnung verwendeten Kalkulationszinssatz anzulegen. Da sich der Investor die Ablehnung von Investitionsobjekten nur dann leisten kann, wenn eine entsprechende Alternativanlage tatsächlich vorhanden ist, hat der Kalkulationszinssatz die Aufgabe, diese Alternativanlage zu repräsentieren. Der Kalkulationszinssatz als Effektivverzinsung einer tatsächlich existierenden Alternativanlage bewirkt, dass die Kriterien zur Prüfung der Vorteilhaftigkeit einer Investition[2] in ihrem Kern immer einen Vergleich zweier Möglichkeiten darstellen. Die Vorteilhaftigkeit eines Investitionsobjektes wird immer im Vergleich zu einem konkurrierenden Objekt (Anlage der Geldmittel zum Kalkulationszinssatz) bestimmt. Die möglichen Entscheidungen sollten hinsichtlich des Risikos vergleichbar (risikoähnlich) sein.

1.5.2   Kalkulationszinssatz als subjektive Größe

Betrachtet man die für die Festlegung des Kalkulationszinssatzes genannten Kriterien, so wird deutlich, dass es sich hierbei um verschiedene Möglichkeiten handelt. Der Investor muss sich für eine dieser Möglichkeiten entscheiden. Dabei spielen seine individuellen Finanzierungsverhältnisse eine große Rolle. Es gibt also keine einheitliche Richtschnur für die Bemessung des Kalkulationszinssatzes. Der Kalkulationszinssatz ist stets subjektiv. Hierfür bestehen neben den jeweiligen Finanzierungsverhältnissen folgende Gründe:

1. Die möglichen Untergrenzen, die Basiszinssätze Haben- und Sollzinssatz, sind in einer Volkswirtschaft nicht einheitlich. Es existieren vielmehr verschiedene Habenzinssätze, beispielsweise der Zinssatz für Pfandbriefe, Kommunalobligationen und Schuldverschreibungen. Ebenso gibt es in einer Volkswirtschaft nicht nur einen Sollzinssatz, sondern unterschiedliche Werte für Kontokorrent-, Hypothekar- und Wechseldiskontkredite.

---

[1] So auch: K. Bröhl, Der Kalkulationszinsfuß, S. 61. - M. Heister, Investitionsrechnung als empirisches Problem, S. 348.

[2] Die Kapitalwert-, interne Zinsfuß- und Annuitätenmethode, vgl. Kapitel 2, 3 und 4.

2. Die Zuschläge auf den Basiszinssatz, insbesondere Risikozuschläge[1], aber auch Zuschläge, die Preissteigerungen[2] erfassen, und solche, die Steuern[3] berücksichtigen sollen, hängen von der Einschätzung und dem Vorgehen des Investors ab, sind also nicht objektiv.

3. Wird der Kalkulationszinssatz nach dem Opportunitätskostenprinzip festgelegt, so ist zu bedenken, dass das Feld der Investitionsmöglichkeiten - und somit der entgehenden Renditen - von Investor zu Investor verschieden ist. Verschiedene Investoren gelangen also im Regelfall zu verschiedenen Opportunitätskosten.

1.6 Checkliste

Zweck der Investitionsrechnung: Der Unternehmer will wissen, ob eine Einzelinvestition vorteilhaft ist oder nicht (absolute Vorteilhaftigkeit). Stehen mehrere Investitionsobjekte zur Auswahl, dann will er wissen, welches Objekt das beste, zweitbeste, drittbeste ist (relative Vorteilhaftigkeit). Bei Anschaffung von Neuanlagen fragt er sich, wie lange diese voraussichtlich genutzt werden sollen (optimale Nutzungsdauer). Bei im Betrieb stehenden alten Maschinen ist alljährlich die Frage „Sofortersatz oder Weiterbetrieb?" zu beantworten (Ersatzproblem).

Investitionsarten: Je nach Einteilungskriterium erhält man verschiedene Investitionsarten. Fragt man nach dem Investitionsobjekt, dann unterscheidet man Real-, Finanz- und immaterielle Investitionen. Fragt man nach der Zwecksetzung einer Investitionsentscheidung im praktischen Fall, dann unterscheidet man Errichtungs-, Ersatz-, Rationalisierungs-, Erweiterungs-, Sozial- und Sicherheitsinvestitionen. Aufgrund unterschiedlicher Nutzungszeiten unterscheiden wir kurz-, mittel- und langfristige Investitionen. Der Investor kann ein öffentlicher oder ein privater sein. Auf die Gründungsinvestition, die am Anfang der Geschichte eines Betriebes steht, folgen die laufenden Investitionen.

Investition als Zahlungsreihe: Gleichgültig, welche Investitionsart im praktischen Fall auch vorliegt, man kann das jeweilige Projekt durch die mit ihm verbundenen Ein- und Auszahlungen beschreiben. Deshalb bezeichnet man auch eine Investition

---

[1] Zu Investitionsentscheidungen bei Risiko vgl.: K.-D. Däumler, Anwendung von Investitionsrechnungsverfahren in der Praxis, S. 171 ff.

[2] Zu Investitionsentscheidungen bei Preissteigerungen vgl.: Ebenda, S. 138 ff.

[3] Vgl. hierzu u. a.: K.-D. Däumler, Zum Einfluß der Gewinnbesteuerung auf die Höhe des Kalkulationszinsfußes, S. 335 ff.

als Zahlungsreihe, die mit einer Auszahlung beginnt. Umgekehrt definiert man eine Finanzierung als eine Zahlungsreihe, die mit einer Einzahlung beginnt.

Vorteilhaftigkeit: Der Investor strebt danach, nur vorteilhafte Investitionen zu realisieren. Die Vorteilhaftigkeit hängt ab von den „drei Z" (Zahlungen, Zeit und Zins), d. h. von der Höhe der Ein- und Auszahlungen, deren zeitlicher Verteilung und dem Kalkulationszinssatz.

Investitionsrechnung und Kostenrechnung: Allgemein gilt: Der Rechnungszweck bestimmt die in der Rechnung zu verwendenden Rechnungselemente. Da die Investitionsrechnung einen anderen Rechnungszweck verfolgt als die Kostenrechnung, sind auch andere Rechnungselemente zu verwenden, nämlich Ein- und Auszahlungen anstelle von Leistungen und Kosten.

Bei Ein- und Auszahlungen handelt es sich um kassenwirksame Größen. Eine Einzahlung bedeutet, dass liquide Mittel zufließen; bei einer Auszahlung fließen liquide Mittel ab. Da die Vorteilhaftigkeit eines Objektes auch davon abhängt, wann die entsprechenden Zu- und Abflüsse stattfinden, sind in einer Investitionsrechnung vorzugsweise Zahlungsgrößen zu verwenden. Die Verwendung anderer Rechnungselemente kann zu Fehlentscheidungen führen.

Kalkulationszinssatz: Er gibt die subjektive Mindestverzinsungsanforderung des Investors an sein Investitionsobjekt an. In der betrieblichen Praxis beachtet man bei der Festlegung dieses Zinssatzes sowohl Finanzierungs- als auch Risikoaspekte. Häufig genannte Werte für den Kalkulationszinssatz liegen im Bereich von 8 % bis 12 %, wobei meist der Sollzinssatz des Kapitalmarktes die Untergrenze bildet. Bei vergleichsweise sicheren und eigenfinanzierten Investitionen kann auch der Habenzinssatz des Kapitalmarktes als Basis in Frage kommen. Bei Mischfinanzierung kann man sich am Mittelwert zwischen dem Kalkulationszinssatz bei Eigen- und Fremdfinanzierung orientieren.

Opportunitätskosten: Sie sind definiert als Zinsentgang durch Verzicht auf die Alternativanlage. Maßstab ist die Rendite, die bei der besten nicht realisierten Investitionsmöglichkeit zu erzielen gewesen wäre. Von theoretischer Seite wird häufig gefordert, den Kalkulationszinssatz nach Maßgabe der Opportunitätskosten festzulegen.

Fragen und Aufgaben

1.1 Begründen Sie kurz die Notwendigkeit der Investitionsrechnung aus volkswirtschaftlicher und betriebswirtschaftlicher Sicht.

1.2 Erläutern Sie den Unterschied zwischen Realinvestition und Finanzinvestition.

1.3 Ist es für die Durchführung einer Investitionsrechnung von Bedeutung, ob eine Real- oder eine Finanzinvestition vorliegt?

1.4 Mit welchen Rechnungselementen hat man im Rahmen der Investitionsrechnung zu arbeiten? Begründen Sie Ihre Antwort.

1.5 Inwiefern kann eine Ersatzinvestition gleichzeitig eine Rationalisierungsinvestition sein?

1.6 Skizzieren Sie den Unterschied zwischen der Kostenrechnung und der Investitionsrechnung.

1.7 Nennen Sie zu jeder der folgenden Definitionen den dazugehörigen Fachbegriff:

Definition	Fachbegriff
Geldwert eines Einkaufes pro Periode	
Geldwert eines Verkaufes pro Periode	
bewerteter Güterverzehr im Produktionsprozess zur Leistungserstellung einer Periode	
bewertete betriebliche Leistungen einer Periode	
jede Eigenkapitalminderung einer Periode, die keine Kapitalrückzahlung darstellt	
jede Eigenkapitalerhöhung einer Periode, die keine Kapitaleinzahlung darstellt	
Kassenminderung pro Periode	
Kassenzugang pro Periode	

1.8 Vergleichen Sie die beiden Hauptgruppen investitionsrechnerischer Verfahren und deren praktische Bedeutung.

1.9   Was versteht man unter dem Kalkulationszinssatz?

1.10   Zeigen Sie verschiedene Möglichkeiten, den Kalkulationszinssatz festzulegen.
       Begründen Sie jede dieser Möglichkeiten kurz.

1.11   Wodurch unterscheidet sich die Festlegung des Kalkulationszinssatzes nach
       dem Opportunitätskostenprinzip von der Festlegung des Kalkulationszinssat-
       zes bei vollständiger Eigenfinanzierung nach Gleichung (1.2)?

1.12   Kann es sinnvoll sein, den Kalkulationszinssatz höher als den Effektivzinssatz
       der besten Investitionsalternative festzulegen, wenn Risikogleichheit besteht?
       Begründen Sie Ihre Antwort.

1.13   Kann der Kalkulationszinssatz eines Investors als objektiv bezeichnet wer-
       den? Begründen Sie Ihre Antwort.

1.14   Wird die Vorteilhaftigkeit einer Investition isoliert (ohne Vergleich mit einem
       konkurrierenden Objekt) bestimmt?

1.15   Ein Investor, der die Durchführung einer Investition plant, möchte seinen
       Kalkulationszinssatz festlegen. Welche Höhe hat der Kalkulationszinssatz,
       wenn das mit der Investition verbundene Risiko durch einen 6 %igen Auf-
       schlag berücksichtigt werden soll,

       a) bei vollständiger Eigenfinanzierung und einem Habenzinssatz von 9 %,
       falls der Investor nach (1.2) vorgeht?

       b) bei vollständiger Fremdfinanzierung und einem Sollzinssatz von 11 %, falls
       der Investor nach (1.4) vorgeht?

       c) bei einem Eigenfinanzierungsanteil von 25 %, wenn der Investor nach (1.5)
       vorgeht (Soll- und Habenzinssätze wie in a) und b))?

       d) bei einer verdrängten Rendite (= Effektivzinssatz der besten nicht gewähl-
       ten Alternativinvestition) von 19 %, falls der Investor nach dem Oppor-
       tunitätskostenprinzip (1.6) vorgeht? Hinweis: Die Alternativinvestition ist
       mit dem gleichen Risiko behaftet wie das Beurteilungsobjekt.

1.16   Einem Investor bieten sich für die Planungsperiode folgende Investitions-
       möglichkeiten, die sich lediglich durch ihre Effektivverzinsung unterscheiden:

Investition	1	2	3	4
Rendite (%)	10	19	15	18

a) Wie hoch sind die Opportunitätskosten, wenn sich der Investor für Investition 2 entscheidet?

b) Wie hoch sind die Opportunitätskosten, wenn sich der Investor für Investition 4, 3 oder 1 entscheidet?

1.17 Welche Höhe hat nach Ihrer Auffassung der niedrigste (höchste) in der Praxis verwendete Kalkulationszinssatz? Wie viel Prozent beträgt nach Ihrer Schätzung der am häufigsten vorkommenden Kalkulationszinssatz?

1.18 Worin liegt der grundsätzliche Unterschied zwischen Investition und Finanzierung?

2. Kapitalwertmethode

2.1   Finanzmathematische Grundlagen

2.1.1   Leitgedanke der Kapitalwertmethode

Die Kapitalwertmethode ist die erste der dynamischen Investitionsrechnungsmethoden. Sie soll die Vorteilhaftigkeit von Investitionen prüfen und beruht auf einer einfachen Idee: Sie vergleicht die Gesamtheit der Einzahlungen und Auszahlungen eines Objekts. Dazu sind alle Ein- und Auszahlungen auf den Investitionsbeginn (= Zeitpunkt 0) mit dem Kalkulationszinssatz abzuzinsen (zu diskontieren). Daher setzt die Kapitalwertmethode die Kenntnis einfacher finanzmathematischer Zusammenhänge voraus, die im Folgenden erörtert werden. Dabei soll nach finanzmathematischem Brauch der Zinssatz künftig in Dezimalform geschrieben werden. Es gilt also:

$$p = \frac{p}{100} = i.$$

Wenn sich der Zinssatz p beispielsweise auf 6 Prozent beläuft, so drücken wir dies mit Hilfe der Dezimalzahl

$$i = 0,06 = \frac{6}{100} = 6\ \%\ \text{aus.}$$

2.1.2   Aufzinsen einer heutigen Zahlung

Welchen Endwert K_n erreicht ein Geldbetrag K_0, der für n Jahre angelegt wird, wobei die Zinsen jeweils am Jahresende dem Kapital zugeschlagen werden? Der Zinssatz sei i.

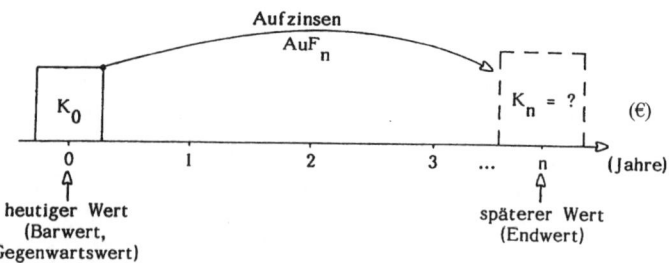

Lösung

Sie verfolgen die Entwicklung des Kontostandes über drei Jahre, wie in Übersicht 2.1 dargestellt, und entwickeln daraus eine Gleichung.

Jahre	Wert des Kapitals am Jahresbeginn	Zinsen	Wert des Kapitals am Jahresende
1	K_0	$K_0 \cdot i$	$K_1 = K_0 + K_0 \cdot i$ $= K_0(1+i)$
2	K_1	$K_1 \cdot i$	$K_2 = K_1 + K_1 \cdot i = K_1(1+i)$ $= K_0(1+i)(1+i)$ $= K_0(1+i)^2$
3	K_2	$K_2 \cdot i$	$K_3 = K_2 + K_2 \cdot i = K_2(1+i)$ $= K_0(1+i)^2(1+i)$ $= K_0(1+i)^3$
$\vdots$	$\vdots$	$\vdots$	$\vdots$
n	K_{n-1}	$K_{n-1} \cdot i$	$K_n = K_{n-1} + K_{n-1} \cdot i$ $= K_{n-1}(1+i)$ $= K_0(1+i)^{n-1}(1+i)$ $= K_0(1+i)^n$

Übers. 2.1: Entwicklung des Kapitals im Zeitablauf

Übersicht 2.1 zeigt, dass der Wert des Kapitals am Ende eines beliebigen Jahres n angegeben werden kann durch:

(2.1) $$K_n = K_0(1+i)^n = K_0 \cdot AuF$$
↳Aufzinsungsfaktor (AuF)

Gleichung (2.1) heißt Aufzinsungsgleichung. Der Faktor $(1+i)^n$ heißt Aufzinsungsfaktor (AuF). Zur Vereinfachung setzt man häufig $(1+i) = q$. Der Aufzinsungsfaktor lautet dann q^n. Sie finden ihn und die anderen für die Investitionsrechnung wichtigen Faktoren im Tabellenanhang des Buches. Für die Übungsbeispiele im Buch reichen die im Tabellenanhang erfassten Werte aus. Sollten Sie zur Bewältigung spezieller Praxisfragen weitere Werte benötigen, so sind spezielle Tabellenwerke erforderlich[1] oder Rechner mit finanzmathematischen Funktionen. Vor den Tabellen für die finanzmathematischen Faktoren finden Sie auf S. 352 f. eine Übersicht, die Ihnen schematisch zeigt, wann welcher Faktor anzuwenden ist. Sie nutzen die Übersicht folgendermaßen: Erstens stellen Sie das zu lösende Problem mit Hilfe eines Zeitstrahls dar. Zweitens suchen Sie in der Übersicht den zu dem Zeitstrahl gehörigen Faktor. Beachten Sie bitte: Die bekannte und gegebene Größe ist durch den dicken Punkt gekennzeichnet; die Pfeilspitze zeigt stets auf die unbekannte und gesuchte Größe.

Beispiel (Sparbuchfall)

Auf welchen Betrag K_n wächst ein Sparguthaben von $K_0 = 10\ 000\ €$ in $n = 6$ Jahren beim Zinssatz von $i = 0,08 = 8\ \%$ an?

Lösung

$K_n = K_0 \cdot AuF_6$

$K_6 = 10\ 000 \cdot 1,586874$

$K_6 = 15\ 868,74\ (€)$

Ergebnis: Nach 6 Jahren kann man über 15 868,74 € verfügen.

---

[1] K.-D. Däumler, Finanzmathematisches Tabellenwerk, S. 90 ff.

Beispiel (Einwohnerzahl-Prognose)

Die Einwohnerzahl einer Großstadt steigt durch Geburtenüberschuss und Zuwanderung jährlich um 6 % und betrug zuletzt 800 000. Wie viele Einwohner hat die Stadt in 15 Jahren, wenn die Einwohnerzahl weiter um 6 % jährlich wächst?

Lösung

Wir verwenden die bisher gebrauchten Symbole K und i analog weiter. K steht dann für die jeweilige Bevölkerungszahl und i für den jährlichen Bevölkerungszuwachs in Prozent pro Jahr.

$K_n = K_0 \cdot AuF_{15}$

$K_{15} = 800\,000 \cdot 2{,}396558$

$K_{15} = 1\,917\,246$ (Einwohner)

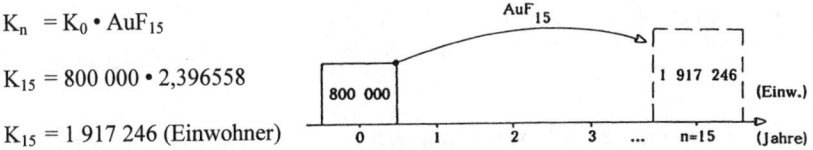

Ergebnis: Die Großstadt hat nach 15 Jahren 1 917 246 Einwohner.

2.1.3 Abzinsen einer späteren Zahlung

Welchen Gegenwartswert oder Barwert K_0 hat ein nach n Jahren fälliger Betrag K_n bei einem Zinssatz von i?

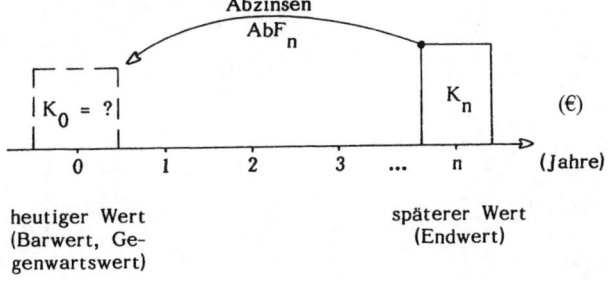

Lösung

Die Gleichung (2.1) $K_n = K_0(1+i)^n$ ist nach dem gesuchten Wert K_0 (= Gegenwartswert oder Barwert) aufzulösen. Man erhält dann

(2.2) $K_0 = K_n \cdot \dfrac{1}{(1+i)^n}$ oder

$$K_0 = K_n(1+i)^{-n} = K_n \cdot AbF$$
$\quad\quad\quad\quad\quad\quad\quad\hookrightarrow$ Abzinsungsfaktor (AbF)

Diese Formel heißt Abzinsungsformel. Der Faktor

$$\frac{1}{(1+i)^n} = (1+i)^{-n}$$

ist der Abzinsungsfaktor. Er wird häufig auch als q^{-n} geschrieben. Weil diskontieren abzinsen heißt, wird der Abzinsungsfaktor gelegentlich auch Diskontierungsfaktor genannt. Sie finden den Abzinsungsfaktor (AbF) neben dem Aufzinsungsfaktor (AuF) im Tabellenanhang (S. 352 ff.).

Beispiel (Abfindung eines ausscheidenden Gesellschafters)

Ein Mitinhaber eines Unternehmens scheidet unter der Bedingung aus, dass er in 5 Jahren 125 000 € ausgezahlt erhält. Wie groß ist der jetzige Ablösungswert (Barwert) dieser Summe bei einem Zinssatz von i = 0,10 = 10 %?

Lösung

$K_0 = K_n \cdot AbF_5$

$K_0 = 125\,000 \cdot 0,620921$

$K_0 = 77\,615,13$ (€)

Ergebnis: Der Barwert von 125 000 €, die in 5 Jahren fällig sind, beläuft sich auf 77 615,13 €

Beispiel (Gegenwartswert dreier Zahlungen)

Beim Kauf eines Hauses wird abgemacht, dass der Käufer 60 000 € in bar, 60 000 € nach zwei Jahren und weitere 60 000 € nach fünf Jahren bezahlen soll. Wie viel kostet das Haus zum Zeitpunkt 0, wenn man mit einem Zinssatz von i = 0,08 = 8 % rechnet?

Lösung

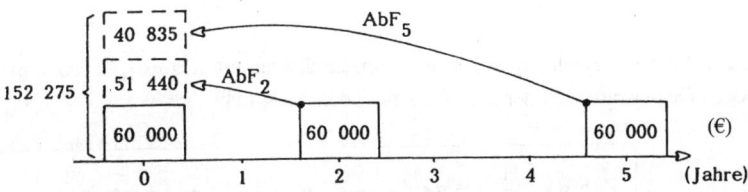

Man bezieht alle Teilbeträge auf den Zeitpunkt 0 und erhält dann:

$K_0 = 60\ 000 + 60\ 000 \cdot AbF_2 + 60\ 000 \cdot AbF_5$

$K_0 = 60\ 000 + 60\ 000 \cdot 0,857339 + 60\ 000 \cdot 0,680583$

$K_0 = 60\ 000 + 51\ 440 + 40\ 835$

$K_0 = 152\ 275\ (\text{€})$

Ergebnis: Der Gegenwartswert der drei Raten beläuft sich auf 152 275 €.

2.1.4   Abzinsen und Summieren einer Zahlungsreihe

Wie groß ist der Gegenwarts- oder Barwert K_0 einer Zahlungsreihe, bei der für die Dauer von n Jahren jeweils am Jahresende ein im Zeitablauf gleich bleibender Betrag g anfällt? Der Zinssatz beläuft sich auf i.

Lösung

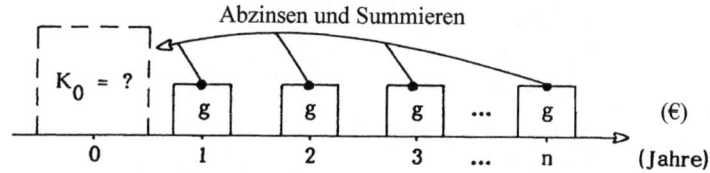

Wenn man die Jahreszahlungen g jeweils einzeln diskontiert (abzinst), so erhält man für K_0 (= Gegenwartswert der Zahlungsreihe) den Ausdruck:

(2.3)
$$K_0 = g \cdot \frac{1}{(1+i)} + g \cdot \frac{1}{(1+i)^2} + g \cdot \frac{1}{(1+i)^3} + \dots + g \cdot \frac{1}{(1+i)^n}$$

Die Berechnung des Barwertes K_0 ist nach dieser Methode stets möglich. Sie sehen jedoch, dass die Errechnung von K_0 mit zunehmender Länge der Zahlungsreihen, also mit wachsendem n, immer zeitaufwendiger wird. Es liegt daher nahe, Gleichung (2.3) zu vereinfachen.

Betrachten Sie Gleichung (2.3) genauer, so erkennen Sie, dass eine geometrische Reihe vorliegt, bei der sich jedes Glied durch Multiplikation des vorhergehenden mit dem Faktor $f = \frac{1}{1+i}$ ergibt. Setzen wir zur Vereinfachung $\frac{1}{1+i} = f$, so können wir statt (2.3) auch schreiben:

(2.4)
$$K_0 = \underbrace{g \cdot f}_{\substack{\text{1. Glied} \\ a_1}} + g \cdot f^2 + \dots + g \cdot f^{n-1} + g \cdot f^n$$

Aus der Mathematik kennen wir die folgende Gleichung zur Bestimmung der Summe einer geometrischen Reihe:

(2.5)
$$S_n = a_1 \cdot \frac{1 - f^n}{1 - f}$$

Summenformel für
geometrische Reihe

Symbole allgemein	Bedeutung	Symbole in unserem Fall
S_n	Summe von n Gliedern einer geometrischen Reihe.	K_0
a_1	Erstes Glied der geometrischen Reihe.	$g \cdot f = g \cdot \dfrac{1}{1+i}$
f	Faktor, mit dem ein Glied der Reihe zu multiplizieren ist, um das nachfolgende zu erhalten.	$\dfrac{1}{1+i}$

Setzen Sie unsere Symbole in die Summenformel ein. Sie erhalten dann:

$$K_0 = g \cdot \underbrace{\frac{1}{1+i}}_{a_1} \cdot \underbrace{\frac{1 - \dfrac{1}{(1+i)^n}}{1 - \dfrac{1}{1+i}}}_{\frac{1-f^n}{1-f}}$$

| Brüche multiplizieren →

$$K_0 = g \cdot \frac{1 - \dfrac{1}{(1+i)^n}}{1 + i - 1}$$

| mit $(1+i)^n$ erweitern →

(2.6)
$$K_0 = g \cdot \frac{(1+i)^n - 1}{i(1+i)^n} = g \cdot DSF$$

→ Diskontierungssummenfaktor (DSF)

Gleichung (2.6) dient zur Ermittlung des Barwertes einer Zahlungsreihe, bestehend aus n gleichen Zahlungen, die jeweils am Jahresende anfallen. Man hat also lediglich die konstante Jahreszahlung g mit dem Faktor

$$DSF = \frac{(1+i)^n - 1}{i(1+i)^n}$$

zu multiplizieren, um den Gegenwartswert der Zahlungsreihe zu erhalten. Weil dieser Faktor

1. alle Glieder der Zahlungsreihe mit dem Zinssatz i abzinst und
2. die Barwerte aller Glieder summiert,

heißt er Abzinsungssummenfaktor oder Diskontierungssummenfaktor (DSF). Gelegentlich wird er auch Kapitalisierungs- oder Barwertfaktor genannt. Eine alternative Schreibweise, bei der (1+i) = q gesetzt wird, lautet:

$$DSF = \frac{q^n - 1}{q^n (q-1)}$$

Auch den Diskontierungssummenfaktor DSF finden Sie im Tabellenanhang (S. 352 ff.) für viele Kombinationen von i und n. Bitte beachten Sie, dass der Diskontierungssummenfaktor nur dann anwendbar ist, wenn folgende Bedingungen erfüllt sind:

1. Die Zahlungen fallen stets am Periodenende an (postnumerando, nachschüssig).

2. Die Zahlungsreihen sind äquidistant, d. h. der zeitliche Abstand zwischen den Zahlungen ist gleich. Meist wählt man Zeitabstände von einem Jahr. Die Zahlungen können aber auch in periodischen Abständen von Quartalen, Monaten oder Tagen anfallen.

3. Die Zahlungsreihen sind uniform, d. h. die einzelnen Zahlungen sind gleich.

Bei unterschiedlichen Zahlungen und/oder verschiedenen zeitlichen Distanzen bleibt Ihnen nichts anderes übrig, als die Geldbeträge jeder Periode einzeln mit dem Abzinsungsfaktor (AbF) auf die Gegenwart zu diskontieren (abzuzinsen).

Beispiel (Barwert des blauen Dunstes)

Ein Raucher gibt im Jahr 1 200 € für Tabakwaren aus. Wie groß ist der Gegenwartswert dieser Zahlungsreihe bei einer Restlebenserwartung des Rauchers von 40 Jahren und einem Zinssatz von i = 0,06 = 6 %?

Lösung

$K_0 = g \cdot DSF_{40}$

$K_0 = 1\,200 \cdot 15,046297$

$K_0 = 18\,056$ (€)

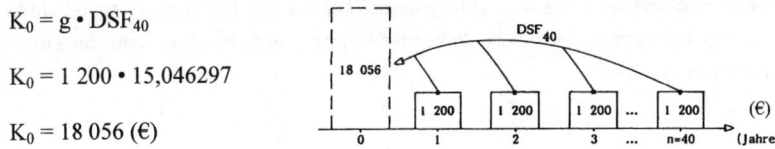

Ergebnis: Der Barwert hat die Höhe von 18 056 €.

Beispiel (Barwert von Unterhaltszahlungen)

Ein geschiedener Vater hat sich verpflichtet, für sein bei der Mutter lebendes Kind ein Unterhaltsgeld von jährlich 9 000 € zu zahlen. Der Unterhaltszeitraum beträgt 15 Jahre. Mit welchem Betrag könnte er die Zahlungsreihe heute ablösen, wenn man von einem Zinssatz i = 0,05 = 5 % ausgeht?

Lösung

$K_0 = g \cdot DSF_{15}$

$K_0 = 9\,000 \cdot 10,379658$

$K_0 = 93\,417$ (€)

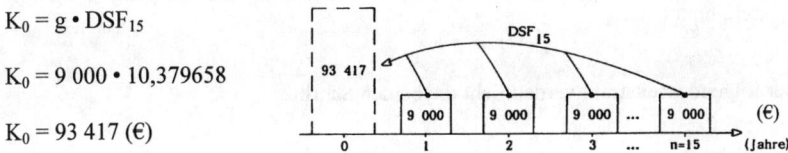

Ergebnis: Die 15-jährige Rente von 9 000 € kann beim Zinssatz von i = 5 % durch die einmalige Zahlung von 93 417 € abgelöst werden.

Hinweis: Rente heißt jede regelmäßige Geldzahlung. Nach der Zahlungsdauer unterscheidet man Zeitrente (feste Frist), Leibrente (unbekannte Frist) und ewige Rente (zeitlich unbegrenzt). Kapitalisierung ist die Umrechnung einer Rente in eine einmalige Zahlung g heute.

2.1.5   Aufzinsen und Summieren einer Zahlungsreihe

Welchen Endwert K_n hat eine Zahlungsreihe, bei der für die Dauer von n Jahren jeweils am Jahresende ein gleich bleibender Betrag g anfällt, wenn man mit einem Zinssatz von i rechnet?

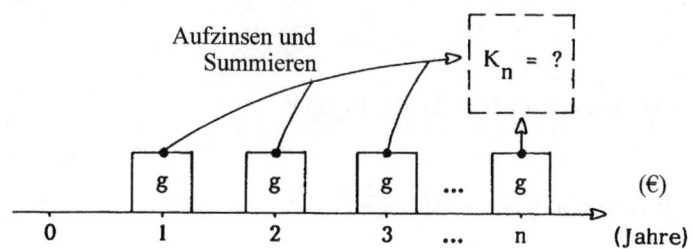

Lösung

Die Lösung dieses Problems erfolgt in zwei Schritten:

(1) Sie berechnen den Barwert der Zahlungsreihe mit Hilfe des Diskontierungs-summenfaktors (DSF).

(2) Sie zinsen den Barwert K_0 mit Hilfe des Aufzinsungsfaktors (AuF) auf den Zeitpunkt n auf.

Der folgende Zeitstrahl verdeutlicht die beiden Schritte:

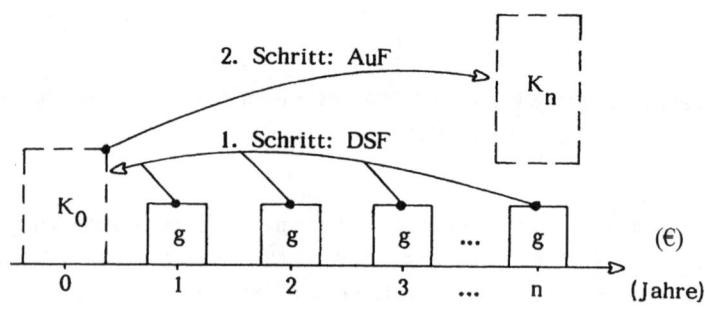

Für K_0 kann man schreiben (1. Schritt): $K_0 = g \cdot DSF = g \cdot \dfrac{(1+i)^n - 1}{i(1+i)^n}$

Für K_n muss gelten (2. Schritt): $K_n = K_0 \cdot AuF = K_0(1+i)^n$

Unter Berücksichtigung der K_0-Gleichung lässt sich die K_n-Gleichung wie folgt schreiben:

$$K_n = g \cdot \underbrace{\frac{(1+i)^n - 1}{i(1+i)^n}}_{K_0} \cdot (1+i)^n \qquad | \text{ kürzen mit } (1+i)^n \rightarrow$$

(2.7) $\boxed{K_n = g \cdot \dfrac{(1+i)^n - 1}{i} = g \cdot EWF}$

$\longrightarrow$ Endwertfaktor (EWF)

Der Faktor

$$\frac{(1+i)^n - 1}{i}$$

heißt Endwertfaktor (EWF) oder Aufzinsungssummenfaktor. Er gestattet die Bestimmung jener einmaligen Zahlung zum Zeitpunkt n, die einer Zahlungsreihe mit gleich bleibenden Jahreszahlungen bei einem Zinssatz von i wirtschaftlich gleichwertig (äquivalent) ist. Sie finden ihn im Tabellenanhang, wo auch seine alternative Schreibweise mit $(1+i) = q$ notiert ist: $EWF = \dfrac{q^n - 1}{q - 1}$.

Beispiel (Endwertermittlung)

a) Ein Soldat hat sich auf acht Jahre zur Bundeswehr verpflichtet. Am Ende seiner Bundeswehrzeit möchte er sich ein Auto kaufen. Zu diesem Zweck legt er jeweils am Jahresende 1 500 € zurück, worauf ihm seine Bank 6 % Zinsen gewährt. Die Zinsen werden ihm stets am Jahresende gutgeschrieben und im folgenden Jahr mitverzinst. Wie viel kann er nach acht Jahren für den Wagen ausgeben?

b) Der Industrielle F. verspricht dem Abgeordneten L. eine jährliche Zahlung von 200 000 €. Wie viel kann L. nach zwei Legislaturperioden abheben, wenn er das Geld jeweils am Jahresende bei seiner Bank einzahlt, die ihm 7,5 % Zinsen gewährt?

Lösung a)

$K_n = g \cdot EWF_8$

$K_n = 1\ 500 \cdot 9,897468$

$K_n = 14\ 846$ (€)

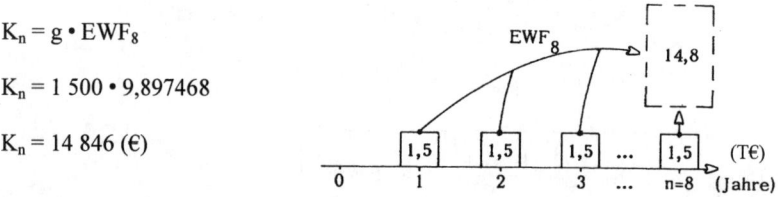

Lösung b)

$K_n = g \cdot EWF_8$

$K_n = 200\ 000 \cdot 10,446371$

$K_n = 2\ 089\ 274$ (€)

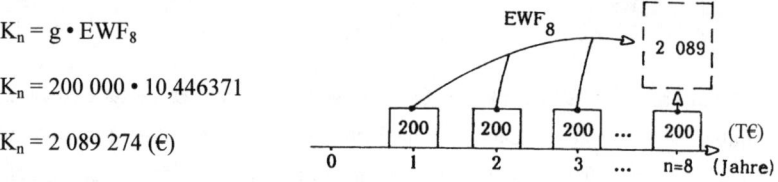

Ergebnis: Der Soldat kann nach acht Jahren 14 846 € abheben. Der Abgeordnete verfügt nach acht Jahren über 2,089 Millionen Euro.

Beispiel (Endwert des blauen Dunstes)

Ein Raucher gibt im Jahr 1 200 € für Tabakwaren aus. Wie groß ist der Endwert dieser Zahlungsreihe bei einer Restlebenserwartung des Rauchers von 40 Jahren und einem Zinssatz von i = 0,06 = 6 %? Wie erhält man bei gegebenem Endwert den Barwert? Wie kann man den Barwert noch errechnen?

Lösung

$K_n = g \cdot EWF_{40}$

$K_n = 1\ 200 \cdot 154{,}761966$

$K_n = 185\ 714\ (\text{€})$

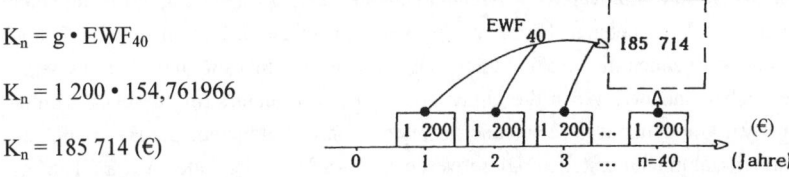

$K_0 = K_n \cdot AbF_{40}$

$K_0 = 185\ 714 \cdot 0{,}097222$

$K_0 = 18\ 055\ (\text{€})$

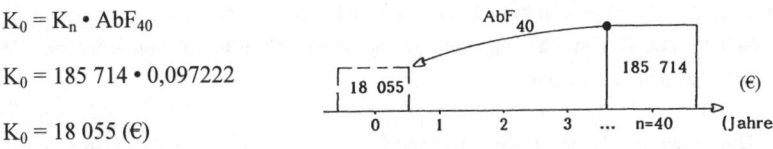

$K_0 = g \cdot DSF_{40}$

$K_0 = 1\ 200 \cdot 15{,}046297$

$K_0 = 18\ 056\ (\text{€})$

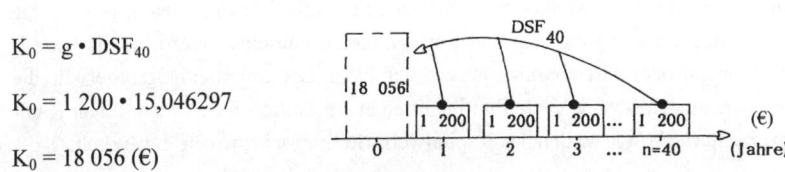

Ergebnis: Der Endwert des blauen Dunstes beläuft sich auf 185 714 €. Bei gegebenem Endwert erhalten Sie den zugehörigen Barwert, indem Sie den Endwert mit
dem Abzinsungsfaktor (AbF) multiplizieren, bei gegebener Zahlungsreihe, indem
Sie diese mit dem Diskontierungssummenfaktor (DSF) kapitalisieren.

2.2 Kapitalwertkriterium

Die Kapitalwertmethode gehört zu den wichtigsten Investitionsrechnungsverfahren.
1985 nutzten sie 48 % der deutschen Großunternehmungen, 1989 setzten sie schon
59 % der Umsatzmilliardäre ein, 1996 waren es 73 % (vgl. S. 28). Daneben nutzten
1996 40 % der Mittelständler die Kapitalwertmethode. Die Zahl der Unternehmungen, die ihre Investitionsentscheidungen unmittelbar aufgrund des Kapitalwertes
fällen, liegt allerdings etwas unter den genannten Werten. Denn manche Unterneh-

mungen, die den Kapitalwert errechnen, nutzen ihn nur als Vorstufe zur Ermittlung der Investitionsrendite (vgl. Kapitel 3: Interne Zinsfuß-Methode) oder der Annuität der Investition (vgl. Kapitel 4: Annuitätenmethode). Neben der Kapitalwertmethode setzen die Unternehmen häufig noch andere Entscheidungshilfen ein: Im Durchschnitt verwenden die Großunternehmungen heute 3,4 Investitionsrechnungsmethoden nebeneinander. Wenn die Unternehmungen theoriekonform vorgehen würden, müssten alle dynamisch rechnenden Investoren ihre Kalküle auf der Basis von Ein- und Auszahlungen erstellen. Diese werden mit 48 % mittlerweile zwar am häufigsten als Rechnungselemente genutzt, in 64 % der Anwendungsfälle werden aber nicht-zahlungswirksame Größen (Ausgaben/Einnahmen, Kosten/Leistungen, Aufwendungen/Erträge) genannt. 43 % der Unternehmungen verwenden nebeneinander unterschiedliche Rechnungselemente; 57 % setzen für alle Rechenverfahren die gleichen Rechenelemente ein[1].

Die Kapitalwertmethode (Barwertmethode, Diskontierungsmethode, Gegenwartsmethode, Net Present Value-Methode oder Nettobarwertmethode, Discounted-Cash-Flow-Methode = DCF-Methode) beruht auf einer einfachen Entscheidungsregel, die angibt, welche Bedingung erfüllt sein muss, damit man eine Investition als vorteilhaft, lohnend oder wirtschaftlich bezeichnen kann. Die Entscheidungsregel, die die Voraussetzungen für die Vorteilhaftigkeit einer Investition fixiert, nennt man Kapitalwertkriterium. Wir wollen das Kapitalwertkriterium schrittweise entwickeln.

(1) Nach einer sehr einfachen und umgangssprachlich orientierten Fassung unserer Entscheidungsregel könnte man sagen:

Eine Investition lohnt sich, wenn sie mindestens so viel bringt wie sie kostet.

Diese Entscheidungsregel setzt voraus, dass in den „Kosten" eines Objektes auch Zinsansprüche des Investors enthalten sind.

(2) Wir präzisieren die Formulierung, indem wir berücksichtigen, dass die zu verwendenden Rechnungselemente nicht Leistungen und Kosten, sondern Ein- und Auszahlungen sind. Wir verknüpfen die Rechnungselemente außerdem durch die Bedingung $\geq$, welche die verbale Formulierung „mindestens so viel wie" ersetzt.

Eine Investition lohnt sich, wenn Einzahlungen $\geq$ Auszahlungen

---

[1] Vgl. B. Herrmann, Anwendung der Investitionsrechnungsmethoden in der Praxis, S. 50 f.

(3) Wir haben gelernt, dass Zahlungen, die zu unterschiedlichen Zeitpunkten anfallen, nicht vergleichbar sind (ein Euro heute ist mehr wert als ein Euro morgen). Wir machen die Zahlungen vergleichbar, indem wir alle auf einen einheitlichen Zeitpunkt, den Zeitpunkt 0, beziehen.

Eine Investition lohnt sich, wenn
barwertige Einzahlungen $\geq$ barwertige Auszahlungen

Ab Schritt (3) ist die Entscheidungsregel rechnerisch korrekt. Die folgenden Umformungen dienen nur noch der Vereinfachung.

(4) Wir schreiben die barwertigen Ein- und Auszahlungen kürzer als E_0 und A_0 und erhalten die Formulierung:

Investition lohnt, wenn $E_0 \quad \geq A_0$ $\qquad E_0$ = barwertige Einzahlungen

Investition lohnt, wenn $E_0 - A_0 \geq 0$ $\qquad A_0$ = barwertige Auszahlungen

(5) Die Differenz zwischen den barwertigen Ein- und Auszahlungen bezeichnen wir als Kapitalwert C_0 und schreiben:

Investition lohnt, wenn $\underbrace{E_0 - A_0}\ \geq 0$

Kapitalwertkriterium:

(2.8) $\qquad$ | Investition lohnt, wenn $\quad C_0 \quad \geq 0$ | $\qquad C_0$ = Kapitalwert

Eine Investition ist also bei dem gewählten Zinssatz vorteilhaft, wenn der auf den Zeitpunkt Null bezogene Kapitalwert, also der Barwert aller Zahlungen, die zum Zeitpunkt 0 oder später anfallen, nicht negativ ist.

Die Formulierung „nicht negativ" macht deutlich, dass man die Investition im Grenzfall $C_0 = 0$ nicht abzulehnen hat. Sie kann vielmehr als gerade eben vorteilhaft bezeichnet werden, da sie mit einer Geldanlage zum gewählten Kalkulationszinssatz gleichwertig ist. Der Investor erhält in diesem Fall sein eingesetztes Kapital zurück und eine Verzinsung der ausstehenden Beträge in Höhe seines Kalkulationszinssatzes von i.

Das Kapitalwertkriterium ist eine der wichtigsten Entscheidungsregeln, und zwar sowohl bei Investitionen als auch bei Finanzierungen. Die Größe des Kapitalwertes einer Investition - und damit deren Vorteilhaftigkeit - hängt ab von den „drei Z":

- der Höhe der Zahlungen,
- deren zeitlicher Verteilung und
- dem Zinssatz.

Eine Investition lohnt sich (ist vorteilhaft, ist wirtschaftlich), wenn der von den drei Z bestimmte Kapitalwert nicht negativ ist. Dieser wird folgendermaßen definiert:

Kapitalwert einer Investition ist die Summe der Barwerte aller durch diese Investition verursachten Zahlungen (= Ein und Auszahlungen). Oder: Kapitalwert ist die Differenz zwischen den barwertigen Einzahlungen und den barwertigen Auszahlungen einer Investition.

Dadurch, dass der Kapitalwert alle Geldbeträge einheitlich auf den Zeitpunkt 0, den Investitionsbeginn, abzinst, berücksichtigt er, dass man Geldbeträge, die erst in der Zukunft fällig werden, heute niedriger bewertet. Der Wertunterschied zwischen gegenwärtigen und zukünftigen Gütern wird durch das Abzinsen erfasst, dabei ist der Zinssatz Maßstab für die Zeitpräferenz, d. h. die Höherschätzung des Heutigen und die Minderschätzung des Künftigen durch den Menschen. Damit begründeten Ökonomen wie Böhm-Bawerk, Fisher und von Stackelberg schon vor langer Zeit die Existenz des Zinses[1].

2.3   Kapitalwert im Zweizahlungsfall

Im Folgenden wird gezeigt, wie man den Kapitalwert eines Investitionsobjekts in unterschiedlichen Praxisfällen, d. h. bei unterschiedlichen Zahlungsverläufen ermitteln kann. Die einfachste denkbare Investition besteht aus lediglich zwei Zahlungen, einer Auszahlung und einer Einzahlung. Wir gehen von folgendem Fall aus.

---

[1] Vgl. E. von Böhm-Bawerk, Kapital und Kapitalzins, S. 318 ff. - I. Fisher, The Nature of Capital and Income, S. 202. - H. von Stackelberg, Grundlagen der theoretischen Volkswirtschaftslehre, S. 288 f.

Beispiel (Zweizahlungsfall)

Die Gemeinde B. kauft ein Grundstück für 100 000 €. Nach einem Jahr verkauft sie es an einen ansiedlungswilligen Unternehmer für 108 000 €. Überprüfen Sie die Vorteilhaftigkeit dieser Investition bei unterschiedlichen Kalkulationszinssätzen i.

Lösung

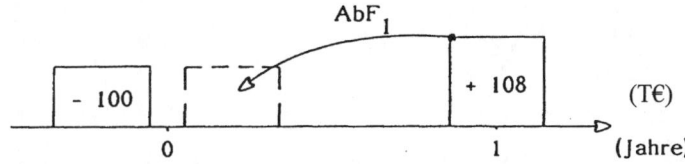

Rechnet der Investor mit einem Kalkulationszinssatz von 4 %, dann gilt für den Kapitalwert:

$$C_0 = E_0 - A_0 = 108\,000 \cdot AbF_1 - 100\,000$$

$$C_0 = 108\,000 \cdot 0{,}961538 - 100\,000 = 3\,846\ (\text{€})$$

Der Kapitalwert dieser Investition nimmt unterschiedliche Werte an, wenn Sie mit unterschiedlichen Kalkulationszinssätzen rechnen.

i (%)	AbF	$E_0 = 108 \cdot AbF$ (T€)	$C_0 = E_0 - 100$ (T€)
4	0,961538	103,85	3,85
6	0,943396	101,89	1,89
8	0,925926	100,00	0,00
10	0,909091	98,18	- 1,82
12	0,892857	96,43	- 3,57

Übers. 2.2: Kapitalwert bei unterschiedlichen Kalkulationszinssätzen

Rechnet der Investor in unserem Beispiel mit einem Zinssatz, der kleiner als 8 % ist, so ist der Kapitalwert positiv. Die Investition lohnt sich. Liegt der Kalkulationszinssatz über 8 %, so ist der Kapitalwert negativ. Die Investition lohnt sich nicht. Der kritische Wert für den Kalkulationszinssatz liegt bei 8 %. Hier ist der Kapitalwert Null. Die Investition ist in diesem Fall eben noch lohnend. Der Investor erreicht mit seiner Investition gerade seine Mindestverzinsungsanforderung - nicht mehr und nicht weniger.

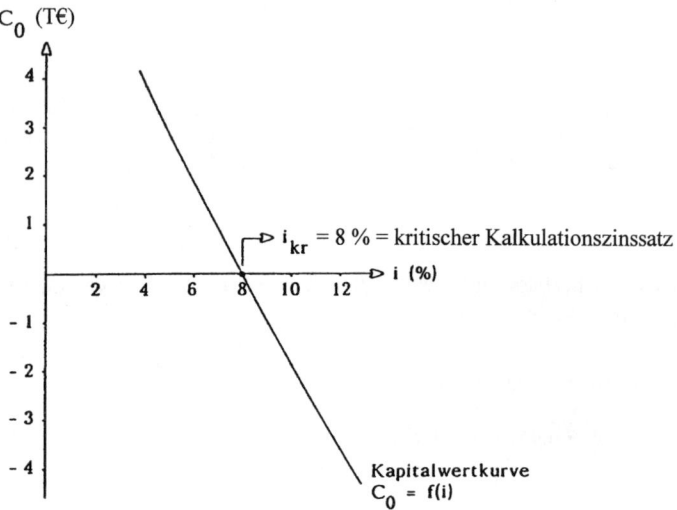

Abb. 2.1: Mit steigendem Kalkulationszinssatz nimmt der Kapitalwert ab

Die Kapitalwertkurve gibt an, welche Werte der Kapitalwert der betrachteten Investition unter sonst gleichen Umständen bei unterschiedlichen Kalkulationszinssätzen annimmt. Sie verläuft monoton fallend und leicht linksgekrümmt. Sie verdeutlicht, dass der Kapitalwert mit steigendem Kalkulationszinssatz sinkt. Das ist damit zu erklären, dass mit steigendem Zinssatz ein immer größerer Geldbetrag durch den Mindestverzinsungsanspruch des Investors aufgezehrt wird und für die Wiedergewinnung und den Überschuss immer weniger übrig bleibt.

Beispiel (Zweizahlungsfall)

Ein Oldtimer-Händler kann einen gut erhaltenen Bugatti zum Preis von 100 000 €
erwerben. Ein Sammler bietet ihm für das gute Stück 148 000 €, zahlbar nach fünf
Jahren. Lohnen sich Kauf und Weiterverkauf für den Händler

- bei einem Kalkulationszinsfuß von 8 %,
- bei einem Kalkulationszinsfuß von 10 %?

Lösung

$i_1 = 8\%$ → $C_{0,1} = E_0 - A_0 = 148\ 000 \cdot AbF_5 - 100\ 000$

$\qquad\qquad\qquad C_{0,1} = 148\ 000 \cdot 0{,}680583 - 100\ 000$

$\qquad\qquad\qquad C_{0,1} = 726\ (€)$ →   Investition lohnt.

$i_2 = 10\%$ → $C_{0,2} = E_0 - A_0 = 148\ 000 \cdot AbF_5 - 100\ 000$

$\qquad\qquad\qquad C_{0,2} = 148\ 000 \cdot 0{,}620921 - 100\ 000$

$\qquad\qquad\qquad C_{0,2} = -\ 8\ 104$ →   Investition lohnt nicht.

Beispiel (Kapitalwert und Zins)

Beweisen Sie rechnerisch unter Benutzung des Abzinsungsfaktors (AbF), dass der
Kapitalwert einer Investition mit steigendem Kalkulationszinssatz i sinkt. Gehen Sie
dabei von der Investition mit der Auszahlung von 100 000 € im Zeitpunkt 0 und
einer Einzahlung von 108 000 € im Zeitpunkt 1 aus.

Lösung

Der Kapitalwert C_0 der Investition

ergibt sich aus:

$C_0 = -\ 100 + 108 \cdot \dfrac{1}{1+i}$

Ergebnis: Wenn i steigt, wird der Abzinsungsfaktor $\frac{1}{1+i}$ kleiner. Dadurch wird stärker abgezinst und es sinkt der Einzahlungsbarwert E_0. Wegen $C_0 = E_0 - A_0$ nimmt der Kapitalwert entsprechend ab.

2.4   Kapitalwert bei konstanten Jahreszahlungen

Im praktischen Fall löst eine Investition meist mehr als zwei Zahlungen aus. Wenn Sie etwa den Maschinenpark Ihres Betriebes vergrößern, dann wird zum Zeitpunkt 0 die Anschaffungsauszahlung A für die neue Maschine fällig. Während der Nutzungsjahre verursacht die neue Maschine jährliche Betriebs- und Instandhaltungsauszahlungen a, die als konstant betrachtet werden. Die Konstanzannahme gilt auch für die während der Nutzungsjahre erwarteten jährlichen Einzahlungen e. Am Ende der Nutzungszeit geht der Restwert R ein. Abgesehen von der Anschaffungsauszahlung können alle anderen Größen nur geschätzt werden. Sie sind mit Risiko behaftet. Sinnvollerweise rechnet man mit dem wahrscheinlichsten Wert[1].

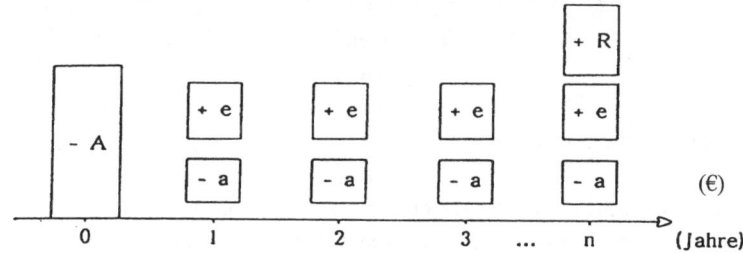

Symbole

A = Anschaffungsauszahlung (€)

a = jährliche Betriebs- und Instandhaltungsauszahlungen (€/J)

e = jährliche Einzahlungen (€/J)

R = Restwert (€)

n = Nutzungsdauer (Jahre)

---

[1] Zur ausführlichen Darstellung der Risikoberücksichtigung bei Investitionen vgl. K.-D. Däumler, Anwendung von Investitionsrechnungsverfahren in der Praxis, S. 171 ff.

Der Kapitalwert einer solchen Investition lässt sich nach der Grundgleichung $C_0 = E_0 - A_0$ ausrechnen. Die barwertigen Einzahlungen erhalten Sie, indem Sie die Reihe der jährlichen Einzahlungen e mit dem Diskontierungssummenfaktor abzinsen und summieren und dazu den abgezinsten Restwert R addieren:

$$E_0 = e \cdot DSF_n + R \cdot AbF_n$$

Entsprechend ergibt sich der Gegenwartswert aller Auszahlungen als:

$$A_0 = a \cdot DSF_n + A$$

Für den Kapitalwert C_0 kann man mithin schreiben:

$$C_0 = E_0 - A_0$$

$$C_0 = e \cdot DSF_n + R \cdot AbF_n - a \cdot DSF_n - A$$

(2.9)
$$C_0 = (e - a) \cdot DSF_n + R \cdot AbF_n - A$$

Kapitalwert bei konstanten Jahreszahlungen

Gemäß Gleichung (2.9) lässt sich der Kapitalwert einer Investition in vielen Praxisfällen bestimmen.

Beispiel (Kauf einer Zylinderschleifanlage)

Für einen kommunalen Betriebshof soll eine Zylinderschleifanlage zum Preis von 150 000 € angeschafft werden. Durch die eigene Zylinderschleiferei können jährliche Auszahlungen von 80 000 € vermieden werden, die bislang für Fremdarbeiten zu zahlen waren. Die jährlichen Betriebs- und Instandhaltungsauszahlungen der eigenen Anlage schätzt man auf 50 000 €. Die Zylinderschleifanlage kann vermutlich 8 Jahre genutzt und danach gebraucht für 20 000 € weiterverkauft werden. Ist die Investition vorteilhaft, wenn der kommunale Investor mit einem Kalkulationszinssatz von $i = 0,10 = 10\,\%$ rechnet?

Lösung

```
                                           + 20
                 + 80      + 80      + 80   + 80
    - 150        - 50      - 50      - 50 ...  - 50      (T€)
 ┌──────────┬─────────┬─────────┬─────────┬──────────▷
    0          1         2         3   ...  n=8        (Jahre)
```

$C_0 = (e - a) \cdot DSF_8 + R \cdot AbF_8 - A$

Jetzt setzen wir die Zahlen laut Aufgabe ein, wobei wir die Werte für den DSF und AbF dem Tabellenanhang entnehmen (i = 10 %; n = 8 Jahre).

$C_0 = 30\,000 \cdot 5{,}334926 + 20\,000 \cdot 0{,}466507 - 150\,000$

$C_0 = 160\,045 + 9\,330 - 150\,000$

$C_0 = 19\,378\ (€)$

Ergebnis: Die Investition ist vorteilhaft, da sich ein positiver Kapitalwert von 19 378 € ergibt. Der Investor gewinnt das eingesetzte Kapital zurück, erzielt auf die jeweils ausstehenden Beträge seine geforderte Mindestverzinsung in Höhe von 10 % und gewinnt zusätzlich einen barwertigen Überschuss von 19 378 €. Das verdeutlicht auch die Zeitstrahldarstellung.

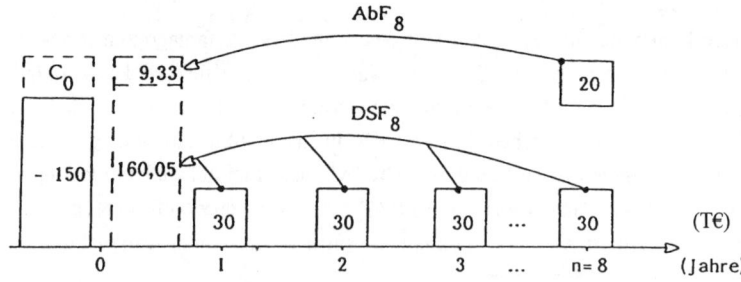

Beispiel (Interpretation eines positiven Kapitalwertes)

Es ist zu zeigen, dass der positive Kapitalwert von 19 378 € (vgl. obiges Beispiel) für den Investor Folgendes bedeutet:

(1) Wiedergewinnung der Anschaffungsauszahlung, $\left.\right\}$ $C_0 < 0$

(2) Verzinsung der jeweils noch ausstehenden Beträge mit i = 10 %, $\left.\right\}$ $C_0 = 0$ $\left.\right\}$ $C_0 > 0$

(3) darüber hinaus einen barwertigen Überschuss von 19 378 €.

Wir stellen für das Beispiel der Zylinderschleifanlage eine Tabelle der Zahlungen auf, die für jedes Jahr ermittelt, wie viel von den laufenden Nettoeinzahlungen zur Verzinsung der noch im Investitionsobjekt steckenden Mittel benötigt wird und welcher Betrag zur Wiedergewinnung zur Verfügung steht.

Jahr	ausstehender Betrag am Jahresanfang (€)	Nettoeinzahlung (€)	davon Verzinsungsanforderung (€)	davon Wiedergewinnung (€)	davon nicht zur Verzinsung oder Wiedergewinnung benötigt (€)
	I	II	III = I • i	IV = II - III	V = II - (III + IV)
1	150 000	30 000	15 000	15 000	0
2	135 000	30 000	13 500	16 500	0
3	118 500	30 000	11 850	18 150	0
4	100 350	30 000	10 035	19 965	0
5	80 385	30 000	8 039	21 961	0
6	58 424	30 000	5 842	24 158	0
7	34 266	30 000	3 427	26 573	0
8	7 693	50 000	769	7 693	41 538

(inkl. Restwert)   Summe: 150 000

Übers. 2.3: Aufteilung der Nettoeinzahlungen in Zins und Wiedergewinnung

Von der Nettoeinzahlung des ersten Jahres werden 15 000 € für die Verzinsung des zu Beginn dieses Jahres noch ausstehenden Betrages von 150 000 € benötigt. Zur Wiedergewinnung bleibt der Betrag von 15 000 €, um den sich das ausstehende Kapital zu Beginn des zweiten Jahres mindert. Folglich ist im zweiten Jahr ein geringerer Zinsanteil zu berechnen (13 500 €), und es bleibt ein höherer Wiedergewinnungsanteil (16 500 €). Dieser Prozess, geringerer Zinsanteil und wachsender Wiedergewinnungsanteil, setzt sich fort bis zum achten Jahr. Zu Beginn des letzten Jahres stehen noch 7 693 € aus. Somit werden von den in diesem Jahr eingehenden Nettoeinzahlungen, die einschließlich Restwert 50 000 € betragen, nur 769 € zur Verzinsung benötigt. Da nur noch 7 693 € ausstehen, wird auch nur dieser Betrag zur Wiedergewinnung benötigt. Der Rest, also der Betrag, der weder zur Verzinsung noch zur Wiedergewinnung erforderlich ist, beläuft sich auf 41 538 €. Das ist der endwertige Überschuss, der auf den Zeitpunkt n bezogene Wert aller Ein- und Auszahlungen C_n.

$$C_0 = \begin{array}{c} \text{Barwert der Nettoeinzahlungen, die} \\ \text{nicht für Wiedergewinnung und Ver-} \\ \text{zinsung benötigt werden} \end{array} = \begin{array}{c} \text{endwertiger} \\ \text{Überschuss} \end{array} \cdot AbF_n = C_n \cdot AbF_n$$

$$C_0 = 41\,538 \cdot 0{,}466507$$

$$C_0 = 19\,378 \; (\text{€})$$

Ergebnis: Die Investition ist wegen des positiven Kapitalwertes von 19 378 € vorteilhaft. Die Tabelle zeigt Ihnen, dass der Investor im Laufe der 8-jährigen Nutzungsdauer

- die Anschaffungsauszahlung von A = 150 000 € wiedergewinnt,

- das jeweils noch ausstehende Kapital mit i = 10 % verzinst erhält,

- darüber hinaus einen endwertigen Überschuss von C_n = 41 538 € erzielt, dem ein barwertiger Überschuss von C_0 = 19 378 € entspricht.

2.5   Kapitalwert und Horizontwert

Horizontwert oder Endwert einer Investition ist die Summe aller mit dem Kalkulationszinssatz i auf den Zeitpunkt n (= Ende der Nutzungsdauer) aufgezinsten Ein- und Auszahlungen des Objekts. Die Bezeichnung Horizontwert besagt, dass sich dieser

Wert auf das Investitionsende, auf das Ende des Planungshorizontes für das jeweilige Objekt bezieht. Der Horizontwert C_n repräsentiert den endwertigen Überschuss der Investition; der Kapitalwert C_0 stellt ihren barwertigen Überschuss dar. Zwischen dem barwertigen und dem endwertigen Überschuss besteht folgende Beziehung:

(2.10)

$$C_n = C_0 \cdot (1+i)^n = C_0 \cdot AuF_n$$

$$C_0 = C_n \cdot \frac{1}{(1+i)^n} = C_n \cdot AbF_n$$

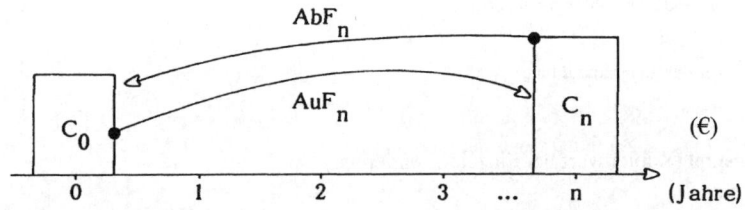

Ist der Kapitalwert gegeben, erhalten Sie den Horizontwert, indem Sie den Kapitalwert auf den Zeitpunkt n aufzinsen. Bei gegebenem Horizontwert ermitteln Sie den Kapitalwert, indem Sie den Horizontwert auf den Zeitpunkt 0 diskontieren (abzinsen). Eine Investition, die nach der Kapitalwertmethode vorteilhaft ist, ist stets auch nach der Horizontwertmethode lohnend. Kapitalwert und Horizontwert sind zwei Ausdrucksformen eines einheitlichen Prinzips, wonach eine Investition dann vorteilhaft ist, wenn sich für einen beliebigen Bezugszeitpunkt ein Überschuss ergibt.

2.6   Kapitalwert bei unterschiedlichen Jahreszahlungen

Bitte beachten Sie, dass in allen Fällen, in denen der Diskontierungssummenfaktor verwendet wurde, etwa bei Gleichung (2.9), vorausgesetzt wird, dass die Zahlungsreihe aus im Zeitablauf gleich bleibenden Jahreszahlungen besteht. In der Praxis darf man die Voraussetzung der zeitlichen Konstanz der Jahreszahlungen auch dann als erfüllt ansehen, wenn die tatsächlichen jährlichen Zahlungen jeweils in der Nähe eines Durchschnittswerts liegen. Werden die Abweichungen vom Durchschnitt je-

doch zu hoch, so ist der Kapitalwert ohne Benutzung des Diskontierungssummenfaktors durch Abzinsen der einzelnen Jahresbeträge folgendermaßen zu ermitteln:

Kapitalwert bei Einzeldiskontierung

(2.11)

$$C_0 = (e_1 - a_1) \cdot AbF_1 + (e_2 - a_2) \cdot AbF_2 + (e_3 - a_3) \cdot AbF_3$$
$$+ \dots + (e_n - a_n + R) \cdot AbF_n - A$$

Symbole

e_n = laufende Einzahlungen im Jahr n
a_n = laufende Auszahlungen im Jahr n
R = Restwert
A = Anschaffungsauszahlung

Beispiel (Kapitalwert bei Einzeldiskontierung)

Ein neu zu errichtendes Autobahnteilstück soll an den Ländereien eines Landwirtes
entlangführen, der eine ergiebige Kiesgrube, die bislang nicht genutzt wurde, besitzt. Der Landwirt verpflichtet sich, der Baugesellschaft für 4 Jahre eine bestimmte
Menge Kies frei Baustelle zu liefern und erhält dafür jährlich 280 000 €. Solange
die Baustelle noch weit von der Kiesgrube entfernt ist, rechnet der Landwirt mit
erheblichen Auszahlungen für den Transport des Kieses. Diese Auszahlungen sinken dann jedoch in dem Maße, wie sich die Baustelle, bedingt durch den Baufortschritt, der Kiesgrube nähert. Danach, wenn sich die Autobahnbaustelle bei weite-
rem Baufortschritt wieder von der Grube entfernt, steigen die Auszahlungen für den
Transport wieder. Die Anschaffungsauszahlung, die vor Beginn des Kiesabbaus anfällt, beläuft sich auf 600 000 €. Nach 4 Jahren kann das Gerät für 200 000 € wei-
terveräußert werden. Als Verzinsung will der Landwirt mindestens 7 % auf seinen
jeweiligen Kapitaleinsatz erzielen. Es fallen die aus dem Zeitstrahl ersichtlichen
Zahlungen an. Lohnt sich die Investition?

				200 000	
	280 000	280 000	280 000	280 000	
- 600 000	- 190 000	- 80 000	- 70 000	- 160 000	(€)
0	1	2	3	4	(Jahre)

Lösung

	Daten des Beispiels		Kapitalwertberechnung		
Zeit-punkt	Auszahlun-gen A, a (€)	Einzahlun-gen e, R (€)	Nettoein-zahlungen (€)	AbF (7 %)	Barwerte (7 %) (€)
	I	II	III = II - I	IV	V = III • IV
0	600 000	-	- 600 000	-	- 600 000
1	190 000	280 000	90 000	0,934579	84 112
2	80 000	280 000	200 000	0,873439	174 688
3	70 000	280 000	210 000	0,816298	171 423
4	160 000	480 000 (inkl. Restwert)	320 000	0,762895	244 126
Kapitalwert = Summe der Barwerte aller Zahlungen:					74 349

Übers. 2.4: Tabellarische Kapitalwertermittlung

Ergebnis: Die Investition lohnt sich. Der Investor gewinnt das eingesetzte Kapital zurück. Daneben erhält er 7 % auf die ausstehenden Beträge. Darüber hinaus gewinnt er einen barwertigen Überschuss von 74 349 €.

Beispiel (Anschaffung einer Fräsmaschine)

In einem Betrieb wurden Horizontalfräsarbeiten bislang an Fremdunternehmen vergeben. Es wird geplant, diese Arbeiten künftig selbst durchzuführen. Die anzuschaffende automatische Horizontalfräsmaschine soll 500 000 € kosten. Während der Nutzungszeit dieser Anlage fallen Betriebs- und Instandhaltungsauszahlungen von 100 000 € im ersten Jahr an; sie steigen von Jahr zu Jahr um 10 000 €. Der Restwert, der nach Ablauf der Nutzungsdauer von 5 Jahren realisiert werden kann, beläuft sich auf 30 000 €. Durch die Maschine werden künftig Auszahlungen an Fremdunternehmen in Höhe von 250 000 € jährlich vermieden.

Lohnt sich die Anschaffung, wenn der Unternehmer mit einem Kalkulationszinssatz von 8 % rechnet?

Lösung

```
                                                    +  30 ⎤
                 + 250     + 250     + 250     + 250 + 250 ⎬ 280
                                                           ⎦
  - 500     - 100     - 110     - 120     - 130     - 140      (T€)
  ├─────────┼─────────┼─────────┼─────────┼─────────┼─────────▷
    0         1         2         3         4         n=5      (Jahre)
```

	Daten des Beispiels		Kapitalwertberechnung		
Zeit-punkt	Auszahlun-gen A, a (€)	Einzahlun-gen e, R (€)	Nettoein-zahlungen (€)	AbF (8 %)	Barwerte (8 %) (€)
	I	II	III = II - I	IV	V = III • IV
0	500 000	-	- 500 000	-	- 500 000
1	100 000	250 000	150 000	0,925926	138 889
2	110 000	250 000	140 000	0,857339	120 027
3	120 000	250 000	130 000	0,793832	103 198
4	130 000	250 000	120 000	0,735030	88 204
5	140 000	280 000 (inkl. Restwert)	140 000	0,680583	95 282
Kapitalwert = Summe der Barwerte aller Zahlungen:					45 600

Übers. 2.5: Tabellarische Kapitalwertermittlung

Ergebnis: Die Investition lohnt sich, da der Investor zusätzlich zur Wiedergewinnung und Verzinsung einen barwertigen Überschuss von 45 600 € erzielt.

2.7   Kapitalwert bei unbegrenzter Nutzungsdauer

Es gibt auch Investitionen, deren Lebensdauer nicht von vornherein begrenzt ist: Wenn Sie z. B. ein Grundstück, ein Fischwasser, eine ewige Rente oder einen Goldbarren kaufen, können Sie und Ihre Erben das jeweilige Objekt ohne jetzt erkennbares Zeitlimit nutzen, weil diese Objekte keinem Verschleiß unterliegen. Auch beim Kauf von Unternehmungen oder Unternehmungsteilen geht man häufig von unbegrenzter Nutzungsdauer aus - und sei es nur deshalb, weil man nicht weiß, wann diese Unternehmungen vom Markt verschwinden[1]. Im Übrigen gibt es investitionsrechnerisch keinen wesentlichen Unterschied zwischen dreißigjähriger und unbegrenzter Nutzungsdauer. Der Barwert bei dreißigjähriger Nutzungsdauer macht 94 Prozent des Barwertes bei unbegrenzter Nutzungsdauer aus[2].

Wenn der Kauf eines Grundstückes eine Anschaffungsauszahlung von A verursacht und gleich bleibende jährliche Nettoeinzahlungen von g verspricht, dann erhalten wir einen ins Unendliche reichenden Zeitstrahl.

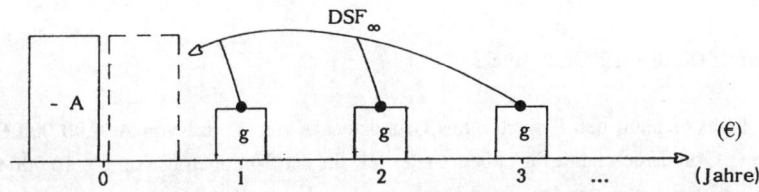

Den Kapitalwert dieser Investition erhält man, indem man eine Grenzwertbetrachtung anstellt, d. h. indem man n gegen unendlich streben lässt. Für den Kapitalwert gilt bei einer Lebensdauer von n Jahren:

$$C_0 = g \cdot \frac{(1+i)^n - 1}{i(1+i)^n} - A$$

$$\underbrace{\phantom{\frac{(1+i)^n - 1}{i(1+i)^n}}}_{DSF}$$

Da die Lebensdauer n nur im Diskontierungssummenfaktor (DSF) vorkommt, genügt es, die Grenzwertbetrachtung für den DSF allein vorzunehmen.

---

[1] Zur Unternehmungsbewertung vgl. u. a.: K.-D. Däumler, Anwendung von Investitionsrechnungsverfahren in der Praxis, S. 11 ff.

[2] Vgl. Ebenda, S. 23 f.

$$\text{DSF} = \frac{(1+i)^n - 1}{i(1+i)^n} \qquad | \text{ kürzen mit } (1+i)^n \rightarrow$$

$$\text{DSF} = \frac{1 - \frac{1}{(1+i)^n}}{i}$$

Aus dieser Schreibweise erkennt man:

$$\lim_{n \to \infty} \text{DSF} = \frac{1}{i} \qquad \text{wegen} \qquad \lim_{n \to \infty} \frac{1}{(1+i)^n} = 0$$

Verwertet man diese Information in der Kapitalwertformel, so ergibt sich der einfache Ausdruck:

(2.12) $\boxed{C_0 = g \cdot \frac{1}{i} - A}$ Kapitalwert bei unbegrenzter Laufzeit

$\longrightarrow$ DSF für $n \to \infty$

Beispiel (Kauf eines Grundstücks)

Ein Investor plant den Erwerb eines Grundstückes zum Preise von $A = 90\,000\ \text{€}$. Dieses Grundstück kann für unbegrenzte Zeit für den Nettobetrag von $g = 10\,000\ \text{€}$ jährlich verpachtet werden. Ist diese Investition bei einem Zinssatz von $i = 0{,}10 = 10\,\%$ vorteilhaft?

Lösung

$$C_0 = g \cdot \frac{1}{i} - A = 10\,000 \cdot \frac{1}{0{,}10} - 90\,000 = +\,10\,000\ (\text{€})$$

Ergebnis: Die Investition „Kauf eines Grundstücks" ist wegen des positiven Kapitalwertes von $10\,000\ \text{€}$ vorteilhaft.

2.8   Checkliste

Kapitalwert: Er ergibt sich aus der Differenz zwischen den barwertigen Ein- und Auszahlungen bei einem bestimmten Zinssatz. Der Kapitalwert ist eine wesentliche Entscheidungshilfe, wenn es um die Frage geht, ob eine Investition vorteilhaft ist, oder nicht.

Kapitalwertkriterium ($C_0 \geq 0$): Eine Investition mit positivem Kapitalwert ist vorteilhaft. Ein negativer Kapitalwert bedeutet, dass die Investition unwirtschaftlich ist. Bei einem Kapitalwert von Null ist es gleichgültig, ob man investiert oder sein Geld zum Kalkulationszinssatz anlegt.

Informationen: Der Entscheidungsträger muss Vorstellungen über den Verlauf der mit einer Investition verbundenen Zahlungen, über ihre Nutzungsdauer und über die Höhe des Kalkulationszinssatzes besitzen. Er muss A, R, e, a, n und i quantifizieren können.

Risiko: Die zahlenmäßigen Informationen sind naturgemäß mit Risiken behaftet; bei kleinen und mittleren Investitionen empfiehlt es sich, jeweils mit dem wahrscheinlichsten Wert zu rechnen. Bei Großinvestitionen sollte man spezielle Verfahren zur Risikoberücksichtigung einsetzen.

Berechnung: Die Berechnung des Kapitalwertes erfolgt unter Benutzung finanzmathematischer Faktoren, wobei drei Fälle zu unterscheiden sind:

(1) Zahlungsreihen mit im Zeitablauf konstanten Jahreszahlungen; hier wird der Diskontierungssummenfaktor eingesetzt.

(2) Zahlungsreihen mit unterschiedlichen Jahreszahlungen; hier ist eine Einzeldiskontierung mit Hilfe des Abzinsungsfaktors erforderlich.

(3) Zahlungsreihen mit im Zeitablauf konstanten Jahreszahlungen und unbegrenzter Laufzeit; hier wird der Diskontierungssummenfaktor zu

$$DSF = \frac{1}{i} \text{ (Grenzwert für n} \rightarrow \infty).$$

Interpretation: Der Kapitalwert ist genau zu interpretieren. Ein positiver Kapitalwert von z. B. + 100 € besagt: Der Investor gewinnt erstens sein eingesetztes Kapital zurück, erhält zweitens eine Verzinsung in Höhe seines Kalkulationszinssatzes auf die jeweils ausstehenden Beträge und gewinnt drittens einen barwertigen Überschuss von 100 €. Die Investition ist vorteilhaft.

Ein Kapitalwert von 0 € besagt: Der Investor gewinnt erstens sein eingesetztes Kapital zurück und erhält zweitens eine Verzinsung in Höhe seines Kalkulationszinssatzes auf die jeweils ausstehenden Beträge. Ein darüber hinausgehender barwertiger Überschuss wird nicht erzielt.

Ein Kapitalwert von z. B. - 100 € besagt: Der Investor erleidet einen barwertigen Verlust in Höhe von 100 €. Dieser Verlust kann dadurch zustandekommen, dass die geforderte Mindestverzinsung auf die ausstehenden Beträge nicht erreicht wird. Er kann auch dadurch entstehen, dass die investierten Mittel nicht oder nicht in voller Höhe wiedergewonnen werden. Die Investition ist in beiden Fällen unvorteilhaft.

Formeln und Symbole

Formeln	Symbole	
$K_n = K_0 \cdot AuF$ $K_n = K_0 \cdot (1+i)^n$	K_n K_0 AuF i n	= Geldbetrag zum Zeitpunkt n = Geldbetrag zum Zeitpunkt 0 = Aufzinsungsfaktor = Zinssatz = Anzahl Jahre
$K_0 = K_n \cdot AbF$ $K_0 = K_n \cdot (1+i)^{-n}$	AbF	= Abzinsungsfaktor
$K_0 = g \cdot DSF$ $K_0 = g \cdot \dfrac{(1+i)^n - 1}{i(1+i)^n}$	DSF g	= Diskontierungssummenfaktor = konstanter Geldbetrag pro Jahr
$K_n = g \cdot EWF$ $K_n = g \cdot \dfrac{(1+i)^n - 1}{i}$	EWF	= Endwertfaktor

$C_0 = E_0 - A_0$	C_0 = Kapitalwert E_0 = Barwert aller Einzahlungen A_0 = Barwert aller Auszahlungen
$C_0 = (e-a) \cdot DSF + R \cdot AbF - A$ $C_0 = (e-a) \cdot \dfrac{(1+i)^n - 1}{i(1+i)^n} + R \cdot (1+i)^{-n} - A$	e = konstante jährliche Einzahlungen a = konstante jährliche Betriebs- und Instandhaltungsauszahlungen R = Restwert nach n Jahren A = Anschaffungsauszahlung
$C_0 = (e_1 - a_1)AbF_1 + (e_2 - a_2)AbF_2$ $+ (e_3 - a_3)AbF_3 + ...$ $+ (e_n - a_n + R)AbF_n - A$	jährliche Zahlungen sind nicht konstant $(e_n - a_n)$ = Nettoeinzahlungen des Jahres n
$C_0 = (e - a) \cdot \dfrac{1}{i} - A$	$\dfrac{1}{i}$ = DSF bei unbegrenzter Laufzeit

Fragen und Aufgaben

2.1   Das Volkseinkommen eines Staates beläuft sich zu einer bestimmten Zeit auf 3 000 Mrd Euro. Welchen Wert weist es in 20 Jahren auf, wenn es in dieser Zeit durchschnittlich um 5 % pro Jahr in laufenden Preisen wächst?

2.2   Auf welche Summe wachsen 100 € bei einem Zinssatz von $i = 0,08 = 8\ \%$ in 5, 10, 15, ..., 30 Jahren an? Stellen Sie die Höhe der Endwerte in Abhängigkeit von der Zeit grafisch dar.

2.3   Jemand macht mit 40 Jahren eine Erbschaft von 100 000 €, die er für 20 Jahre zu $i = 0,08 = 8\ \%$ anlegt. Nach dieser Zeit lässt er sich die dann jeweils am Jahresende auf das akkumulierte Kapital anfallenden Jahreszinsen auszahlen. Wie hoch sind diese?

2.4   Ein Schuldner hat sich verpflichtet zu zahlen: 2 000 € nach 2 Jahren, 5 000 € nach 5 Jahren und 4 000 € nach 7 Jahren. Er will sich dieser Verpflichtung durch eine einzige Zahlung zum Zeitpunkt 0 entledigen. Wie hoch muss diese sein, wenn man mit $i = 0{,}08 = 8\,\%$ rechnet?

2.5   Für ein Wohnhaus bietet A 120 000 € bar, B 150 000 € nach 5 Jahren und C 180 000 € nach 6 Jahren. Welches Angebot ist das günstigste

a) bei $i = 0{,}06 = 6\,\%$,

b) bei $i = 0{,}10 = 10\,\%$?

2.6   Ein bei einem Autounfall Geschädigter erhält eine Jahresrente von $g = 6\ 000\ \text{€}$ für $n = 8$ Jahre zugesprochen und möchte diese kapitalisieren. Welche sofortige Barabfindung K_0 entspricht der Rente beim Zinssatz von

a) $i = 0{,}06 = 6\,\%$,

b) $i = 0{,}10 = 10\,\%$?

2.7   Ein Lottospieler gibt jährlich $g = 2\ 000\ \text{€}$ für sein Hobby aus. Welchen Endwert K_n hat diese Zahlungsreihe bei einer Spielzeit von $n = 30$ Jahren und einem Zinssatz von $i = 0{,}07 = 7\,\%$?

2.8   Warum sind Zahlungen, die zu verschiedenen Zeitpunkten anfallen, nicht unmittelbar vergleichbar?

2.9   Was versteht man unter dem Begriff Zeitpräferenz?

2.10 Zeigen und begründen Sie, wie sich der Kapitalwert einer Investition mit steigendem Zinssatz ändert.

2.11 Was versteht man unter dem Kapitalwert?

2.12 Eine Investition besteht aus einer einmaligen Auszahlung von 10 000 €. Nach $n = 5$ Jahren erfolgt eine Einzahlung von 14 800 €. Ist diese Investition lohnend

a) beim Zinssatz von $i = 0{,}08 = 8\,\%$,

b) beim Zinssatz von $i = 0{,}10 = 10\,\%$?

2.13 Ein Autofahrer, der einen Unfall verschuldet hat, steht vor folgendem Entscheidungsproblem:

    1. Er kann den Unfallschaden ohne Inanspruchnahme seiner Haftpflichtversicherung selbst regulieren. Die dabei entstehende und sofort fällige Auszahlung beläuft sich auf 1 500 €.

2. Er kann die Schadenregulierung seiner Haftpflichtversicherung überlassen, hat dann jedoch durch den Verlust des Schadenfreiheitsrabattes in den nächsten Jahren mit folgenden zusätzlichen Prämienzahlungen zu rechnen:

1. Jahr: 500 € zusätzliche Prämienzahlung
2. Jahr: 400 € zusätzliche Prämienzahlung
3. Jahr: 400 € zusätzliche Prämienzahlung
4. Jahr: 300 € zusätzliche Prämienzahlung
5. Jahr: 300 € zusätzliche Prämienzahlung
6. Jahr: 0 € zusätzliche Prämienzahlung

Welche Entscheidung empfehlen Sie, wenn mit einem Zinssatz von

a) $i = 0,08 = 8\%$ oder

b) $i = 0,10 = 10\%$ zu rechnen ist?

2.14 Ein Betrieb plant den Kauf einer Maschine zum Preise vom 10 000 €. Die Lebensdauer der Maschine wird auf $n = 4$ Jahre geschätzt. In jedem Jahr werden Einzahlungen von 5 000 € erwartet. Die jährlichen Betriebs- und Instandhaltungsauszahlungen werden mit 3 000 € veranschlagt. Nach Ablauf von vier Jahren kann ein Restwert von 4 000 € realisiert werden. Lohnt sich diese Investition bei einem Zinssatz von $i = 0,06 = 6\%$?

2.15 Ein Fischereirecht, das dem Berechtigten (bzw. dessen Erben) für alle Zeiten zusteht, soll durch eine einmalige geldliche Abfindung abgegolten werden. Welche Höhe hat der Abfindungsbetrag, wenn der Wert des Fischereirechtes mit jährlich 4 500 € angenommen wird,

a) beim Zinssatz von $i = 0,08 = 8\%$,

b) beim Zinssatz von $i = 0,04 = 4\%$?

2.16 Das Wasser- und Schifffahrtsamt (WSA) Kiel übereignet der am Nord-Ostsee-Kanal liegenden Gemeinde Sehestedt die Zuwegung zur dortigen Auto- und Personenfähre. Da die Gemeinde dann für die Instandhaltung der Zuwegung verantwortlich ist, erhält sie vom WSA einen einmaligen Geldbetrag. Wie hoch muss dieser sein, wenn die Gemeinde Sehestedt mit $i = 0,06 = 6\%$ rechnet und die jährliche Instandhaltung mit durchschnittlich 25 000 € veranschlagt?

2.17 Steigt (+) oder fällt (-) der Kapitalwert einer Investition im Regelfall unter sonst gleichen Umständen mit

- steigender Anschaffungsauszahlung A?   Kapitalwert

- steigenden jährlichen Betriebs- und
Instandhaltungsauszahlungen a?   Kapitalwert

- steigenden jährlichen Einzahlungen e?   Kapitalwert

- steigender Nutzungsdauer n?   Kapitalwert

- steigendem Kalkulationszinssatz i?   Kapitalwert

2.18 Welche in die Investitionsrechnung eingehenden Werte sind normalerweise
      sicher, welche risikobehaftet? Beschreiben Sie kurz tabellarisch mögliche Ri-
      siken (= negative Abweichung des Istwertes vom Planwert) und Chancen
      (= positive Abweichung des Istwertes vom Planwert). Nutzen Sie dazu nach-
      folgende Tabelle.

In die Investitionsrechnung ein-gehende Größe	Risiko	Chance
Anschaffungsauszahlung A		
Jährliche Betriebs- und Instandhal-tungsauszahlungen a		
Jährliche Einzahlungen e		
Nutzungsdauer n		
Restwert R		
Kalkulationszinssatz i		

2.19 Überlegen Sie, wie ein Formular zur Kapitalwertermittlung im Rahmen eines
      Tabellenkalkulationsprogramms aussehen muss. Fertigen Sie eine Bleistift-
      skizze an, und vergleichen Sie diese mit dem Musterformular im Lösungsan-
      hang.

3. Interne Zinsfuß-Methode

3.1 Kriterium der internen Zinsfuß-Methode

Für Investitionsrechnungen in der Praxis wird nicht selten die interne Zinsfuß-Methode (Methode des internen Ertragssatzes, Barwertrentabilitätsmethode, DCF-Methode = Discounted-Cash-Flow-Methode) als besonders brauchbar hervorgehoben. So empfiehlt zum Beispiel der Zentralverband der Elektrotechnischen Industrie (ZVEI) seinen Mitgliedsfirmen schon seit langem die Investitionsrechnung nach der Methode des internen Zinsfußes[1]. Der Zentralverband führt bei seiner Empfehlung insbesondere an, dass das Kriterium der internen Zinsfuß-Methode den Vorteil der Anschaulichkeit habe. Der ZVEI nennt daneben folgende Argumente für die Anwendung der internen Zinsfuß-Methode:

1. Die zinsgerechte Betrachtung, durch die der Zeitfaktor berücksichtigt wird. Damit wird der Tatsache Rechnung getragen, dass ein heute in der Kasse vorhandener Geldbetrag mehr wert ist als ein erst in zwei oder drei Jahren eingehender Geldbetrag gleicher Höhe.

2. Die Brauchbarkeit vorhandener Daten, die sich aus den Zahlen des Rechnungswesens und der Planung ableiten lassen.

3. Die Eignung zur Zusammenstellung von Investitionsprogrammen.

4. Die theoretisch einwandfreie Rechnung.

Ohne auf diese Argumente im Einzelnen eingehen zu wollen, sei doch betont, dass es sich hierbei im Wesentlichen um Vorteile der Gesamtgruppe der dynamischen Investitionsrechnungsmethoden handelt und nicht etwa um Vorzüge, die speziell der internen Zinsfuß-Methode zu Eigen sind.

Die interne Zinsfuß-Methode ist in der Praxis sehr beliebt: 52 Prozent der antwortenden Großunternehmungen orientierten sich 1985 bei ihren Investitionsentscheidungen am internen Zinssatz (vgl. S. 28), 1989 waren es schon 59 Prozent, 1996 68 Prozent. Damit ist die interne Zinsfuß-Methode nach der Kapitalwertmethode (und vor der Amortisationsrechnung) die derzeit gebräuchlichste Methode bei den Großunternehmungen. 44 Prozent der mittelständischen Unternehmungen nutzen die interne Zinsfuß-Methode (vgl. S. 30). Sie liegt damit nach der Rentabilitätsrech-

---

[1] Vgl. ZVEI, Leitfaden für die Beurteilung von Investitionen, S. 17.

nung und vor der Kapitalwertmethode auf dem zweiten Platz der Hitliste. Die gute Position dieser Methode ist bemerkenswert, wenn man bedenkt, dass die Errechnung des internen Zinssatzes, der Investitionsrendite einen vergleichsweise hohen Rechenaufwand erfordert. Die interne Zinsfuß-Methode wird beim praktischen Einsatz meist noch durch weitere Methoden ergänzt; weniger als 10 Prozent der Umsatzmilliardäre nutzen sie als alleinige Entscheidungshilfe.

Man bezeichnet den internen Zinssatz, den eine Investition abwirft, auch als Effektivzins, Rendite, interne Rendite, internen Ertragssatz, Kapitalertragsrate, internal rate of return oder DCF-Rendite = Discounted-Cash-Flow-Rendite. Der Investor vergleicht den internen Zinssatz mit der Mindestverzinsungsanforderung, die er an das betrachtete Investitionsobjekt stellt. Das Kriterium der internen Zinsfuß-Methode lautet dann:

> Wenn der interne Zinssatz r (= erwartete Rendite) einer Investition mindestens so groß ist wie die Mindestverzinsungsanforderung i, die der Investor an das Investitionsobjekt stellt, so ist die betreffende Investition vorteilhaft.

(3.1) $\boxed{r \geq i}$ internes Zinsfuß-Kriterium

Beim internen Zinsfuß-Kriterium handelt es sich also um einen einfachen Zinsvergleich. Die Frage der Vorteilhaftigkeit einer Investition ist stets dann eindeutig beantwortet, wenn die beiden Zinssätze (interner Zinssatz sowie Mindestverzinsungsanforderung des Investors = Kalkulationszinssatz) quantifiziert sind. Es sind somit zwei Fragen zu stellen und zu beantworten:

1. Welche Höhe hat die Mindestverzinsungsanforderung i des Investors in Bezug auf eine Investition?

   Die Möglichkeiten zur Festlegung des Kalkulationszinssatzes haben Sie im Grundlagen-Kapitel kennen gelernt. Sie wissen, er wird meist nach dem Schema „Kalkulationszinssatz = Basiszins + Risikozuschlag" fixiert.

2. Welche Höhe hat die Rendite r einer Investition?

   Der interne Zinssatz einer Investition lässt sich rechnerisch ermitteln. Wir wenden uns im Folgenden den Rechenverfahren zur Effektivzinsbestimmung zu.

3.2 Errechnung des internen Zinssatzes

3.2.1 Grafische Methode

> Definition: Unter dem internen Zinssatz versteht man jenen Zinssatz, bei dessen Anwendung der Kapitalwert einer Investition gleich Null wird oder, was dasselbe besagt, bei dem die barwertigen Einzahlungen mit den barwertigen Auszahlungen übereinstimmen.

Um zu verstehen, weshalb man durch die Bedingung $C_0 = 0$ den internen Zinssatz (= Rendite) einer Investition

> 1. definieren und
>
> 2. errechnen kann,

wollen wir das Kapitalwertkriterium und das interne Zinsfuß-Kriterium vergleichen. Dem Vergleich soll eine Investition zugrundegelegt werden, die die folgende, sehr einfache Zahlungsreihe aufweist:

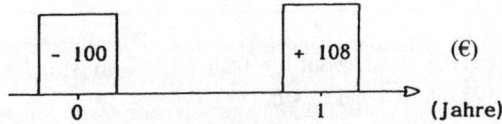

Es ist unmittelbar einsichtig, dass die Rendite dieser Investition genau 8 % beträgt, d. h. es gilt $r = 0,08$. Wir prüfen nun, was sich über die Vorteilhaftigkeit dieser Investition aussagen lässt, wenn der Kalkulationszinssatz beispielhaft verschiedene Werte durchläuft. Aus Übersicht 3.1 erkennen Sie dreierlei:

1. Bei einem Kalkulationszinssatz von $i_1 = 0,06 = 6\%$ ergibt sich ein positiver Kapitalwert. Das bedeutet, dass der Investor sein eingesetztes Kapital zurückerhält, er gewinnt für die ausstehenden Beträge die geforderte Mindestverzinsung und zusätzlich einen barwertigen Überschuss in Höhe des Kapitalwertes. Die Rendite ist größer als die Mindestverzinsungsanforderung.

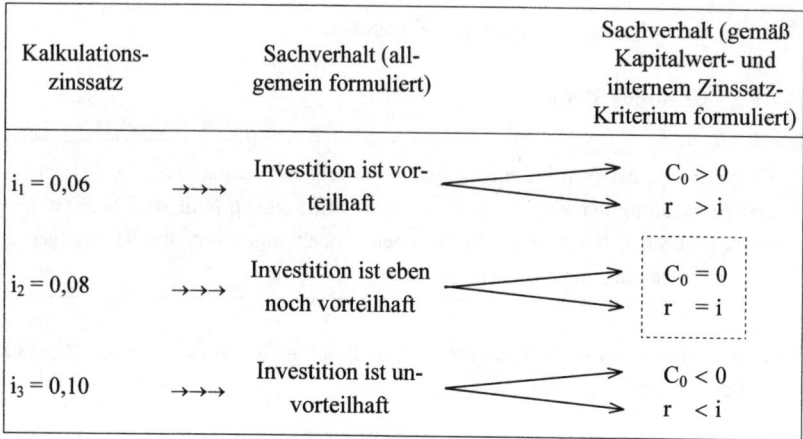

Kalkulations-zinssatz	Sachverhalt (all-gemein formuliert)	Sachverhalt (gemäß Kapitalwert- und internem Zinssatz-Kriterium formuliert)
$i_1 = 0,06$ →→→	Investition ist vor-teilhaft	$C_0 > 0$ $r > i$
$i_2 = 0,08$ →→→	Investition ist eben noch vorteilhaft	$C_0 = 0$ $r = i$
$i_3 = 0,10$ →→→	Investition ist un-vorteilhaft	$C_0 < 0$ $r < i$

Übers. 3.1: Vorteilhaftigkeit hängt vom Kalkulationszinssatz ab

2. Ist der Kalkulationszinssatz gleich der Rendite, so erhält der Investor sein einge-setztes Kapital zurück und gerade eine Verzinsung in Höhe der geforderten Min-destverzinsung. Der Kapitalwert ist Null. Umkehrschluss: Beim Kapitalwert von Null gilt $r = i$.

3. Steigt der Kalkulationszinssatz auf $i_3 = 0,10 = 10$ %, so wird die Investition un-vorteilhaft, und es gilt $r < i$ und $C_0 < 0$.

Von besonderer Bedeutung ist dabei der zweite Punkt. Er enthält die Aussage, dass stets dann, wenn eine Investition eben noch lohnend ist, sowohl $C_0 = 0$ als auch $r = i$ gelten muss. Das wollen wir uns grafisch verdeutlichen, indem wir die Kapitalwert-kurve des betrachteten Investitionsobjekts in ein Diagramm einzeichnen. Zur Er-stellung der Zeichnung sind die zu den drei Kalkulationszinssätzen gehörenden Ka-pitalwerte nach dem Schema $C_0 = 108 \cdot AbF_1 - 100$ auszurechnen. Wir erhalten für die drei Kalkulationszinssätze folgende Kapitalwerte:

$i_1 = 0,06$ → $C_{0,1} = 108 \cdot 0,943396 - 100 = + 1,89$ (€)

$i_2 = 0,08$ → $C_{0,2} = 108 \cdot 0,925926 - 100 = \pm 0$ (€)

$i_3 = 0,10$ → $C_{0,3} = 108 \cdot 0,909091 - 100 = - 1,82$ (€)

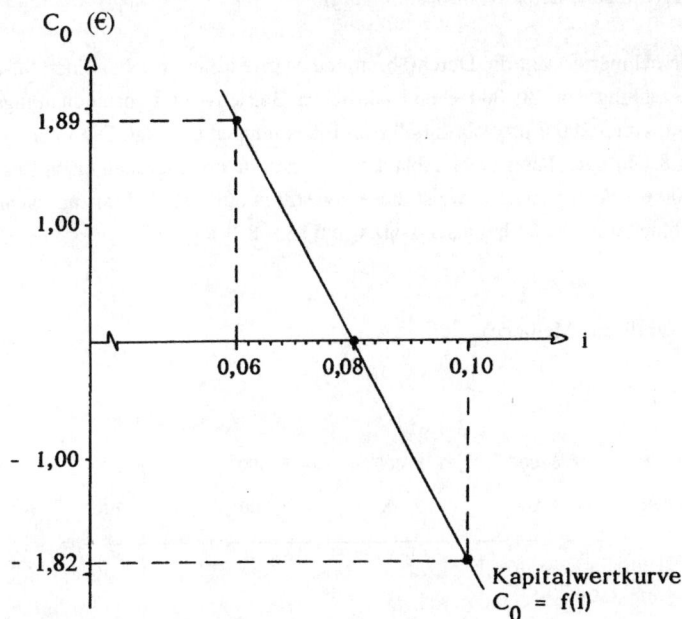

Abb. 3.1: Kapitalwert sinkt mit steigendem Kalkulationszinssatz

Sie sehen, dass die Kapitalwertkurve die Abszisse genau an der Stelle $i = 0{,}08$ schneidet. Das heißt: Rechnet man mit einem Kalkulationszinssatz, der genau die Höhe des internen Zinssatzes hat, so erhält man einen Kapitalwert von Null. Und umgekehrt: Der Zinssatz, bei dem der Kapitalwert Null wird, ist der interne Zinssatz (= Definition des internen Zinssatzes).

Die gezeigte Methode lässt sich allgemein zur Effektivzinsbestimmung bei Investitionen anwenden, indem Sie die Kapitalwerte zu drei verschiedenen Kalkulationszinssätzen errechnen. Vorher sollten Sie grob abschätzen, in welchem Bereich das Ergebnis, der interne Zinssatz, liegt und Probierzinssätze aus diesem Bereich wählen.

Beispiel (Grafische Effektivzinsbestimmung)

Ein Unternehmer erwägt die Durchführung einer Investition, die bei einer Anschaffungsauszahlung von 30 000 € und jährlichen Betriebs- und Instandhaltungsauszahlungen von 3 200 € pro Jahr 8 000 € an Einzahlungen erbringt. Die Lebensdauer wird auf 8 Jahre geschätzt. Nach Ablauf der Investition erwartet man einen Restwert von 3 600 €. Welche Rendite weist diese Investition auf? Ist sie lohnend, wenn der Unternehmer einen Kalkulationszinssatz von 0,08 = 8 % ansetzt?

Lösung (grafische Methode):

$$C_0 = 4\ 800 \cdot DSF_8 + 3\ 600 \cdot AbF_8 - 30\ 000$$

Bei der grafischen Ermittlung der Rendite geht man in drei Schritten vor:

1. Ermittlung von drei Kapitalwerten für drei verschiedene Kalkulationszinssätze. Die Genauigkeit der grafischen Lösung lässt sich verbessern, wenn man nicht nur zwei Wertepaare, sondern drei ermittelt. Dadurch berücksichtigt man die Krümmung der Kapitalwertkurve.

2. Einzeichnen der Kapitalwertkurve in ein Koordinatensystem.

3. Ablesen der Rendite am Abszissenschnittpunkt und Vergleich mit dem Kalkulationszinssatz.

$$i_1 = 0,06 \rightarrow C_{0,1} = 4\ 800 \cdot 6,209794 + 3\ 600 \cdot 0,627412 - 30\ 000$$

$$C_{0,1} = +\ 2\ 066\ (€)$$

$i_2 = 0,08 \rightarrow C_{0,2} = 4\ 800 \cdot 5,746639 + 3\ 600 \cdot 0,540269 - 30\ 000$

$$C_{0,2} = -471\ (\text{€})$$

$i_3 = 0,10 \rightarrow C_{0,3} = 4\ 800 \cdot 5,334926 + 3\ 600 \cdot 0,466507 - 30\ 000$

$$C_{0,3} = -2\ 713\ (\text{€})$$

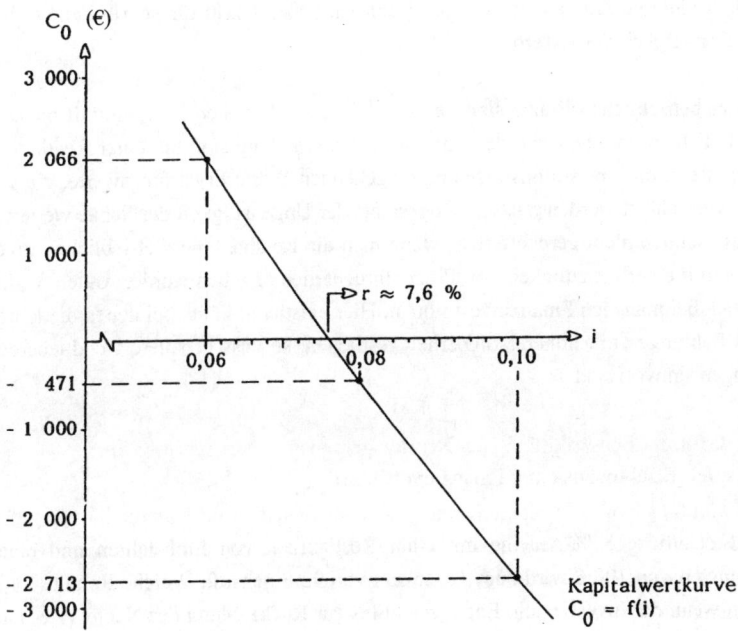

Abb. 3.2: Kapitalwert sinkt mit steigendem Kalkulationszinssatz

Ergebnis: Aus der Abbildung können Sie einen internen Zinssatz von etwa 7,6 % ablesen. Die Investition ist somit bei einer Mindestverzinsungsanforderung von 8 % nicht lohnend, was auch aus dem bei $i_2 = 0,08 = 8\ \%$ negativen Kapitalwert hervorgeht.

Wir können die Rendite zeichnerisch beliebig genau bestimmen, indem wir uns die Information, dass das Rechenergebnis bei 7,6 % liegt, zunutze machen. Dies geschieht, indem wir jenen Kurvenausschnitt, der zwischen $i = 0,07$ und $i = 0,08$ liegt, herausgreifen und ihn nochmals genau zeichnen. Wir ermitteln also die Kapitalwerte für $i_1 = 0,07$; $i_2 = 0,075$ und $i_3 = 0,08$. Aus einer solchen Zeichnung kann man den internen Zinssatz der Investition bereits mit einer sehr hohen Genauigkeit ablesen. Danach könnte man wiederum einen Kurvenausschnitt, in dem der gefundene Renditenwert liegt, herausgreifen und ihn unter Zugrundelegung neuer, noch dichter bei der Rendite liegender Kalkulationszinssätze in ein Diagramm zeichnen, aus dem sich der interne Zinssatz noch genauer ablesen ließe. Schritt für Schritt ließe sich so die Genauigkeit verbessern.

In der betrieblichen Praxis sind derartige Zusatzrechnungen im Regelfall nicht erforderlich. Abgesehen von der Anschaffungsauszahlung sind bei einer Realinvestition alle in die Investitionsrechnung eingehenden Werte Erwartungswerte, die subjektiv geschätzt werden müssen. Angesichts der Ungenauigkeit der Schätzwerte wäre es sachlich nicht gerechtfertigt, wenn man die Rendite einer betrieblichen Investition mit einer Genauigkeit von Prozentbruchteilen angeben würde. Anders verhält es sich bei manchen Finanzinvestitionen: Hier existieren Fälle, bei denen die künftigen Zahlungen mit höherer Sicherheit festliegen, so dass genauere Renditeberechnungen sinnvoll sind.

Beispiel (Effektivzins einer Finanzinvestition)

Eine staatliche 8 %-Anleihe mit einer Restlaufzeit von fünf Jahren und einem Nennwert von 100 € wird zum Tageskurs von 92 € gekauft. Welche Rendite ergibt sich, wenn der Investor sein Engagement bis zur Rückzahlung des Nennwertes nach fünf Jahren durchhält?

1. Lösung (grafische Methode)

Die Finanzinvestition „Kauf einer 8 %-Anleihe" ergibt den Zeitstrahl:

```
                                                    + 100
  - 92      + 8        + 8        + 8        + 8        + 8        (€)

    0         1          2          3          4          5        (Jahre)
```

$$C_0 = 8 \cdot DSF + 100 \cdot AbF_5 - 92$$

$i_1 = 0,08 \quad \rightarrow \quad C_{0,1} = 8 \cdot 3,992710 + 100 \cdot 0,680583 - 92 = + 8,00 \ (€)$

$i_2 = 0,10 \quad \rightarrow \quad C_{0,2} = 8 \cdot 3,790787 + 100 \cdot 0,620921 - 92 = + 0,42 \ (€)$

$i_3 = 0,12 \quad \rightarrow \quad C_{0,3} = 8 \cdot 3,604776 + 100 \cdot 0,567427 - 92 = - 6,42 \ (€)$

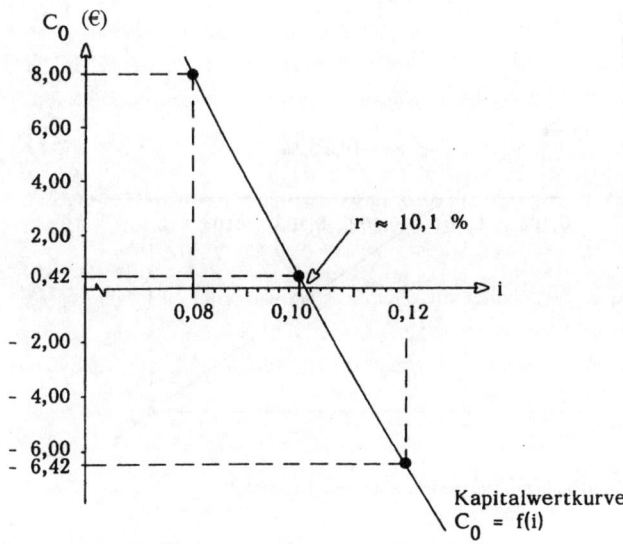

Abb. 3.3: Kapitalwert sinkt mit steigendem Kalkulationszinssatz

Ergebnis 1: Die Rendite der Finanzinvestition liegt bei gut 10 %.

2. Lösung (verbesserte grafische Methode)

Im gegebenen Fall einer Finanzinvestition mit sicheren Zahlungen ist es nicht unsinnig, wenn man die Rendite genauer ausrechnet. Aus Abbildung 3.3 erkennen Sie, dass die Kapitalwertkurve die Abszisse zwischen 10 % und 10,5 % schneidet. Wir greifen also diesen Abschnitt heraus und errechnen neben dem bereits bekannten Kapitalwert für i = 0,10 auch noch jenen für i = 0,105. Dabei genügen zwei Wertepaare, wenn der Unterschied zwischen den Zinssätzen einen Prozentpunkt nicht übersteigt.

$$i_2 = 0,10 \quad \rightarrow \quad C_{0,1} = 8 \cdot 3,790787 + 100 \cdot 0,620921 - 92 = + 0,42 \ (€)$$

$$i_3 = 0,105 \quad \rightarrow \quad C_{0,2} = 8 \cdot 3,742858 + 100 \cdot 0,607000 - 92 = - 1,36 \ (€)$$

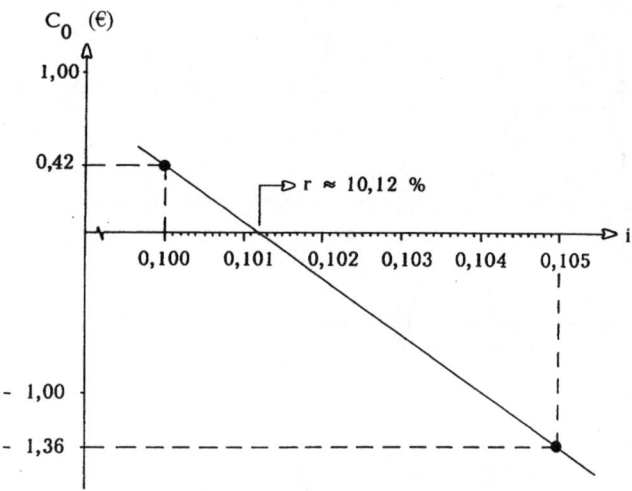

Abb. 3.4: Kapitalwert sinkt mit steigendem Kalkulationszinssatz

Ergebnis 2: Abbildung 3.4 zeigt, dass die Kapitalwertkurve die Abszisse bei einem Effektivzins von etwa 10,12 % schneidet. Dieses Ergebnis weist nur noch eine Ungenauigkeit von einem hundertstel Prozentpunkt auf.

Wünschen Sie eine noch höhere Genauigkeit, greifen Sie den Ausschnitt zwischen den Versuchszinssätzen $i_1 = 10,11$ % und $i_2 = 10,13$ % heraus.

3.2.2 Arithmetische Methode (Regula falsi)

Wir bleiben bei unserer Finanzinvestition „Kauf einer 8 %-Anleihe zum Tageskurs von 92" und stellen uns jetzt die Aufgabe, eine hinlänglich genaue Lösung zu finden, die ohne Zeichnung auskommt.

3. Lösung (arithmetische Methode/Regula falsi)

Wir haben für $i_1 = 0,10$ einen positiven und für $i_2 = 0,105$ einen negativen Kapitalwert gefunden. Damit ist auch ohne Zeichnung klar, dass die gesuchte Rendite zwischen 10 und 10,5 % liegen muss. Neben der in Abbildung 3.4 verwendeten grafischen linearen Interpolation kann man den internen Zinssatz auch rechnerisch durch lineares Interpolieren[1] ermitteln. Dabei geht man nach dem so genannten Sehnenverfahren (Regula falsi) vor. Regula falsi (lat. = Regel des Falschen) ist ein Näherungsverfahren zur Bestimmung der Nullstelle einer Funktion, das auf linearer Interpolation beruht. In Abbildung 3.5 ist eine Kapitalwertkurve schematisch aufgezeichnet. Für die beiden Zinssätze i_1 und i_2 wurden die Kapitalwerte $C_{0,1}$ und $C_{0,2}$ errechnet. Man ersetzt nun die Kapitalwertkurve zwischen i_1 und i_2 durch die Sehne P_1P_2, die die i-Achse an der Stelle i = r schneidet.

Man erkennt, dass r der tatsächlichen Lösung r' umso näher kommt, je näher die Versuchszinssätze i_1 und i_2 bei r' liegen. Abbildung 3.5 verdeutlicht auch, dass es bei der rein grafischen Lösung stets empfehlenswert ist, nicht nur mit zwei, sondern mit drei Versuchszinssätzen zu arbeiten, weil so die Krümmung der Kurve berücksichtigt werden kann. Man erhält damit eine genauere Lösung.

---

[1] Interpolation (lat.) = Errechnen von Werten, die zwischen bekannten Funktionswerten liegen.

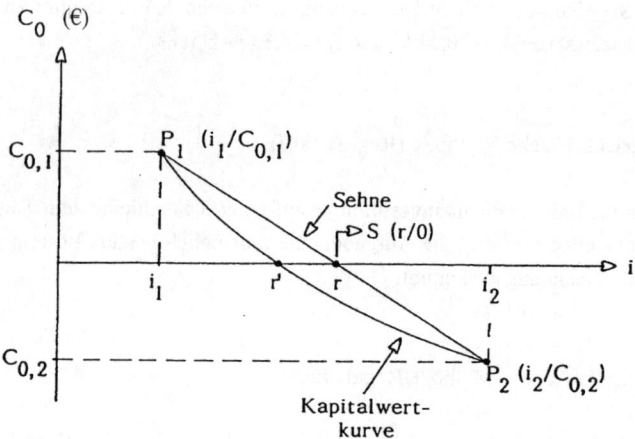

Abb. 3.5: Die Regula falsi ersetzt die Kurve durch eine Gerade

Die Gleichung für die Sehne kann, wenn wir die Koordinaten von P_1 und P_2 kennen, nach der Zwei-Punkte-Form der Geradengleichung aufgestellt werden. Diese lautet allgemein:

$$\frac{y - y_1}{x - x_1} = \frac{y_2 - y_1}{x_2 - x_1}$$

Somit gilt in unserem Fall:

$$\frac{C_0 - C_{0,1}}{i - i_1} = \frac{C_{0,2} - C_{0,1}}{i_2 - i_1}$$

Da wir den Schnittpunkt S der Sehne mit der Abszisse (die Nullstelle) ermitteln wollen, sind in diese Gleichung die Koordinaten von S (r/0) einzusetzen. Sodann ist die Gleichung nach dem Zinssatz aufzulösen. Der so gefundene Ausdruck repräsentiert dann den gesuchten Abszissenwert r.

$$\frac{0 - C_{0,1}}{r - i_1} = \frac{C_{0,2} - C_{0,1}}{i_2 - i_1}$$ | Kehrwerte bilden $\rightarrow$

$$\frac{r - i_1}{-C_{0,1}} = \frac{i_2 - i_1}{C_{0,2} - C_{0,1}} \qquad | \cdot (-C_{0,1}) \rightarrow$$

$$r - i_1 = -C_{0,1} \cdot \frac{i_2 - i_1}{C_{0,2} - C_{0,1}} \qquad | + i_1 \rightarrow$$

(3.2)
$$\boxed{r = i_1 - C_{0,1} \cdot \frac{i_2 - i_1}{C_{0,2} - C_{0,1}}}$$
Regula falsi
(Gleichung zur Effektiv-
zinsbestimmung)

Wenn Sie in die Gleichung (3.2) zur Effektivzinsbestimmung (= Regula falsi) die im Rahmen des Beispiels ermittelten Wertepaare ($i_1 = 0,10$ / $C_{0,1} = + 0,42$ und $i_2 = 0,105$ / $C_{0,2} = - 1,36$) einsetzen, erhalten Sie:

$$r = 0,10 - 0,42 \cdot \frac{0,105 - 0,10}{-1,36 - 0,42}$$

$$r = 0,10 - 0,42 \cdot \frac{0,005}{-1,78}$$

$$r = 0,10118 = 10,12 \ (\%)$$

Den Effektivzinssatz von 10,12 % können Sie auch ohne Zeichnung mit Hilfe der Gleichung zur Effektivzinsbestimmung ermitteln. Die Gleichung zur Effektivzinsberechnung (Regula falsi) ist bei allen Investitionstypen und Zahlungsverläufen anwendbar.

Voraussetzung ist die Kenntnis zweier Wertepaare; man muss also für zwei Versuchszinssätze den Kapitalwert ausrechnen. Das Ergebnis, der interne Zinssatz, ist umso genauer, je näher die Versuchszinssätze bei der gefundenen Lösung liegen. Bei betrieblichen Realinvestitionen genügt es, wenn wenigstens ein Versuchszinssatz nicht weiter als zwei Prozentpunkte vom Ergebnis entfernt ist. Bei Finanzinvestitionen, bei denen es auf mehr Genauigkeit ankommt, sollte wenigstens ein Versuchszinssatz nicht weiter als einen Prozentpunkt vom Ergebnis entfernt sein. Das Ergebnis ist dann meist auf zwei hundertstel Prozentpunkte genau, sofern die Zahlungen in Jahresabständen (und nicht unterjährlich) anfallen.

Sowohl die grafische als auch die arithmetische Methode zur Errechnung des internen Zinssatzes stellen Näherungslösungen dar, die allerdings eine beliebig genaue Ermittlung des Rechenergebnisses zulassen. Warum setzt man nicht einfach die Kapitalwertgleichung gleich Null und löst nach der gesuchten Größe, dem internen Zinssatz auf, um zur genauen Lösung zu kommen?

Wir wollen diese mögliche Vorgehensweise unter Benutzung der Zahlen unseres 8 %-Anleihen-Beispiels ausprobieren.

Beispiel (Effektivzins einer Finanzinvestition)

Die Finanzinvestition „Kauf einer 8 %-Anleihe zum Tageskurs von 92" ergibt den Zeitstrahl:

```
                                       + 100
  - 92      + 8      + 8      + 8      + 8      + 8      (€)
  ─────────────────────────────────────────────────────▷
    0        1        2        3        4        5      (Jahre)
```

1. Kapitalwertfunktion aufstellen: $C_0 = -92 + 8 \cdot \dfrac{(1+i)^5 - 1}{i(1+i)^5} + 100 \cdot \dfrac{1}{(1+i)^5}$

2. Kapitalwert gleich Null setzen: $0 = -92 + 8 \cdot \dfrac{(1+r)^5 - 1}{r(1+r)^5} + 100 \cdot \dfrac{1}{(1+r)^5}$

3. Gleichung nach r auflösen: Ist das möglich?

Wenn es Ihnen so geht wie dem Rest der Menschheit, dann haben Sie Schwierigkeiten mit der Auflösung der Gleichung nach r. Allgemein gilt: Für Werte von n > 3 ist die Auflösung der Kapitalwertfunktion nach dem Zinssatz im Normalfall nicht möglich (Ausnahmen bestätigen die Regel). Also ist man im Regelfall auf die Näherungslösung angewiesen. Und so ist die Regula falsi, die ja eine beliebig genaue Ergebnisermittlung zulässt, das Standardverfahren zur Effektivzinsbestimmung, anwendbar in allen Fällen, d. h. bei allen Zahlungsverläufen.

Eine Ausnahme bilden die vier nachfolgend vorgestellten Sonderfälle. In vier praktischen Anwendungsfällen (ewige Rente, restwertgleiche Anschaffungsauszahlung,
restwertlose Investition, Zweizahlungsfall) lässt es der besondere Aufbau der Kapitalwertfunktion zu, dass Sie die Investitionsrendite schneller und/oder genauer ohne
Zuhilfenahme der Regula falsi ermitteln können. Bei den vier Sonderfällen gehen
wir - wie im gesamten Kapitel „Interne Zinsfuß-Methode" - davon aus, dass alle
Zahlungen am Jahresende anfallen (jährlich nachschüssige Zahlungsweise). Da die
interne Zinsfuß-Methode ein vielseitig verwendbares Instrument darstellt, könnte es
sich lohnen, wenn Sie sich mit der Anwendung dieser Methode auf zwei wichtige
Praxisfelder beschäftigen:

(1) Übertragung der internen Zinsfuß-Methode auf unterjährige und vorschüssige
    Zahlungsweise[1],

(2) Übertragung der internen Zinsfuß-Methode auf den Finanzierungsbereich[2].

3.3   Vier Sonderfälle

3.3.1   Ewige Rente

Beispiel (Kauf einer Unternehmung)

Sie erwerben für 960 000 € eine Unternehmung, deren Nutzung zeitlich unbegrenzt
ist und die Ihnen jährlich netto (e - a) = 90 000 € erbringt. Wie hoch ist die Rendite
dieser Investition?

Lösung

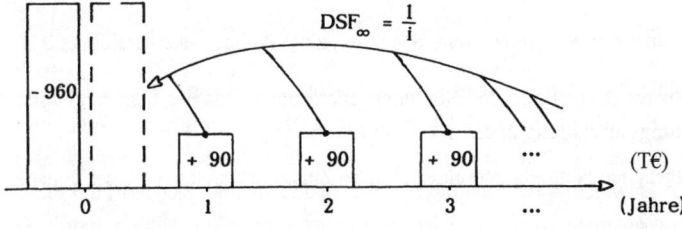

---

[1] Ausführlich bei: K.-D. Däumler, Anwendung von Investitionsrechnungsverfahren in der Praxis, S. 60 ff.
[2] Ausführlich bei: Derselbe, Betriebliche Finanzwirtschaft, S. 158 ff. und 230 ff.

Zur Diskontierung unbegrenzter (ewiger) Zahlungsreihen ist der Diskontierungssummenfaktor (DSF) für $n \to \infty$ zu verwenden. Er lautet (vgl. die Grenzwertermittlung auf S. 74):

$$DSF = \frac{1}{i}$$

	allgemeine Lösung	Zahlen des Beispiels
1. Kapitalwertfunktion aufstellen:	$C_0 = (e - a) \cdot \frac{1}{i} - A$	$C_0 = 90 \cdot \frac{1}{i} - 960$
2. Kapitalwert gleich Null setzen:	$0 = (e - a) \cdot \frac{1}{r} - A$	$0 = 90 \cdot \frac{1}{r} - 960$
3. Gleichung nach r auflösen: (3.3)	$r = \frac{(e - a)}{A}$	$r = \frac{90}{960}$
	ewige Rente	$r = 0{,}09375 = 9{,}38$ (%)

Ergebnis: Die Rendite der ewigen Rente beläuft sich auf 9,38 %.

Die Anwendung von Gleichung (3.3) leuchtet unmittelbar ein, wenn Sie sich vorstellen, Sie legen bei Ihrer Bank 100 000 € auf ewige Zeiten an und erhalten alljährlich Zinsen in Höhe von 8 000 €. Die Rendite beläuft sich auf $r = (e - a) : A$ = 8 000 : 100 000 = 0,08 = 8 %.

3.3.2 Restwertgleiche Anschaffungsauszahlung

Sie erwerben ein Investitionsobjekt, das durch zwei Punkte gekennzeichnet ist:

(1) Der Restwert am Ende der Nutzungsdauer stimmt mit der ursprünglichen Anschaffungsauszahlung überein, es gilt: R = A.

(2) Die jährlichen Nettoeinzahlungen sind im Zeitablauf gleich: (e - a) = const.

Wie hoch ist die Rendite?

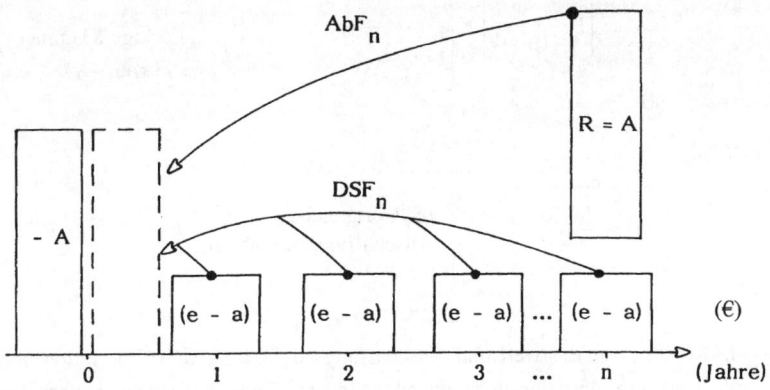

1. Kapitalwertfunktion aufstellen:

$$C_0 = -A + (e-a) \cdot \frac{(1+i)^n - 1}{i(1+i)^n} + A \cdot \frac{1}{(1+i)^n}$$

2. Kapitalwert gleich Null setzen:

$$0 = -A + (e-a) \cdot \frac{(1+r)^n - 1}{r(1+r)^n} + A \cdot \frac{1}{(1+r)^n}$$

3. Gleichung nach r auflösen:

$$0 = -A + (e-a) \cdot \frac{(1+r)^n - 1}{r(1+r)^n} + A \cdot \frac{1}{(1+r)^n} \qquad \Big| + A - A \cdot \frac{1}{(1+r)^n} \;\rightarrow$$

$$A - A \cdot \frac{1}{(1+r)^n} = (e-a) \cdot \frac{(1+r)^n - 1}{r(1+r)^n} \qquad \Big| : A \rightarrow$$

$$1 - \frac{1}{(1+r)^n} = \frac{(e-a)}{A} \cdot \frac{(1+r)^n - 1}{r(1+r)^n} \qquad \Big| \cdot \frac{r(1+r)^n}{(1+r)^n - 1} \;\rightarrow$$

$$\frac{(e-a)}{A} = \left[1 - \frac{1}{(1+r)^n}\right] \cdot \frac{r(1+r)^n}{(1+r)^n - 1} \qquad \Big|\; \text{Rechts Zähler und} \\ \text{Nenner dividieren} \\ \text{durch } (1+r)^n \rightarrow$$

$$\frac{(e-a)}{A} = \left[1 - \frac{1}{(1+r)^n}\right] \cdot \frac{r}{\left[1 - \frac{1}{(1+r)^n}\right]} \qquad | \text{ eckige Klammer}$$

kürzen →

daraus folgt:

$$(3.4) \qquad \boxed{r = \frac{(e-a)}{A}} \qquad \text{restwertgleiche} \\ \text{Anschaffungsauszahlung}$$

Ergebnis: Stimmen Restwert und Anschaffungsauszahlung einer Investition über-ein und sind ihre jährlichen Nettoeinzahlungen im Zeitablauf konstant, dann lässt sich der interne Zinssatz als Quotient von jährlichen Nettoeinzahlungen und An-schaffungsauszahlung errechnen.

Beispiel (Geldanlage auf Festgeldkonto)

Dieser Fall tritt beispielsweise bei Ihrem Festgeldkonto auf, wenn Ihnen die Bank für den Anlagebetrag von 200 000 € während der Dauer von zwei Jahren 16 000 € pro Jahr an Zinsen überweist. Nach Ablauf der beiden Jahre können Sie wieder über Ihre 200 000 € frei verfügen ($r = 8\ \%$).

Bei betrieblichen Realinvestitionen ist die genaue Übereinstimmung von Restwert und Anschaffungsauszahlung genauso selten wie die Konstanz der jährlichen Netto-einzahlungen. Hier wenden Sie Gleichung (3.4) dann an, wenn die Bedingungen $R = A$ und $(e - a) = $ konstant wenigstens näherungsweise erfüllt sind.

3.3.3 Restwertlose Investition

Beispiel (Restwert Null)

Eine Kuvertier- und Frankiermaschine kostet $A = 40\ 000$ €. Sie ermöglicht die Frei-setzung einer Teilzeitkraft und damit jährliche Minderauszahlungen von 6 800 €. Die Nutzungsdauer der Maschine beträgt $n = 9$ Jahre, ihr Restwert ist $R = 0$ €. Wie hoch ist die Rendite dieser Investition?

Lösung

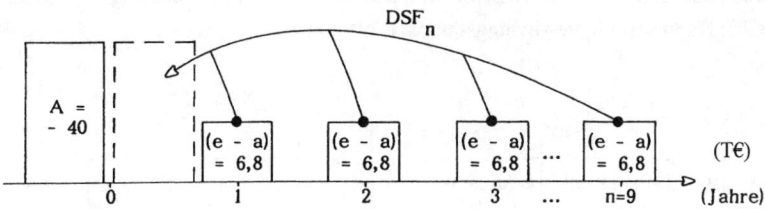

	allgemeine Lösung	Zahlen des Beispiels
1. Kapitalwertfunktion aufstellen:	$C_0 = -A + (e-a) \cdot DSF_n$	$C_0 = -40\,000 + 6\,800 \cdot DSF_9$
2. Kapitalwert gleich Null setzen:	$0 = -A + (e-a) \cdot DSF_n$	$0 = -40\,000 + 6\,800 \cdot DSF_9$
3. Gleichung nach DSF_n auflösen:	(3.5) $\quad \boxed{DSF_n = \dfrac{A}{(e-a)}}$ restwertlose Investition	$DSF_9 = \dfrac{40000}{6800}$ $DSF_9 = 5{,}882359$

Ergebnis: Sie kennen den Wert des Diskontierungssummenfaktors und suchen in der Tabelle jenen Faktor, der bei $n = 9$ möglichst nahe bei $5{,}882359$ liegt. Dies ist bei einem Tabellenzins von $9{,}5\,\%$ gegeben. Somit erbringt die betrachtete Investition eine Rendite von etwa $9{,}5\,\%$. Eine gewünschte höhere Genauigkeit erreichen Sie durch Interpolieren.

Das gezeigte Ermittlungsverfahren ist stets dann anwendbar, wenn eine Investition bei gleich bleibenden jährlichen Nettoeinzahlungen einen Restwert von Null aufweist. In der Praxis lässt sich das gezeigte Verfahren auch dann einsetzen, wenn der Restwert im Vergleich zu den anderen Zahlungen klein ist, also vernachlässigt werden kann.

Für die Effektivzinsbestimmung der restwertlosen Investition mit konstanten jährlichen Nettoeinzahlungen gibt es zwei gleichwertige Ansätze mit Hilfe der finanzmathematischen Faktoren: Neben dem Diskontierungssummenfaktor (DSF) können Sie den Kapitalwiedergewinnungsfaktor (KWF) nutzen[1].

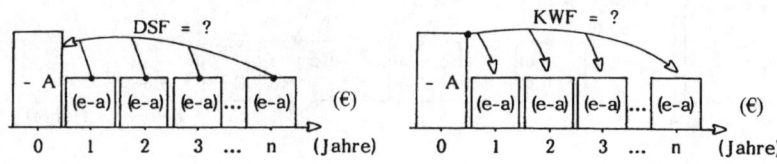

Allgemein gilt wegen $DSF = \dfrac{1}{KWF}$:

(3.6) $$DSF = \dfrac{A}{(e-a)}$$ und $$KWF = \dfrac{(e-a)}{A}$$ restwertlose Investition

3.3.4   Zweizahlungsfall

Der Zweizahlungsfall ist das einfachste Zeitbild einer Investition: Sie besteht aus der Anschaffungsauszahlung A im Zeitpunkt 0 und der Einzahlung R am Investitionsende zum Zeitpunkt n.

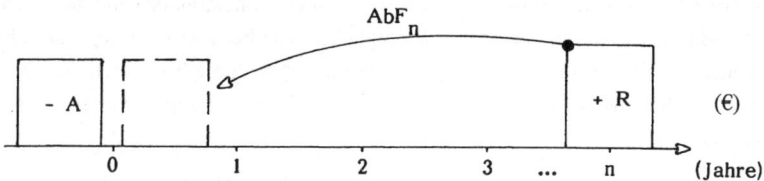

Unser 3-Schritte-Schema zur Effektivzinsbestimmung ergibt:

1. Kapitalwertfunktion aufstellen:

$$C_0 = -A + R \cdot \dfrac{1}{(1+i)^n}$$

---
[1] Zum KWF vgl. S. 120 ff.

2. Kapitalwert gleich Null setzen:

$$0 = -A + R \cdot \frac{1}{(1+r)^n}$$

3. Gleichung nach r auflösen:

$$A = R \cdot \frac{1}{(1+r)^n} \qquad | : R \rightarrow$$

$$\frac{1}{(1+r)^n} = \frac{A}{R} \qquad | \text{ Kehrwerte} \rightarrow$$

$$(1+r)^n = \frac{R}{A} \qquad | \text{ n-te Wurzel ziehen} \rightarrow$$

$$1+r = \sqrt[n]{\frac{R}{A}} \qquad | -1 \rightarrow$$

(3.7) $$\boxed{r = \sqrt[n]{\frac{R}{A}} - 1 = \left(\frac{R}{A}\right)^{\frac{1}{n}} - 1} \qquad \text{Zweizahlungsformel}$$

Ergebnis: Im Fall von lediglich zwei Zahlungen bestimmen Sie den Effektivzinssatz, indem Sie die n-te Wurzel des Quotienten beider Zahlungen ermitteln und sie um 1 vermindern.

Sie können wegen

$$\sqrt[n]{\frac{R}{A}} = \left(\frac{R}{A}\right)^{\frac{1}{n}}$$

auch von der 1/n-ten Potenz des Quotienten der Zahlungen ausgehen.

Beispiel (Effektivzins beim Goldmünzenkauf)

Nehmen Sie Stellung zu folgendem Satz: „Die Ein-Unzen-Krügerrand-Münze war vor zehn Jahren für 350 DM am Bankschalter zu haben. Heute nehmen sie die Banken für 810 DM zurück. Differenz: 460 DM. Das sind 130 Prozent oder 13 Prozent pro Jahr" (Fundstelle: Wirtschaftswoche, 23/1987, S. 46).

Lösung

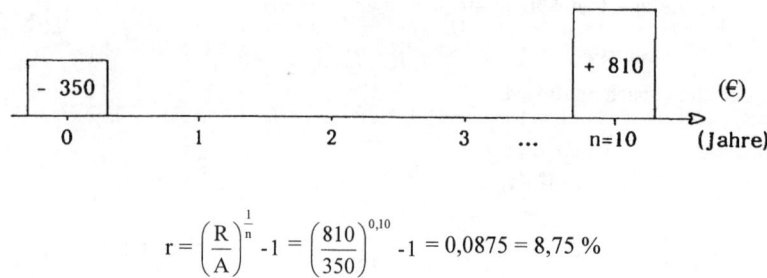

$$r = \left(\frac{R}{A}\right)^{\frac{1}{n}} - 1 = \left(\frac{810}{350}\right)^{0,10} - 1 = 0,0875 = 8,75\ \%$$

Ergebnis: Der Münzsammler erzielt eine Rendite von 8,75 %. (Eigentlich müsste man von einem Wirtschaftsjournalisten verlangen können, dass er mit Zins und Zinseszins zu rechnen versteht.)

Der Spezialfall zweier Zahlungen kommt in der Wirtschaftspraxis dann vor, wenn ein Wirtschaftssubjekt einen Vermögensgegenstand erwirbt, um ihn nach einer bestimmten Zeit weiterzuveräußern, z. B. Kauf und späterer Weiterverkauf von Edelmetallen, Grundstücken, Kunstwerken, Edelsteinen, Zerobonds.

Der Zweizahlungsfall ist nicht auf den Investitionsbereich beschränkt, er kommt auch als Finanzierung vor. Beispielsweise dann, wenn der Käufer einer Maschine eine Vorauszahlung leistet, die wegen des Vorauszahlungsrabatts unter dem Kaufpreis bei Lieferung liegt. Aber auch dann, wenn der Käufer eines Gutes den Lieferantenkredit nutzt, indem er auf den Skontoabzug verzichtet und die Rechnung erst später ohne Abzug begleicht. In beiden Fällen soll eine rationale Wahl stattfinden zwischen früherer (und niedrigerer) und späterer (und höherer) Zahlung. Es kann gezeigt werden, dass Gleichung (3.7) auf den Bereich der kurzfristigen Fremdfinanzierung übertragbar ist und eine rasche und genaue Effektivzinsbestimmung für den Lieferantenkredit, die Kundenanzahlung und den Wechseldiskontkredit ermöglicht[1].

---

[1] Ausführlich bei: K.-D. Däumler, Betriebliche Finanzwirtschaft, S. 190 ff. u. 230 ff.

Beispiel (Lieferantenkredit)

Auf einer Lieferantenrechnung findet sich der Vermerk:

„Bei Zahlung innerhalb von 10 Tagen 2 % Skonto. Bis 30 Tage netto Kasse".

Die Rechnung lautet über 1 000 €. Gefragt ist nach der Höhe des effektiven Jahres-zinssatzes des Lieferantenkredites.

Lösung

Der Kunde hat die Wahl zwischen zwei unterschiedlichen Zahlungen zu unter-schiedlichen Zeitpunkten:

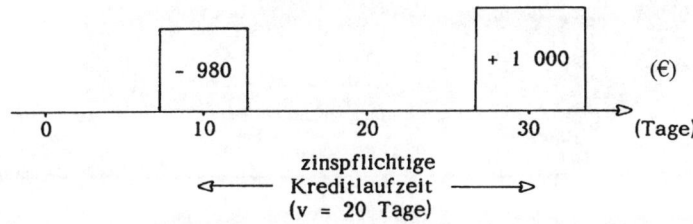

Bei Zahlung von 980 € zum Zeitpunkt 10 vermeidet man eine Zahlung von 1 000 € zum Zeitpunkt 30. Vermiedene Auszahlungen sind wie Einzahlungen zu behandeln (positives Vorzeichen). Die entgeltpflichtige Kreditlaufzeit beträgt v = 20 Tage. Es gilt:

$$r = \sqrt[\frac{v}{365}]{\frac{R}{A}} - 1 = \left(\frac{R}{A}\right)^{\frac{365}{v}} - 1$$

$$r = \left(\frac{1\,000}{980}\right)^{18,25} - 1 = 0,445852 = 44,59\,\%$$

Ergebnis: Der interne Zinssatz der Finanzinvestition „Zahlung zum Zeitpunkt 10 statt Zahlung zum Zeitpunkt 30" beläuft sich auf 44,59 % pro Jahr.

Angesichts so hoher Zinssätze sind Rechnungen möglichst unter Skontoabzug zu begleichen, auch wenn hierfür ein Kredit aufgenommen werden muss.

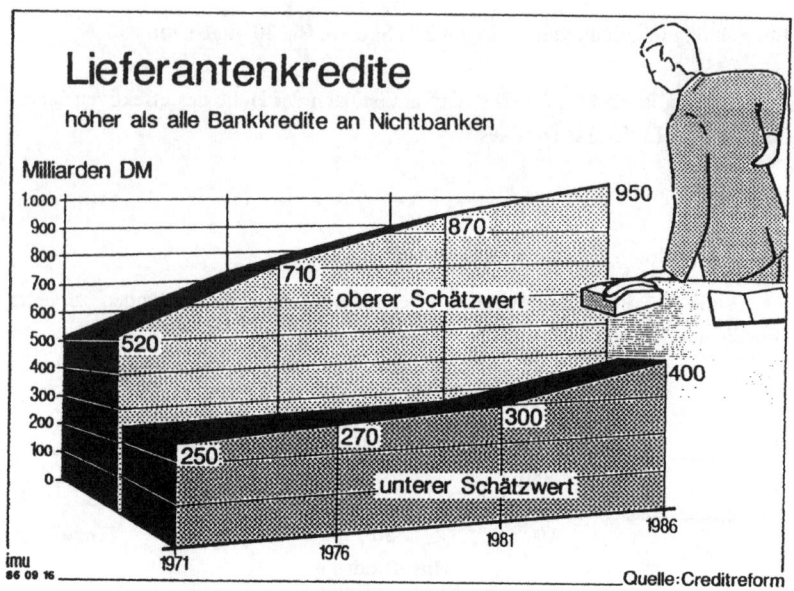

Abb. 3.6: Bedeutung der Lieferantenkredite

Die gesamtwirtschaftliche Bedeutung der Lieferantenkredite ist enorm. Selbst unter Zugrundelegung des unteren Schätzwertes von 400 Mrd DM übersteigen sie die Gesamtsumme der kurzfristigen Kredite aller Banken in der Bundesrepublik an Nichtbanken. Die Banken verliehen 1986 lediglich 350 Mrd DM auf kurze Frist an ihre Kundschaft.

3.4 Effektivbelastung im Finanzierungsfall

3.4.1 Problemstellung

Es soll nun gezeigt werden, in welcher Weise das Verfahren zur Ermittlung der Effektivverzinsung einer Investition auf den Finanzierungsbereich übertragen werden kann. Die Bestimmung der mit einer Finanzierungsmaßnahme verbundenen Effektivbelastung (= Effektivverzinsung aus der Sicht eines Schuldners) ist besonders wichtig für den Vergleich verschiedener Darlehensangebote.

Die folgende Darstellung beschränkt sich auf die Effektivzinsermittlung bei einmaliger Gesamttilgung zum Laufzeitende im Falle der langfristigen Fremdfinanzierung. Unberücksichtigt bleiben andere Tilgungsformen, etwa Annuitäten- und Abzahlungstilgung. Unberücksichtigt bleibt ebenso die Effektivzinsbestimmung bei kurzfristiger Fremdfinanzierung[1].

3.4.2   Genaue Effektivzinsermittlung

Beispiel (Effektivzinssatz einer Zinshypothek)

Eine Bank bietet einen Hypothekarkredit zu folgenden Konditionen an:

- Nominalbetrag: 100 000 €
- Auszahlungskurs: 90 %
- Nominalzinssatz: 9 %
- Laufzeit: 20 Jahre
- während der Laufzeit werden jeweils am Jahresende Zinsen entrichtet
- Tilgung am Ende der Laufzeit in einem Betrag (einmalige Gesamttilgung)

Ermitteln Sie den Effektivzinssatz mit einer Genauigkeit von zwei Nachkommastellen.

Lösung

Bei der gewählten Tilgungsform fallen während der Darlehenslaufzeit nur Zinsen an. Man spricht deshalb auch von einer Zinshypothek. Die Tilgung erfolgt in einer Summe am Ende des 20. Jahres, beispielsweise durch den Einsatz einer dann fällig werdenden Lebensversicherung oder als Umschuldungstilgung, bei der das alte Darlehen durch ein neues, etwa aus Bausparmitteln, abgelöst wird.

---

[1] Eine ausführliche Darstellung der Effektivzinsbestimmung bei kurz- und langfristiger Fremdfinanzierung unter Berücksichtigung aller gängigen Tilgungsformen finden Sie etwa bei: K.-D. Däumler, Betriebliche Finanzwirtschaft, S. 158 ff. u. 230 ff.

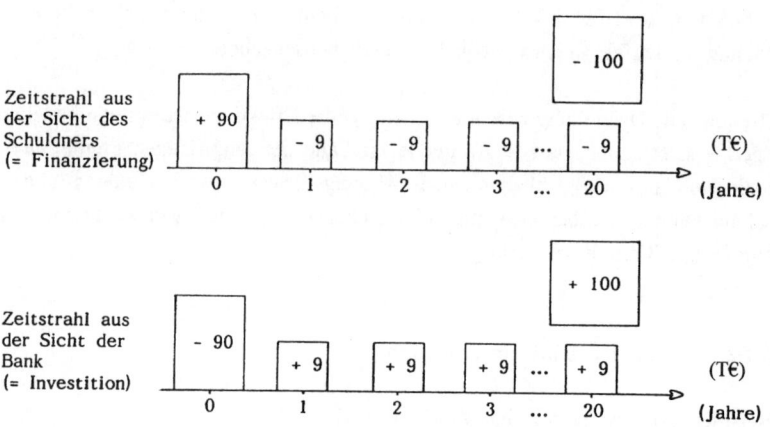

Die Aufnahme des hypothekarisch gesicherten Darlehens ist aus der Sicht des Hypothekennehmers ein Finanzierungsvorgang (= Zahlungsreihe, die mit einer Einzahlung beginnt). Derselbe Vorgang wird zu einer Investition (= Zahlungsreihe, die mit einer Auszahlung beginnt), betrachtet man ihn aus der Sicht der kreditgewährenden Bank. Investition und Finanzierung entsprechen einander spiegelbildlich; sie unterscheiden sich lediglich durch das Vorzeichen.

Die Ermittlung des internen Zinssatzes wird zunächst grafisch mit Hilfe dreier Versuchszinssätze durchgeführt:

$$\overset{\displaystyle DSF_{20}}{\downarrow} \qquad \overset{\displaystyle AbF_{20}}{\downarrow}$$

$i_1 = 0,08 \quad \rightarrow \quad C_{01} = -90\,000 + 9\,000 \cdot 9,818147 + 100\,000 \cdot 0,214548$

$\qquad\qquad\qquad C_{01} = +19\,818\ (€)$

$$\overset{\displaystyle DSF_{20}}{\downarrow} \qquad \overset{\displaystyle AbF_{20}}{\downarrow}$$

$i_2 = 0,10 \quad \rightarrow \quad C_{0,2} = -90\,000 + 9\,000 \cdot 8,513564 + 100\,000 \cdot 0,148644$

$\qquad\qquad\qquad C_{0,2} = +1\,486\ (€)$

$$\overset{\displaystyle DSF_{20}}{\downarrow} \qquad \overset{\displaystyle AbF_{20}}{\downarrow}$$

$i_3 = 0,12 \quad \rightarrow \quad C_{0,3} = -90\,000 + 9\,000 \cdot 7,469444 + 100\,000 \cdot 0,103667$

$\qquad\qquad\qquad C_{0,3} = -12\,408\ (€)$

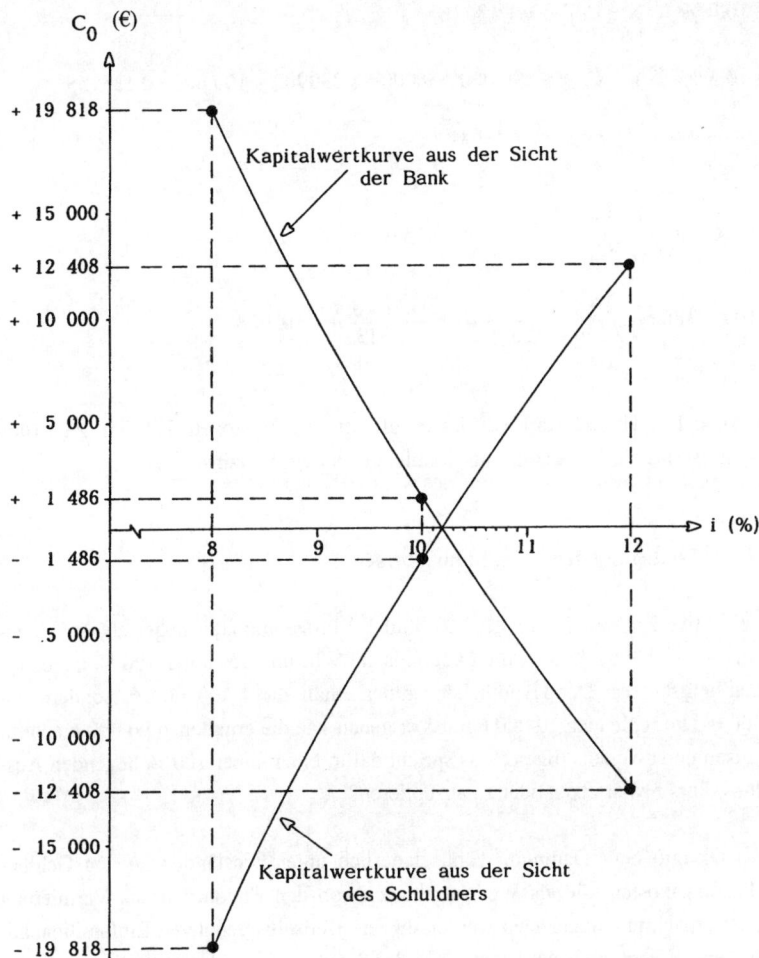

Abb. 3.7: Kapitalwertkurven für Investition und Finanzierung

Aus der Zeichnung lesen Sie ab: $r \approx 10{,}2$ %. Um zu einer genaueren Lösung zu kommen, ergänzen Sie die Zeichnung durch die Gleichung zur Effektivzinsbestimmung (Regula falsi) mit den Probierzinssätzen 10 % und 10,5 %.

$i_1 = 10,0\ \% \quad \rightarrow \quad C_{0,1} = + 1\ 486\ (€)$

$i_2 = 10,5\ \% \quad \rightarrow \quad C_{0,2} = -90\ 000 + 9\ 000 \cdot 8{,}230909 + 100\ 000 \cdot 0{,}135755$

$$C_{0,2} = -2\ 346\ (€)$$

$$r = i_1 - C_{0,1} \cdot \frac{i_2 - i_1}{C_{0,2} - C_{0,1}}$$

$$r = 10 - 1\ 486 \cdot \frac{10{,}5 - 10}{-2\ 346 - 1\ 486} = 10 + \frac{1\ 486 \cdot 0{,}5}{3\ 832} = 10{,}19\ \%$$

Ergebnis: Der Hypothekarkredit kostet effektiv 10,19 Prozent jährlich. Aus Bankensicht ist das ein Habenzins, aus Schuldnersicht ein Sollzins.

3.4.3   Festlegung des Auszahlungskurses

Der effektive Zinssatz ist mit 10,2 % rund 1,2 Prozentpunkte[1] höher als der Nominalzinssatz von 9 %. Das ist die ökonomische Wirkung des unter 100 % liegenden Auszahlungskurses. Der Hypothekennehmer erhält nicht 100 000 €, sondern nur 90 000 €. Die fehlenden 10 000 € muss er genau wie die erhaltenen 90 000 € erstens verzinsen und zweitens tilgen. Was spricht dafür, einen unter 100 % liegenden Auszahlungskurs festzusetzen oder zu akzeptieren?

- Das Disagio oder Damnum[2] zählt steuerlich unter Umständen zu den Geldbeschaffungskosten, die als Werbungskosten von den Einkünften aus Vermietung und Verpachtung abgezogen werden dürfen. Bei selbstgenutzten Einfamilienhäusern und Eigentumswohnungen muss der Auszahlungsverlust allerdings vor Bezugsfertigkeit angefallen sein.

- Der Abschlag vom Nominalwert kann auch vorgenommen werden, um eine Feinabstimmung des Effektivzinssatzes zu erreichen. Wenn man anstrebt, den Kunden

---

[1] Sie sollten klar zwischen Prozent und Prozentpunkten unterscheiden. Prozentpunkte, das ist die Differenz zweier Prozentzahlen. Beispiel: Der Stimmenanteil der Partei ist von 30 auf 33 % gestiegen; das sind 3 Prozentpunkte. Richtig auch: Der Stimmenanteil der Partei ist um 10 % von 30 auf 33 % gestiegen. Falsch: Der Stimmenanteil ist um 3 % gestiegen.

[2] Disagio = Abschlag, Damnum = Schaden, Nachteil.

Nominalzinssätze vom Typ 6 %, 6,25 %, 6,50 %, nicht aber solche von beispielsweise 6,48 %, anzubieten, dann ist eine bestimmte Kombination von Nominalzinssatz und Auszahlungskurs notwendig, um bei gegebenen Tilgungsmodalitäten
und Laufzeit einen bestimmten Effektivzinssatz zu erreichen.

- Ein unter 100 % liegender Auszahlungskurs könnte auch zur Verschleierung eines
  hohen Effektivzinssatzes genutzt werden.

3.4.4   Approximative Effektivzinsermittlung

Für praktische Zwecke wird es gelegentlich als ausreichend erachtet, den Effektivzins eines Darlehens oder die Rendite eines festverzinslichen Wertpapiers nach einer der beiden banküblichen Näherungsformeln (3.8) auszurechnen. Die erste bezieht die Differenz zwischen Rückzahlungs- und Auszahlungskurs in der Weise in
die Berechnung ein, dass R - A durch n dividiert und so gleichmäßig auf die Laufzeit verteilt wird; die zweite bezieht das auf die Laufzeit verteilte Disagio zusammen mit den Zinsen auf den Auszahlungskurs. Hinweis: Fassung a) der banübli-
chen Näherungsformel verlangt aus Dimensionsgründen die Eingabe der Variablen
Z, A und R in Bruch- oder Dezimalbruchform (6 % = 6/100 = 0,06). Bei b) können
Sie Prozente, Brüche oder Dezimalbrüche eingeben.

banübliche Näherungsformeln

$$(3.8) \qquad a) \quad r_{appr} = \frac{Z}{A} + \frac{R-A}{n} \qquad\qquad b) \quad r_{appr} = \frac{Z + \dfrac{R-A}{n}}{A}$$

Symbole

r_{appr} = approximative (lat. = angenäherte) Rendite (Näherungswert)

Z = Nominalzins (dezimal)

A = Auszahlungskurs (dezimal)

R = Rückzahlungskurs (dezimal)

n = Laufzeit (Jahre)

Beispiel (Näherungsweise Effektivzinsbestimmung)

Ermitteln Sie die approximative Rendite nach beiden Näherungsformeln (3.8) für den Fall der im vorigen Beispiel (S. 105) gegebenen Hypothekenkonditionen:

- Nominalbetrag: 100 000 €
- Auszahlungskurs: 90 %
- Nominalzinssatz: 9 %
- Laufzeit: 20 Jahre
- einmalige Gesamttilgung nach   20 Jahren

Lösung

Gleichung a): Z, A und R sind als Brüche oder Dezimalbrüche einzusetzen:

Z: 9 %   →   0,09
A: 90 % →   0,90
R: 100 % →   1,00

$$r_{appr} = \frac{0,09}{0,9} + \frac{1,0 - 0,9}{20}$$

$$r_{appr} = 0,1 + 0,005$$

$$r_{appr} = 0,105 = 10,5 \%$$

Gleichung b): Hier setzen wir wahlweise absolute oder Dezimalzahlen ein.

Z: 9 %   →   9 000 € oder 0,09
A: 90 % →   90 000 € oder 0,90
R: 100 % →   100 000 € oder 1,00

$$r_{appr} = 9\,000 + \frac{9\,000 + \dfrac{100\,000 - 90\,000}{20}}{90\,000}$$

$$r_{appr} = \frac{0,09 + \dfrac{1,00 - 0,90}{20}}{0,90}$$

$$r_{appr} = \frac{9\,000 + 500}{90\,000} = \frac{9\,500}{90\,000}$$

$$r_{appr} = \frac{0,09 + 0,005}{0,90}$$

$$r_{appr} = 0,1056 = 10,56\,\%$$

$$r_{appr} = 0,1056 = 10,56\,\%$$

Ergebnis: Nach den banküblichen Näherungsverfahren erhält man eine Effektiv-verzinsung von 10,5 % bzw. 10,56 % und somit eine Abweichung von 3/10 bis gut 1/3 Prozentpunkten vom richtigen Ergebnis (10,19 %).

3.4.5 Effektivzinsermittlung mit Hilfe des Restwertverteilungsfaktors (RVF)

Abweichungen in der Größenordnung von mehreren Zehntelprozentpunkten können bei großen Darlehen, die über viele Jahre laufen, auf keinen Fall toleriert werden: Hier muss stets genau gerechnet werden. Die Faustformel zur Effektivzinsbestimmung (3.8) darf in der Praxis allenfalls dann angewendet werden, wenn das Damnum weniger als zwei Prozent beträgt. Der Fehler der Faustformel (3.8) liegt in der Art, wie das Damnum auf die Laufzeit verteilt wird: Die schlichte Division des Damnums durch die Laufzeitjahre ist finanzmathematisch nicht korrekt; sie vernachlässigt Zins und Zinseszinsen. Diesen Fehler können Sie beheben, indem Sie den Damnumbetrag mit Hilfe des Restwertverteilungsfaktors RVF (zum RVF vgl. S. 124) finanzmathematisch korrekt auf die Laufzeit verteilen. Sie erhalten:

(3.9)
$$r = \frac{Z + (R - A) \cdot RVF_n}{A}$$

Allgemein gilt: Der Restwertverteilungsfaktor RVF verteilt eine nach n Perioden fällige Einmalzahlung K_n (hier: R - A) unter Berücksichtigung von Zins und Zinseszins auf die Laufzeit von n Perioden (verwandelt „Einmalzahlung nach n Perioden" in Zahlungsreihe).

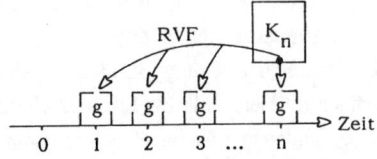

Beispiel (Effektivzinsermittlung mit Hilfe des RVF)

Ermitteln Sie den internen Zinssatz des bekannten Hypothekarkredites von S. 105 mit Hilfe des Restwertverteilungsfaktors (RVF). Darlehenskonditionen:

- Nominalbetrag: 100 000 €
- Auszahlungskurs: 90 %
- Nominalzinssatz: 9 %
- Laufzeit: 20 Jahre
- einmalige Gesamttilgung nach 20 Jahren

Lösung

$$r = \frac{Z + (R - A) \cdot RVF_n}{A}$$

$$r = \frac{9\,000 + (100\,000 - 90\,000) \cdot 0,017460}{90\,000}$$

$$r = \frac{9175}{90\,000} = 0,1019 = 10,19\,\%$$

Ergebnis: Der mit Hilfe des Restwertverteilungsfaktors RVF ermittelte Wert von 10,19 % stimmt mit dem Ergebnis der Regula falsi überein. Also ist die RVF-Lösung hinreichend genau.

Die Lösung mittels (3.9) ist offenbar eine elegante, weil besonders einfache. Achten Sie aber auf ein wichtiges Detail: den Restwertverteilungsfaktor (RVF). RVF = 0,017460 ist der Wert für n = 20 Jahre und i = 10 %. Beim Aufsuchen des RVF darf also nicht der Nominalzins (9 %) angesetzt werden, sondern ein Tabellenzins, der möglichst nahe beim Rechenergebnis, dem internen Zinssatz, liegt. Sie kennen dieses Problem auch schon von der Regula falsi, bei der die zu wählenden Probierzinssätze auch dicht bei der gesuchten Lösung liegen sollten. Bei praktischer Anwendung der Lösung (3.9) kann es Ihnen also passieren, dass Sie ein zweites Mal rechnen müssen, falls Ihr Lösungsschätzwert um mehr als einen Prozentpunkt von der gefundenen Lösung abweicht. Immer dann, wenn der Abstand zwischen Lösungsschätzwert (= Tabellenzinssatz zum Aufsuchen des RVF) und der gefundenen

Lösung kleiner als ein Prozentpunkt ist, erhalten Sie ein hinreichend genaues Ergebnis mit einer Fehlerquote von maximal zwei hundertstel Prozentpunkten.

3.4.6 Zusammenfassung

Die folgende Tabelle gibt Ihnen einen Überblick über die insgesamt zur Verfügung stehenden Lösungswege zur Effektivzinsbestimmung bei einmaliger Gesamttilgung mit einer kurzen Bewertung. Sie sollten nur die beiden letztgenannten genauen Lösungen verwenden.

Lösungsverfahren	Bewertung
$r_{appr} = \dfrac{Z}{A} + \dfrac{R-A}{n}$ Hinweis: Hier sind Z, A und R aus Dimensionsgründen als Brüche oder Dezimalbrüche einzugeben.	Banktübliche Faustformel, bei der das Disagio 1. ohne Berücksichtigung von Zins und Zinseszins auf die Laufzeit verteilt wird und 2. nicht zusammen mit den Zinsen auf den effektiven Ausgabekurs bezogen wird. Fehlerquote: Mehrere Zehntelprozentpunkte.
$r_{appr} = \dfrac{Z + \dfrac{R-A}{n}}{A}$	Banktübliche Näherungsformel, bei der das Disagio ohne Berücksichtigung von Zins und Zinseszins auf die Laufzeit verteilt wird. Fehlerquote: Mehrere Zehntelprozentpunkte.
$r = \dfrac{Z + (R-A) \bullet RVF_n}{A}$	Lösung hinlänglich genau, wenn der Tabellenzins beim Aufsuchen des RVF dicht bei gesuchter Lösung liegt. Ist der Abstand Tabellenzins zu Lösungswert nicht größer als ein Prozentpunkt, dann hat die Lösung eine Fehlerquote von maximal zwei hundertstel Prozentpunkten.
$r = i_1 - C_{0,1} \bullet \dfrac{i_2 - i_1}{C_{0,2} - C_{0,1}}$	Lösung hinlänglich genau, wenn die Probierzinssätze dicht beim Rechenergebnis liegen (s. o.).
Hinweis: Die beiden letzten Verfahren sind in ihrem Kern identisch.	

Übers. 3.2: Genaue und weniger genaue Verfahren der Effektivzinsbestimmung

3.5   Mögliche Mehrdeutigkeit des internen Zinssatzes

Aus der Mathematik wissen Sie, dass eine quadratische Gleichung zwei Lösungen hat. Wenn Sie für eine Investition, die über zwei Jahre läuft, die Kapitalwertfunktion aufstellen, erhalten Sie eine quadratische Gleichung mit $n = 2$. Der interne Zinssatz, der sich durch Nullsetzen des Kapitalwertes ergibt, könnte demnach zwei Werte annehmen und ist demzufolge mehrdeutig.

In der betrieblichen Praxis tritt das Problem der Mehrdeutigkeit bei Investitionen mit mehr als einem Vorzeichenwechsel auf. Sehen Sie im Rahmen Ihrer Zeitstrahldarstellung, dass nach anfänglichen Auszahlungsüberschüssen (Vorzeichen -) später ausschließlich Einzahlungsüberschüsse (Vorzeichen +) zu erwarten sind, dann können Sie die interne Zinsfuß-Methode wie gewohnt anwenden. Der genannte Fall (erst Auszahlungen, dann positive Nettoeinzahlungen) ist in der Praxis die Regel.

Erkennen Sie in Ihrer Zeitstrahldarstellung jedoch beispielsweise eine Vorzeichenfolge - + + + - + + -, wie sie etwa bei zwischenzeitlichen Großreparaturen und negativen Restwerten (bedingt durch hohe Demontagekosten) vorkommen kann, liegt also eine Investition mit mehr als einem Vorzeichenwechsel vor, dann sollten Sie die Möglichkeit eines mehrdeutigen Ergebnisses der internen Zinsfuß-Methode beachten[1].

3.6   Checkliste

Fragestellung: Die interne Zinsfuß-Methode dient der Ermittlung des Effektivzinssatzes von Investitionen (und Finanzierungen). Sie soll die Frage beantworten, ob sich eine bestimmte Investition lohnt, oder nicht.

Kriterium ($r \geq i$): Eine Investition, deren interner Zinssatz (Rendite) mindestens die Höhe des Kalkulationszinssatzes erreicht, ist vorteilhaft. Bleibt die Rendite unter dem Kalkulationszinssatz, so bedeutet dies, dass der Investor die von ihm geforderte Mindestverzinsung nicht erreicht, die Investition ist dann unwirtschaftlich. Bei Gleichheit beider Werte sind Investitionsdurchführung und -unterlassung gleichwertige Möglichkeiten.

---

[1] Zur praktischen Relevanz der Mehrdeutigkeit vgl. auch: K.-D. Däumler, Anwendung von Investitionsrechnungsverfahren in der Praxis, S. 261 ff.

Benötigte Informationen: Wie bei der Kapitalwertmethode benötigt der Entscheidende auch bei der internen Zinsfuß-Methode Informationen über den Verlauf der Zahlungsreihe, d. h. über die Höhe der Ein- und Auszahlungen, deren zeitliche Verteilung und die Nutzungsdauer. Ferner muss er seinen Kalkulationszinssatz festlegen. Er muss A, R, e, a, n und i quantifizieren können.

Risiko: Die zahlenmäßigen Informationen über eine Investition sind im Regelfall risikobehaftet. Bei kleineren und mittleren Objekten empfiehlt es sich, jeweils mit dem wahrscheinlichsten Wert zu rechnen, bei dem sich Risiken und Chancen ganz oder teilweise ausgleichen. Bei Großinvestitionen sollte man spezielle Verfahren zur Risikoberücksichtigung einsetzen.

Kalkulationszinssatz: Der Kalkulationszinssatz wird in der betrieblichen Praxis meist in der Größenordnung von 8 % bis 12 % festgelegt, wobei der Sollzinssatz des Kapitalmarktes die Untergrenze bildet. Bei vergleichsweise sicheren Finanzinvestitionen wird man sich eher an der unteren, bei weniger sicheren Realinvestitionen eher an der oberen Grenze orientieren.

Berechnung und Genauigkeit: Die Berechnung des internen Zinssatzes erfolgt meist unter Benutzung einer Formel (Regula falsi), die die Kenntnis zweier Wertepaare (zwei Zinssätze und jeweils zugehörige Kapitalwerte) verlangt. Für die Genauigkeit der Lösung ist es günstig, wenn wenigstens einer der beiden Zinssätze möglichst dicht bei dem Ergebnis liegt. Daneben gibt es vier Sonderfälle, die auch ohne Regula falsi gelöst werden können (vgl. nachfolgende Übersicht).

Fälle	Lösungsmethoden
Allgemeiner Fall (beliebiger Zahlungsverlauf)	1. Grafische Lösung (Kapitalwertkurve mit drei Kapitalwerten) 2. Rechnerische Lösung (Regula falsi/Sehnenverfahren - zwei Wertepaare müssen bekannt sein) $$r = i_1 - C_{0,1} \cdot \frac{i_2 - i_1}{C_{0,2} - C_{0,1}}$$ Beide Methoden in allen Fällen anwendbar.
Sonderfall 1 (ewige Rente; (e - a) = const)	$$r = \frac{(e - a)}{A}$$
Sonderfall 2 (R = A; (e - a) = const)	$$r = \frac{(e - a)}{A}$$
Sonderfall 3 (R = 0; (e - a) = const)	$$\frac{A}{(e - a)} = DSF_n \qquad \frac{(e - a)}{A} = KWF_n$$ Zum DSF oder KWF gehöriger Zinssatz ist aus Tabelle ablesbar.
Sonderfall 4 (Zweizahlungsfall)	$$r = \left(\frac{R}{A}\right)^{\frac{1}{n}} - 1 = \sqrt[n]{\frac{R}{A}} - 1$$

Übers. 3.3: Fälle und Lösungsmethoden

Interpretation: Das zahlenmäßige Ergebnis, der interne Zinssatz, ist im praktischen Fall genau zu interpretieren. So besagt ein interner Zinssatz von 8 %, dass der Investor alljährlich 8 % auf die jeweils noch im Investitionsobjekt gebundenen Geldbeträge erhält. Das bedeutet bei unterschiedlichen Kalkulationszinssätzen:

- $i = 7\,\%$: Der Investor gewinnt das eingesetzte Kapital zurück. Er erhält alljährlich 7 % auf die ausstehenden Beträge und darüber hinaus eine Extraverzinsung von 1 %. Die Investition ist vorteilhaft.

- $i = 8\,\%$: Der Investor erhält neben der Wiedergewinnung eine Verzinsung in Höhe seiner Mindestforderung. Die Investition ist gerade noch vorteilhaft.

- $i = 9\,\%$: Der Verzinsungsanspruch des Investors wird nicht voll erfüllt. Die Investition ist nicht lohnend.

Formeln und Symbole

Formeln	Symbole
$r = i_1 - C_{0,1} \cdot \dfrac{i_2 - i_1}{C_{0,2} - C_{0,1}}$	r = Rendite (Effektivzinssatz) i_1 = Probierzinssatz 1 $C_{0,1}$ = Kapitalwert 1 i_2 = Probierzinssatz 2 $C_{0,2}$ = Kapitalwert 2
$r = \dfrac{(e-a)}{A}$ $r = \left(\dfrac{R}{A}\right)^{\frac{1}{n}} - 1 = \sqrt[n]{\dfrac{R}{A}} - 1$ $DSF_n = \dfrac{A}{(e-a)}$ $KWF_n = \dfrac{(e-a)}{A}$	$(e-a)$ = konstante jährliche Nettoein- zahlungen A = Anschaffungsauszahlung R = Restwert n = Nutzungsdauer DSF = Diskontierungssummenfaktor KWF = Kapitalwiedergewinnungsfak- tor
$r_{appr} = \dfrac{Z}{A} + \dfrac{R-A}{n}$ $r_{appr} = \dfrac{Z + \dfrac{R-A}{n}}{A}$ $r = \dfrac{Z + (R-A) \cdot RVF_n}{A}$	r_{appr} = angenäherter Effektivzins Z = Nominalzins (dezimal) A = Auszahlungskurs R = Rückzahlungskurs (dezimal) n = Laufzeit (Jahre) RVF = Restwertverteilungsfaktor

Einsatzbereich der internen Zinsfuß-Methode

Die interne Zinsfuß-Methode eignet sich für alle Fragen der Effektivzinsbestimmung im Bereich Investition und Finanzierung. Sie lässt sich einsetzen

- zur Errechnung der Rendite von Realinvestitionen (Maschinen, Grundstücke, Vorräte),
- zur Errechnung des Effektivzinssatzes von Finanzinvestitionen (Aktien, Industrieobligationen, Pfandbriefe),
- zur Errechnung der Effektivbelastung der langfristigen Fremdfinanzierung (Bankdarlehen, Schuldscheindarlehen, Schuldverschreibungen),
- zur Errechnung der Effektivbelastung der kurzfristigen Fremdfinanzierung (Anzahlungen, Lieferantenkredite, Wechseldiskontkredite),
- zum Zinsvergleich zwischen Kreditkauf und Leasing.

Fragen und Aufgaben

3.1   Wie lautet das interne Zinsfuß-Kriterium und welches sind die beiden Teilfragen, die beantwortet werden müssen, wenn die Vorteilhaftigkeit einer Investition nach diesem Kriterium geprüft wird?

3.2   Wie heißt der interne Zinssatz noch?

3.3   Wie ist der interne Zinssatz einer Investition definiert?

3.4   Warum schneidet die Kapitalwertkurve die Abszisse genau an der Stelle $i = r$?

3.5   Lässt sich die Methode zur Berechnung des internen Zinssatzes auch zur Bestimmung der Effektivbelastung einer Finanzierung verwenden? Begründen Sie Ihre Antwort.

3.6   Was verstehen Sie unter dem Begriff Disagio (Agio)? Erörtern Sie die ökonomischen Gründe für die Ausgabe eines Hypothekendarlehens mit Disagio. Gehen Sie dabei auf die Frage des Effektivzinssatzes ein. Interpretieren Sie Gleichung (3.8), Seite 109, ökonomisch.

3.7   Ein Investor kauft zum Zeitpunkt 0 eine Aktie zum Kurswert von 88,50 €. Die Dividendenzahlung erfolgt jeweils am Jahresende und weist für die einzelnen Jahre folgende Werte auf:

1. Jahr:	7,00 €
2. Jahr:	8,00 €
3. Jahr:	9,00 €
4. Jahr:	9,00 €
5. Jahr:	6,00 €

Unmittelbar nach der letzten Dividendenzahlung verkauft der Investor die Aktie. Der Kurs zum Verkaufszeitpunkt beläuft sich auf 77,50 €. Welche Höhe hat die Effektivverzinsung, die der Investor bei dieser Finanzinvestition erzielt hat? War das Engagement lohnend, wenn der Investor mit einem Kalkulationszinssatz von $i = 0,10 = 10\ \%$ rechnet?

Lösungshinweis: Grafische Lösung mit den Versuchszinssätzen $i_1 = 0,06$, $i_2 = 0,08$ und $i_3 = 0,10$.

3.8   Eine staatliche 8 %-Anleihe mit einer Restlaufzeit von 10 Jahren und einem Nennwert von 100 € wird zum Tageskurs von 92 € gekauft. Welche Rendite ergibt sich, wenn der Investor sein Engagement bis zur Rückzahlung des Nennwertes nach 10 Jahren durchhält?

a) Aufgrund der Näherungsformeln.

b) Aufgrund der grafischen Lösung mit $i_1 = 0,06$, $i_2 = 0,08$ und $i_3 = 0,10$.

c) Bei unbegrenzter Restlaufzeit (ewige Rente).

3.9   Zeigen Sie Schritt für Schritt, wie die Gleichung zur Effektivzinsbestimmung (3.2), Seite 93, zustandekommt.

3.10 Gegeben sind die folgenden Konditionen für ein Hypothekendarlehen:

- Nominalbetrag: 50 000 €
- Auszahlungskurs: 92 %
- Nominalzinssatz: 6 %
- Laufzeit: 10 Jahre
- Tilgung in einer Summe am Ende der Laufzeit

a) Ermitteln Sie den internen Zinssatz dieser Finanzierungsmaßnahme nach folgenden Methoden:

1) grafische Methode (Versuchszinssätze: $i_1 = 0,06$; $i_2 = 0,07$; $i_3 = 0,08$,

2) rechnerische Methode (Regula falsi),

3) Näherungsgleichung (3.8).

b) Erläutern Sie kurz, von welchen Gegebenheiten die Qualität der Lösung gemäß Näherungsgleichung (3.8) abhängt.

3.11 Eine Investition mit einer Anschaffungsauszahlung von 20 000 € erbringt jährlich netto 3 200 €. Die Lebensdauer beläuft sich auf 9 Jahre.

a) Wie hoch ist die Rendite dieser Investition, wenn nach Ablauf von 9 Jahren ein Restwert erlöst werden kann, der exakt die Höhe der ursprünglichen Anschaffungsauszahlung hat?

b) Welcher interne Zinssatz ergibt sich, wenn der Restwert nach Ablauf von 9 Jahren Null ist?

c) Wie hoch ist die Effektivverzinsung bei unbegrenzter Lebensdauer der Investition?

3.12 Auf einer Warenrechnung findet sich die folgende Skontoformel: „Bei Zahlung innerhalb von 10 Tagen 3 % Skonto. Bis 30 Tage netto Kasse". Ermitteln Sie den effektiven Jahreszinssatz des Lieferantenkredites.

3.13 Überlegen Sie, wie ein Formular zur Effektivzinsermittlung von Investitionen im Rahmen eines Tabellenkalkulationsprogramms aussehen muss. Fertigen Sie eine Bleistiftskizze an und vergleichen Sie diese mit dem Musterformular im Lösungsanhang.

3.14 Ein Student überlegt, welche Zahlungsweise für die Prämie seiner Kfz-Haftpflicht wirtschaftlich günstig ist. Bei jährlicher Zahlungsweise beläuft sich die Prämie auf 1 000 €; sie ist zum Jahresbeginn fällig. Bei halbjährlicher Zahlungsweise wird ein Aufschlag von 3 % erhoben; es müssen dann also zwei Raten mit jeweils 515 € gezahlt werden, und zwar 515 € zum Jahresanfang und 515 € nach Ablauf eines halben Jahres. Der Student könnte auf seinem Girokonto einen Überziehungskredit für 10 % pro Jahr bekommen.

4.   Annuitätenmethode

4.1   Finanzmathematische Grundlagen

4.1.1   Leitgedanke der Annuitätenmethode

Der Leitgedanke der Annuitätenmethode besteht darin, alle mit einem Investitionsobjekt verbundenen Zahlungen gleichmäßig auf die Nutzungsjahre zu verteilen.
Man beurteilt eine Investition also nach ihren durchschnittlichen jährlichen Ein- und
Auszahlungen, die finanzmathematisch korrekt zu ermitteln sind. Dabei ergeben
sich zwei Probleme:

(1) Wie verteilt man die Anschaffungsauszahlung, also eine heutige Zahlung, unter
    Berücksichtigung von Zins und Zinseszins auf die Nutzungszeit?

(2) Wie verteilt man den Restwert, also eine spätere Zahlung, unter Berücksichti-
    gung von Zins und Zinseszins auf die Laufzeit einer Investition?

Wir haben also Verrentungsprobleme zu lösen.

Rente ist eine in gleichmäßigen Zeitabständen erfolgende meist gleichblei-
bende Zahlung. Verrentung ist die Umrechnung einer einmaligen Zahlung in
eine Reihe gleicher Zahlungen.

4.1.2   Verrentung einer heutigen Zahlung

Welche über n Jahre laufende Zahlungsreihe mit einer jährlichen Zahlung von g ist
bei einem Zinssatz von i einem heute zu leistenden Betrag K_0 äquivalent (wirtschaftlich gleichwertig)?

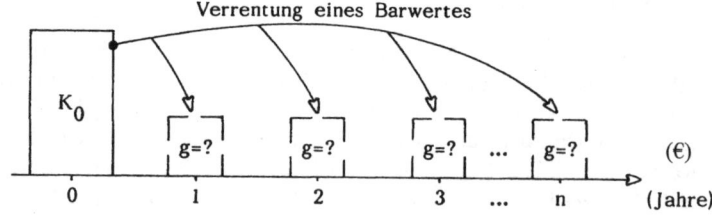

Verrentung eines Barwertes

Probleme dieser Art haben Sie etwa dann zu lösen, wenn

- eine heute fällige Lebensversicherung verrentet werden soll,

- die Anschaffungsauszahlung für ein Investitionsobjekt auf die Laufzeit umzulegen ist,

- die zu einem Darlehen gehörende Annuität (= gleich bleibende Jahreszahlung, bestehend aus Zins- und Tilgungsanteil) zu ermitteln ist.

Im ersten Fall wollen Sie wissen, welche Jahresrente bei Verzicht auf Barauszahlung der Lebensversicherung zu erwarten ist. Dabei besteht die Jahresrente aus zwei Komponenten: den Zinsen auf die einbehaltene Lebensversicherungssumme und dem Tilgungsanteil. Bei einer Investition mit einer bestimmten Anschaffungsauszahlung fragen Sie, wie hoch der jährlich (netto) einzunehmende Geldbetrag sein muss, damit erstens die Anschaffungsauszahlung wiedergewonnen wird und zweitens die ausstehenden Beträge zum Kalkulationszinssatz verzinst werden. Entsprechend fragt man bei einem Darlehen, welcher Jahresbetrag zur Begleichung von Zins und Tilgung anzusetzen ist.

Lösung

Da wir das entgegengesetzte Problem, nämlich die Errechnung des Barwertes K_0 einer Zahlungsreihe, bereits lösen können, ist lediglich die auf S. 51 entwickelte Gleichung (2.6)

$$K_0 = g \cdot \frac{(1+i)^n - 1}{i(1+i)^n} = g \cdot DSF_n$$

nach der nunmehr gesuchten Größe g aufzulösen. Man erhält dann:

(4.1)
$$g = K_0 \cdot \frac{i(1+i)^n}{(1+i)^n - 1} = K_0 \cdot KWF_n$$

$\llcorner\!\!\rightarrow$ Kapitalwiedergewinnungsfaktor (KWF)

Der dabei erhaltene Faktor

$$\frac{i(1+i)^n}{(1+i)^n - 1}$$

(Kehrwert des Diskontierungssummenfaktors) heißt Verrentungsfaktor, Annuitäten-faktor oder auch Kapitalwiedergewinnungsfaktor (KWF). Er gestattet die Ermitt-lung jener Zahlungsreihe, die einer einmaligen, zum Zeitpunkt 0 anfallenden Zah-lung wirtschaftlich gleichwertig (äquivalent) ist. Er verteilt einen jetzt fälligen Geldbetrag in gleiche Annuitäten auf die kommenden Jahre (Kurzformel: verwan-delt „Einmalzahlung jetzt" in Zahlungsreihe).

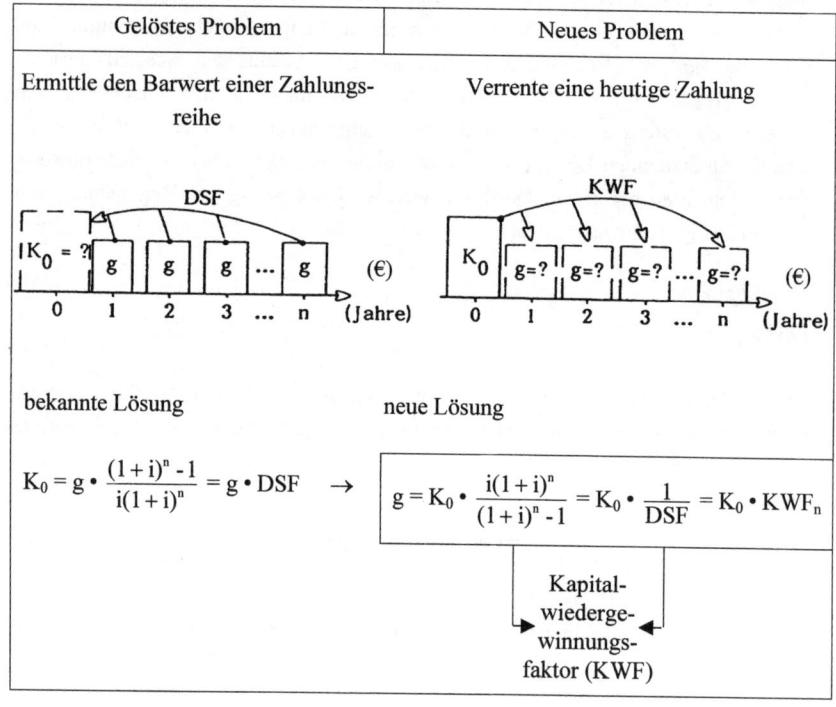

Übers. 4.1:   Kapitalwiedergewinnungsfaktor als Kehrwert des Diskontierungssummenfaktors

Beispiel (Verrentung einer Lebensversicherung)

Ein Bremer, der eine Lebensversicherung abgeschlossen hat, möchte seine im 73. Lebensjahr fällige Lebensversicherungssumme nicht bar auf die Hand, sondern zieht eine Verrentung vor. Welche Jahresrente wird ihm die Versicherungsgesellschaft anbieten, wenn die Versicherungssumme auf 500 000 € lautet, eine statistische Restlebenserwartung von 10 Jahren[1] anzusetzen ist und mit einem Kalkulationszinssatz von 0,10 = 10 % gerechnet wird?

Lösung

$g = K_0 \cdot KWF_{10}$

$g = 500\ 000 \cdot 0,162745$

$g = 81\ 373\ (€)$

Ergebnis: Die der Versicherungssumme von 500 000 € gleichwertige Zahlungsreihe weist eine Jahresrente von 81 373 € auf.

Beispiel (Umlage der Anschaffungsauszahlung)

Eine Investition mit einer Anschaffungsauszahlung von 90 000 € besitzt eine Nutzungsdauer von 8 Jahren. Der Investor, der mit einem Zinssatz von 0,08 = 8 % rechnet, will wissen, wie groß der Geldbetrag g ist, der jährlich netto eingenommen werden muss, um die Anschaffungsauszahlung wiederzugewinnen und die ausstehenden Beträge mit dem Kalkulationszinssatz zu verzinsen.

---

[1] Die statistische Restlebenserwartung ergibt sich aus der Sterbetafel für die Bundesrepublik Deutschland. Die Sterbetafel ist u. a. abgedruckt bei: K.-D. Däumler, Finanzmathematisches Tabellenwerk, S. 289 f.

Lösung

$g = A \cdot KWF_8$

$g = 90\ 000 \cdot 0,174015$

$g = 15\ 661\ (\text{€})$

Ergebnis: Wenn jährlich netto 15 661 € eingenommen werden, so gewinnt man die Anschaffungsauszahlung in 8 Jahren wieder und erhält die innerhalb der 8 Jahre ausstehenden Beträge zum Kalkulationszinssatz von 8 % verzinst.

Beispiel (Annuitätenberechnung bei Hypothek)

Eine Hypothek von 150 000 € soll innerhalb von 15 Jahren mit gleichen Jahresleistungen (Annuitäten) verzinst und getilgt werden. Welche Höhe hat die Annuität bei einem Zinssatz von 8 %?

Lösung

Annuität $= K_0 \cdot KWF_{15}$

Annuität $= 150\ 000 \cdot 0,116830$

Annuität $= 17\ 524,50\ (\text{€/Jahr})$

Ergebnis: Die Annuität beläuft sich auf 17 524,50 € pro Jahr.

4.1.3 Verrentung einer späteren Zahlung

Gegeben ist eine spätere Zahlung, fällig zum Zeitpunkt n. Gesucht ist die Höhe der Glieder g einer über n Jahre laufenden Zahlungsreihe, die beim Zinssatz i wertmäßig K_n entspricht.

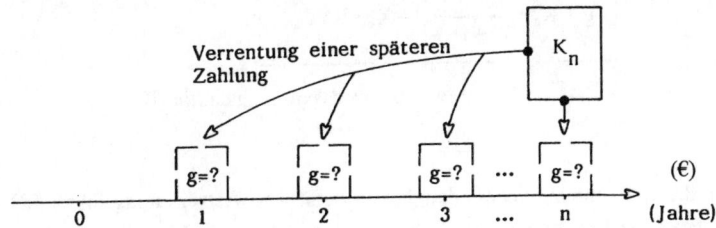

Lösung

Da Sie die Verrentung einer heutigen Zahlung, die Umwandlung von K_0 in eine Zahlungsreihe, bereits beherrschen, bietet sich folgender Weg mit zwei Schritten an:

1. Sie zinsen zunächst K_n auf den Zeitpunkt 0 ab.

2. Sodann legen Sie den so gefundenen Gegenwartswert K_0 des Endwertes K_n mit Hilfe des Kapitalwiedergewinnungsfaktors (KWF) auf n Perioden um.

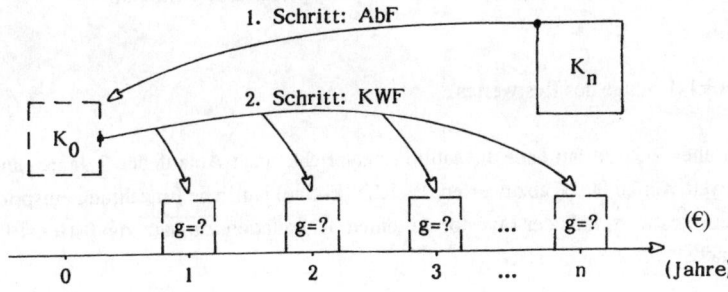

Somit erhält man die Gleichung:

$$g = K_n \cdot \underbrace{\frac{1}{(1+i)^n}}_{AbF} \cdot \underbrace{\frac{i(1+i)^n}{(1+i)^n - 1}}_{KWF} \qquad | \text{ kürzen mit } (1+i)^n \rightarrow$$

$$\underbrace{\phantom{K_n \cdot \frac{1}{(1+i)^n}}}_{K_0}$$

(4.2)
$$g = K_n \cdot \frac{i}{(1+i)^n - 1} = K_n \cdot RVF_n$$

└──▶ Restwertverteilungsfaktor (RVF)

Der in dieser Rechnung verwendete Faktor heißt Restwertverteilungsfaktor (RVF). Er gestattet die Ermittlung jener Zahlungsreihe, die einem einmaligen Betrag zum Zeitpunkt n äquivalent (gleichwertig) ist, d. h. er verteilt eine nach n Jahren fällige Einmalzahlung unter Berücksichtigung von Zins und Zinseszins auf die Laufzeit von n Jahren (Kurzformel: verwandelt „Einmalzahlung nach n Jahren" in Zahlungsreihe).

Der Restwertverteilungsfaktor findet praktische Anwendung, wenn es darum geht,

- den Restwert einer Investition auf die Jahre der Nutzung zu verteilen,

- eine nach Ablauf einer Investition fällige Abschlusszahlung auf die Produktionsjahre umzulegen,

- bei gegebenem Endkapital die notwendigen Sparraten zu ermitteln.

Beispiel (Umlage des Restwertes)

Eine über 7 Jahre laufende Investition verspricht, nach Ablauf der 7 Jahre einen Restwert von 20 000 € abzuwerfen. Welche (fiktive) jährliche Einzahlung entspricht diesem Restwert, falls der Investor mit einem Kalkulationszinssatz von 0,10 = 10 % rechnet?

Lösung

$g = R \cdot RVF_7$

$g = 20\ 000 \cdot 0,105405$

$g = 2\ 108\ (€)$

Ergebnis: Der anteilige Restwert pro Periode beläuft sich auf 2 108 €.

Beispiel (Umlage einer späteren Entschädigungszahlung)

Eine Bergwerksgesellschaft baut eine erzhaltige Gesteinsschicht ab, die unter einem Dorf verläuft. Nach Abschluss der neunjährigen Abbauarbeiten sind aus geologischen Gründen Bergschäden zu erwarten, die Entschädigungszahlungen von 2 Mio Euro erforderlich machen. Mit welchem Geldbetrag ist jedes der neun Produktionsjahre zu belasten, wenn man mit $i = 0{,}10 = 10\ \%$ rechnet?

Lösung

$g = R \cdot RVF_9$

$g = 2\ 000\ 000 \cdot 0{,}073641$

$g = 147\ 281\ (\text{€})$

Ergebnis: Die jedem Produktionsjahr anzulastenden Bergschäden betragen 147 281 €.

Beispiel (Sparraten für vorgegebenes Endkapital)

Sigrid Saldo steht kurz vor ihrem Examen in Betriebswirtschaftslehre. Zu ihrer Entspannung und Erbauung überlegt sie, welche Gehaltsforderung sie stellen müsste, um in zehn Jahren Millionärin zu sein. Da sie noch im Schoße der Familie Saldo lebt, könnte sie das Gehalt vollständig sparen. Die Bank zahlt 6 % Zinsen.

Lösung

Jahresgehalt = späterer Wert • RVF_{10} = K_n • RVF_{10}

Jahresgehalt = 1 000 000 • 0,075868

Jahresgehalt = 75 868 (€)

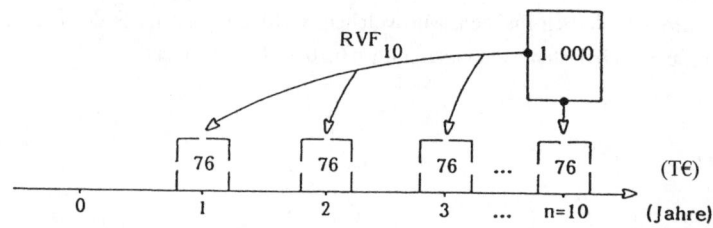

Ergebnis: Um in zehn Jahren Millionärin zu sein, müsste Sigrid Saldo ein Jahresgehalt von (netto) 75 868 € verlangen und dieses voll auf ihr Bankkonto einzahlen.

Beispiel (Umlage des Optionspreises)

Ein Betrieb plant die Anschaffung einer Maschine im Leasing-Verfahren. Während der Grundmietzeit von 8 Jahren soll jährlich eine Leasingrate von 30 000 € gezahlt werden. Das Leasing-Objekt geht nach der ursprünglichen Planung nach der Grundmietzeit zum Preis von Null in das Eigentum des Leasing-Nehmers über. Der Eigentumsübergang soll kostenlos erfolgen. Der Steuerberater stellt fest, dass diese Vertragskonstruktion (Optionspreis[1] gleich Null) steuerschädlich ist, d. h. die Leasingraten könnten nicht als Betriebsausgaben in Abzug gebracht werden. Man müsse, so schlägt der Steuerberater vor, einen Optionspreis von beispielsweise 80 000 € vereinbaren.

---

[1] Optionspreis ist der Preis, zu dem der Leasing-Nehmer nach Ablauf der Grundmietzeit das Leasing-Objekt erwerben kann. Der Optionspreis muss mindestens dem Restbuchwert des Leasing-Objektes entsprechen, falls die Leasingraten steuerlich als Betriebsausgaben anerkannt werden sollen. Vgl. auch: K.-D. Däumler, Betriebliche Finanzwirtschaft, S. 278 ff. u. 306 ff.

Die Vertragsparteien sind damit grundsätzlich einverstanden, jedoch gibt der Mieter zu bedenken, dass dann die laufenden Leasingraten entsprechend geringer ausfallen müssten. Wie hoch wären die neuen Leasingraten unter Berücksichtigung des Optionspreises, falls mit einem Zinssatz von $i = 0{,}12 = 12\,\%$ zu rechnen ist?

Lösung

neue Rate = alte Rate - anteiliger Optionspreis pro Periode

neue Rate = 30 000 - 80 000 • RVF_8

neue Rate = 30 000 - 80 000 • 0,081303

neue Rate = 23 496 (€)

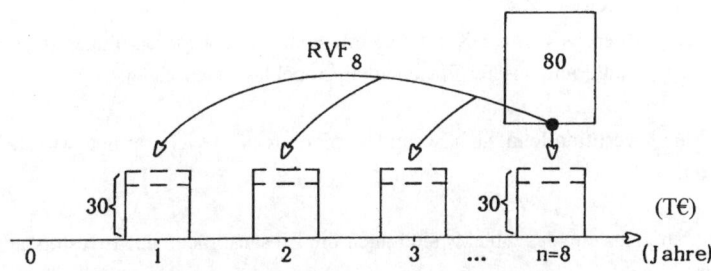

Ergebnis: Als Gegenwert für den späteren Kaufpreis ist die Leasingrate um 6 504 € pro Jahr zu mindern, so dass lediglich 23 496 € pro Jahr zu zahlen sind. Der anteilige Optionspreis pro Jahr ist 6 504 €.

4.2   Annuitätenkriterium

Die Annuitätenmethode ist die dynamische Methode, die in der Praxis am seltensten zum Einsatz kommt. 23 Prozent der antwortenden Großunternehmungen stützten sich 1985 bei ihren Entscheidungen auf die Annuitätenmethode, 1989 waren es 25 Prozent, 1996 nur noch 5 Prozent (vgl. Übersicht 1.8 auf S. 28). Nach den uns zugesandten Materialien steht fest, dass die Annuitätenmethode - jedenfalls bei den antwortenden Großunternehmungen - stets im Verbund mit wenigstens einer weiteren Investitionsrechnungsmethode eingesetzt wird. Als ergänzende Methode nutzen die Unternehmen meist die Kapitalwertmethode, was sachlich auch gut begründbar ist, da man den Periodenüberschuss im Sinne der Annuitätenmethode sehr einfach durch Multiplikation des Kapitalwertes mit dem Kapitalwiedergewinnungsfaktor erhält (vgl. Abschnitt 4.5: Überschussermittlung bei unterschiedlichen jährlichen Nettoeinzahlungen). 12 Prozent der Mittelständler setzten 1996 die Annuitätenmethode ein. Von allen Investitionsrechnungsmethoden entspricht die Annuitätenmethode am meisten dem bankmäßigen Denken, weil alle Zahlungen in konstante jährliche Durchschnittswerte (Annuitäten) umgerechnet werden.

Wir wollen das Annuitätenkriterium, also die Entscheidungsregel der Annuitätenmethode, die uns angibt, unter welchen Voraussetzungen eine Investition nach dieser Methode vorteilhaft ist, schrittweise entwickeln:

(1) Nach der bereits von der Kapitalwertmethode her bekannten umgangssprachlichen Formulierung unserer Entscheidungsregel lässt sich sagen:

• Eine Investition lohnt sich, wenn sie mindestens so viel erbringt, wie sie kostet.

In den „Kosten" des Objekts sind auch die Zinsansprüche des Investors enthalten.

(2) Berücksichtigt man, dass die korrekten Rechnungselemente nicht Leistungen und Kosten, sondern Ein- und Auszahlungen sind, so erhält man den Satz:

• Eine Investition lohnt, wenn Einzahlungen ≥ Auszahlungen.

In dieser Fassung ist die verbale Formulierung „mindestens so viel wie" durch die Bedingung ≥ ersetzt.

(3) Sie wissen, dass Zahlungen, die zu unterschiedlichen Zeitpunkten anfallen, nicht vergleichbar sind (ein Euro heute ist mehr wert als ein Euro morgen). Wir machen die Zahlungen vergleichbar, indem wir einen finanzmathematisch korrekten Durchschnittswert errechnen.

Investition lohnt, wenn	durchschnittliche jährliche Einzahlungen	≥	durchschnittliche jährliche Auszahlungen

Ab Schritt (3) ist die Entscheidungsregel rechnerisch korrekt. Abschließend wollen wir nur noch vereinfachen.

(4) Wir schreiben statt durchschnittliche jährliche Ein- und Auszahlungen DJE und DJA und erhalten:

(4.3) $\boxed{\text{DJE} \geq \text{DJA}}$ Annuitätenkriterium

Das Annuitätenkriterium lässt sich auch in der Weise formulieren, dass man die Differenz zwischen den durchschnittlichen jährlichen Ein- und Auszahlungen, also den durchschnittlichen jährlichen Überschuss DJÜ ermittelt:

(4.4) $\boxed{\begin{array}{c} \text{DJE - DJA} \geq 0 \\ \hline \text{DJÜ} \geq 0 \end{array}}$ Annuitätenkriterium

Eine Investition gilt nach diesem Kriterium stets dann als lohnend, wenn die durchschnittlichen jährlichen Einzahlungen DJE beim gewählten Kalkulationszinssatz mindestens so groß sind wie die durchschnittlichen jährlichen Auszahlungen DJA, d. h. wenn der durchschnittliche jährliche Überschuss DJÜ größer oder gleich Null ist.

Im praktischen Fall haben Sie also folgende Fragen zu beantworten:

- Wie errechnet man die durchschnittlichen jährlichen Einzahlungen DJE?

- Wie errechnet man die durchschnittlichen jährlichen Auszahlungen DJA?

Oder kürzer:

- Wie errechnet man den durchschnittlichen jährlichen Überschuss DJÜ?

4.3   Überschussermittlung bei konstanten jährlichen Nettoeinzahlungen

Die durchschnittlichen jährlichen Einzahlungen DJE ermittelt man bei Konstanz der jährlichen Einzahlungen e mit Hilfe der Definitionsgleichung:

$$DJE = e + \text{anteiliger Restwert}$$

(4.5)
$$DJE = e + R \cdot \frac{i}{(1+i)^n - 1} = e + R \cdot RVF$$

$$\longrightarrow \text{Restwertverteilungsfaktor (RVF)}$$

Die Reihe der Einzahlungen wird also um den Betrag erhöht, der wirtschaftlich dem auf die Investitionslaufzeit verteilten Restwert entspricht.

Für die durchschnittlichen jährlichen Auszahlungen DJA gilt bei Konstanz der jährlichen Betriebs- und Instandhaltungsauszahlungen a die Definitionsgleichung:

$$DJA = a + \text{anteilige Anschaffungsauszahlung}$$

(4.6)
$$DJA = a + A \cdot \frac{i(1+i)^n}{(1+i)^n - 1} = a + A \cdot KWF$$

$$\longrightarrow \text{Kapitalwiedergewinnungsfaktor (KWF)}$$

Entsprechend erhöht sich auch die Reihe der Betriebs- und Instandhaltungsauszahlungen um jenen Betrag, der wirtschaftlich die auf die Laufzeit umgelegte Anschaffungsauszahlung repräsentiert.

Damit sind - typisch für die Annuitätenmethode - alle „Einmalzahlungen" finanzmathematisch korrekt auf die Laufzeit verteilt und in Zahlungsreihen verwandelt. Die folgenden Zeitbilder zeigen schematisch, wie die Annuitätenmethode

1. den Restwert auf die Laufzeit umlegt, was die Reihe der Einzahlungen e um den anteiligen Restwert (= schraffiertes Feld) erhöht;

2. die Anschaffungsauszahlung auf die Jahre der Nutzung verteilt, was zu einer Erhöhung der Betriebs- und Instandhaltungsauszahlungen a um die anteilige Anschaffungsauszahlung (= schraffiertes Feld) führt.

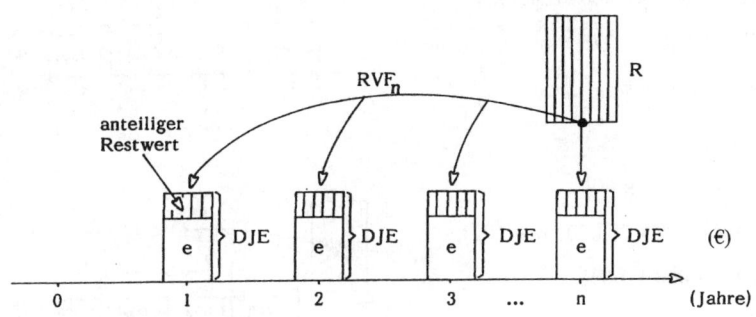

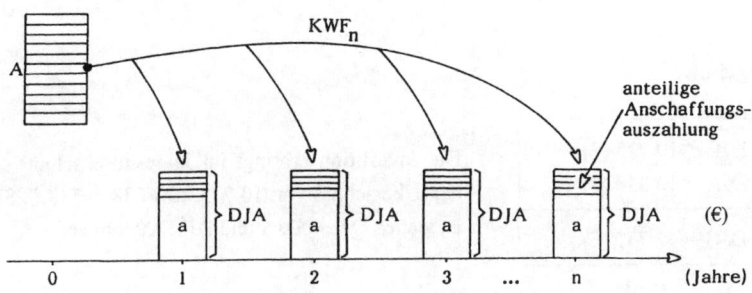

Beispiel (Errechnung des durchschnittlichen jährlichen Überschusses DJÜ)

Ein Betrieb plant den Kauf einer Maschine zum Preis von 20 000 €. Die Nutzungsdauer dieser Maschine wird auf vier Jahre geschätzt. In jedem Jahr erwartet man
Einzahlungen von 9 000 € und Auszahlungen von 4 000 €. Der Restwert, der nach
Ablauf von vier Jahren realisiert werden kann, beläuft sich auf 8 000 €. Wie hoch
sind DJE, DJA und DJÜ, falls der Investor mit einem Kalkulationszinssatz von 0,08
= 8 % rechnet?

Lösung

$DJE = e + R \cdot RVF_4$

$DJE = 9\ 000 + 8\ 000 \cdot 0,221921$

$DJE = 9\ 000 + 1\ 775$

$DJE = 10\ 775\ (\text{€})$

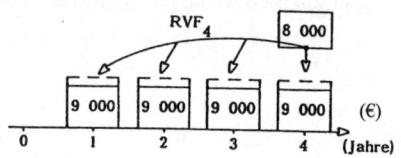

$DJA = a + A \cdot KWF_4$

$DJA = 4\ 000 + 20\ 000 \cdot 0,301921$

$DJA = 4\ 000 + 6\ 038$

$DJA = 10\ 038\ (\text{€})$

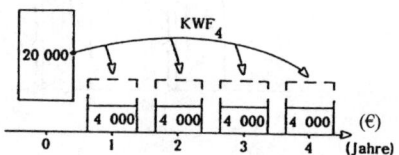

Ergebnis:

DJE = 10 775 (€)
DJA = 10 038 (€)
DJÜ = 737 (€)

Die Investition erbringt im Jahresdurchschnitt einen Überschuss von 10 775 - 10 038 = 737 €. Sie ist wegen DJE > DJA und DJÜ > 0 lohnend.

Beispiel (Investition zur Energieeinsparung)

Ein Unternehmer beabsichtigt, A = 100 000 € zum Zwecke einer besseren Wärmeisolierung der Fertigungshalle zu investieren. Die Halle kann noch 6 Jahre genutzt werden. Danach ist ein Umzug geplant. Wie hoch muss die jährliche Ersparnis (= Minderauszahlung) an Heizkosten mindestens sein, wenn der aufgewandte Betrag mit einer Verzinsung von $i = 0,12 = 12\ \%$ in 6 Jahren wiedergewonnen werden soll? Wie hoch ist der durchschnittliche jährliche Überschuss DJÜ, falls die tatsächlichen jährlichen Minderauszahlungen 26 323 € ausmachen?

Lösung

Man multipliziert die Anschaffungsauszahlung mit dem Kapitalwiedergewinnungsfaktor und erhält folgenden Wert für die mindestens erforderliche Minderauszahlung g:

$g = A \cdot KWF_6$

$g = 100\ 000 \cdot 0{,}243226$

$g = 24\ 323\ (\text{€})$

Ergebnis: Bei einer jährlichen Minderauszahlung von g = 24 323 € gewinnt der Unternehmer das eingesetzte Kapital von 100 000 € innerhalb von 6 Jahren zurück und erzielt eine Verzinsung der jeweils noch ausstehenden Beträge zum Kalkulationszinssatz von 0,12 = 12 %, DJÜ ist Null. Bei g = 26 323 € erzielt der Investor einen durchschnittlichen jährlichen Überschuss von 26 323 - 24 323 = 2 000 €.

4.4   Kapitaldienst

4.4.1   Aufteilung des Kapitaldienstes

Wir wollen dieses Ergebnis noch genauer untersuchen. Dabei ist das Produkt von Anschaffungsauszahlung und Kapitalwiedergewinnungsfaktor von besonderem Interesse.

1. Es wird behauptet, dass dieses Produkt - man nennt es Kapitaldienst oder auch, im Zusammenhang mit der Tilgungsrechnung, Annuität - aus zwei Bestandteilen bestehe, nämlich aus der Wiedergewinnung und der Verzinsung der ausstehenden Beträge. Für den Kapitaldienst KD einer Investition gilt mithin:

(4.7)   KD = Wiedergewinnungsanteil + Zinsanteil

2. Ferner wird behauptet, die jährlichen Wiedergewinnungsanteile gewährleisteten über die Laufzeit der Investition eine vollständige Zurückgewinnung der gesamten Anschaffungsauszahlung.

3. Schließlich wird behauptet, der Zinsanteil repräsentiere eine Verzinsung der zu Beginn einer jeden Periode noch ausstehenden Beträge zum Kalkulationszinssatz.

Die drei Behauptungen untersuchen wir im Folgenden anhand der Daten des obigen Beispiels einer Energieeinsparungsinvestition.

Beispiel (Zerlegung des Kapitaldienstes in Zins- und Wiedergewinnungsanteil)

Der im obigen Beispiel (Energieeinsparung) betrachtete Unternehmer fragt sich, wie er bei einem Istwert der jährlichen Minderauszahlungen für Heizzwecke von $g = 24\ 323$ € sein investiertes Kapital ($A = 100\ 000$ €) im Laufe der $n = 6$ Jahre zurückgewinnt und wie sich die jeweils noch in der Investition gebundenen Geldbeträge verzinsen. Ermitteln Sie den Kapitaldienst KD der Wärmedämmungsinvestition, und zerlegen Sie ihn mit Hilfe einer Tabelle Jahr für Jahr in einen Zins- und einen Wiedergewinnungsanteil.

Lösung

Es gilt: $KD = A \cdot KWF_6 = 100\ 000 \cdot 0,243226 = 24\ 323$ (€).

Die folgende Übersicht zeigt, wie man den Kapitaldienst einer jeden Periode in einen Zins- und einen Wiedergewinnungsanteil zerlegt.

Jahr	ausstehender Betrag am Jahresanfang (€)	Kapital- dienst (€/Jahr)	Zinsanteil (€/Jahr)	Wiedergewin- nungsanteil (€/Jahr)	ausstehender Betrag am Jahresende (€)
	I	II	III = I • 0,12	IV = II - III	V = I - IV
1	100 000	24 323	12 000	12 323	87 677
2	87 677	24 323	10 521	13 802	73 875
3	73 875	24 323	8 865	15 458	58 417
4	58 417	24 323	7 010	17 313	41 104
5	41 104	24 323	4 932	19 391	21 713
6	21 713	24 323	2 610	21 713	0
Summe				100 000	

Übers. 4.2: Aufteilung des Kapitaldienstes in Zins- und Wiedergewinnungsanteil

Wenn die jährlichen Minderauszahlungen den Wert 24 323 € haben, dann werden davon im ersten Jahr 12 000 € zur Verzinsung der Anschaffungsauszahlung benötigt. Es bleiben also 12 323 € zum Zwecke der Wiedergewinnung. Damit vermindern sich die ausstehenden Beträge um 12 323 €, so dass zu Beginn des zweiten Jahres nur noch 87 677 € ausstehen. Im zweiten Jahr ist dann der noch nicht wiedergewonnene Betrag von 87 677 € mit 10 521 € zu verzinsen, so dass 13 802 € wiedergewonnen werden usw. Die Rechnung zeigt, dass am Ende des sechsten Jahres die gesamte Anschaffungsauszahlung wiedergewonnen ist. Sie zeigt auch, dass die jeweils noch ausstehenden Beträge genau zum Kalkulationszinssatz von i = 0,12 verzinst worden sind[1].

Sie können der Übersicht drei wichtige Tatbestände entnehmen:

1. Im Zeitablauf nimmt der Zinsanteil laufend ab. Der Tilgungsanteil steigt entsprechend. Das ist typisch für den Fall des so genannten Annuitätendarlehens. Im Darlehensvertrag finden Sie meist die Formulierung, wonach „in Höhe der ersparten Zinsen eine zusätzliche Tilgung stattfindet".

---

[1] Rundungsfehler wurden im Zinsanteil des letzten Jahres ausgeglichen.

2. Die sechsmalige Zahlung von 24 323 € gewährleistet tatsächlich eine korrekte Verzinsung der jeweiligen Restschuld von 12 % und gleichzeitig eine Rückgewinnung der Anschaffungsauszahlung innerhalb der sechs Jahre.

3. Erbringt eine Investition netto alljährlich Zahlungen in Höhe des Kapitaldienstes, erzielt der Investor während der Nutzungsdauer des Objektes

- eine Wiedergewinnung der eingesetzten Mittel und

- eine Verzinsung der jeweils noch ausstehenden Beträge zum Kalkulationszinssatz.

Das Annuitätenkriterium wird unter Benutzung des Begriffes Kapitaldienst gelegentlich auch folgendermaßen formuliert:

(4.8) $\boxed{\text{DJE} \geq a + \text{Kapitaldienst}}$ Annuitätenkriterium

Danach gilt eine Investition dann als lohnend, wenn beim gewählten Kalkulationszinssatz die durchschnittlichen jährlichen Einzahlungen mindestens so groß sind wie die Summe aus den jährlichen Betriebs- und Instandhaltungsauszahlungen und dem Kapitaldienst für die Anschaffungsauszahlung.

4.4.2   Approximativer Kapitaldienst

Die Praxis setzt zur Ermittlung des Kapitaldienstes einer Investition gelegentlich auch Faustregeln ein. Der nach einer Faustregel ermittelte Kapitaldienst heißt approximativer (angenäherter) Kapitaldienst KD_{appr}. Der Vorteil der approximativen Verfahren besteht darin, dass Sie ohne finanzmathematische Formeln und Tabellenwerte auskommen. Dieser Vorteil wird jedoch durch eine möglicherweise beträchtliche Ungenauigkeit erkauft. Je nach Art der Faustregel - es gibt zwei - wird die Abweichung vom genauen Wert mehr oder weniger groß. Die in Übersicht 4.3 dargestellte Faustregel (4.9) führt zu einem sehr ungenauen Ergebnis, Faustregel (4.10) ergibt ein weniger ungenaues Resultat.

Die beiden approximativen Methoden ermitteln den Wiedergewinnungsanteil, indem sie die Anschaffungsauszahlung A gleichmäßig auf die Nutzungsdauer n verteilen (A/n). Einen Unterschied machen die beiden Varianten bei der Errechnung des jährlichen Zinsanteiles. Die sehr ungenaue approximative Methode geht davon aus, dass im Durchschnitt während der Nutzungszeit der Betrag A/2 aussteht und demnach zu verzinsen ist:

$$\text{Zinsanteil} = \frac{A}{2} \cdot i.$$

Die weniger ungenaue Variante errechnet den Zinsanteil als arithmetisches Mittel: Danach steht zu Beginn des ersten Jahres noch der volle Betrag der Anschaffungsauszahlung aus und ist zu verzinsen. Im letzten Jahr dagegen steht nur noch der Teilbetrag A/n der Anschaffungsauszahlung aus, und es ist nur noch dieser Teilbetrag zu verzinsen. Sie erhalten den durchschnittlichen Zinsanteil, indem Sie die Verzinsung für das erste und letzte Jahr addieren und die Summe durch 2 teilen. Zinseszinsen berücksichtigen die beiden approximativen Verfahren nicht.

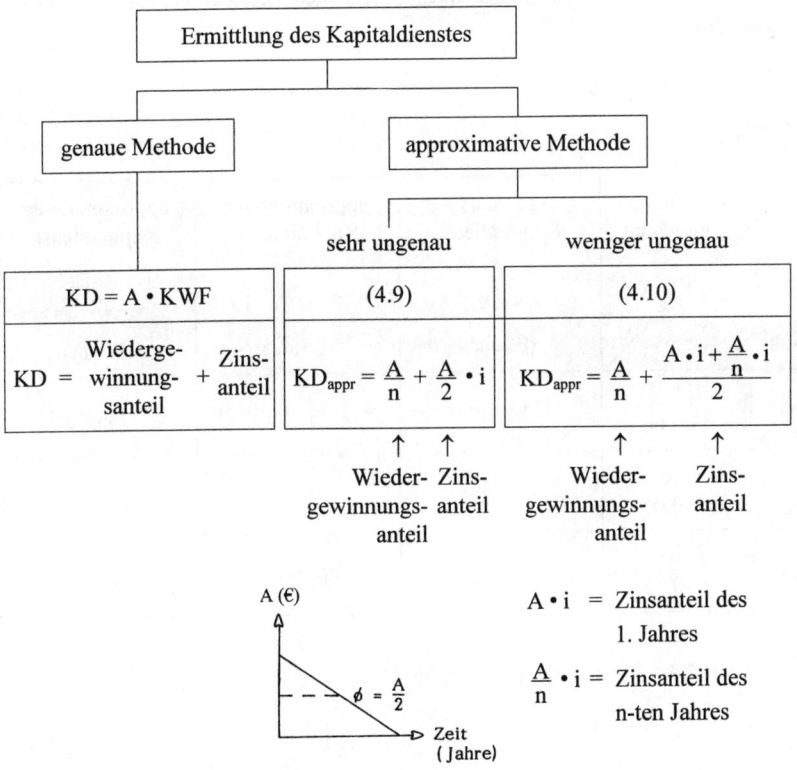

Übers. 4.3: Genaue und approximative Kapitaldienstberechnung

Beispiel (Unterschied zwischen genauem und approximativem Kapitaldienst)

Die Inhaberin eines Dentallabors plant den Kauf eines Computers inklusive branchenbezogener Software zum Paketpreis von 100 000 €. Ermitteln Sie den genauen Kapitaldienst und die beiden approximativen Kapitaldienste unter Zugrundelegung

a) von n = 5 Jahren und i = 6 %,

b) von n = 10 Jahren und i = 6 %,

c) von n = 10 Jahren und i = 12 %.

Errechnen Sie den genauen und den approximativen Kapitaldienst.

Zeigen Sie tabellarisch den prozentualen Unterschied zwischen genauer und Näherungslösung.

Lösung

Bestimmungs-gleichung ⇒ Fall ⇓	genauer Kapitaldienst $A \cdot KWF$ (€/Jahr)	approximativer Kapitaldienst $\frac{A}{n} + \frac{A}{2} \cdot i$ (€/Jahr)	approximativer Kapitaldienst $\frac{A}{n} + \frac{A \cdot i + \frac{A}{n} \cdot i}{2}$ (€/Jahr)
a) $n = 5$ $i = 0,06$	23 740	23 000	23 600
b) $n = 10$ $i = 0,06$	13 587	13 000	13 300
c) $n = 10$ $i = 0,12$	17 698	16 000	16 600

Übers. 4.4: Genauer und angenäherter Kapitaldienst

Bestimmungsgleichung ⇒ / Fall ⇓	Prozentuale Abweichung des approximativen Kapitaldienstes vom genauen Wert	
	$\dfrac{A}{n} + \dfrac{A}{2} \cdot i$	$\dfrac{A}{n} + \dfrac{A \cdot i + \dfrac{A}{n} \cdot i}{2}$
a) $n = 5$ $i = 0{,}06$	$\dfrac{23\,740 - 23\,000}{23\,740} = 3{,}12\,\%$	$\dfrac{23\,740 - 23\,600}{23\,740} = 0{,}59\,\%$
b) $n = 10$ $i = 0{,}06$	$\dfrac{13\,587 - 13\,000}{13\,587} = 4{,}32\,\%$	$\dfrac{13\,587 - 13\,300}{13\,587} = 2{,}11\,\%$
c) $n = 10$ $i = 0{,}12$	$\dfrac{17\,698 - 16\,000}{17\,698} = 9{,}59\,\%$	$\dfrac{17\,698 - 16\,600}{17\,698} = 6{,}20\,\%$

Übers. 4.5: Prozentuale Abweichung des approximativen Kapitaldienstes

Ergebnis:

1. Der approximative Kapitaldienst ist stets kleiner als der genaue.

2. Die Abweichung vom genauen Wert steigt unter sonst gleichen Umständen mit wachsendem n und wachsendem i.

3. Grundsätzlich ist der genauen Methode der Vorzug zu geben.

4. Wird die genaue Methode abgelehnt, sollten Sie die weniger ungenaue Variante der approximativen Verfahren wählen.

5. Bei Laufzeiten von 10 Jahren oder mehr und/oder Zinssätzen von 10 Prozent oder mehr werden die Abweichungen so erheblich, dass Sie bei größeren Investitionsobjekten jedes approximative Verfahren vermeiden und die genaue Methode benutzen sollten.

4.5 Überschussermittlung bei unterschiedlichen jährlichen Nettoeinzahlungen

Die Ermittlung der durchschnittlichen jährlichen Einzahlungen und der durchschnittlichen jährlichen Auszahlungen nach Gleichung (4.5) und (4.6) ist außerordentlich schnell und einfach. Bitte beachten Sie, dass diese Gleichungen voraussetzen, dass die jährlichen Betriebs- und Instandhaltungsauszahlungen sowie die jährlichen Einzahlungen über die Laufzeit der Investition hinweg konstant sind. Ist diese Voraussetzung nicht erfüllt, dann verursacht die Prüfung der Vorteilhaftigkeit einer Investition nach dem Annuitätenkriterium etwas mehr Rechenarbeit. Man hat dann eine gegebene, unregelmäßige Aus- und Einzahlungsreihe zu transformieren in eine äquivalente, äquidistante, uniforme Reihe[1].

- Äquivalent besagt, dass die Barwerte der ursprünglichen und der transformierten Reihe gleich sein müssen.

- Äquidistant bringt zum Ausdruck, dass die Zahlungen der neuen (transformierten) Reihe zu Zeitpunkten anfallen müssen, die jeweils gleich weit voneinander entfernt sind (in unserem Fall: jeweils am Jahresende).

- Uniform schließlich bedeutet, dass die Zahlungen der neuen Reihe gleich groß sein müssen.

Die Technik der Umformung inkonstanter Zahlungsreihen in finanzwirtschaftlich korrekte Durchschnittswerte zeigt das folgende Beispiel.

Beispiel (Ermittlung finanzmathematischer Durchschnittswerte)

Gegeben sind zwei unterschiedliche Verläufe der Nettoeinzahlungen eines Investitionsobjektes. Ermitteln Sie jeweils den

a) arithmetischen und

b) den finanzmathematischen Mittelwert (Zinssatz i = 0,12 = 12 %).

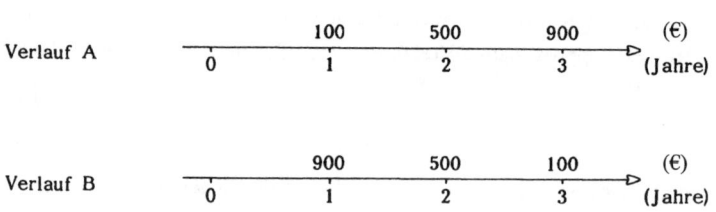

---

[1] Vgl. hierzu auch: H. Jacob, Investitionsrechnung, S. 628 ff.

Lösung

a)

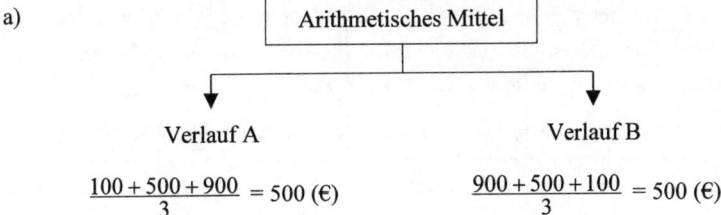

Verlauf A

$$\frac{100 + 500 + 900}{3} = 500 \ (€)$$

Verlauf B

$$\frac{900 + 500 + 100}{3} = 500 \ (€)$$

b) Finanzmathematischer Mittelwert

Der finanzmathematische Mittelwert g ergibt sich, indem Sie in zwei Schritten vorgehen:

1. Sie ermitteln den Barwert BW aller anfallenden Zahlungen.

2. Sie verteilen diesen Barwert BW auf die Zeit mit Hilfe des Kapitalwiedergewinnungsfaktors KWF und erhalten so drei gleiche „Portionen" des Barwertes, und zwar unter Berücksichtigung von Zins und Zinseszins.

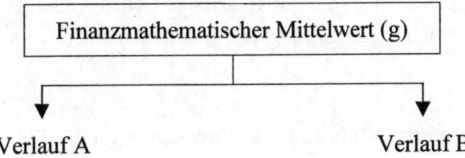

Verlauf A

Verlauf B

1. Schritt: Barwertermittlung

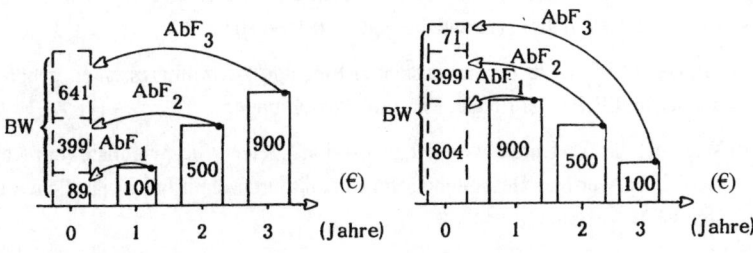

2. Schritt: Barwertverteilung

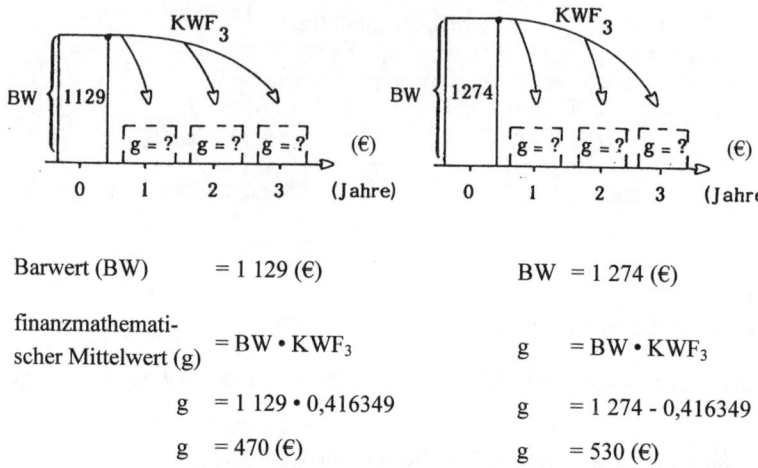

Barwert (BW)   = 1 129 (€)   BW = 1 274 (€)

finanzmathemati-
scher Mittelwert (g)   = BW • KWF$_3$ g   = BW • KWF$_3$

g   = 1 129 • 0,416349   g   = 1 274 - 0,416349

g   = 470 (€)   g   = 530 (€)

Ergebnis: Der finanzmathematische Durchschnitt einer steigenden Zahlungsreihe liegt unter ihrem arithmetischen Mittel; der finanzmathematische Durchschnitt einer fallenden Zahlungsreihe liegt über ihrem arithmetischen Mittel. Bei einer konstanten Zahlungsreihe stimmen arithmetisches und finanzmathematisches Mittel überein.

Beispiel (Durchschnittswerte bei inkonstanten Zahlungsreihen)

Ein Betrieb plant die Anschaffung einer Kunststoffpresse für 15 000 €. Während der Lebensdauer dieser Anlage fallen die aus dem Zeitstrahl ersichtlichen jährlichen Einzahlungen sowie jährlichen Betriebs- und Instandhaltungsauszahlungen an. Am Ende der Laufzeit kann für die Anlage noch ein Schrottwert von 5 000 € erzielt werden. Der Kalkulationszinssatz beträgt i = 0,10 = 10 %.

a) Ermitteln Sie die zu den inkonstanten Ein- und Auszahlungsreihen gehörenden durchschnittlichen jährlichen Ein- und Auszahlungen.

b) Wie hoch ist der Kapitalwert der Investition? Zeigen Sie, wie man vom Kapitalwert (= barwertiger Gesamtüberschuss) zum durchschnittlichen jährlichen Überschuss DJÜ gelangt.

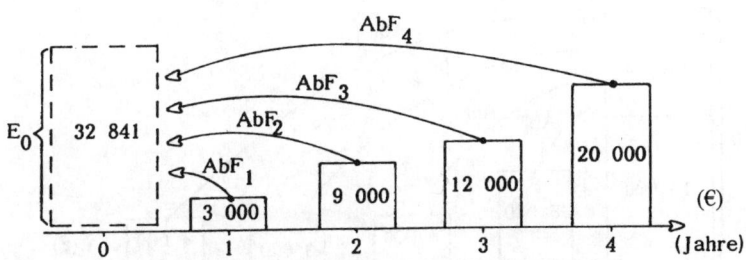

```
                                                    +   5 000
                        + 3 000      + 9 000    + 12 000    + 15 000
        - 15 000        - 8 000      - 4 000     - 3 000     - 4 000      (€)
        ─────────────────────────────────────────────────────────▷
           0              1             2           3          n=4       (Jahre)
```

Lösung a)

Zunächst ist die mit der Investition verbundene Reihe der durchschnittlichen Einzahlungen (DJE) zu ermitteln. Dazu werden die Einzahlungen auf 0 abgezinst und ihre Barwerte addiert; sodann wird der Barwert aller Einzahlungen E_0 mit Hilfe des Kapitalwiedergewinnungsfaktors auf die Laufzeit von 4 Jahren verteilt.

Zeitpunkt	Einzahlung (€)	AbF (10 %)	Barwerte (€)
	I	II	III = I • II
1	3 000	0,909091	2 727
2	9 000	0,826446	7 438
3	12 000	0,751315	9 016
4	20 000	0,683013	13 660
Barwert aller Einzahlungen E_0			32 841

$DJE = E_0 \cdot KWF_4$

$DJE = 32\ 841 \cdot 0,315471$

$DJE = 10\ 360\ (\text{€})$

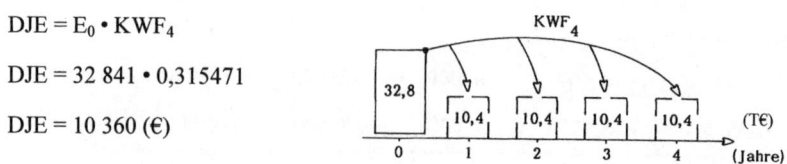

Die transformierte äquivalente, äquidistante und uniforme Einzahlungsreihe ist also durch eine durchschnittliche jährliche Einzahlung von 10 360 € gekennzeichnet.

Nun sind die DJA zu ermitteln. Wir zinsen dazu alle Auszahlungen auf den Zeitpunkt 0 ab und addieren die Barwerte. Die barwertigen Auszahlungen werden dann in eine äquivalente, äquidistante und uniforme Auszahlungsreihe transformiert, indem man sie mit dem Kapitalwiedergewinnungsfaktor KWF multipliziert.

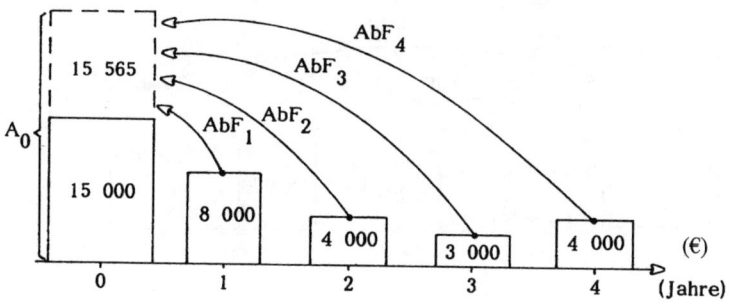

Zeitpunkt	Auszahlung (€)	AbF (10 %)	Barwerte (€)
	I	II	III = I • II
0	15 000		15 000
1	8 000	0,909091	7 273
2	4 000	0,826446	3 306
3	3 000	0,751315	2 254
4	4 000	0,683013	2 732
Barwert aller Auszahlungen A_0			30 565

$DJA = A_0 \cdot KWF_4$

$DJA = 30\ 565 \cdot 0{,}315471$

$DJA = 9\ 642\ (€)$

Es gilt:

durchschnittliche jährliche Einzahlungen - durchschnittliche jährliche Auszahlungen	DJE = 10 360 € DJA = 9 642 €
= durchschnittlicher jährlicher Überschuss	DJÜ = 718 €

Ergebnis a): Die Investition ist vorteilhaft, da die DJE größer als die DJA sind. Der durchschnittliche jährliche Überschuss DJÜ - häufig auch extra profit genannt - beläuft sich auf 718 € (pro Jahr). Dieser Betrag ist deshalb ein extra profit, weil der Investor erstens sein eingesetztes Kapital zurückgewinnt, zweitens die jeweils ausstehenden Beträge seines Kapitals zum Kalkulationszinssatz verzinst erhält und darüber hinaus drittens im Durchschnitt pro Jahr einen zusätzlichen Einzahlungsüberschuss von 718 € erwarten kann.

Lösung b)

Stellt man die jährlichen Nettobeträge zusammen, so ergibt sich folgender Zeitstrahl:

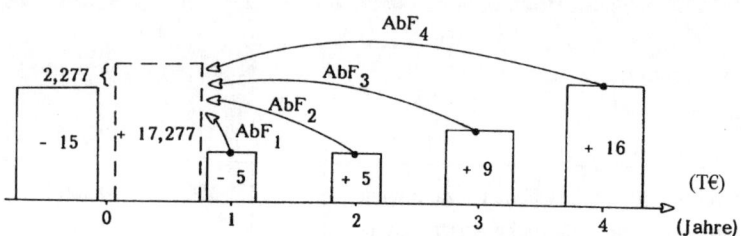

Für den Kapitalwert gilt:

$C_0 = -15\,000 - 5\,000 \cdot AbF_1 + 5\,000 \cdot AbF_2 + 9\,000 \cdot AbF_3 + 16\,000 \cdot AbF_4$

$C_0 = -15\,000 - 5\,000 \cdot 0{,}909091 + 5\,000 \cdot 0{,}826446 + 9\,000 \cdot 0{,}751315$
$\qquad + 16\,000 \cdot 0{,}683013$

$C_0 = -15\,000 - 4\,545 + 4\,132 + 6\,762 + 10\,928 = 2\,277 \ (\text{€})$

Dieser Kapitalwert entspricht der Differenz der bereits in a) ermittelten Werte: $E_0 - A_0 = 32\,841 - 30\,565 = 2\,276$ € (Unterschied ist rundungsbedingt).

Verteilt man den barwertigen Überschuss (Kapitalwert) mit Hilfe des Kapitalwiedergewinnungsfaktors KWF auf die Nutzungszeit, so ergibt sich ein finanzmathematisch korrekter Durchschnittswert, der durchschnittliche jährliche Überschuss DJÜ:

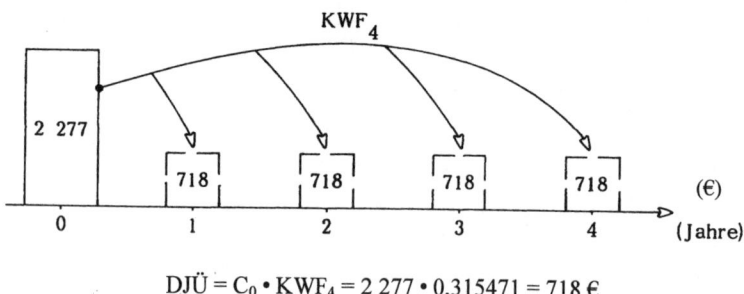

$$DJÜ = C_0 \cdot KWF_4 = 2\,277 \cdot 0{,}315471 = 718 \text{ €}$$

Ergebnis b): Der auf Kapitalwertbasis errechnete durchschnittliche jährliche Überschuss beläuft sich auf 718 €. Er stimmt mit dem in a) ermittelten Wert überein.

4.6   Durchschnittlicher jährlicher Überschuss und Kapitalwert

Für die Ermittlung des durchschnittlichen jährlichen Überschusses gibt es also zwei Möglichkeiten:

(4.11)

$$DJÜ = DJE - DJA$$

$$DJÜ = C_0 \cdot KWF_n$$

Definitionsgleichungen
für DJÜ

Ferner gibt es zwei Möglichkeiten, um die Verknüpfung zwischen dem barwertigen Überschuss C_0 und dem durchschnittlichen jährlichen Überschuss DJÜ darzustellen:

(4.12)

$$DJÜ = C_0 \cdot KWF_n = C_0 \cdot \frac{i(1+i)^n}{(1+i)^n - 1}$$

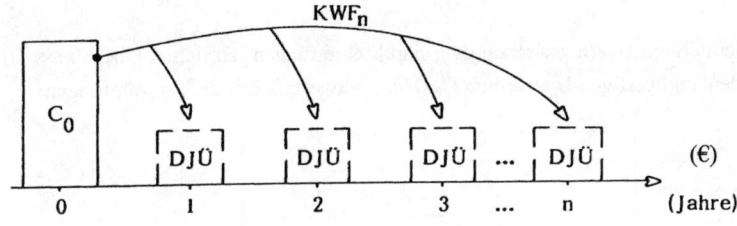

(4.13)

$$C_0 = DJÜ \cdot DSF_n = DJÜ \cdot \frac{(1+i)^n - 1}{i(1+i)^n}$$

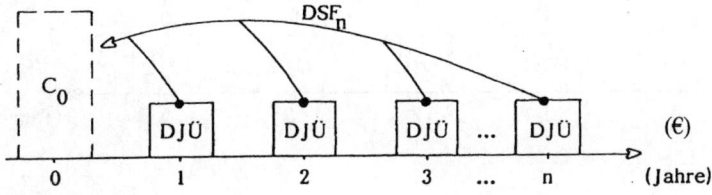

Im obigen Beispiel (Durchschnittswerte bei inkonstanten Zahlungsreihen, S. 144) ermittelten wir:

Einzahlungsbarwert = 32 841	DJE = 10 360
Auszahlungsbarwert = 30 565	DJA = 9 642
Kapitalwert = 2 276	DJÜ = 718

(Unterschied zu b) ist rundungsbedingt)

Bei gegebenem Kapitalwert erhält man folgenden DJÜ:

$DJÜ = C_0 \cdot KWF_4$

$DJÜ = 2\,276 \cdot 0,315471$

$DJÜ = 718$ (€)

Bei gegebenem DJÜ erhält man folgenden Kapitalwert:

$C_0 = DJÜ \cdot DSF_4$

$C_0 = 718 \cdot 3,169865$

$C_0 = 2\,276$ (€)

4.7   Durchschnittlicher jährlicher Überschuss und Horizontwert

Schließlich existieren zwischen dem durchschnittlichen jährlichen Überschuss DJÜ und dem endwertigen Überschuss C_n (Horizontwert) folgende Verknüpfungen:

(4.14)

$$DJÜ = C_n \cdot RVF_n = C_n \cdot \frac{i}{(1+i)^n - 1}$$

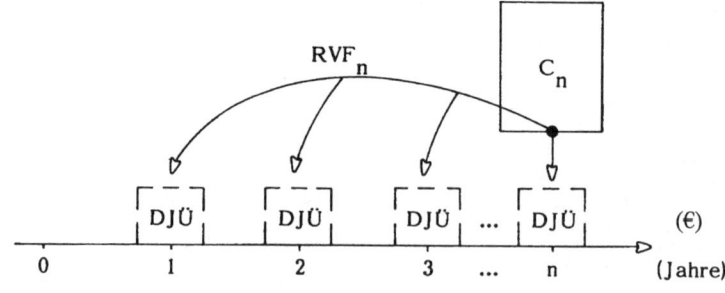

(4.15) $$C_n = DJÜ \cdot EWF_n = DJÜ \cdot \frac{(1+i)^n - 1}{i}$$

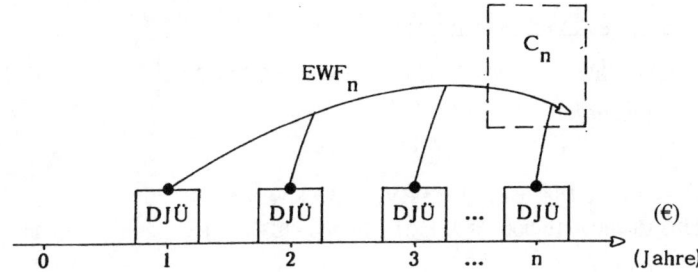

Beispiel (Kauf eines zusätzlichen Minicars)

Ein Minicar-Unternehmer plant die Anschaffung eines zusätzlichen Fahrzeugs, für das folgende Daten gelten:

A = 40 000 €,

e = 45 000 €,

a = 35 000 €,

R = 16 000 €,

n =   4 Jahre,

i =   8 %.

a) Ermitteln Sie anhand des Zeitstrahls folgende Zielgrößen:

Kapitalwert C_0, durchschnittlicher jährlicher Überschuss DJÜ, Horizontwert C_n.

b) Überprüfen Sie die Ergebnisse anhand der Gleichungen (4.11) bis (4.14).

Lösung

a) Ermittlung C_0, DJÜ und C_n

C_0 = -A+(e - a) • DSF_4 + R • AbF_4

C_0 = - 40 000 + 10 000 • 3,312127 + 16 000 • 0,735030

C_0 = 4 882 (€)

DJÜ = DJE - DJA= (e - a) + R • RVF_4 - A • KWF_4

DJÜ = 10 000 + 16 000 • 0,221921 - 40 000 • 0,301921

DJÜ = 1 474 (€)

C_n = - A • AuF_4 + (e - a) • EWF_4 + R

C_n = - 40 000 • 1,360489 + 10 000 • 4,506112 + 16 000

C_n = 6 642 (€)

b) Probe

C_0 = DJÜ • DSF_4 = 1 474 • 3,312127 = 4 882 (€)

C_0 = C_n • AbF_4 = 6 642 • 0,735030 = 4 882 (€)

DJÜ = C_0 • KWF_4 = 4 882 • 0,301921 = 1 474 (€)

DJÜ = C_n • RVF_4 = 6 642 • 0,221921 = 1 474 (€)

C_n = C_0 • AuF_4 = 4 882 • 1,360489 = 6 642 (€)

C_n = DJÜ • EWF_4 = 1 474 • 4,506112 = 6 642 (€)

4.8   Checkliste

Fragestellung: Die Annuitätenmethode kann eingesetzt werden, wenn die Frage beantwortet werden soll, ob eine Investition lohnend ist, oder nicht. Grundgedanke: Die Annuitätenmethode rechnet sämtliche Einmalzahlungen in Zahlungsreihen um, d. h. sie verrentet die Einmalzahlungen. Den Restwert verteilt sie mit Hilfe des RVF auf die Nutzungsjahre; man erhält so den anteiligen Restwert pro Periode. Die Anschaffungsauszahlung wird mit Hilfe des KWF auf die Laufzeit umgelegt; man erhält so die anteilige Anschaffungsauszahlung pro Periode.

Kapitaldienst: Die anteilige Anschaffungsauszahlung pro Jahr heißt auch Kapitaldienst oder Annuität. Der Kapitaldienst kann genau oder approximativ ermittelt werden. Die genaue Kapitaldiensterrechnung ist vorzuziehen. Sie ist sachlich stets dann erforderlich, wenn die Nutzungsdauer größer oder gleich zehn Jahre und/oder der Kalkulationszinssatz größer oder gleich 10 % ist. Im Finanzierungsbereich bezeichnet man den Kapitaldienst meist als Annuität. Die Annuität lässt sich zerlegen in einen Zins- und einen Tilgungsanteil, wobei der Tilgungsanteil im Zeitablauf zunimmt, während der Zinsanteil entsprechend sinkt.

Annuitätenkriterium (DJE $\geq$ DJA; DJÜ $\geq$ 0): Eine Investition ist lohnend, wenn die mit ihr verbundenen durchschnittlichen jährlichen Einzahlungen DJE mindestens so groß sind wie ihre durchschnittlichen jährlichen Auszahlungen DJA. Man kann auch sagen: Sie ist lohnend, wenn im Jahresdurchschnitt ein Überschuss DJÜ = DJE - DJA entsteht, der größer oder gleich Null ist.

Benötigte Informationen: Der Investor muss Vorstellungen über den Verlauf der mit einer Investition verbundenen Zahlungen, über die Nutzungsdauer und die Höhe des Kalkulationszinssatzes besitzen. Er muss A, R, e, a, n und i quantifizieren können.

Risiko: Diese zahlenmäßigen Informationen sind naturgemäß mit Risiken behaftet. Bei kleineren und mittleren Investitionen empfiehlt es sich, jeweils mit dem wahrscheinlichsten Wert zu rechnen. Bei Großinvestitionen sollte man spezielle Verfahren zur Risikoberücksichtigung einsetzen.

Kalkulationszinssatz: Der Kalkulationszinssatz wird in der betrieblichen Praxis meist in der Größenordnung von 8 % bis 12 % festgelegt, wobei der Sollzinssatz des Kapitalmarktes die Untergrenze bildet. Bei vergleichsweise sicheren und eigenfinanzierten Investitionen kann auch der Habenzinssatz als Basis in Frage kommen.

Berechnung: In der Praxis verzichtet man meist auf eine getrennte Berechnung der DJE und DJA. Vielmehr ermittelt man zunächst den Kapitalwert einer Investition und verteilt diesen dann mit Hilfe des Kapitalwiedergewinnungsfaktors (KWF) auf die Nutzungsjahre. Diese Berechnungsweise hat unter anderem den Vorteil, dass man gleichzeitig über zwei Beurteilungskriterien, den Kapitalwert und den durchschnittlichen jährlichen Überschuss, verfügt.

Interpretation: Das zahlenmäßige Ergebnis, der durchschnittliche jährliche Überschuss, ist genau zu interpretieren.

Ein DJÜ von z. B. + 25 € besagt: Der Investor gewinnt erstens sein eingesetztes Kapital zurück, erhält zweitens eine Verzinsung in Höhe des Kalkulationszinssatzes auf die jeweils noch ausstehenden Beträge und gewinnt drittens darüber hinaus im Jahresdurchschnitt einen Überschuss von 25 €. Die Investition ist vorteilhaft.

Ein DJÜ von z. B. 0 € besagt: Der Investor gewinnt erstens sein eingesetztes Kapital zurück, erhält zweitens eine Verzinsung der jeweils noch ausstehenden Beträge in Höhe des Kalkulationszinssatzes. Darüber hinaus wird nichts erzielt. Die Investition ist eben noch lohnend.

Ein DJÜ von z. B. - 15 € besagt: Der Investor erleidet in jeder Periode einen Verlust von durchschnittlich 15 €. Dieser Verlust kann dadurch zustande kommen, dass die geforderte Mindestverzinsung auf die ausstehenden Beträge nicht erzielt wird. Er kann auch dadurch entstehen, dass außerdem die investierten Mittel nicht oder nicht in voller Höhe wiedergewonnen werden. In beiden Fällen ist die Investition unvorteilhaft.

Formeln und Symbole

Formeln	Symbole
$K_0 = g \cdot DSF$ $K_0 = g \cdot \dfrac{(1+i)^n - 1}{i(1+i)^n}$ $g = K_0 \cdot \dfrac{i(1+i)^n}{(1+i)^n - 1}$ $g = K_0 \cdot KWF$	K_0 = Geldbetrag zum Zeitpunkt 0 g = konstanter Geldbetrag pro Jahr DSF = Diskontierungssummenfaktor KWF = Kapitalwiedergewinnungs- faktor
$K_n = g \cdot EWF$ $K_n = g \cdot \dfrac{(1+i)^n - 1}{i}$ $g = K_n \cdot \dfrac{i}{(1+i)^n - 1}$ $g = K_n \cdot RVF$	EWF = Endwertfaktor K_n = Geldbetrag zum Zeitpunkt n RVF = Restwertverteilungsfaktor
$DJE = e + R \cdot RVF$ $DJE = e + R \cdot \dfrac{i}{(1+i)^n - 1}$	e = konstante jährliche Einzahlun- gen DJE = durchschnittliche jährliche Einzahlungen
$DJÜ = DJE - DJA$ $DJÜ = C_0 \cdot KWF$ $C_0 = DJÜ \cdot DSF$ $DJÜ = C_n \cdot RVF$ $C_n = DJÜ \cdot EWF$	$DJÜ$ = durchschnittlicher jährlicher Überschuss C_0 = Kapitalwert C_n = Horizontwert

Fragen und Aufgaben

4.1 Welche Bezeichnungen für den Kehrwert des Diskontierungssummenfaktors sind üblich? Erläutern Sie jede dieser Bezeichnungen ökonomisch; zeigen Sie dabei insbesondere Gemeinsamkeiten am Zeitstrahl auf.

4.2 Definieren Sie verbal und mathematisch die folgenden Begriffe: anteilige Anschaffungsauszahlung, anteiliger Restwert.

4.3 Erläutern Sie kurz die Annuitätenmethode. Zeigen Sie am Zeitstrahl den Unterschied zur Kapitalwertmethode.

4.4 Wie ändert sich der Kapitaldienst einer Investition

a) mit steigendem Kalkulationszinssatz,

b) mit steigender Nutzungsdauer der Investition?

4.5 Erläutern Sie kurz den approximativen Kapitaldienst. Unter welchen Voraussetzungen kann man ihn anwenden?

4.6 Erläutern Sie die Begriffe äquivalent, äquidistant und uniform. Wann ist es notwendig, eine Transformation gegebener Zahlungsreihen in äquivalente, äquidistante und uniforme Reihen vorzunehmen?

4.7 Ein Versicherungsnehmer soll heute seine Lebensversicherung von 30 000 € ausgezahlt bekommen. Die statistische Restlebenserwartung des Versicherten beträgt 15 Jahre. Die Versicherungsgesellschaft bietet dem Versicherten anstelle der Barauszahlung eine Jahresrente von 3 505 € für den Rest seines Lebens an.

Soll der Versicherte das Angebot annehmen, wenn er

a) mit einem Kalkulationszinssatz von 0,10 = 10 %,

b) mit einem Kalkulationszinssatz von 0,06 = 6 % rechnet?

c) Mit welchem Zinssatz hat die Versicherungsgesellschaft gerechnet?

4.8 a) Leiten Sie den Restwertverteilungsfaktor mathematisch ab. Erläutern Sie Ihre Ausführungen mit einem Zeitstrahl.

b) Zeigen Sie, wie man den Restwertverteilungsfaktor unter Benutzung des Endwertfaktors entwickeln könnte.

4.9 Eine zu Rationalisierungszwecken vorgenommene Investition verursacht in 0 eine Auszahlung von 250 000 €. Welchen Wert muss der Rationalisierungseffekt im Durchschnitt pro Jahr haben, wenn der aufgewandte Betrag innerhalb von 15 Jahren mit einer Verzinsung von 9 % wiedergewonnen werden soll?

4.10 Ein Betrieb plant eine Erweiterungsinvestition. Danach werden zusätzliche jährliche Einzahlungen von 16 000 € und zusätzliche jährliche Betriebs- und Instandhaltungsauszahlungen von 6 000 € erwartet. Die Anschaffungsauszahlung beläuft sich auf 40 000 €. Die Lebensdauer beträgt 5 Jahre. Danach kann noch ein Restwert von 2 000 € realisiert werden. Zeigen Sie die Zahlungsverhältnisse am Zeitstrahl. Ermitteln Sie die durchschnittlichen jährlichen Ein- und Auszahlungen für

a) $i_1 = 0,12 = 12\,\%$,

b) $i_2 = 0,06 = 6\,\%$.

4.11 Ein Darlehen von 10 000 € soll innerhalb eines Zeitraumes von 4 Jahren in gleichen Annuitäten verzinst und getilgt werden. Der vereinbarte Zinssatz beläuft sich auf $i = 0,10 = 10\,\%$.

a) Welche Höhe hat die Annuität?

b) Zeigen Sie anhand einer Tabelle, wie sich die Annuität jeweils in einen Zins- und einen Wiedergewinnungsfaktor zerlegen lässt.

Lösungshinweis: Vgl. Übersicht 4.2 auf Seite 137.

4.12 Betrachten Sie bitte noch einmal Übersicht 4.2 auf Seite 137. Zu Beginn des 6. Jahres beläuft sich der ausstehende Betrag auf 21 713 €. Der Kapitaldienst dieses Jahres ist jedoch mit 24 323 € deutlich höher als der ausstehende Betrag. Erklären Sie die Differenz!

4.13 „Sämtliche drei Methoden zur Prüfung der Vorteilhaftigkeit einer Investition sind in Wirklichkeit identisch. Sie sind nur andere Ausdrucksweisen des Fundamentalprinzips der Kapitalwertmethode". (E. Schneider)

a) Zeigen Sie zunächst, dass diese Aussage für die Kapitalwert- und die Annuitätenmethode Gültigkeit hat. Stützen Sie Ihre Ausführungen auf das folgende Investitionsbeispiel ($i = 0,08 = 8\,\%$):

Prüfen Sie die Vorteilhaftigkeit dieser Investition mit Hilfe der Annuitätenmethode. Vergleichen Sie den Barwert des extra profits mit dem Kapitalwert. Erläutern Sie das gefundene Ergebnis.

b) Zeigen Sie anhand einer kommentierten Grafik den Zusammenhang zwischen der internen Zinsfuß- und der Kapitalwertmethode.

4.14 Vergleichen Sie den genauen und den approximativen Kapitaldienst einer Investition mit einer Anschaffungsauszahlung von 5 000 €

a) für i = 0,06 = 6 % und n = 4;

b) für i = 0,10 = 10 % und n = 10;

c) für i = 0,20 = 20 % und n = 20.

4.15 Ein Investor plant den Erwerb eines Mietshauses. Es soll 300 000 € kosten. Nach 6 Jahren wird es wegsaniert. Die für diesen Zeitpunkt erwartete Entschädigungszahlung beträgt 250 000 €. Die Höhe der jährlichen Mieteinnahmen sowie der Auszahlungen für Reparaturen, Steuern und Nebenkosten geht aus dem Zeitstrahl hervor.

a) Wie hoch sind die durchschnittlichen jährlichen Ein- und Auszahlungen bei einem Zinssatz von i = 0,08 = 8 %?

```
                                                        + 250
                + 18    + 20    + 22    + 24    + 24    + 24
    - 300    - 12    - 5    - 3    - 3    - 2    - 2      (T€)
    ───────────────────────────────────────────────────▷
      0       1       2       3       4       5       6    (Jahre)
```

b) Ermitteln Sie Kapitalwert, durchschnittlichen jährlichen Überschuss und Horizontwert dieser Investition.

4.16 Überlegen Sie, wie ein Formular zur Ermittlung des durchschnittlichen jährlichen Überschusses im Rahmen eines Tabellenkalkulationsprogramms aussehen muss. Fertigen Sie eine Bleistiftskizze an, und vergleichen Sie diese mit dem Musterformular im Lösungsanhang.

5. Statische Verfahren

5.1 Statische und dynamische Betrachtungsweise

In der Wirtschaft kennt man die statische und die dynamische Analyse bei der Untersuchung eines Problems. Die statische Untersuchung (nicht zu verwechseln mit der statistischen Untersuchung) erklärt ein Gleichgewicht oder eine ökonomische Größe, indem sie alle Variablen auf einen einheitlichen Zeitpunkt oder Zeitraum bezieht. Somit sind Änderungen von Wirtschaftsgrößen im Zeitablauf ausgeklammert, was den Vorteil hat, dass manche Zusammenhänge in besonders einfacher Form erscheinen. Die dynamische Analyse hingegen bezieht das Zeitelement ausdrücklich in ihre Problembetrachtung ein; die untersuchten Variablen sind unterschiedlichen Zeitpunkten zuzuordnen. Da sich Investitionen in der Zeit vollziehen und durch ihre Zahlungsreihe, durch ihren Zeitstrahl zu charakterisieren sind, ist die dynamische Analyse die richtige Vorgehensweise zur Investitionsbeurteilung.

Die statischen Investitionsrechnungsmethoden haben seit den siebziger Jahren erheblich an Boden verloren, die dynamischen Methoden haben entsprechend an Terrain gewonnen: Der Anteil der ausschließlich statisch rechnenden Großunternehmungen sank von 40 auf 9 %; gleichzeitig stieg der Anteil der ausschließlich dynamisch rechnenden Unternehmungen von 6 auf 32 %. Die meisten Großinvestoren nutzen dynamische und statische Verfahren nebeneinander (53 % 1974, 59 % 1996).

Investitionsrechnungs-methoden	Großunternehmungen, die die Methoden anwenden			
	1974	1985	1989	1996
dynamische und statische	53 %	59 %	58 %	59 %
nur dynamische	6 %	18 %	27 %	32 %
nur statische	40 %	23 %	15 %	9 %

Quellen: H.-W. Grabbe, Investitionsrechnung in der Praxis, S. 24 ff. - N. Broer/ /K.-D. Däumler, Investitionsrechnungsmethoden in der Praxis, S. 712. - U. Wehrle-Streif, Empirische Untersuchung zur Investitionsrechnung, S. 34. – B. Herrmann, Anwendung der Investitionsrechnungsmethoden in der Praxis, S. 33 ff.

Im Bereich der statischen Investitionsrechnung unterscheiden wir die

(1) Kostenvergleichsrechnung,
(2) Gewinnvergleichsrechnung,
(3) Amortisationsrechnung,
(4) Rentabilitätsrechnung.

Bei den statischen Methoden der Investitionsrechnung handelt es sich überwiegend um Faustregeln, die sich im Laufe der Zeit in der betrieblichen Praxis herausgebildet haben. Sie haben gemeinsam, dass sie nicht auf finanzmathematischer Basis aufgebaut sind. Die dynamischen Methoden dagegen nutzen die Finanzmathematik und heißen deshalb auch finanzmathematische Methoden. Die fehlende finanzmathematische Basis der statischen Verfahren bewirkt, dass zeitliche Unterschiede beim Anfall der Ein- und Auszahlungen entweder gar nicht oder nur unvollkommen berücksichtigt werden. Mit dem Verzicht auf die finanzmathematische Basis mag es auch zu tun haben, dass man bei den statischen Investitionsrechnungsverfahren im Regelfall nicht von Ein- und Auszahlungen ausgeht, sondern Aufwendungen und Erträge oder Kosten und Leistungen als Rechnungselemente nutzt.

Investitionsrechnungen können grundsätzlich auf der Basis von

(1) Einzahlungen und Auszahlungen,
(2) Aufwendungen und Erträgen,
(3) Kosten und Leistungen

aufgebaut und durchgerechnet werden[1]. Das gilt ohne Einschränkung sowohl für die dynamischen als auch für die statischen Methoden. Da die statischen Methoden darauf verzichten, die Zeitpräferenz korrekt durch Auf- oder Abzinsen zu berücksichtigen, lassen sie eines der Kriterien, die die Vorteilhaftigkeit einer Investition bestimmen, außer acht, nämlich den zeitlichen Anfall der Zahlungen. Es ist damit auch vergleichsweise weniger wichtig, gerade jene Rechnungselemente zu verwenden, welche den zeitlichen Aspekt des Zahlungsanfalls berücksichtigen.

Bei den statischen Verfahren der Investitionsrechnung kann man zwei Gruppen unterscheiden:

(1) primitive statische Verfahren,
(2) verbesserte statische Verfahren.

---

[1] Vgl. M. Munz, Investitionsrechnung, S. 17.

Ansatzpunkt für diese Unterscheidung bildet die sicherlich nicht nur von den Vertretern der statischen Methoden erkannte Unsicherheit der Zukunft: Die Schätzungen hinsichtlich der künftigen Ein- und Auszahlungen eines Investitionsobjektes sind naturgemäß subjektiv und mit Unsicherheit behaftet. Manche Vertreter der statischen Verfahren versuchen nun, die Unsicherheit der Zukunft als Fehlerquelle „auszuschalten", indem sie ihren Rechnungen nur die Ein-/Auszahlungen (oder Kosten/Leistungen oder Aufwendungen/Erträge) des dem Investitionsbeginn folgenden Jahres zugrundelegen[1]. Verfahren dieser Art sollen hier als primitive statische Verfahren bezeichnet werden, weil sie lediglich eine Scheinlösung anbieten. Denn wenn man bei Investitionsrechnungen die Entscheidung von der Höhe der Ein- und Auszahlungen (oder anderer Rechnungselemente) des ersten Jahres abhängig macht, so wird das Erstjahr unausgesprochen als typisch, als repräsentativ für die gesamte Lebensdauer der Investition betrachtet. Gerade das ist das erste Jahr aber nicht. Der Verzicht auf die Einzelschätzung künftiger Zahlungen bedeutet, dass die künftigen Zahlungen in ihrer Gesamtheit entsprechend den Zahlungen des Erstjahres angesetzt werden.

Die verbesserten statischen Verfahren gehen von den Ein- oder Auszahlungen (oder anderen Rechnungselementen) einer Repräsentativperiode aus und vermeiden so die Zufälligkeiten, die damit verbunden sind, dass man die erste Periode nur deshalb, weil sie die erste ist, als repräsentativ ansieht. Anstelle der Zahlungen einer Repräsentativperiode werden häufig auch Durchschnittswerte angesetzt. Beide Möglichkeiten laufen in ihrem Effekt auf das Gleiche hinaus: Wenn die Repräsentativperiode sinnvoll gewählt sein soll, dann muss sie so gewählt werden, dass ihre Zahlungen möglichst nahe beim Durchschnitt liegen.

---

[1] Vgl. hierzu u. a.: G. Terborgh, Leitfaden der betrieblichen Investitionspolitik, S. 96 ff. - H. Blohm/K. Lüder, Investition, S. 166 ff.

Grundfragen	Antwort bei statischen Methoden	Antwort bei dynamischen Methoden
Wird eine finanzmathematische Basis genutzt?	nein	ja
Werden Zeitunterschiede beim Anfall der Rechnungselemente berücksichtigt?	Zeitunterschiede werden nicht oder nicht korrekt berücksichtigt	Zeitunterschiede werden durch Auf- oder Abzinsen korrekt berücksichtigt
Welche Rechnungselemente werden genutzt?	- Kosten und Leistungen - Aufwand und Ertrag	- Ein- und Auszahlungen - Einnahmen und Ausgaben
Wie werden die Rechnungselemente festgelegt?	primitive Methoden: - Werte des Erstjahres sind automatisch repräsentativ verbesserte Methoden: - Einzelschätzung mit Durchschnittsbildung oder Ansatz einer repräsentativen Periode	Einzelschätzung und gegebenenfalls auch Einzeldiskontierung, wenn Werte unterschiedlich sind

Übers. 5. 1: Statische und dynamische Methoden

Beide, dynamische und statische Methoden, basieren auf risikobehafteten Daten. Beim Einsatz dynamischer Verfahren beschränkt sich das Risiko auf die Datenschätzung. Beim Einsatz statischer Verfahren kommt noch der Mangel des Denkansatzes als Fehlerquelle hinzu. Darüber hinaus haben die dynamischen Verfahren den Vorteil, zu einer Abschätzung der Zukunft anzuregen, anstatt von kurzfristigen Pauschalannahmen auszugehen.

5.2   Kostenvergleichsrechnung

5.2.1   Entscheidungssituationen

Die Kostenvergleichsrechnung verzichtet auf die Zahlungen als Rechnungselemente und knüpft an die pro Periode anfallenden Kosten an. Sie wird im praktischen Fall im Rahmen zweier verschiedener und klar zu trennender Problemstellungen angewendet[1].

---

[1] Vgl. auch: H. Blohm/K. Lüder, Investition, S. 156 ff. - B. W. Müller-Hedrich, Betriebliche Investitionswirtschaft, S. 86.

(1) Alternativenvergleich (Auswahlproblem)

Hier geht es um die Wahlentscheidung zwischen verschiedenen noch anzuschaffenden Anlagen. Die Entscheidung, welche Anlage kostengünstiger ist, kann aufgrund der Unterschiede bei den durchschnittlichen Jahreskosten oder bei den durchschnittlichen Kosten je zu produzierender Mengeneinheit gefällt werden. Das Auswahlproblem spielt eine große Rolle bei langfristigen Entscheidungen im Bereich der Wahl des optimalen Produktionsverfahrens (Verfahrenswahl) sowie solchen zum Thema Eigenfertigung oder Fremdbezug[1].

(2) Ersatzproblem

Bei dieser Problemlage überprüfen wir, ob eine alte, bereits im Betrieb befindliche Anlage ersetzt oder weiterbetrieben werden soll. Die Fragestellung lautet: Sofortersatz oder Weiterbetrieb? Technisch ist die Altanlage noch nutzbar. Ein Ersatz in der laufenden Periode ist nur dann in Betracht zu ziehen, wenn sich bei Inbetriebnahme der Neuanlage Minderkosten in ausreichender Höhe ergeben.

5.2.2   Kostenvergleichsrechnung und Alternativenvergleich

Das Kostenkriterium als Entscheidungsregel zur Bestimmung der Vorteilhaftigkeit von Investitionen kann sich auf die Gesamtkosten pro Periode oder auf die Stückkosten (= Jahreskosten dividiert durch Stückzahl) beziehen. Es lautet:

> Eine Investition I ist wirtschaftlicher als eine Investition II, wenn ihre durchschnittlichen Jahreskosten K_I geringer sind als K_{II}. Oder: Investition I ist wirtschaftlicher als Investition II, wenn ihre durchschnittlichen Kosten je Leistungseinheit k_I geringer sind als k_{II}.

(5.1)

$$K_I < K_{II}$$

$$k_I < k_{II}$$

Kostenkriterium beim Alternativenvergleich

Symbole: K   = Kosten (€/Jahr)
              k   = Stückkosten (€/Stück)
              Index I = Anlage Nr. 1
              Index II = Anlage Nr. 2

---

[1] Eine ausführliche Darstellung dieser Schnittstelle von Investitions- und Kostenrechnung findet sich bei: K.-D. Däumler/J. Grabe, Kostenrechnung 2, Deckungsbeitragsrechnung, S. 175 ff. u. 203 ff.

Für praktische Berechnungen ist es notwendig, eine Differenzierung der Kosten vorzunehmen. Dabei unterscheidet man:

(1) Kapitalkosten (Abschreibungen und Zinsen) und

(2) Betriebskosten (Löhne, Material, Energie, Instandhaltung usw.).

Die Kapitalkosten werden nach der in der Praxis häufig verwendeten „Ingenieurformel" (die Durchführung von Investitionsrechnungen war und ist in der betrieblichen Praxis häufig noch eine Domäne der Ingenieure und Techniker) in Form eines approximativen Kapitaldienstes angegeben. Die Ermittlung des approximativen Kapitaldienstes nach der Ingenieurformel berücksichtigt zwei Möglichkeiten: Der Restwert kann gleich Null, er kann auch positiv sein. Die Näherungsgleichung für das pro Periode wiederzugewinnende und das zu verzinsende durchschnittlich gebundene Kapital DGK erhalten Sie aus der Betrachtung des gebundenen Kapitals im Zeitablauf. Dabei unterstellen wir, das gebundene Kapital vermindere sich kontinuierlich.

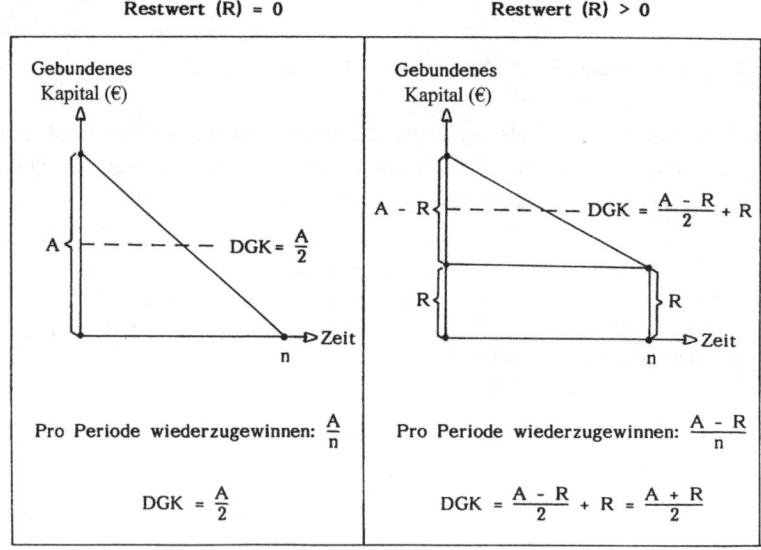

Abb. 5.1: Ermittlung des durchschnittlich gebundenen Kapitals DGK

$$(5.2) \qquad \boxed{KD_{appr} = \frac{A}{n} + \frac{A}{2} \cdot i \quad \bigg| \quad KD_{appr} = \frac{A-R}{n} + \frac{A+R}{2} \cdot i}$$

$$R = 0 \qquad\qquad\qquad R > 0$$

Bezeichnet man die Betriebskosten mit B, so kann man das Kostenkriterium für R = 0 und unter Benutzung von Gleichung (5.2) wie folgt schreiben:

$$(5.3) \qquad \boxed{B_I + \frac{A_I}{n_I} + \frac{A_I}{2} \cdot i < B_{II} + \frac{A_{II}}{n_{II}} + \frac{A_{II}}{2} \cdot i} \qquad \begin{array}{l}\text{Ingenieurformel}\\ \text{bei } R = 0\end{array}$$

Berücksichtigt man bei beiden Alternativen Restwerte, so erhält man für das Kostenkriterium die Schreibweise:

$$(5.4) \qquad \boxed{B_I + \frac{A_I - R_I}{n_I} + \frac{A_I + R_I}{2} \cdot i < B_{II} + \frac{A_{II} - R_{II}}{n_{II}} + \frac{A_{II} + R_{II}}{2} \cdot i}$$

Ingenieurformel bei R > 0

Symbole

Index I = erste Anlage (1. Alternative)	n = Nutzungsdauer (Jahre)
Index II = zweite Anlage (2. Alternative)	i = Kalkulationszinssatz (%)
B = jährliche Betriebskosten (€/Jahr)	R = Restwert (€)
A = Anschaffungskosten (€)	

Im Ausnahmefall ist statt R = 0 oder R > 0 auch ein negativer Restwert (R < 0) denkbar. Beispiele dafür sind: Abbau eines Fabrikschornsteines, Ausbau eines veralteten Aufzuges, Demontage einer zu ersetzenden Heizungsanlage. Im Zusammenhang mit der umweltfreundlichen Entsorgung von Investitionsgütern dürften negative Restwerte zukünftig häufiger werden. Gleichung (5.4) ist auch bei R < 0 anwendbar.

Die Kostenvergleichsrechnung konnte trotz ihrer Schwächen ihren 4. Platz in der Hitliste der Investitionsrechnungen halten. 1996 verwendeten sie 46 % der deut-

schen Großunternehmungen (1974 waren es erst 26 %), und zwar meist im Verbund
mit anderen Investitionsrechnungsmethoden (vgl. S. 28). Auch die Mittelständler
setzten die Kostenvergleichsrechnung 1996 auf Platz 4, und zwar mit 35 % (vgl.
S. 29).

Der weitaus größte Teil der antwortenden Unternehmen ermittelt die in die Rechnung eingehenden Größen nur für eine Periode, die dann als repräsentativ für die
gesamte Nutzungsdauer angesehen wird. Lediglich ein Unternehmen gab an, die
jeweiligen Kosten der einzelnen Perioden zu schätzen, um den daraus gebildeten
Durchschnittswert zur Grundlage der Kostenvergleichsrechnung zu machen. Die
Ermittlung der Kosten erfolgt meist nach einem einheitlichen Schema:

Betriebskosten:	Löhne/Gehälter
	Sozialleistungen
	Hilfsstoffe
	Energie
	Instandhaltung
	Raumkosten
+ Kapitalkosten:	kalkulatorische Abschreibungen
	kalkulatorische Zinsen

+ Betriebssteuern und Versicherungen

= Gesamtkosten

Der Logik der Kostenvergleichsrechnung entspricht es, dass sie vorwiegend bei Rationalisierungsinvestitionen eingesetzt wird. Hier ändert sich ja nichts auf der Ertragsseite, so dass man sich mit einem Kostenvergleich zufrieden geben kann. Kritisch wird es jedoch bei ertragsändernden Investitionen. In diesem Bereich ist der
Einsatz der Kostenvergleichsrechnung nur dann zulässig, wenn die betrachteten Alternativen gleiche Ertragsänderungen verursachen. Aus der Umfrage von 1974 wissen wir, dass die antwortenden Unternehmungen häufig auch bei ertragsändernden
Investitionen die Kostenvergleichsrechnung anwenden[1]. Man kann nur hoffen, dass
sich die Unternehmungen dabei auf ertragsidentische Investitionsmöglichkeiten beschränken.

---

[1] Vgl. H.-W. Grabbe, Investitionsrechnung in der Praxis, S. 44.

Die in den Gleichungen (5.1) bis (5.4) angesetzten Jahreskosten sind jeweils für eine ganz bestimmte Ausbringung errechnet. Im praktischen Fall kann auch die kritische Menge interessant sein, d. h. die Beantwortung der Frage: Bei welcher Stückzahl x_{kr} lohnt sich der Übergang von einem Verfahren I zu einem Verfahren II? Dazu sind die Kosten der jeweiligen Verfahren in fixe und variable Bestandteile zu trennen. Abbildung 5.2 zeigt die grafische Ermittlung der kritischen Menge x_{kr}. Im Schnittpunkt S der beiden Kostenfunktionen sind die Kosten gleich. Es ist somit bei x_{kr} egal, welches Verfahren zum Einsatz kommt.

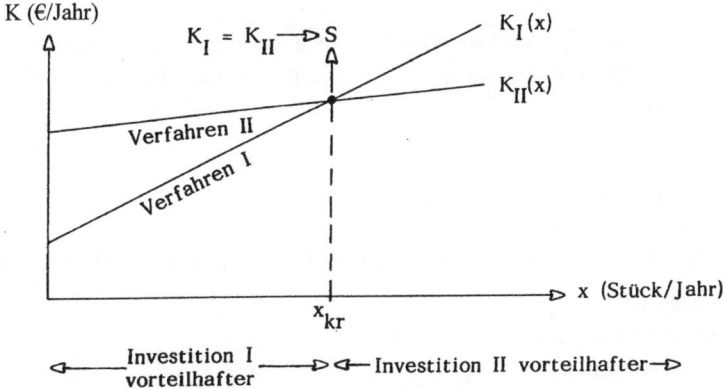

Abb. 5.2: Ermittlung der kritischen Menge

Beispiel (Kostenvergleich zwischen Eigenfertigung und Fremdbezug)

Die Metallbau GmbH, die mit einem Kalkulationszinssatz von 10 % rechnet, bezog bislang Zinkteile von Dritten. Im Zuge eines Auftragsbooms weitet sich der Bedarf an Zinkteilen aus. Gleichzeitig fordert die bisherige Lieferfirma statt 15 € nunmehr 20 € pro Zinkteil. Angesichts dieser Sachlage soll die Frage der Eigenfertigung geprüft werden. Eine Marktuntersuchung ergibt, dass zwei Maschinen zur Produktion von Zinkteilen in die engere Wahl zu ziehen sind:

1. Ein Halbautomat mit einer Jahreskapazität von 1 000 Zinkteilen und Anschaffungskosten von 6 667 €. Die Nutzungsdauer beträgt 10 Jahre. Der Restwert wird mit Null angesetzt. Pro Zinkteil entstehen Lohnkosten von 7 € und Materialkosten von 3 €.

2. Ein Vollautomat mit einer Jahreskapazität von 1 000 Teilen und Anschaffungskosten von 20 000 €. Die Nutzungsdauer beträgt 10 Jahre. Danach ist der Restwert gleich Null. Pro Zinkteil fallen Lohnkosten von 0,50 € und Materialkosten
von 2 € an.

a) Ermitteln Sie die kritische Menge für

   - den Übergang vom Fremdbezug zur Eigenfertigung mit Hilfe des Halbauto-
     maten;
   - den Übergang von der Eigenfertigung mit Hilfe des Halbautomaten zur Ei-
     genfertigung mit Hilfe des Vollautomaten.

b) Geben Sie eine tabellarische Darstellung zur Ermittlung der Gesamtkosten
und Stückkosten für die drei Möglichkeiten bei einer Menge von 200 Teilen
pro Jahr.

Lösung a): Berechnung der kritischen Menge

Die Metallbau GmbH verfügt über drei Möglichkeiten zur Zinkteile-Bereitstellung:

1. Fremdbezug
2. Einsatz Halbautomat
3. Einsatz Vollautomat

Wir bezeichnen die Stückzahl Zinkteile mit x und erhalten für jede der drei Möglichkeiten eine Kostenfunktion:

1. Kostenfunktion Fremdbezug: $\quad K_I = 20x$

2. Kostenfunktion Halbautomat: $\quad K_{II} = \dfrac{A_{II}}{n} + \dfrac{A_{II}}{2} \cdot i + B_{II}$

$$K_{II} = \dfrac{6\,667}{10} + 3\,333 \cdot 0,10 + 10x$$

$$K_{II} = 1\,000 + 10x$$

3. Kostenfunktion Vollautomat: $\quad K_{III} = \dfrac{A_{III}}{n} + \dfrac{A_{III}}{2} \cdot i + B_{III}$

$$K_{III} = \dfrac{20\,000}{10} + 10\,000 \cdot 0,10 + 2,5x$$

$$K_{III} = 3\,000 + 2,5x$$

Wir zeichnen die drei Kostenverläufe in ein Diagramm und erhalten auf grafischem Wege die beiden kritischen Mengen x_{kr} und x_{kr}' :

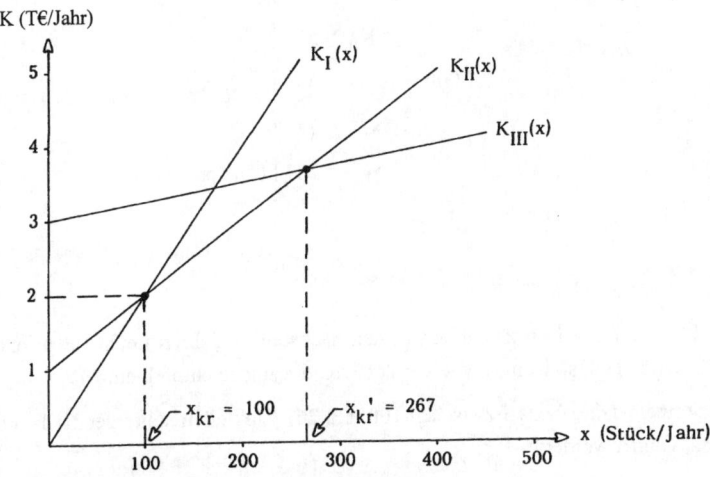

Abb. 5.3: Ermittlung der kritischen Mengen

Rechnerisch ergeben sich die kritischen Mengen durch Gleichsetzen der Kosten der betrachteten Möglichkeiten und Auflösen nach x. So ist x_{kr} definiert als jene Menge, bei der die Eigenfertigung mit Hilfe des Halbautomaten und der Fremdbezug die gleichen Jahreskosten verursachen, d. h. es muss gelten:

$$K_I = K_{II}$$
$$20x_{kr} = 1\,000 + 10x_{kr}$$
$$10x_{kr} = 1\,000$$
$$x_{kr} = 100 \text{ (Teile pro Jahr)}$$

Entsprechend erhält man x_{kr}' als jene Menge, bei der die Jahreskosten bei Einsatz des Vollautomaten jenen bei Verwendung des Halbautomaten entsprechen. Es gilt also:

$$K_{II} = K_{III}$$
$$1\,000 + 10x_{kr}' = 3\,000 + 2{,}5x_{kr}'$$
$$7{,}5x_{kr}' = 2\,000$$
$$x_{kr}' = 267 \text{ (Teile pro Jahr)}$$

Ergebnis a)

1. Sollte der Bedarf an Zinkteilen in den nächsten 10 Jahren unter 100 Einheiten jährlich liegen, so ist nach wie vor der Fremdbezug zu empfehlen.

2. Bei einem Jahresbedarf zwischen 100 und 267 Zinkteilen sollte der Halbautomat angeschafft werden.

3. Steigt der Bedarf an Zinkteilen auf über 267 Stück im Jahr, so ist der Vollautomat am wirtschaftlichsten.

Lösung b): Tabelle zur Ermittlung der Gesamtkosten und Stückkosten

	Fremdbezug	Halbautomat	Vollautomat
Anschaffungskosten (€)	0	6 667	20 000
Restwert (€)	0	0	0
Nutzungsdauer (Jahre)	beliebig	10	10
Auslastung (Stck/Jahr)	200	200	200
Zinssatz (%)	10	10	10
Abschreibungen (€/Jahr)	0	667	2 000
Zinsen (€/Jahr)	0	333	1 000
Fixe Kapitalkosten (€/Jahr)	0	1 000	3 000
Löhne (€/Jahr)	0	1 400	100
Material (€/Jahr)	4 000	600	400
Variable Kosten (€/Jahr)	4 000	2 000	500
Gesamtkosten (€/Jahr)	4 000	3 000	3 500
Stückkosten (€/Teil)	20	15	17,5

Übers. 5.2: Vergleich von Fremdbezug, Halbautomat und Vollautomat

5.2.3 Kostenvergleichsrechnung und Ersatzproblem

Eine Altanlage sollte durch eine neue Anlage ersetzt werden, wenn die entscheidungsrelevanten Jahreskosten K_{neu} der neuen Anlage geringer als die entscheidungsrelevanten Jahreskosten K_{alt} der alten Anlage sind[1].

(5.5) $\boxed{K_{neu} < K_{alt}}$ Kostenkriterium beim
                                      Ersatzproblem

---

[1] Zur ausführlichen investitionsrechnerischen Darstellung des Ersatzproblemes vgl.: K.-D. Däumler, Anwendung von Investitionsrechnungsverfahren in der Praxis, S. 237 ff.

Bei der inhaltlichen Ausfüllung des Begriffes der entscheidungsrelevanten Jahreskosten zur Lösung des Ersatzproblems gibt es zwei konträre Auffassungen, die sich durch die Behandlung des Kapitaldienstes der Altanlage unterscheiden:

Auffassung I: Kapitaldienst Altanlage entscheidungsrelevant

(5.6)

$$\underbrace{B_{neu} + \frac{A_{neu}}{n_{neu}} + \frac{A_{neu}}{2} \cdot i}_{KD^{appr}_{neu}} < \underbrace{B_{alt} + \frac{A_{alt}}{n_{alt}} + \frac{A_{alt}}{2} \cdot i}_{KD^{appr}_{alt}}$$

Auffassung II: Kapitaldienst Altanlage nicht relevant

(5.7)

$$\underbrace{B_{neu} + \frac{A_{neu}}{n_{neu}} + \frac{A_{neu}}{2} \cdot i}_{KD^{appr}_{neu}} < B_{alt}$$

Wir haben zu prüfen, welche Auffassung die richtige ist. Wird eine alte Anlage durch eine neue ersetzt, so fallen ihre Betriebskosten voll weg, während die Kapitalkosten weiterlaufen. Betrachtet man nur die Kosten als entscheidungsrelevant, die durch die Entscheidung „Weiterbetrieb oder Ersatz" beeinflusst werden, so ist das Paket der neu entstehenden Kosten bei Einsatz der Neuanlage (= Betriebskosten B_{neu} plus Kapitalkosten KD^{appr}_{neu}) mit den Kosteneinsparungen, besser: Minderkosten, bei Ausmusterung der Altanlage zu vergleichen. Diese bestehen lediglich aus den Betriebskosten B_{alt}; auf die Kapitalkosten hat der Altanlagenersatz keinerlei Einfluss[1].

Welche Kosten entstehen neu? (Einsatz Neuanlage)		Welche Kosten fallen weg? (Ersatz Altanlage)

(5.8)

$$B_{neu} + KD^{appr}_{neu} \quad\quad < \quad\quad B_{alt}$$

Entscheidungsregel für Ersatzproblem (Nettovergleich)

---

[1] So auch: E. Schneider, Wirtschaftlichkeitsrechnung, S. 99 ff.

Lohnend ist der Ersatz der alten Anlage danach dann, wenn die bei Abschaffung der Altanlage wegfallenden Betriebskosten größer sind als die neu anfallenden Kosten bei Inbetriebnahme der Neuanlage. Zu den neu anfallenden Kosten zählt auch der Kapitaldienst der Neuanlage, denn er könnte bei Weiterbetrieb der alten Anlage vermieden werden. Ob der neue Kapitaldienst anfällt oder nicht, hängt von der Entscheidung des Unternehmers ab. Deshalb liegen hier entscheidungsrelevante Kosten vor. Wir entscheiden uns also für Auffassung II, die sich durch Nichtberücksichtigung des Kapitaldienstes der zu ersetzenden Anlage auszeichnet.

Gegen die Nichtberücksichtigung der Kapitalkosten der alten Anlage wird gern der Einwand erhoben, dass die Kapitalkosten der alten Anlage nicht dadurch verschwinden, dass man sie durch eine neue ersetzt. Das ist richtig. Also fallen die Kapitalkosten der alten Anlage in zwei Situationen an:

(1) im Falle des Weiterbetriebs der Altanlage,

(2) bei Anschaffung der Neuanlage.

Sieht man das Problem so, dann ergibt sich folgende Entscheidungsregel:

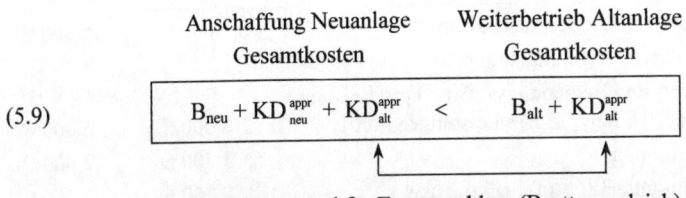

Anschaffung Neuanlage   Weiterbetrieb Altanlage
     Gesamtkosten   Gesamtkosten

$$(5.9) \qquad B_{neu} + KD_{neu}^{appr} + KD_{alt}^{appr} \quad < \quad B_{alt} + KD_{alt}^{appr}$$

Entscheidungsregel für Ersatzproblem (Bruttovergleich)

Die neue Anlage sollte also dann angeschafft werden, wenn die Summe ihrer Betriebs- und Kapitalkosten zuzüglich der Kapitalkosten der Altanlage kleiner ist als die Summe aus Betriebs- und Kapitalkosten der zu ersetzenden Anlage.

Der Zentralverband der Elektrotechnischen Industrie (ZVEI) empfiehlt seinen Mitgliedern, Ersatzentscheidungen nicht nach der „Bruttovergleichsmethode" (5.9), sondern der „Nettovergleichsmethode" (5.8) durchzuführen[1]. Er begründet dies in korrekter Argumentation damit, dass sich beide Methoden durch den Ansatz des Kapitaldienstes der Altanlage unterscheiden, dennoch aber zum gleichen Ergebnis gelangen, weil sich die auf beiden Gleichungsseiten stehenden Kapitalkosten der

---

[1] Vgl. ZVEI, Leitfaden für die Beurteilung von Investitionen, S. 73 ff.

Altanlage aufheben. Da die Nettovergleichsmethode bei geringerem Rechenaufwand zum gleichen Ergebnis führt, ist sie vorzuziehen.

Dass die aus dem Jahre 1971 stammende Empfehlung des ZVEI, der man sich nur anschließen kann, zeitlos aktuell ist, macht ein Blick auf die folgende aus dem Jahr 1986 stammende Kostenvergleichsrechnung deutlich. Hier soll der Ärzteschaft eine Entscheidungshilfe für Ersatzprobleme gegeben werden. Nun mag es ja sein, dass bei Anschaffung eines neuen Sonographen (= Gerät zur Aufzeichnung von Schallwellen) tatsächlich Kosten von 18 125 € im Jahresdurchschnitt anfallen. Aber lassen sich durch die Verschrottung der Altanlage tatsächlich Kosten von 22 950 € pro Jahr künftig vermeiden? Zumindest im Bereich der Zinsen und Abschreibungen sind Zweifel anzumelden. Vermutlich lassen sich nur Kosten von 22 950 - 7 000 - 1 400 = 14 550 € pro Jahr beim Verzicht auf das Altgerät einsparen. Der Weißkittel wäre ökonomisch deutlich besser gestellt, bliebe er vorläufig bei seinem Altsonographen.

Kostenvergleichsrechnung: So kalkulieren Sie eine Ersatzinvestition

	Im Gebrauch befindlicher Sonograph	Ersatzanlage
0. Wert der Anlage bei Anschaffung	35 000 €	45 000 €
1. Kosten der Anlagennutzung p. a.		
1.1 Personal- und Bedienungsaufwand pro Leistungs- einheit (20 € bzw. 15 €) • Leistungen (400)	8 000 €	6 000 €
1.2 Reparatur p. a.	3 500 €	2 000 €
1.3 Energie- und Hilfsstoffe (Filme usw.)	2 250 €	2 000 €
1.4 Abschreibungen 20,0 % von 35 000 € 12,5 % von 45 000 €	7 000 €	5 625 €
1.5 Anteilige Gemeinkosten, Raummiete, Vers. etc. 2 qm • 15 € • 12 Mon. + Vers.	800 €	700 €
1.6 Zinsen 8 % von 17 500 € 8 % von 22 500 €	1 400 €	1 800 €
Kosten gesamt	22 950 €	18 125 €
Differenz: 4 825 €		
Quelle: H. Sander, So optimieren Sie Ihre Investitionen, S. 24 ff.		

Übers. 5.3: Fragwürdige Kostenvergleichsrechnung

Beispiel (Weiterbetrieb oder Sofortersatz?)

Eine noch funktionstüchtige alte Anlage könnte durch eine neue Anlage mit gleicher Kapazität ersetzt werden. Was ist besser, vorläufiger Weiterbetrieb oder sofortiger Ersatz? Die zu beachtenden Daten gehen aus der folgenden Übersicht hervor.

Anlagen	alte Anlage	neue Anlage
Anschaffungskosten (T€)		250,0
Nutzungsdauer (Jahre)		6,0
Abschreibungen (T€) (= jährlicher Wiedergewinnungsanteil)		$\frac{A}{n} = 41,6$
kalkulatorische Zinsen (8 % vom halben Anschaffungswert, T€)		$\frac{A}{2} \cdot i = 10,0$
jährliche Betriebskosten (T€)	386,6	265,0
Summe der jährlichen entscheidungsrelevanten Gesamtkosten (T€)	386,6	316,6
Kostendifferenz zwischen alter und neuer Anlage (T€/Jahr)	70,0	

Übers. 5.4: Prüfung einer Ersatzinvestition

Ergebnis: Im vorliegenden Fall lohnt sich der Sofortersatz der alten Anlage. Bei Wegfall der alten Anlage lassen sich Betriebskosten von 386 600 € pro Jahr einsparen. Die neue Anlage verursacht zusätzlich insgesamt Kosten von 316 600 €. Somit verbessert sich bei Einsatz der neuen Anlage der Gewinn um 70 000 €.

Bei Ersatzinvestitionen in der Praxis ist in aller Regel der Restwert für die zum betreffenden Zeitpunkt zu ersetzende Anlage bekannt. Der Restwert für die neue Anlage dagegen kann erst nach Ablauf der Lebensdauer dieser Anlage realisiert werden; er liegt also weit in der Zukunft und wird deshalb gern vorsichtshalber mit Null angenommen. Das Ersatzproblem soll daher abschließend noch kurz für den Fall $R_{alt} > 0$ und $R_{neu} = 0$ dargestellt werden.

Die Praxis argumentiert gern folgendermaßen: Je höher der Restwert der Altanlage ist, desto leichter kann man sich von ihr trennen. Bei Anschaffung der Neuanlage sinkt die Nettoanschaffungsauszahlung (A_{neu} - R_{alt}) mit steigendem R_{alt}. Das Umsteigen auf das neue Objekt fällt unter sonst gleichen Umständen also leichter. Ein bekannter Maschinenbauer ermittelt seine „Nettoinvestitionssumme" wie folgt:

	Einheit	Alt I	Neu II	Neu III
1 Investitionssumme	€			
2 Mehrkosten der Anlaufperiode	€			
3 ./. Verkaufserlös für altes Objekt	€			
4 Abbruchkosten / Flächenaufbereitung	€			
5 Nettoinvestitionssumme (Summe 1 - 4)	€			

Quelle: Investitionsrechnungsformular eines Maschinenbau-Unternehmens

Übers. 5.5: Ermittlung der Nettoinvestitionssumme

Für den Sofortersatz einer Altanlage, die noch für den Geldbetrag R_{alt} verkauft werden kann, ergibt sich aus Übersicht 5.5 folgende Entscheidungsregel:

(5.10)
$$B_{neu} + \frac{A_{neu} - R_{alt}}{n_{neu}} + \frac{A_{neu} - R_{alt}}{2} \bullet i < B_{alt}$$

approximativer Nettokapitaldienst

Danach ist ein Sofortersatz lohnend, wenn die neu anfallenden Betriebskosten zuzüglich Nettokapitaldienst der Neuanlage kleiner sind als die wegfallenden Betriebskosten der Altanlage[1]. Will man Fehler, die in der Verwendung des approximativen Kapitaldienstes begründet sind, vermeiden, so kann man in (5.10) auch den genauen Nettokapitaldienst mit Hilfe des Kapitalwiedergewinnungsfaktors KWF ermitteln: (A_{neu} - R_{alt}) • KWF.

---

[1] Das ist eine Praxisfaustregel mit zwei Schwächen: Erstens ist der durchschnittliche Wertverlust A(neu/n und nicht [A(neu) – R(alt)]/n. Zweitens gilt für das durchschnittlich gebundene Kapital A(neu)/2. Der Praxisbrauch, ein Altobjekt über seinen Restwert mit der Anschaffungsauszahlung der Neuinvestition zu verbinden, ist genauso fragwürdig wie handelsüblich.

Gleichung (5.10) kann bei erheblicher Differenz zwischen der Restnutzungsdauer der Altanlage und der Nutzungsdauer der Neuanlage ungenau werden. Bei quantitativ bedeutsamem Restwert und erheblicher Zeitdifferenz von n_{alt} und n_{neu} sollten Sie folgendermaßen vorgehen:

(5.11)

$$\overbrace{B_{neu} + \frac{A_{neu}}{n_{neu}} + \frac{A_{neu}}{2} \bullet i}^{KD_{neu}^{appr}} < B_{alt} + \Delta R_{alt} + i \bullet R_{t-1}^{alt}$$

$$B_{neu} + A_{neu} \bullet KWF < B_{alt} + \Delta R_{alt} + i \bullet R_{t-1}^{alt}$$

Der Weiterbetrieb der Altanlage verursacht im Verlängerungsjahr t neben den Betriebskosten „Kosten" in Höhe der auf das Verlängerungsjahr entfallenden Restwertminderung $\Delta R_{t-1}^{alt} - R_t^{alt}$ sowie der entgangenen Zinsen auf den Restwert zu Beginn des Verlängerungsjahres $i \bullet R_{t-1}$. Sind die zeitlichen Grenzkosten der Altanlage größer als die neu anfallenden Durchschnittskosten der Neuanlage, ist Sofortersatz lohnend. Anstelle des approximativen Kapitaldienstes kann auch in (5.11) der genaue verwendet werden.

5.2.4   Kritik der Kostenvergleichsrechnung

Die Kostenvergleichsrechnung ist in ihrer Anwendungsbreite beschränkt. Sie eignet sich vorwiegend für solche Investitionsobjekte, bei denen die Ertragsseite unberührt bleibt. Da es in der Praxis wohl kaum einen Betrieb gibt, bei dem keinerlei Erweiterungsinvestitionen vorgenommen werden, erscheint diese Beschränkung unzweckmäßig.

Die Anwender der Kostenvergleichsrechnung unterscheiden häufig nicht klar genug zwischen den verschiedenen Anwendungsfeldern Alternativenvergleich und Ersatzproblem. Das kann zur Folge haben, dass sich bei der Lösung des Ersatzproblemes ein systematischer Fehler einschleicht, nämlich die Berücksichtigung des Kapitaldienstes der Altanlage als entscheidungsrelevante Größe. Die Folge ist ein zu früher Ersatz der Altanlage und ein entsprechender Kostennachteil für den so handelnden Betrieb.

Wie alle statischen Verfahren verwendet die Kostenvergleichsrechnung unzweckmäßige Rechnungselemente, nämlich Kosten anstelle von Auszahlungen. Ferner
verzichtet sie in aller Regel auf eine Einzelschätzung der Rechnungselemente und
basiert damit unausgesprochen auf einem einperiodischen Vergleich. Schließlich
kommt sie ohne finanzmathematische Basis aus. Der Zinsanteil des approximativen
Kapitaldienstes bietet nur eine unvollkommene Erfassung der Zeitpräferenz. Fazit:

Die Kostenvergleichsrechnung eignet sich nur für den Alternativen- und Er-
satzvergleich, nicht für Erweiterungsinvestitionen. Sie weist die generellen
Schwächen aller statischen Verfahren auf.

5.3   Gewinnvergleichsrechnung

5.3.1   Gewinnkriterium in unterschiedlichen Entscheidungssituationen

Mit einem reinen Kostenvergleich kommen Sie stets dann nicht mehr aus, wenn den
betrachteten Alternativen verschiedene Erträge zuzurechnen sind. Das ist im Regelfall bei Erweiterungsinvestitionen der Fall, kann jedoch unter Umständen auch bei
Rationalisierungsinvestitionen gegeben sein, etwa dann, wenn eine neue Anlage das
Produkt in einer besseren als der bisherigen Qualität herzustellen gestattet, was eine
Erhöhung des Verkaufspreises ermöglicht. Obwohl die Gewinnvergleichsrechnung
umfassender ist als die Kostenvergleichsrechnung, setzt sie die Praxis seltener ein.
Sie steht an zweitletzter Stelle der Investitionsrechnungsmethoden und wurde 1985
von 15 %, 1989 von 14 % und 1996 ebenfalls von 14 % der Großunternehmungen
genutzt, meist im Verbund mit anderen Investitionsrechnungsmethoden (vgl. S. 28).
Bei den Mittelständlern stand die Gewinnvergleichsrechnung 1996 mit 12 % auf
Platz 8 in der Hitliste der Investitionsrechnungsverfahren. Die Gewinnvergleichsrechnung wird, ähnlich wie die Kostenvergleichsrechnung, auf verschiedene und
klar zu trennende Entscheidungsprobleme angewendet:

(1) Einzelinvestition

Soll die Vorteilhaftigkeit einer einzelnen Investition beurteilt werden, so ist lediglich zu fordern, dass der durch sie erwirtschaftete Gewinn die Bedingung G $\geq$ 0 erfüllt.

(2) Alternativenvergleich

Wird die Gewinnvergleichsrechnung zum Zwecke des Alternativenvergleiches eingesetzt, so ist der durchschnittliche Jahresgewinn G_I einer Anlage Nr. 1 mit dem
erwarteten Durchschnittsgewinn G_{II} einer zweiten Anlage zu vergleichen. Das Kriterium für die (relative) Vorteilhaftigkeit der ersten Anlage lautet dann:

(5.12) $\boxed{G_I > G_{II}}$ Gewinnkriterium

(3) Ersatzproblem

Zur Beantwortung der Frage „Weiterbetrieb oder Sofortersatz?" vergleichen Sie den
durchschnittlichen Jahresgewinn vor Durchführung der Ersatzinvestition mit dem
nach Durchführung der Ersatzinvestition und entscheiden sich für die gewinngüns-
tigere Variante.

5.3.2   Durchführung der Gewinnvergleichsrechnung

Die Gewinnvergleichsrechnung wird am häufigsten und am zweckmäßigsten zur
Durchführung eines Alternativenvergleiches eingesetzt. Die folgenden Beispiele
gehen ausschließlich auf diese Entscheidungssituation ein.

Für praktische Berechnungen ist das Gewinnkriterium dann folgendermaßen zu
formulieren:

$$\boxed{E_I - K_I > E_{II} - K_{II}}$$

oder:

$$(R = 0)$$

(5.13)

$$\boxed{\begin{array}{c} p_I x_I - B_I - \dfrac{A_I}{n_I} - \dfrac{A_I}{2} \cdot i > p_{II} x_{II} - B_{II} - \dfrac{A_{II}}{n_{II}} - \dfrac{A_{II}}{2} \cdot i \\[3mm] \hline \\[-2mm] p_I x_I - B_I - \dfrac{A_I - R_I}{n_I} - \dfrac{A_I + R_I}{2} \cdot i > p_{II} x_{II} - B_{II} - \dfrac{A_{II} - R_{II}}{n_{II}} - \dfrac{A_{II} + R_{II}}{2} \cdot i \end{array}}$$

$$(R_I > 0 ; R_{II} > 0)$$

Symbole

E	= Erträge (€/Jahr)	A	= Anschaffungskosten (€)
K	= Kosten (€/Jahr)	n	= Lebensdauer (Jahre)
p	= Stückpreis (€/LE)	i	= Kalkulationszinssatz (%)
x	= Menge (LE/Jahr	Index I	= erste Anlage
B	= Betriebskosten (€/Jahr)	Index II	= zweite Anlage
R	= Restwert (€)		

Da die Betriebskosten in Bezug auf die Menge variabel und die Kapitalkosten in Bezug auf die Stückzahl fix sind, kann man statt (5.12) auch schreiben[1]:

$$p_I x_I - k_{v_I} x_I - K_{f_I} > p_{II} x_{II} - k_{v_{II}} x_{II} - K_{f_{II}}$$

Symbole

k_v = variable Kosten je Stück (€/LE)
K_f = Fixkosten (€/Jahr)

Beispiel (Gewinnvergleich zwischen Maschinensatz und Lichtsatz)

In einer Druckerei wird erwogen, zusätzlich eine Setzabteilung einzurichten. Zwei Verfahren, Maschinensatz und Lichtsatz, kommen in die engere Wahl. Die beiden Verfahren können folgendermaßen charakterisiert werden:

Verfahren	Maschinensatz	Lichtsatz
Fixkosten je Monat (€/Monat)	2 000	5 000
variable Kosten je Setzeinheit (€)	4	2
innerbetrieblicher Verrechnungspreis je Einheit (€)	7	7
Kapazität (Setzeinheiten je Monat)	1 600	2 000

Übers. 5.6: Gewinnvergleich zweier Verfahren

---

[1] Eine analoge Schreibweise wäre auch bei (5.3) und (5.4) möglich.

Bei welcher Anzahl Setzeinheiten je Monat sind beide Verfahren gleich vorteilhaft? Welches Verfahren ist wirtschaftlicher, wenn die geplante Beschäftigung 1 200 (1 800) Setzeinheiten je Monat beträgt? Wie hoch ist jeweils der Gewinn?

Lösung

Bezeichnet man die Anzahl Setzeinheiten mit x, so kann man die beiden Verfahren (Maschinensatz und Lichtsatz) durch folgende Gewinnfunktionen kennzeichnen:

$$\text{Gewinn} = \text{Leistung} - \text{Kosten}$$

$$\text{Gewinn} = \text{Preis} \cdot \text{Menge} - \text{Fixkosten} - \text{variable Kosten}$$

Maschinensatz:

$$G_I = 7x - 2\,000 - 4x \qquad (x_{max} = 1\,600)$$
$$G_I = 3x - 2\,000$$

Lichtsatz:

$$G_{II} = 7x - 5\,000 - 2x \qquad (x_{max} = 2\,000)$$
$$G_{II} = 5x - 5\,000$$

Abbildung 5.4 zeigt die zum Maschinen- bzw. Lichtsatz gehörenden Gewinnfunktionen. Man erkennt, dass der Gewinn für beide Verfahren bei der kritischen Menge $x_{kr} = 1\,500$ gleich ist.

Rechnerisch erhält man x_{kr}, indem man den Gewinn beider Investitionsmöglichkeiten gleichsetzt und die Gleichung nach x_{kr} auflöst:

$$5x_{kr} - 5\,000 = 3x_{kr} - 2\,000$$

$$2x_{kr} = 3\,000$$

$$x_{kr} = 1\,500 \text{ (LE/Monat)}$$

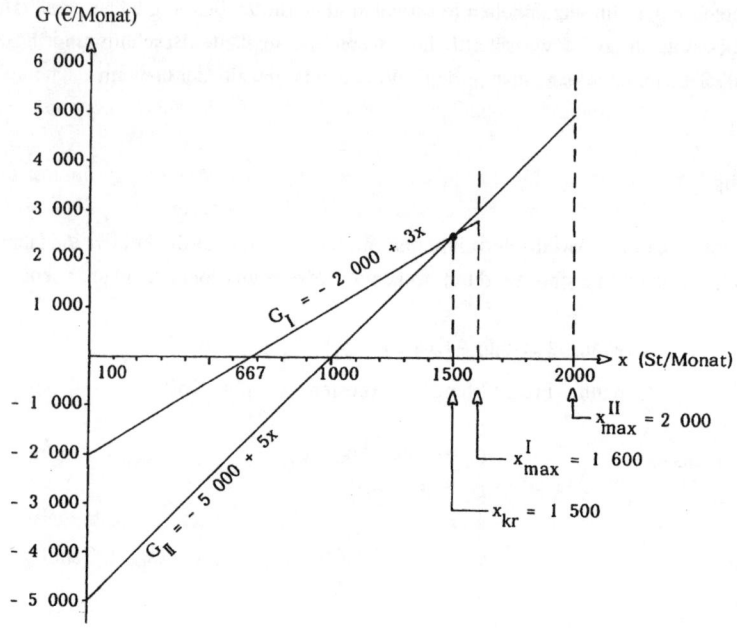

Abb. 5.4: Gewinnvergleich

Ergebnis: Bei 1 500 LE/Monat sind beide Verfahren gleichwertig. Bei der niedrigeren Beschäftigung von 1 200 Setzeinheiten pro Monat ist der Maschinensatz wirtschaftlicher. Man erhält hier einen Gewinn von $G_I = 3 \cdot 1\,200 - 2\,000 \cong 1\,600$ €.

Bei einer monatlichen Beschäftigung von 1 800 Einheiten sind sowohl der kritische Wert von 1 500 als auch die Kapazitätsgrenze des Maschinensatzes von 1 600 LE/Monat überschritten. Somit kommt nur der Lichtsatz in Frage. Es ergibt sich ein Gewinn von $G_{II} = 5 \cdot 1\,800 - 5\,000 = 4\,000$ €.

5.3.3   Kritik der Gewinnvergleichsrechnung

Der Aussagewert der statischen Investitionsrechnungsverfahren darf nicht überschätzt werden. Insbesondere darf die starke Verbreitung, die die statischen Verfahren noch immer in der Praxis haben, nicht als Indiz für ihre Richtigkeit oder Zweckmäßigkeit gewertet werden. Die statischen Investitionsrechnungsverfahren enthalten systematische Fehler, die in der betrieblichen Praxis zu Fehlentscheidungen (d. h. zu Gewinnminderungen bzw. zu Verlusterhöhungen) führen können.

Die Gewinnvergleichsrechnung hat gegenüber der Kostenvergleichsrechnung den Vorteil größerer Anwendungsbreite, weil sie auch bei ertragsändernden Investitionen einsetzbar ist. Die Nachteile der Kostenvergleichsrechnung und der statischen Investitionsrechnungsverfahren allgemein bleiben jedoch in vollem Umfang bestehen:

- unzweckmäßige Rechnungselemente,

- keine Einzelschätzung, sondern einperiodischer Vergleich oder Durchschnittsbildung,

- keine finanzmathematische Basis,

- unvollkommene Erfassung der Zeitpräferenz im approximativen Kapitaldienst,

- Gefahr von Anwendungsfehlern beim Ersatzproblem, wenn der Kapitaldienst der Altanlage als entscheidungsrelevant betrachtet wird.

Die Gewinnvergleichsrechnung eignet sich auch zur Erfassung von Erweiterungsinvestitionen. Im Übrigen weist sie alle Nachteile der Kostenvergleichsrechnung auf.

Im folgenden Beispiel soll gezeigt werden, wie sich die genannten Nachteile, die allgemein, d. h. für alle statischen Methoden gelten, auf die betriebliche Entscheidungsfindung auswirken. Da die Gewinnvergleichsrechnung eine Erweiterung der Kostenvergleichsrechnung darstellt, gelten die für die Gewinnvergleichsrechnung festzustellenden Nachteile für die Kostenvergleichsrechnung analog.

Beispiel (Fehlentscheidungen bei Anwendung der Gewinnvergleichsrechnung)

Einem Unternehmer bieten sich zu Beginn der Planungsperiode zwei Investitionen, die durch folgende Zeitbilder gekennzeichnet sind:

Investi- $\quad$ – 185 000 $\quad$ + 30 000 $\quad$ + 50 000 $\quad$ + 70 000 $\quad$ + 90 000 $\quad$ (€)
tion I $\qquad$
$\qquad\qquad$ 0 $\qquad\quad$ 1 $\qquad\qquad$ 2 $\qquad\qquad$ 3 $\qquad\qquad$ 4 $\qquad$ (Jahre)

Investi- $\quad$ – 185 000 $\quad$ + 90 000 $\quad$ + 70 000 $\quad$ + 50 000 $\quad$ + 30 000 $\quad$ (€)
tion II $\qquad$
$\qquad\qquad$ 0 $\qquad\quad$ 1 $\qquad\qquad$ 2 $\qquad\qquad$ 3 $\qquad\qquad$ 4 $\qquad$ (Jahre)

Der Investor rechnet mit einem Kalkulationszinssatz von 10 Prozent. Es ist davon auszugehen, dass die jährlichen Nettoeinzahlungen identisch mit den Jahresgewinnen sind.

Ist Investition I (II) vorteilhaft, wenn man

a) die primitive Gewinnvergleichsrechnung,
b) die verbesserte Gewinnvergleichsrechnung,
c) die Kapitalwertmethode,
d) finanzmathematische Mittelwerte

zugrundelegt?

Lösung a)

Wer töricht genug ist, das Erstjahr automatisch als repräsentativ zu betrachten und die Informationen über die Folgeperioden zu ignorieren, kommt rasch zu dem Ergebnis, dass sich Investition I (Gewinn der Repräsentativperiode: 30 000 - $\frac{185\ 000}{4}$ - $\frac{185\ 000}{2} \cdot 0{,}10 = -25\ 500$ €) nicht lohnt, während Investition II (Gewinn der Repräsentativperiode: 90 000 - $\frac{185\ 000}{4}$ - $\frac{185\ 000}{2} \cdot 0{,}10 = 34\ 500$ €) vorteilhaft ist.

Lösung b)

Wer den groben Fehler, das Erstjahr als repräsentativ zu betrachten, vermeidet und die Entscheidung stattdessen an arithmetischen Durchschnittswerten orientiert, gelangt bei beiden Varianten zu einem positiven Ergebnis - ist doch der Durchschnitt der nach dem Zeitpunkt 0 anfallenden Zahlungen jeweils 60 000 €. Durchschnittlicher Gewinn bei I und II somit: $60\,000 - \frac{185\,000}{4} - \frac{185\,000}{2} \cdot 0,10 = 4\,500\,€$.

Lösung c)

Es ist offenkundig, dass die Mittelwertbildung nach Methode b) die Zeitpräferenz nicht ausreichend berücksichtigt. Sie geben im vorliegenden Fall sicher der Investition II den Vorzug, da hier die hohen Beträge mit positivem Vorzeichen vergleichsweise früh anfallen. Will man aber den zeitlichen Unterschied im Zahlungsanfall korrekt berücksichtigen, so ist eine dynamische Rechnung unerlässlich. Diese zeigt, dass beim Kalkulationszinssatz von $i = 0,10 = 10\,\%$ nur Investition II wirtschaftlich ist.

Jahresgewinn bzw. jährliche Nettoeinzahlung		Abzinsungs-faktor	Gegenwartswerte (€)	
Investition I	Investition II	$(i = 0,10)$	Investition I	Investition II
30 000	90 000	0,909091	27 273	81 818
50 000	70 000	0,826446	41 322	57 851
70 000	50 000	0,751315	52 592	37 566
90 000	30 000	0,683013	61 471	20 490
Summe aller Gegenwartswerte			182 658	197 725
Anschaffungsauszahlung			185 000	185 000
Kapitalwert			- 2 342	12 725

Übers. 5.7: Ermittlung der Kapitalwerte

Lösung d)

Wer mit Mittelwerten arbeiten will, muss diese dynamisch errechnen. Das kann im vorliegenden Fall geschehen, indem Sie die Summe der Gegenwartswerte K_0 mit Hilfe des Kapitalwiedergewinnungsfaktors (also unter Berücksichtigung von Zins- und Zinseszins) gleichmäßig auf die 4 Laufzeitjahre verteilen. Sie erhalten finanz-mathematische Mittelwerte von 57 622 € (Investition 1) bzw. 62 376 € (Investition II), die Sie jeweils mit dem Kapitaldienst abgleichen können.

Investition	finanzmathematischer Mittelwert	=	$K_0 \cdot KWF$	Ergebnis (€)
I	finanzmathematischer Mittelwert	=	182 654 • 0,315471 =	57 622
II	finanzmathematischer Mittelwert	=	197 722 • 0,315471 =	62 376
I und II			= 185 000 • 0,315471 =	58 362

Ergebnis: Die Kapitalwertmethode zeigt: Nur die zweite Investition ist vorteilhaft. Zu diesem Ergebnis gelangen Sie auch, wenn Sie die finanzmathematischen Mittel-werte zugrundelegen:

Investition I : 57 622 - 58 362 = - 740 €;
Investition II: 62 376 - 58 362 = 4 014 €.

Die Gewinnvergleichsrechnung kann zu Fehlentscheidungen führen, weil sie von einer willkürlichen Repräsentativperiode oder unzweckmäßigen Durchschnittswer-ten ausgeht. Sie muss daher als für die Praxis untauglich abgelehnt werden.

Im Einzelnen fallen bei der Kosten- und Gewinnvergleichsrechnung auf der Basis der Ingenieurformel folgende Schwachstellen auf:

• Verwendung von sehr ungenauen approximativen Kapitaldiensten anstelle der genauen Werte.
• Nutzung von Kosten und Leistungen anstelle von Aus- und Einzahlungen.
• Kein Vergleichbarmachen der zu unterschiedlichen Zeitpunkten anfallenden Zahlungen durch korrektes Auf- oder Abzinsen.

- Keine Einzelschätzung der künftigen Zahlungsgrößen.
- Möglicherweise falsche Lösung des Ersatzproblems.

Diese Schwachstellen sind, betrachtet man obiges Beispiel, offenkundig. Und Sie, liebe Leser, sind sich sicher, dass Sie diese Fehler garantiert nicht machen werden. Wie aber handeln Sie, wenn Sie in der Routine der betrieblichen Arbeit beispielsweise das folgende Investitionsrechnungsformular einer großen Unternehmung aus der Baubranche ausfüllen sollen?

INVESTITIONSRECHNUNG			KST:		Ersatzinv.	
					Erweiterung	
			Investitionsumme		Rationalis.	
			€		sonstiges	
Artikel	a)	HE:	bisheriges Verfahren	neues Verfahren	Unterschied	
	b)	HE:	1	2	3 (Sp. 2 - 1)	
1 zu erwartender Durchschnitts-Erlös €/HE						
2 Grenzkosten lt. anl. Kalkulationen und ggf. Auftragsfixkosten €/HE						
3 Deckungsbeitrag 1 (Zeile 1 - 2) €/HE						
4 zu erwartende Umsatzmenge HE/Jahr						
5 Erlös €/Jahr						
6 Grenzkosten und ggf. Auftragsfix- kosten €/Jahr						
7 Deckungsbeitrag 1 (Zeile 5 - 6) €/Jahr						
8 KST-Fixkosten €/Jahr						
9 Deckungsbeitrag 2 (Zeile 7 - 8) €/Jahr bzw. KST-Fix-, Grenz- und ggf. Auftragsfixkosten (Zeile 6 + 8) €/Jahr						

Übers. 5.8: Investitionsrechnung einer Großunternehmung

In diesem aus Diskretionsgründen geringfügig geänderten Formular vergleicht man das bisherige mit einem neuen Verfahren. Warum nur eine Alternative zum Istzustand? Die Erlöse und Kosten werden zwar pro Jahr ermittelt, aber nur für das erste oder ein Repräsentativjahr. Warum schließt das Formular eine Veränderung der Rechengrößen im Zeitablauf aus? Die verwendeten Rechengrößen, Leistungen und Kosten, sind meist nicht in gleicher Höhe pro Periode zahlungswirksam. Warum rechnet man nicht mit Ein- und Auszahlungen? Es gibt in der Bundesrepublik viele Unternehmungen, deren Investitionsrechnung diesem Standard entspricht.

5.4   Amortisationsrechnung

5.4.1   Statische und dynamische Amortisationsrechnung

Bei der Amortisationsrechnung, die auch als Kapitalrückflussrechnung, pay-off-, pay-back- oder pay-out-Rechnung bezeichnet wird, sind zwei grundsätzlich verschiedene Verfahren zu unterscheiden, die statische und die dynamische Amortisationsrechnung. Die statische Rechnungsart ermittelt den Zeitraum, der vergeht, bis die Anschaffungsauszahlung mit Hilfe der später anfallenden positiven Nettoeinzahlungen (Rückflüsse) wiedergewonnen wird. Die statische Amortisationszeit vernachlässigt also etwaige Zinsansprüche des Investors und rechnet mit einem Zinssatz von Null. Diese Schwachstelle beseitigt die dynamische Variante der Amortisationsrechnung. Sie ermittelt jenen Zeitraum, innerhalb dessen das eingesetzte Kapital zuzüglich einer Verzinsung der ausstehenden Beträge wiedergewonnen wird.

Die Praxis legt auf die Kenntnis der Amortisationszeit großen Wert. Rund 50 % der deutschen Großunternehmungen ermittelten 1985 die Amortisationszeit, 1989 waren es 55 %, 1996 53 % (vgl. S. 28). In den achtziger Jahren waren statische und dynamische Amortisationsrechnung noch gleichgewichtig. 1996 zeigte sich ein starkes Gewicht der dynamischen Amortisationsrechnung: Mehr als 90 % der Amortisationsrechner ermittelten die dynamische Amortisationszeit. Von den Mittelständlern setzten 1996 29 % die dynamische und 21 % die statische Amortisationsrechnung ein (vgl. S. 29). Selten erfolgt die Investitionsentscheidung allein auf Grund der Amortisationszeiten. Meist wird die Amortisationszeit als zusätzliches Kriterium zur Investitionsbeurteilung, insbesondere zur Risikobeurteilung herangezogen. Danach gelten Investitionen mit kurzen Amortisationszeiten als sicherer als solche mit langer Kapitalrückflussdauer[1].

---

[1] Vgl. N. Broer/K.-D. Däumler, Investitionsrechnungsmethoden in der Praxis, S. 715 f. u. 736.

5.4.2   Statische Amortisationsrechnung

5.4.2.1   Amortisationskriterium und Entscheidungssituationen

Die statische Amortisationsrechnung (Kapitalrückflussrechnung, pay-back-, pay-off-, pay-out-Rechnung) ermittelt die tatsächliche Amortisationszeit eines Objektes und vergleicht sie mit der maximal zulässigen Amortisationszeit.

> Die tatsächliche Amortisationszeit ist die Anzahl Jahre, die man benötigt, um den Kapitaleinsatz einer Investition (= Anschaffungsauszahlung, gegebenenfalls um den Restwert vermindert) aus den Rückflüssen (Nettoeinzahlungen) wiederzugewinnen.

Die maximal zulässige Amortisationszeit ist stets subjektiv, eine von der Unternehmensleitung festgesetzte Frist, häufig 5 Jahre. Man fordert also, dass sich die durchzuführenden Investitionen innerhalb von fünf Jahren amortisieren (bezahlt machen). Sie vergleichen die vorgegebene maximal zulässige Amortisationszeit t_{max} mit der tatsächlichen Amortisationsdauer t. Sie dürfen nur solche Objekte zur Realisierung in Betracht ziehen, die die Bedingung $t \leq t_{max}$ erfüllen. Die Praxis wendet das Amortisationskriterium bei unterschiedlichen Entscheidungssituationen (Einzelinvestition, Alternativenvergleich, Ersatzproblem) an:

Symbole

t_1 = tatsächliche Amortisationszeit der ersten Anlage (Jahre)

t_{max} = maximal zulässige Amortisationszeit (Jahre)

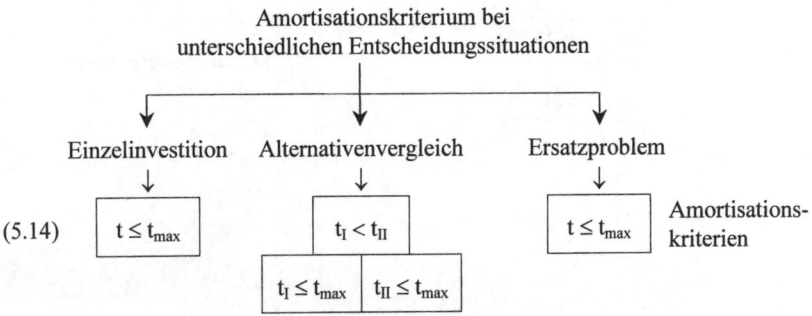

(5.14)

Amortisationskriterien

- Nach dem Amortisationskriterium gilt eine Einzelinvestition als vorteilhaft, wenn sie die Wiedergewinnung der eingesetzten Mittel innerhalb der maximal zulässigen Amortisationszeit verspricht.

- Beim Alternativenvergleich entscheiden Sie sich für das Objekt mit der kürzeren Amortisationsdauer, wobei Sie nur solche Objekte in die engere Wahl ziehen, deren Amortisationszeit die vorgegebene Obergrenze nicht übersteigt.

- Das Ersatzproblem lösen Sie gemäß Amortisationsrechnung, indem Sie die Altanlage nur dann verschrotten, wenn die Neuanlage sich über ihre jährlichen Minderkosten innerhalb der maximal zulässigen Zeit bezahlt macht.

5.4.2.2   Ermittlung der Amortisationszeit

Die tatsächliche Amortisationszeit eines Objektes können Sie ermitteln gemäß

(1) Durchschnittsrechnung (Voraussetzung: konstante Jahresbeträge) oder
(2) Kumulationsrechnung (Jahresbeträge können schwanken).

(1) Durchschnittsrechnung

Bei der Ermittlung der tatsächlichen Amortisationszeit t einer Investition nach der Durchschnittsrechnung werden dem Kapitaleinsatz A bei der restwertlosen Investition bzw. (A - R) bei der Investition mit R > 0 die durchschnittlichen jährlichen Nettoeinzahlungen $\varnothing$ (e - a) gegenübergestellt. Die tatsächliche Amortisationszeit t ergibt sich dann aus der Beziehung:

(5.15)

$$t = \frac{A}{\varnothing(e-a)} \quad (R = 0)$$

$$t = \frac{A-R}{\varnothing(e-a)} \quad (R > 0)$$

Durchschnittsrechnung

Im Falle einer Rationalisierungsinvestition sind die jährlichen Minderauszahlungen („Kostenersparnis") zu berücksichtigen. Es gilt dann entsprechend:

$$\text{Amortisationszeit (t)} = \frac{\text{Kapitaleinatz}}{\varnothing \text{ jährliche Minderauszahlungen}}$$

Beispiel (Amortisationszeit nach Durchschnittsrechnung)

Ermitteln Sie die Amortisationszeit der folgenden Investition mit Hilfe der Durchschnittsrechnung:

Anschaffungsauszahlung (€)   A = 120 000
jährliche Nettoeinzahlungen (€/J)   (e - a) = 30 000

a) Der Restwert der Investition ist R = 0 €;
b) der Restwert der Investition ist R = 30 000 €.

Lösung

a) $t = \dfrac{A}{\varnothing\,(e-a)} = \dfrac{120\,000}{30\,000} = 4$ (Jahre)

b) $t = \dfrac{A-R}{\varnothing\,(e-a)} = \dfrac{90\,000}{30\,000} = 3$ (Jahre)

Da man bei einer statischen Investitionsrechnung meist nicht mit Zahlungsgrößen, sondern mit Kosten und Leistungen rechnet, wird der durchschnittliche jährliche Rückfluss auch durch die Summe aus dem durchschnittlichen jährlichen Gewinn pro Jahr $\varnothing$ g und den jährlichen Abschreibungen angegeben.

(5.16)

$$t = \frac{A}{\varnothing\,g + \text{Abschreibungen}} \qquad (R = 0)$$

$$t = \frac{A-R}{\varnothing\,g + \text{Abschreibungen}} \qquad (R > 0)$$

Durchschnittsrechnung

Bei der Ermittlung der Amortisationszeit ist der durchschnittliche jährliche Gewinn um die Abschreibungen zu erhöhen, weil die Abschreibungen im Rahmen der Gewinnermittlung zunächst abgezogen worden sind. Die verdienten Abschreibungen müssen als Wiedergewinnungsanteile betrachtet werden, so dass nach Ablauf der Abschreibungszeit die Summe der Abschreibungsgegenwerte den ursprünglichen Anschaffungskosten des Objekts entspricht.

(2) Kumulationsrechnung

Im Gegensatz zur Durchschnittsrechnung berücksichtigt die Kumulationsrechnung (Kumulation = Anhäufung) die Unterschiede in der Höhe der jährlichen Nettoeinzahlungen während der Amortisationszeit. Die Kumulationsrechnung addiert die jährlichen Nettoeinzahlungen so lange, bis das Jahr t erreicht ist, in dem die kumulierten Nettoeinzahlungen inklusive Restwert der Anschaffungsauszahlung entsprechen:

(5.17)

Kumulationsrechnung

$$A = (e_1 - a_1) + (e_2 - a_2) + (e_3 - a_3) + \ldots + (e_t + R - a_t)$$

$$0 = (e_1 - a_1) + (e_2 - a_2) + (e_3 - a_3) + \ldots + (e_t + R - a_t) - A$$

Gleichung (5.17) lässt sich auch so interpretieren:

Die statische Amortisationszeit ist die Zeit, bei der die Gesamtsumme aller Ein- und Auszahlungen inklusive Restwert und Anschaffungsauszahlung gerade gleich Null ist.

Beispiel (Amortisationszeit nach Durchschnitts- und Kumulationsrechnung)

Gegeben ist ein Investitionsobjekt mit:

Anschaffungsauszahlung	$A =$	120 000 €
Restwert	$R =$	0 €
Nutzungsdauer	$n =$	5 Jahre
Rückflüsse im 1. Jahr	$(e - a) =$	50 000 €
(jedes Folgejahr 10 000 € weniger)		

a) Stellen Sie die Zahlungsverhältnisse am Zeitstrahl dar.

b) Ermitteln Sie die tatsächliche Amortisationszeit gemäß Durchschnittsrechnung.

c) Ermitteln Sie die tatsächliche Amortisationszeit nach der Kumulationsrechnung.

Lösung

a)

	- 120	+ 50	+ 40	+ 30	+ 20	+ 10	(T€)
	0	1	2	3	4	5	(Jahre)

b) Durchschnittswert der jährlichen Rückflüsse $= \dfrac{50\,000 + 40\,000 + 30\,000 + 20\,000 + 10\,000}{5}$

$$= 30\,000 \ (\text{€/Jahr})$$

Amortisationszeit nach Durchschnittsrechnung $= \dfrac{\text{Kapitaleinsatz}}{\varnothing\,(e - a)} = \dfrac{120\,000}{30\,000} = 4 \ (\text{Jahre})$

c)

Jahre	Rückflüsse (€/Jahr)	kumulierte Rückflüsse (€)	
1	50 000	50 000	
2	40 000	90 000	
3	30 000	120 000	→ t = 3 (J)
4	20 000	140 000	
5	10 000	150 000	

Ergebnis: Das Beispiel zeigt, dass bei unterschiedlichen jährlichen Nettoeinzahlungen grundsätzlich die Kumulationsrechnung anzuwenden ist. Wenn die jährlichen Nettoeinzahlungen im Zeitablauf fallen, ist die Amortisationszeit nach der Durchschnittsrechnung regelmäßig zu groß, wenn sie steigen, ist die Amortisationszeit nach der Durchschnittsrechnung regelmäßig zu gering.

Beispiel (Amortisationszeit nach Durchschnitts- und Kumulationsrechnung)

Anschaffungsauszahlung	100 000 (€)
Nutzungsdauer (n)	6 (Jahre)

Jahre	Nettoeinzahlungen (€/Jahr)		kum. Nettoeinzahlungen - Anschaffungsauszahlung = Summe aller Zahlungen	
	jährlich	kumuliert		
1	- 10 000	- 10 000		- 110 000
2	+ 30 000	+ 20 000		- 80 000
3	+ 30 000	+ 50 000		- 50 000
4	+ 40 000	+ 90 000	S_4	- 10 000
5	+ 40 000	+ 130 000	S_5	+ 30 000
6	+ 50 000	+ 180 000		+ 80 000

t = 4,25 (Jahre)

$$\varnothing \text{ Nettoeinzahlungen über 6 Jahre} = \frac{180\,000}{6} = 30\,000 \ (\text{€/Jahr})$$

Übers. 5.9: Amortisationszeit nach Kumulationsrechnung

Ergebnis: Die Übersicht verdeutlicht, dass die Durchschnittsrechnung wegen der unterschiedlichen jährlichen Nettoeinzahlungen nicht zu einem sinnvollen Ergebnis führt: Schon nach 100 000 : 30 000 = 3,33 Jahren hätte sich die Investition nach der Durchschnittsrechnung amortisiert. Diese Zeit ist aber rund ein Jahr zu kurz. Die Kumulationsrechnung zeigt, dass sich das Objekt erst nach t = 4,25 Jahren amortisiert hat. Den genauen Wert von t = 4,25 Jahren erhalten Sie durch lineare Interpolation (Regula falsi). Es gilt:

(5.18) $t = n_4 - S_4 \cdot \dfrac{n_5 - n_4}{S_5 - S_4}$ $S_4 =$ Summe aller Zahlungen am Ende des 4. Jahres

$t = 4 + 10\,000 \cdot \dfrac{5 - 4}{30\,000 + 10\,000}$ $S_5 =$ Summe aller Zahlungen am Ende des 5. Jahres

$t = 4 + \cdot \dfrac{10\,000}{40\,000} = 4,25 \ (\text{Jahre})$

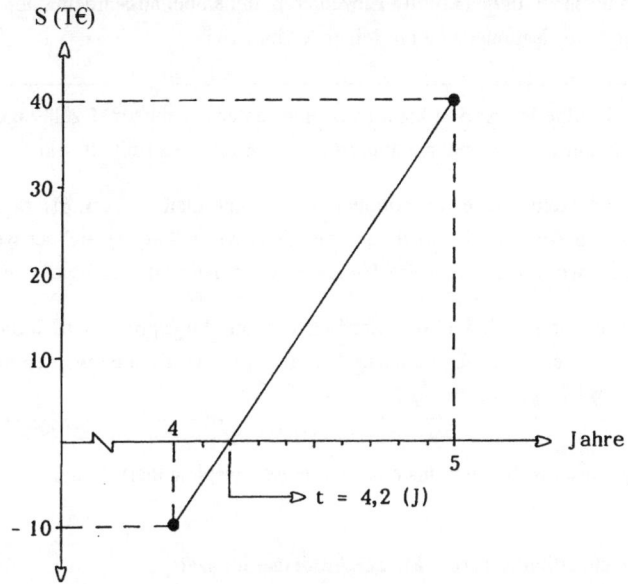

Abb. 5.5: Amortisationszeitermittlung

5.4.2.3 Kritik der statischen Amortisationsrechnung

Die Amortisationsrechnung ist grundsätzlich brauchbar als Zusatzkriterium für Investitionsentscheidungen, besonders für die Beurteilung des Risikos und der Liquidität. Am besten sollte sie ergänzend zu einer der dynamischen Methoden verwendet werden. Dabei ist die Amortisationsrechnung in der Version der Kumulationsrechnung vorzuziehen, da die Kumulationsrechnung ungleichmäßige Zahlungsanfälle berücksichtigt. Meist geht man in der Praxis jedoch nach der Durchschnittsrechnung vor: Die Unternehmungsbefragung von 1985 zeigte, dass zwei Drittel der Großunternehmungen, die die statische Amortisationsrechnung einsetzen, die Amortisationszeit mit Hilfe der Durchschnittsrechnung ermitteln[1].

Ein Betrieb, der sich bei seinen Investitionsentscheidungen einzig und allein auf das Kriterium der statischen Amortisationsrechnung stützt, geht das Risiko schwerwie-

---

[1] Vgl. N. Broer/K.-D. Däumler, Investitionsrechnungsmethoden in der Praxis, S. 715.

gender Fehlentscheidungen ein. Im Einzelnen bestehen bei ausschließlicher Anwendung dieser Amortisationsrechnung folgende Gefahren:

- Eine einzelne Investition kann trotz einer unter der maximal zulässigen Amortisationszeit liegenden Kapitalrückflussdauer unvorteilhaft sein.

- Zwei unterschiedliche Investitionen, die infolge gleicher Amortisationszeiten gemäß Amortisationsrechnung als gleich vorteilhaft bezeichnet werden müssten, weisen in aller Regel Unterschiede in der Vorteilhaftigkeit auf.

- Das Vorgehen nach der Amortisationsrechnung birgt grundsätzlich die Gefahr einer zeitlichen Asymmetrie: Kurzfristige Investitionen werden gegenüber langfristigen bevorzugt.

Die drei Gefahren wollen wir uns anhand einiger Beispiele klarmachen.

- **Unwirtschaftlichkeit trotz kurzer Amortisationszeit**

Beispiel (Ablehnung trotz rascher Amortisation)

In einem Pharmazie-Unternehmen werden Investitionen nur dann durchgeführt, wenn sie sich innerhalb von 5 Jahren amortisieren. Es gilt also: t_{max} = 5 (Jahre). Dem Betrieb bieten sich in der Planungsperiode drei einander nicht ausschließende Investitionsmöglichkeiten, deren tatsächliche Amortisationszeit jeweils 2 Jahre beträgt und somit deutlich unter dem Maximalwert von 5 Jahren liegt. Soll das Pharmazie-Unternehmen alle 3 Investitionen realisieren?

Investition	I	II	III	
Kapitaleinsatz (€)	100 000	100 000	100 000	
Rückflüsse (€/Jahr)				
1. Jahr:	60 000	60 000	60 000	
2. Jahr:	40 000	40 000	40 000	→ t = 2 (Jahre)
3. Jahr:	-	10 000	10 000	
4. Jahr:	-	-	15 000	

Übers. 5.10: Kurze Amortisationszeiten

Die Übersicht zeigt, dass eine kurze Amortisationszeit keine Gewähr für die Vorteilhaftigkeit der zu prüfenden Investition bietet. Im ersten Fall bleibt außer acht, dass lediglich eine Wiedergewinnung der Anschaffungsauszahlung erfolgt, während der Investor auf eine Verzinsung der ausstehenden Beträge verzichten muss. Investition I ist also nicht lohnend.

Der zweite Fall zeigt, dass es nicht genügt, wenn nach der Amortisationszeit weitere Zahlungen eingehen. Die nach dem zweiten Jahr eingehenden Nettoeinzahlungen reichen nicht aus, um die ausstehenden Beträge angemessen zu verzinsen, wenn man von einem Kalkulationszinssatz in der üblichen Bandbreite von 8 % bis 12 % ausgeht.

Erst im dritten Fall erreicht der Investor sowohl eine Wiedergewinnung des eingesetzten Kapitals als auch eine Verzinsung der ausstehenden Beträge mit einem Zinssatz, der ihn möglicherweise zufrieden stellt.

Da die Beträge, die nach dem Amortisationszeitpunkt anfallen, beim Vergleich von tatsächlicher und maximal zulässiger Amortisationszeit nicht beachtet werden, sagt die Amortisationsrechnung nichts über die Vorteilhaftigkeit einer Investition aus. Es besteht die Gefahr, dass Anwender der Amortisationsrechnung unwirtschaftliche Investitionen realisieren, die keine oder keine ausreichende Verzinsung der ausstehenden Beträge erbringen.

- **Ungleiche Vorteilhaftigkeit trotz gleicher Amortisationszeiten**

Beispiel (Beurteilung zweier Formpressen)

In der Kunststoff GmbH soll über zwei einander ausschließende Investitionen entschieden werden. Zur Verformung thermoplastischen Materials soll eine Formpresse gekauft werden. Zwei Modelle sind in die Endauswahl gelangt. Sie weisen identische Amortisationszeiten auf. Sind die beiden einander ausschließenden Alternativen wegen gleicher Amortisationszeiten gleich vorteilhaft?

Formpresse	I	II	
Kapitaleinsatz (€)	100 000	100 000	
Rückflüsse (€/Jahr)			
1. Jahr:	20 000	50 000	
2. Jahr:	30 000	30 000	
3. Jahr:	50 000	20 000	→ t = 3 (Jahre)
4. Jahr:	10 000	30 000	
5. Jahr:	30 000	10 000	

Übers. 5.11: Objekte mit gleichen Amortisationszeiten

Die Übersicht zeigt, dass Presse II trotz gleicher Amortisationsdauer vorzuziehen ist, da bei ihr die großen Zahlungen früher anfallen als bei der ersten.

Investitionen mit gleichen Amortisationszeiten sind im Regelfall nicht gleich wirtschaftlich. Die Unterschiede in der Vorteilhaftigkeit der einzelnen Investitionen können nur mit Hilfe einer dynamischen Investitionsrechnungsmethode erkannt und berücksichtigt werden.

• **Diskriminierung langfristiger Investitionsprojekte**

Besonders gravierend erscheint die Diskriminierung langfristiger Investitionen bei Ansatz der Amortisationsrechnung. Niemand wird bestreiten, dass für einen Betrieb bauliche Veränderungen wichtig und vorteilhaft sein können. Gleichzeitig ist bekannt, dass gerade bauliche Investitionen häufig langfristigen Charakter haben und normalerweise auch entsprechende Amortisationszeiten aufweisen. Aber sind sie deswegen grundsätzlich unvorteilhaft im Vergleich zu kurzfristigen Investitionen? Die Amortisationsrechnung tendiert dazu, diese Frage zu bejahen. Die Vorgabe einer höchstzulässigen Amortisationszeit von beispielsweise 5 Jahren impliziert, dass alle Investitionen mit einer über 5 Jahre hinausgehenden Amortisationsdauer abzulehnen sind. Das wäre jedoch nur dann sinnvoll, wenn feststünde, dass Investitionen mit solch hohen Amortisationszeiten grundsätzlich unvorteilhaft sind. Davon kann aber, wie folgendes Beispiel zeigt, keine Rede sein.

Beispiel (Langfristig und doch vorteilhaft)

Die Invest AG plant den Erwerb einer Büroetage, die für die Dauer von 25 Jahren und für die Nettomiete von 30 000 €/Jahr fest an eine Versicherungsgesellschaft vermietet ist. Aus Vorsichtsgründen soll der Restwert des Objektes, der nach Auslaufen des Mietvertrages zu erwarten ist, mit Null angesetzt werden. Ermitteln Sie Amortisationszeit und Kapitalwert (t_{max} = 5 Jahre; i = 0,06 = 6 %; Kaufpreis = 360 000 €).

Amortisationsrechnung $\quad t \;=\; \dfrac{\text{Kapitaleinsatz}}{\varnothing\,(e-a)}$

$$t \;=\; \frac{360\,000}{30\,000} = 12 \text{ (Jahre)}$$

Kapitalwertmethode $\quad C_0 = -\,A + \varnothing\,(e-a) \bullet DSF_{25}$

$$C_0 = -\,360\,000 + 30\,000 \bullet 12,783356 = 23\,501 \;(\text{€})$$

Zwar liegt die Amortisationszeit mit 12 Jahren weit über dem zulässigen Höchstwert von t_{max} = 5; dennoch ist das Objekt vorteilhaft, denn die Invest AG erhält im Zeitablauf

- den Kapitaleinsatz zurück,
- Zinsen auf die ausstehenden Beträge,
- darüber hinaus einen barwertigen Überschuss von 23 501 €.

Wer sich konsequent an die Amortisationsrechnung hält, verbietet sich selbst alle langfristigen Investitionen, deren Amortisationszeit über t_{max} liegt. Für den Fortbestand von Unternehmen sind aber gerade langfristige Investitionen (Grundstücke, Bauten, Großmaschinen) von besonderer Bedeutung.

Die genannten Kritikpunkte zeigen, dass eine einseitige Ausrichtung der Entscheidungen an der Amortisationszeit leichtfertig wäre. Denn die Amortisationsrechnung ist nicht in der Lage, die absolute Vorteilhaftigkeit einer Investition festzustellen. Sie kann ebenso wenig (im Falle des Alternativenvergleiches) die relative Vorteilhaftigkeit eines Objektes ermitteln. Und schließlich ist die durch die Vorgabe einer

Höchstamortisationszeit bewirkte Diskriminierung langfristiger Investitionen ökonomisch nicht zu rechtfertigen.

So ist es auch nur zu gut verständlich, dass man in den Unternehmen, die der Amortisationsrechnung ein hohes Gewicht zumessen, bei der Antwort auf die Frage, ob diese Rechnung denn bei allen, wirklich allen, Investitionen die Entscheidung bestimme, häufig auf zwei Ausnahmen hinweist:

1. Das Amortisationskriterium gelte nicht für Großinvestitionen mit einer Anschaffungsauszahlung von mehr als 200 000 €. Das sei Vorstandssache und der sei nicht an ein bestimmtes Kriterium gebunden.

2. Das Amortisationskriterium gelte nicht für Investitionen im Bereich Immobilien, sondern nur für Maschinen.

Es liegt auf der Hand, dass mit dieser Bereichsausnahme wieder vorwiegend Großinvestitionen ausgespart sind. Somit ist die Amortisationsrechnung in der Praxis überwiegend eine meist zusätzliche Entscheidungshilfe bei kleineren und mittleren Investitionen. Und das ist auch in Ordnung.

Das aus Diskretionsgründen geringfügig geänderte Formular einer großen Maschinenbau-Unternehmung zeigt deutlich, dass eine einseitige Orientierung an der Amortisationszeit fragwürdig ist. Neben den oben erwähnten drei Kritikpunkten sind etwa folgende Schwachstellen zu nennen:

• Man vergleicht nur die drei in die engere Wahl gezogenen Investitionsmöglichkeiten miteinander. Der Istzustand wird nicht beachtet.

• Man verwendet keine Ein- und Auszahlungen, sondern Umsätze und Kosten.

• Die Jahreswerte der Rechengrößen haben im Zeitablauf gefälligst konstant zu bleiben. Eine Änderung sieht das Formular nämlich nicht vor.

• Es wird weder auf- noch abgezinst. Die Erfassung von Zinsen erfolgt näherungsweise durch den approximativen Kapitaldienst.

• Die Entscheidung stützt sich nur auf eine Kennziffer, auf die statische Amortisationszeit.

INVESTITIONSRECHNUNG

Kurzbeschreibung der Anlage:	Geplante Jahresstückzahl:	Voraussichtliche Nutzungsdauer:

	Investitionsgrund: (Nichtzutreffendes streichen)	Ersatz - Rationalisierung - Erweiterung		
	Alternativen (Anlagen, Verfahren, geplanter Fremdbezug von Teilen etc.)	1	2	3
I	Erforderliches Kapital (€)			
II	Zusätzlicher Umsatz pro Jahr (€/Jahr) (nur auszufüllen bei gesicherter Umsatzänderung)			
III	Variable Kosten	(€/Jahr)	(€/Jahr)	(€/Jahr)
1	Einstandspreis von fremdbezogenen Teilen			
2	Fertigungsmaterial			
3	Fertigungslöhne			
4	Gemeinkostenlöhne			
5	Sozialkosten % von Zeile 3			
6	Sozialkosten % von Zeile 4			
7	Hilfs- und Betriebsstoffe			
8	Werkzeugkosten			
9	Instandhaltungskosten			
10	Energiekosten			
11	Kalk. Abschreibungen			
12	Kalk. Zinsen			
13				
14				
15				
16	Summe (1 - 15)			
IV	Amortisationsrechnung			
17	Rentabilitätsbeeinflussung (Zeile 16 bzw. II - 16)			
18	Kalkulatorische Abschreibungen (11)			
19	Kalkulatorische Zinsen (12)			
20	- Ertragssteuern % von Zeile 17			
21	Kapitalrückfluss pro Jahr (Summe 17 - 20)			
22	Amortisationsdauer (I dividiert durch 21)			

Übers. 5.12: Investitionsrechnung einer Großunternehmung

5.4.3 Dynamische Amortisationsrechnung

Es muss betont werden, dass sich unsere Kritik an der Amortisationsrechnung nur auf die statische Version dieser Rechnung bezieht. Von den 53 % der antwortenden Unternehmungen, die 1996 die Amortisationszeit errechneten (vgl. S. 28) führte ein Drittel die statische Amortisationszeitbestimmung durch. Die meisten (90 %) nutzten die dynamische Amortisationszeit als Entscheidungshilfe. Und für die dynamische Amortisationszeit gilt unsere Kritik nicht.

Die dynamische Amortisationsrechnung stützt sich darauf, dass der Kapitalwert einer Investition unter sonst gleichen Umständen mit steigender Nutzungsdauer im Regelfall wächst (eine Ausnahme ist denkbar bei R > A). Das Kapitalwertwachstum erfolgt mit abnehmenden Zuwachsraten, da die barwertigen Rückflüsse eines Verlängerungsjahres umso kleiner sind, je weiter das Verlängerungsjahr in der Zukunft liegt.

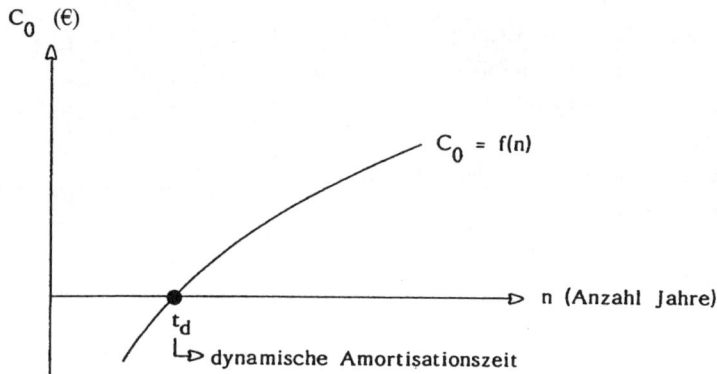

Abb. 5.6: Ermittlung der dynamischen Amortisationszeit

Die dynamische Amortisationszeit t_d einer Investition ist die Zeit, bei der der Kapitalwert der betreffenden Investition gerade gleich Null ist. Oder: Die dynamische Amortisationszeit einer Investition ist die Zeit, die vergeht, bis der Investor die Anschaffungsauszahlung nebst Verzinsung wiedergewonnen hat.

Die dynamische Amortisationszeit bestimmt man unter Benutzung der Bedingung $C_0 = 0$. Sie kann daher auch als eine Umformung der Kapitalwertmethode gesehen werden (suche die Zeit, bei der der Kapitalwert Null wird) und stellt eine der möglichen Anwendungen der kritischen Werte-Rechnung (Break-even-Analyse) dar. (Eine ausführliche Darstellung des Rechnens mit kritischen Werten finden Sie im nachfolgenden Kapitel 6.)

Eine Investition ist im Sinne des dynamischen Amortisationskriteriums vorteilhaft, wenn ihre tatsächliche dynamische Amortisationszeit t_d nicht größer ist als die maximal zulässige Amortisationszeit t_{max}.

(5.19) $$t_d \leq t_{max}$$ dynamisches Amortisationskriterium

Kritisch muss zu diesem Kriterium angemerkt werden, dass die Vorgabe einer maximal zulässigen Amortisationszeit problematisch ist. Sie wäre logisch nur dann zu rechtfertigen, wenn grundsätzlich alle Investitionen mit langen Amortisationszeiten unvorteilhaft wären. Sie wissen, dass das nicht der Fall ist. Sie wissen auch, dass es gefährlich sein kann, wenn man eine Amputation der eigenen Möglichkeiten auf sich nimmt, indem man sich langfristige Investitionen selbst verbietet.

Für alle, die diese Gefahr kennen, ist die Kennziffer „dynamische Amortisationszeit" eine wichtige Größe. Sie nehmen zur Kenntnis, wie viele Jahre vergehen, bis das Investitionsobjekt seine Anschaffungsauszahlung nebst Zinsen erwirtschaftet hat. Damit haben Sie eine nützliche Entscheidungshilfe gewonnen - nicht mehr, aber auch nicht weniger.

Sie können die Entscheidungsregel (5.19) auch variieren und auf die Vorgabe einer maximal zulässigen Amortisationszeit ganz verzichten, indem Sie folgendermaßen argumentieren: Vorteilhaft sind solche Investitionen, deren dynamische Amortisationszeit t_d innerhalb ihrer Nutzungsdauer von n Jahren liegt. Dann lautet das Amortisationskriterium:

(5.20) $$t_d \leq n$$ dynamisches Amortisationskriterium

Objekte, die die Bedingung $t_d \leq n$ erfüllen, bieten eine Gewähr dafür, dass ihr Kapitalwert am Ende der Nutzungsdauer n nicht negativ ist. Sie sind lohnend im Sinne der dynamischen Investitionsrechnung.

Beispiel (Statische und dynamische Amortisationszeit im Vergleich)

Gesucht sind statische und dynamische Amortisationszeit sowie der Kapitalwert eines Investitionsobjektes mit:

Anschaffungsauszahlung A	100 000 €
Lebensdauer n	10 Jahre
Kalkulationszinssatz i	10 %
konstanten jährlichen Rückflüssen (e - a)	20 000 €
Restwert R	0 €

Lösung

Jahre	Rückflüsse (€/Jahr)	Abzinsungs-faktor (10 %)	barwertige Rückflüsse (€)	kumulierte barwertige Rückflüsse (€)	
	I	II	III = I • II	IV = Σ III	
1	20 000	0,909091	18 182	18 182	
2	20 000	0,826446	16 529	34 711	
3	20 000	0,751315	15 026	49 737	
4	20 000	0,683013	13 660	63 397	
5	20 000	0,620921	12 418	75 815 ◄	t
6	20 000	0,564474	11 289	87 104	
7	20 000	0,513158	10 263	97 367	
8	20 000	0,466507	9 330	106 697 ◄	t_d
9	20 000	0,424098	8 482	115 179	
10	20 000	0,385543	7 711	122 890	

Übers. 5.13: Die dynamische Amortisationszeit liegt über der statischen

$$t_d = n_1 - C_{0,1} \cdot \frac{n_2 - n_1}{C_{0,2} - C_{0,1}}$$

$$t_d = 7 + 2\,633 \cdot \frac{8 - 7}{6\,697 + 2\,633}$$

$$t_d = 7 + \frac{2\,633}{9\,330} = 7{,}28 \text{ (Jahre)}$$

Ergebnis: Die statische Amortisationszeit beträgt 5 Jahre; nach dieser Zeit ist die Anschaffungsauszahlung ohne Zinsen wiedergewonnen. Dynamisch hat sich die Anlage erst nach 7,3 Jahren amortisiert. Dann ist die Anschaffungsauszahlung nebst Zinsen auf die ausstehenden Beträge wiedergewonnen. Der Kapitalwert bei n = 10 Jahren beläuft sich auf 122 890 - 100 000 = 22 890 €.

Die dynamische Amortisationsdauer ist unter sonst gleichen Umständen stets größer als die statische, weil sie zusätzlich die Verzinsung der ausstehenden Beträge zum Kalkulationszinssatz berücksichtigt.

Dadurch wird ausgeschlossen, dass sich der Investor von einer kurzen Rückflusszeit blenden lässt und eine Investition durchführt, die unvorteilhaft ist, weil sie lediglich eine Wiedergewinnung des eingesetzten Kapitals, nicht aber eine angemessene Verzinsung der ausstehenden Beträge gewährleistet. Darin liegt der Vorteil der dynamischen Amortisationsrechnung.

Gelegentlich allerdings wird gerade in der Berücksichtigung der Verzinsung der ausstehenden Beträge der entscheidende Nachteil der dynamischen Amortisationszeit gesehen[1]: „Die Höhe der dynamischen Amortisationszeit ist vom gewählten Kalkulationszinssatz abhängig. Bestimmt sich die Höhe des Kalkulationszinssatzes aber nach subjektiven Überlegungen, werden insbesondere Risikogesichtspunkte bei der Festlegung des Kalkulationszinssatzes berücksichtigt, dann beeinflussen subjektive Risikovorstellungen (Kalkulationszinssatz) den ‚objektiven' Risikomaßstab (dynamische Amortisationszeit). Die statische Amortisationszeit unterliegt demgegenüber nicht den subjektiven Einflüssen der Wahl des Kalkulationszinssatzes und erscheint deshalb zur Messung des Risikos einer Investition geeigneter".

---

[1] H. Blohm/K. Lüder, Investition, 3. Aufl., München 1974, S. 83 f. Hinweis: In den neueren Auflagen des Buches findet sich der Satz nicht mehr.

Dem ist Folgendes entgegenzuhalten: Die statische Amortisationsrechnung kann als Grenzfall der dynamischen Amortisationsrechnung für eine Verzinsung von Null aufgefasst werden; dann stimmen statische und dynamische Amortisationszeit über-ein. Der Ansatz einer Mindestverzinsungsanforderung von Null ist indessen nicht weniger subjektiv als der Ansatz eines Kalkulationszinssatzes von beispielsweise 10 Prozent. Jedoch erscheint Letzterer wesentlich realistischer. Man kann sich Be-wertungsproblemen niemals dadurch entziehen, dass man eine Nullbewertung vor-nimmt!

5.5   Rentabilitätsrechnung

5.5.1   Rentabilitätskriterium und Entscheidungssituationen

Definition: Rentabilität ist der Quotient von Gewinn und Kapital. Oder: Ren-tabilität ist das Verhältnis des Gewinnes, des Gewinnzuwachses oder der Kostenabnahme zu jenem Kapital, das eingesetzt werden muss, um einen der genannten Effekte zu erzielen[1].

Im Rahmen der statischen Rentabilitätsrechnung setzt man den Gewinn pro Jahr einer Investition ins Verhältnis zum durchschnittlich gebundenen Kapital. Da man beide Begriffe, Gewinn pro Jahr und durchschnittlich gebundenes Kapital, ganz un-terschiedlich definieren kann, ergeben sich in der betrieblichen Praxis viele ver-schiedene Varianten der Rentabilitätsrechnung. So berichtet Terborgh von einer Ar-beitstagung, an der sachverständige Mitglieder aus 14 Unternehmungen teilnahmen. Dabei ergab es sich, dass von allen 14 Unternehmungen eine andere Variante der statischen Rentabilitätsrechnung zur Beurteilung von Investitionen herangezogen wurde[2].

Die Rentabilitätsrechnung erfreut sich unter den statischen Methoden nach der Kostenvergleichsrechnung der größten Beliebtheit: 44 % der antwortenden Groß-unternehmungen berechneten 1996 die Vorteilhaftigkeit von Investitionen nach de-ren Rentabilität (vgl. S. 28). Bei den Mittelständlern ist die Rentabilitätsrechnung mit einer Verbreitung von 47 % die Nummer eins (vgl. S. 29) vor interner Zinsfuß-

---

[1] So auch: G. Seicht, Investition und Finanzierung, S. 34 f.
[2] Vgl. G. Terborgh, Leitfaden der betrieblichen Investitionspolitik, S. 68.

Methode (44 %) und Kapitalwertmethode (40 %). Die Rentabilität wird bei unterschiedlichen Entscheidungssituationen (Einzelinvestition, Alternativenvergleich, Ersatzproblem) eingesetzt:

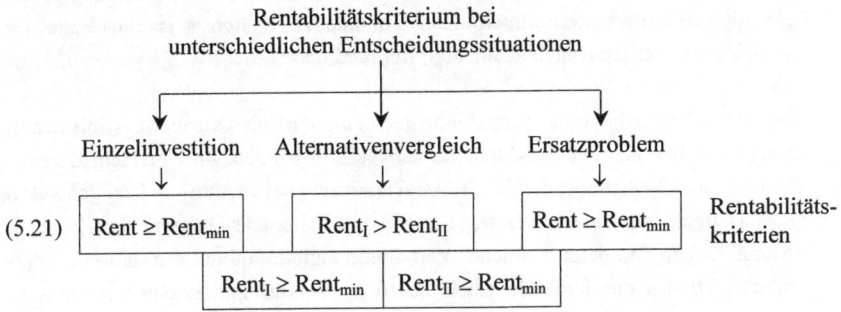

$$
\begin{array}{c}
\text{Rentabilitätskriterium bei} \\
\text{unterschiedlichen Entscheidungssituationen}
\end{array}
$$

Einzelinvestition   Alternativenvergleich   Ersatzproblem

(5.21) $Rent \geq Rent_{min}$ $Rent_I > Rent_{II}$ $Rent \geq Rent_{min}$ Rentabilitätskriterien

$Rent_I \geq Rent_{min}$ $Rent_{II} \geq Rent_{min}$

Symbole

Rent   = tatsächliche Rentabilität (%)   Index I   = erste Anlage

$Rent_{min}$ = Mindestrentabilität (%)   Index II = zweite Anlage

Die Mindestrentabilität ist ein subjektiver, von der Unternehmungsleitung vorgegebener Wert. Er ähnelt dem Kalkulationszinssatz und wird verglichen mit der tatsächlichen Rentabilität eines bestimmten Objektes.

- Bei einer Einzelinvestition ist das Rentabilitätskriterium erfüllt, wenn ihre Rentabilität den vorgegebenen Mindestwert nicht unterschreitet.

- Beim Alternativenvergleich entscheidet man sich für das Objekt mit der höheren Rentabilität, wobei nur solche Investitionen in den Vergleich einbezogen werden dürfen, deren Rentabilität den Mindestwert nicht unterschreitet.

- Im Rahmen des Ersatzproblems schließlich gelten die Objekte als vorteilhaft, deren Minderkosten eine entsprechende Rentabilität des Kapitaleinsatzes gewährleisten.

In Literatur und Praxis sind für die Rentabilitätsrechnung auch andere Bezeichnungen üblich, wie z. B. Renditemethode, Rentabilitätsvergleich, Return on Investment (ROI). Entsprechend uneinheitlich sind die Bezeichnungen für das Rechenergebnis:

durchschnittliche jährliche Verzinsung des eingesetzten Kapitals, Rentabilität, Wirtschaftlichkeitskennzahl, statische Rendite, Rendite, interner Zinssatz, interne Verzinsung. Es muss darauf hingewiesen werden, dass die drei letztgenannten Begriffe im Zusammenhang mit einer statischen Rechnung nicht verwendet werden dürfen: Der (dynamisch ermittelte) interne Zinssatz einer Investition ist in aller Regel verschieden von der (statisch berechneten) Rentabilität.

Die statische Methode der Rentabilitätsrechnung darf also keineswegs mit der dynamischen internen Zinsfuß-Methode verwechselt werden. Im Unterschied zur internen Zinsfuß-Methode, die die Effektivverzinsung der Investition, bezogen auf die jeweils noch ausstehenden Beträge sowie unter Berücksichtigung von Ein- und Auszahlungen und deren zeitlicher Verteilung angibt, ermittelt die statische Rentabilitätsrechnung die durchschnittliche jährliche Verzinsung des eingesetzten Kapitals.

	Erweiterungsinvestitionen	Rationalisierungsinvestitionen
(5.22)	$Rent = \dfrac{Gewinn\ (DM\,/\,Jahr)}{Kapitaleinsatz\ (DM)}$	$Rent = \dfrac{Minderkosten\ (DM)}{Kapitaleinsatz\ (DM)}$

Bei Erweiterungsinvestitionen und im Rahmen des Alternativenvergleichs bezieht man den Gewinn des jeweiligen Objektes auf seinen Kapitaleinsatz. Bei Rationalisierungsinvestitionen werden die Minderkosten einer Neuanlage im Vergleich zu den Kosten der zu ersetzenden Maschine durch den Kapitaleinsatz dividiert. Sachlich gibt es zwischen den beiden Ansätzen keinen Unterschied, da die Minderkosten unmittelbar zu entsprechenden Gewinnsteigerungen führen.

$$Rent = \frac{\Delta G}{DGK}$$

Symbole

ΔG = investitionsbedingte Gewinnveränderung

DGK = durchschnittlich gebundenes Kapital

5.5.2 Ermittlung von Kapitaleinsatz und Rentabilität

In der Praxis ist die Bestimmung der korrekten Höhe des Kapitaleinsatzes (= durchschnittlich gebundenes Kapital) problematisch. Die Festlegung erfolgt oft pauschal. Dabei werden beispielsweise folgende Methoden genannt:

- Kapitaleinsatz = volle Anschaffungsauszahlung: Einige Unternehmungen setzen die gesamten Investitionsauszahlungen als Kapitaleinsatz an. Meist ist das sachlich nicht gerechtfertigt (Ausnahme: R = A): Die auf der Grundlage der vollen Anschaffungsauszahlung ermittelte Rentabilität stellt keine Durchschnittsverzinsung dar, sondern gibt nur die Verzinsung des ersten Nutzungsjahres an.

- Kapitaleinsatz = Hälfte des Investitionsbetrages: Das kann dann eine sinnvolle Lösung sein, wenn sich das investierte Kapital während der Nutzungsdauer kontinuierlich vermindert und der Restwert gleich Null ist. Bei einem positiven Restwert ist das durchschnittlich gebundene Kapital höher als A/2. Ferner ist das durchschnittlich gebundene Kapital auch dann höher als A/2, wenn es sich im Zeitablauf jeweils am Jahresende (und nicht kontinuierlich) vermindert.

- Kapitaleinsatz = jeweiliger Restwert/Buchwert: Bemisst man den Kapitaleinsatz nach der Höhe des jeweiligen Restwertes oder Buchwertes pro Periode, dann erhält man häufig im Zeitablauf steigende Jahresrentabilitäten: Der Restwert/ Buchwert nimmt von Jahr zu Jahr ab, es sinkt die Größe, durch die man den Periodengewinn dividiert. Aus den unterschiedlichen (im Regelfall wachsenden) Jahresrentabilitäten können Sie einen Durchschnittswert errechnen.

Die drei Beispiele zeigen, dass man den Kapitaleinsatz am besten nicht pauschal und schematisch errechnet, sondern unter Berücksichtigung der Umstände des Einzelfalls. Dabei sind, wie die nachfolgende Übersicht zeigt, fünf Fälle zu unterscheiden[1].

---

[1] So auch H. Blohm/K. Lüder, Investition, S. 168 ff.

Zahlungsverlauf	durchschnittlich gebundenes Kapital (DGK)

Gebundenes Kapital (€)

$$DGK = A \qquad (5.23)$$

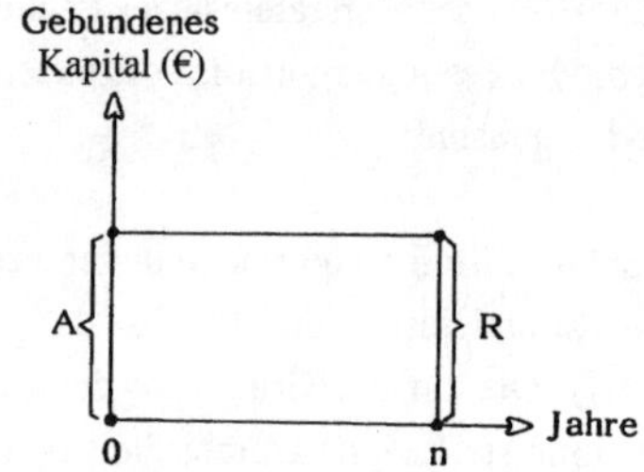

Fall I: Gebundenes Kapital wird nach n Jahren wiedergewonnen; R = A.

Gebundenes Kapital (€)

$$\phi = \frac{A}{2}$$

$$DGK = \frac{A}{2} \qquad (5.24)$$

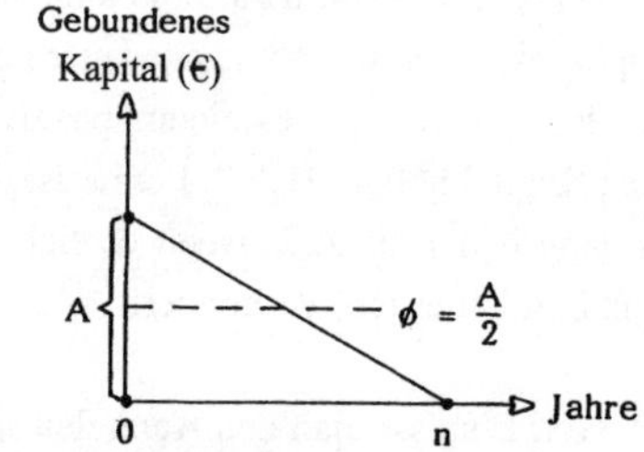

Fall II: Gebundenes Kapital wird kontinuierlich vermindert; R = 0.

Gebundenes Kapital (€)

$$\phi = \frac{A - R}{2} + R$$

$$DGK = \frac{A - R}{2} + R$$

$$DGK = \frac{A + R}{2} \qquad (5.25)$$

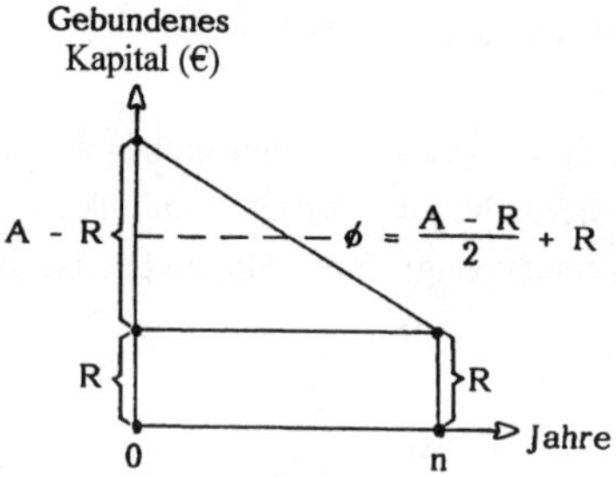

Fall III: Gebundenes Kapital wird kontinuierlich reduziert; R > 0.

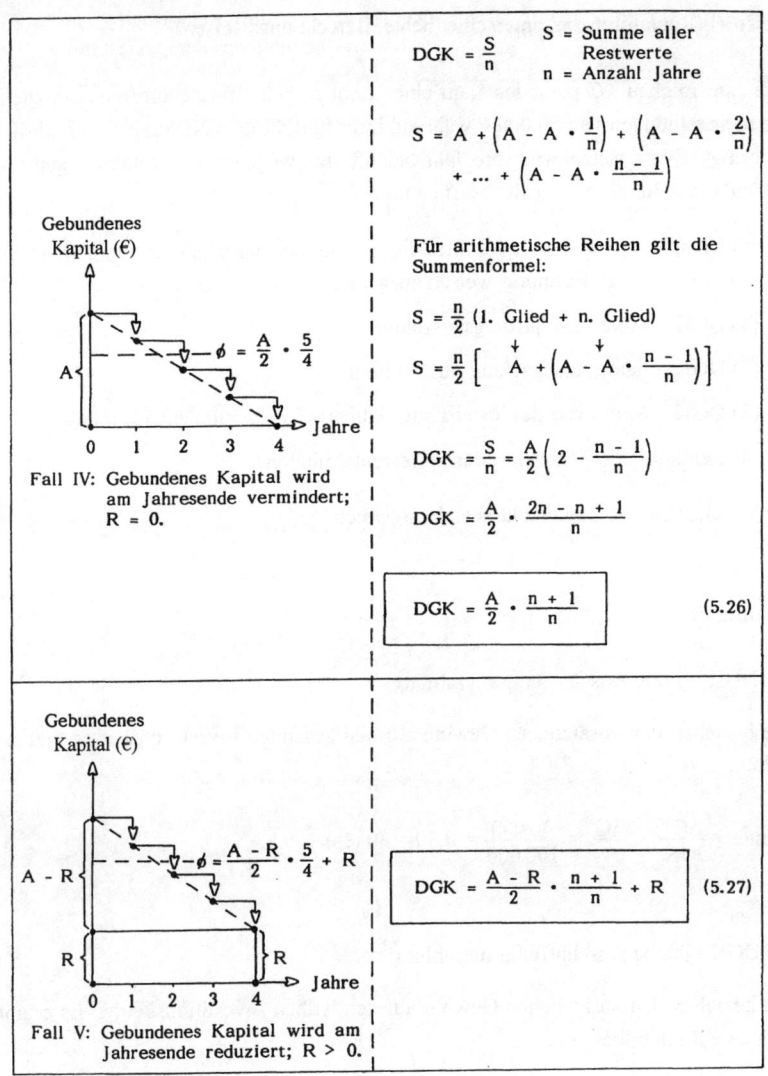

$$DGK = \frac{S}{n}$$

S = Summe aller Restwerte
n = Anzahl Jahre

$$S = A + \left(A - A \cdot \frac{1}{n}\right) + \left(A - A \cdot \frac{2}{n}\right) + \dots + \left(A - A \cdot \frac{n-1}{n}\right)$$

Für arithmetische Reihen gilt die Summenformel:

$$S = \frac{n}{2} \text{ (1. Glied + n. Glied)}$$

$$S = \frac{n}{2}\left[\; \overset{\downarrow}{A} + \left(\overset{\downarrow}{A} - A \cdot \frac{n-1}{n}\right)\right]$$

$$DGK = \frac{S}{n} = \frac{A}{2}\left(2 - \frac{n-1}{n}\right)$$

$$DGK = \frac{A}{2} \cdot \frac{2n - n + 1}{n}$$

$$\boxed{DGK = \frac{A}{2} \cdot \frac{n+1}{n}} \qquad (5.26)$$

Gebundenes Kapital (€)

$$\not{o} = \frac{A}{2} \cdot \frac{5}{4}$$

Fall IV: Gebundenes Kapital wird am Jahresende vermindert; R = 0.

Gebundenes Kapital (€)

$$\not{o} = \frac{A - R}{2} \cdot \frac{5}{4} + R$$

$$\boxed{DGK = \frac{A-R}{2} \cdot \frac{n+1}{n} + R} \qquad (5.27)$$

Fall V: Gebundenes Kapital wird am Jahresende reduziert; R > 0.

Übers. 5.14: Ermittlung des durchschnittlich gebundenen Kapitals

Beispiel (Rentabilität bei unterschiedlichen Berechnungsweisen)

Die Apparatebau KG plant den Kauf einer mobilen Schleifmaschine, die zusätzliche Nettoeinzahlungen von 50 000 € während ihrer fünfjährigen Nutzungsdauer jährlich einbringt. Der Zusatzgewinn pro Jahr beläuft sich wegen der Abschreibungen von 20 000 € auf 30 000 €. Der Restwert ist null.

a) Welchen Wert hat die Rentabilität dieser Rationalisierungsinvestition, wenn Sie von folgenden Berechnungsweisen ausgehen?

(1) DGK = volle Anschaffungsauszahlung;

(2) DGK = halbe Anschaffungsauszahlung;

(3) DGK = Mittelwert des jeweils zum Jahresanfang gebundenen Kapitals;

(4) Rentabilität = Mittelwert der Jahresrentabilitäten?

b) Welcher interne Zinssatz lässt sich errechnen?

Lösung a)

(1) DGK = volle Anschaffungsauszahlung

Sie beziehen den zusätzlichen Gewinn auf den gesamten Investitionsbetrag und erhalten:

$$\text{Rent}_I = \frac{\Delta G}{DGK} = \frac{\Delta G}{A} = \frac{30\,000}{100\,000} = 0,30 = 30\ (\%)$$

(2) DGK = halbe Anschaffungsauszahlung

Sie beziehen den zusätzlichen Gewinn auf den halben Investitionsbetrag. Es ergibt sich eine Rentabilität von:

$$\text{Rent}_{II} = \frac{\Delta G}{DGK} = \frac{\Delta G}{\frac{1}{2}A} = \frac{30\,000}{50\,000} = 0,60 = 60\ (\%)$$

(3) DGK = Mittelwert des jeweils zum Jahresanfang gebundenen Kapitals

Geht man von einer jeweils am Periodenende stattfindenden gleichmäßigen Verminderung des jeweils gebundenen Kapitals aus, dann gibt es zwei Methoden zur Rentabilitätsberechnung:

1. Methode:

$$\text{Rent}_{III} = \frac{\Delta G}{DGK} = \frac{\Delta G}{\dfrac{A + R_1 + R_2 + R_3 + R_4}{5}}$$

$$\text{Rent}_{III} = \frac{30\,000}{\dfrac{100\,000 + 80\,000 + 60\,000 + 40\,000 + 20\,000}{5}}$$

$$\text{Rent}_{III} = \frac{30\,000}{\dfrac{300\,000}{5}} = 0,50 = 50\ (\%)$$

2. Methode:

$$\text{Rent}_{III} = \frac{\Delta G}{DGK} = \frac{\Delta G}{\dfrac{A}{2} \cdot \dfrac{n+1}{n}} = \frac{30\,000}{50\,000 \cdot \dfrac{6}{5}} = \frac{30\,000}{60\,000} = 0,50 = 50\ (\%)$$

(4) Rentabilität = Mittelwert der Jahresrentabilitäten

Geht man von einer linearen Abschreibung über die fünfjährige Nutzungsdauer aus, so ergeben sich folgende Buchwerte und Jahresrentabilitäten:

Jahr	Buchwert zum Jahresbeginn	Jahresrentabilitäten
1	100 000	30 000 : 100 000 = 0,300
2	80 000	30 000 : 80 000 = 0,375
3	60 000	30 000 : 60 000 = 0,500
4	40 000	30 000 : 40 000 = 0,750
5	20 000	30 000 : 20 000 = 1,500

Zur Berechnung der durchschnittlichen Rentabilität wird das arithmetische Mittel der einzelnen Jahresrentabilitäten ermittelt:

$$\text{Rent}_{IV} = \frac{0,30 + 0,375 + 0,50 + 0,75 + 1,50}{5} = \frac{3,425}{5} = 0,685 = 68,5 \ (\%)$$

Dieser Wert ist problematisch, da das im Objekt gebundene Kapital von Jahr zu Jahr abnimmt. Gewichtet man die Jahresrentabilitäten mit den Buchwerten zum Jahresbeginn, dann ergibt sich:

$$\text{Rent}_{IV} = \frac{0,30 \cdot 1,0 + 0,375 \cdot 0,8 + 0,50 \cdot 0,6 + 0,75 \cdot 0,4 + 1,50 \cdot 0,2}{5} = 0,30 = 30 \ (\%)$$

Dividiert man nicht durch die Zahl der Fälle, sondern durch die Summe der Gewichte $(1,0 + 0,8 + 0,6 + 0,4 + 0,2 = 3)$, dann erhält man:

$\text{Rent}_{IV} = 1,5 : 3 = 0,50 = 50 \ (\%)$.

Lösung b)

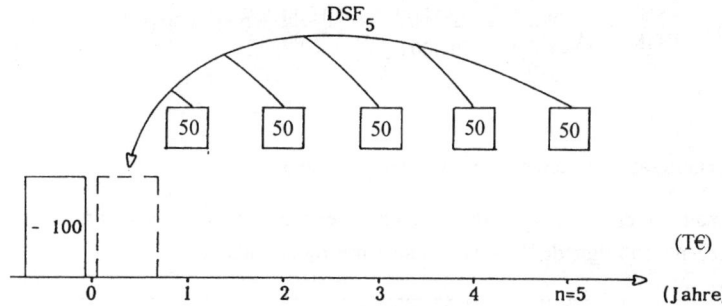

$i_1 = 30 \ \%$ $\rightarrow$ $C_{0,1} = -100\,000 + 50\,000 \cdot 2,435570 = 21\,779 \ €$

$i_2 = 40 \ \%$ $\rightarrow$ $C_{0,2} = -100\,000 + 50\,000 \cdot 2,035164 = 1\,758 \ €$

$$r = i_1 - C_{0,1} \cdot \frac{i_2 - i_1}{C_{0,2} - C_{0,1}} = 30 - 21\,779 \cdot \frac{10}{1\,758 - 21\,779} = 30 + \frac{217\,790}{20\,021} = 40,88 \ (\%)$$

Ergebnis: Die statische Rentabilität beläuft sich je nach Methode auf 30 %, 60 %, 50 % oder 68,5 %. Sie hängt wesentlich von der Quantifizierung des Kapitaleinsatzes und der gewählten Berechnungsmethode ab. Sie unterscheidet sich in allen Fällen wesentlich von dem dynamisch errechneten internen Zinssatz von 40,88 %. Die Rentabilitätsrechnung bietet im Regelfall keine gute Näherungslösung für die Effektivverzinsung einer Investition.

5.5.3   Kritik der Rentabilitätsrechnung

In der betrieblichen Praxis wird meist schematisch eine bestimmte Methode zur Quantifizierung des Kapitaleinsatzes auf alle Investitionsvorhaben angewendet. Dabei dominiert der Ansatz DGK = A/2. Man geht also in aller Regel nicht auf die speziellen Gegebenheiten des Einzelfalles ein, wodurch sich ein Fehlerrisiko in der oben beschriebenen Größenordnung von mehreren Prozentpunkten ergibt. Selbst wenn das durchschnittlich gebundene Kapital unter Berücksichtigung der Umstände des Einzelfalles korrekt ermittelt sein sollte, stellt es nur eine grobe Annäherung an die tatsächlich zu verzinsende Kapitalbasis, die jeweils noch im Objekt gebundenen (noch wiederzugewinnenden) Beträge, dar.

Hinzu kommt, dass der bei der Rentabilitätsbestimmung zu verwendende Gewinnbegriff verschieden interpretiert wird. Strittig ist in der Praxis die Berücksichtigung von kalkulatorischen Zinsen und kalkulatorischen Abschreibungen. Die Verwendung des Begriffes Gewinn impliziert ferner die Verwendung unzweckmäßiger Rechnungselemente (Umsatz und Kosten). Die Annahme eines im Zeitablauf konstanten durchschnittlichen Gewinnes wird - insbesondere bei Großinvestitionen - nicht allen Praxisfällen gerecht. So kann es beim Vergleich zweier Investitionen zu gravierenden Fehlentscheidungen kommen, wenn die Gewinnentwicklung bei beiden Objekten in unterschiedlicher Richtung verläuft. Wenn Sie diese Kritikpunkte berücksichtigen, dann liegt die Schlussfolgerung nahe, dass man betriebliche Investitionsentscheidungen besser am internen Zinssatz orientieren sollte. Er erfasst korrekt die zeitlichen Unterschiede im Zahlungsanfall, basiert auf den richtigen Rechnungselementen (Zahlungen) und nutzt die jeweils noch ausstehenden, im Objekt gebundenen Beträge als Verzinsungsbasis.

5.6   Checkliste

Bitte kreuzen Sie die am
ehesten zutreffende Aussage an.

Punkte

Investitionsvolumen: In unserem Betrieb führen wir

- ausschließlich Kleininvestitionen mit einer Anschaffungsauszahlung
  von unter 20 000 € durch;   (0)

- auch mittlere Investitionen mit einer Anschaffungsauszahlung bis
  200 000 € durch;   (20)

- auch Großinvestitionen mit einer Anschaffungsauszahlung von über
  200 000 € durch.   (30)

Schätzgenauigkeit: Wir können die Werte der mit einem Investitionsobjekt verbundenen Zahlungen normalerweise für die ersten fünf Jahre

- recht genau angeben;   (20)

- einigermaßen genau angeben;   (10)

- nur sehr grob schätzen.   (0)

Konstanz der Zahlungen: Die mit unseren Investitionen verbundenen
Zahlungen sind im Zeitablauf

- ziemlich konstant;   (0)

- mäßig schwankend;   (10)

- sehr stark schwankend.   (20)

Fristigkeit: In unserem Betrieb dominieren Investitionsobjekte mit
Laufzeiten von

- bis zu 2 Jahren;   (0)

- bis zu 4 Jahren;   (10)

- über 4 Jahren.   (20)

Zinssatz: Bei unseren Investitionen rechnen wir üblicherweise mit einem

- Zinssatz von 0 Prozent;   (0)

- Zinssatz von ca. 5 Prozent;   (20)

- Zinssatz von ca. 10 Prozent.   (30)

Mathematik: In unserem Betrieb werden

- alle Methoden abgelehnt, die mehr als die Kenntnis der vier Grundre-   (0)
  chenarten verlangen;
- auch finanzmathematische Methoden akzeptiert, bei denen man Rech-   (20)
  ner und/oder Tabellen einzusetzen hat;
- Investitionsprogramme mit Hilfe der EDV erstellt.   (30)

Ihre Gesamtpunktzahl

Auswertung

0 bis 40 Punkte: Sie dürfen gern weiterhin statisch rechnen.
über 40 Punkte: Sie sollten dringend dynamisch rechnen.

Statische Verfahren: Als statische Verfahren bezeichnet man die Kostenvergleichsrechnung, Gewinnvergleichsrechnung, Amortisationsrechnung und die Rentabilitätsrechnung. Sie spielen in der ökonomischen Theorie heute keine Rolle mehr.
Ihre praktische Bedeutung ist aber noch erheblich.

Schwachstellen der statischen Betrachtungsweise:

- Keine finanzmathematische Basis und deshalb keine oder nur unvollkommene
  Erfassung der Zeitpräferenz durch Auf- oder Abzinsen (nur approximativer Kapitaldienst),

- unzweckmäßige Rechnungselemente (Kosten und Leistungen anstelle von Zahlungen),

- keine Einzelschätzung, sondern einperiodischer Vergleich oder Durchschnittsbildung.

, **Kostenvergleichsrechnung:** Kostenkriterium beim Alternativenvergleich: Die Investition mit den geringeren Jahreskosten ist wirtschaftlicher. Oder: Die Investition
mit geringeren Stückkosten ist vorteilhafter.

Schwachstellen: Neben den allgemeinen Schwachstellen der statischen Verfahren
zusätzlich:

- Beschränkung auf Kostenseite; Leistungsseite bleibt unberücksichtigt,

- Beschränkung auf Rationalisierungsinvestitionen; nicht anwendbar bei Erweiterungsinvestitionen.

Kostenkriterium Ersatzproblem: Die Altanlage sollte ersetzt werden, wenn die Betriebs- und Kapitalkosten der Neuanlage geringer sind als die Betriebskosten der Altanlage.

Schwachstellen: Neben den allgemeinen Schwachstellen der statischen Verfahren zusätzlich:

- Beschränkung auf Kostenseite; Leistungsseite bleibt außer Betracht,
- Gefahr der Berücksichtigung des Kapitaldienstes der Altanlage, obwohl dieser nicht entscheidungsrelevant ist.

Gewinnvergleichsrechnung: Gewinnkriterium beim Alternativenvergleich: Vorteilhaft ist die Investition mit dem höheren Jahresgewinn.

Schwachstellen: Neben den allgemeinen Schwachstellen der statischen Verfahren zusätzlich:

- Problematischer Gewinnbegriff,
- Gefahr der Berücksichtigung des Kapitaldienstes der Altanlage, obwohl dieser nicht entscheidungsrelevant ist.

Amortisationsrechnung: Man vergleicht die tatsächliche Amortisationsdauer mit der von der Unternehmungsleitung festgelegten maximal zulässigen Amortisationsdauer. Nach dem Amortisationskriterium kommen nur Objekte in Frage, die sich innerhalb der maximal zulässigen Zeit amortisieren.

Die statische Amortisationszeit gibt an, wie viele Jahre vergehen, bis die Anschaffungsauszahlung durch die jährlichen Rückflüsse wiedergewonnen ist. Sie wird ermittelt:

- mit Hilfe der Durchschnittsrechnung, indem man die Anschaffungsauszahlung durch die durchschnittlichen jährlichen Rückflüsse dividiert;
- mit Hilfe der Kumulationsrechnung, indem man die (unterschiedlichen) jährlichen Rückflüsse so lange addiert, bis das Jahr erreicht ist, in dem sie dem Wert der Anschaffungsauszahlung entsprechen.

Schwachstellen: Neben den allgemeinen Schwachstellen der statischen Verfahren zusätzlich:

- Kurze Amortisationszeit ist keine Garantie für absolute Vorteilhaftigkeit einer Investition.
- Gleiche Amortisationszeiten zweier Investitionen bieten keine Gewähr für gleiche Vorteilhaftigkeit der Objekte.
- Investitionen mit einer Amortisationszeit, die über dem maximal zulässigen Wert liegt, können trotzdem vorteilhaft sein.

Die dynamische Amortisationszeit gibt an, wie viele Jahre vergehen, bis die Anschaffungsauszahlung inklusive Zinsen auf die noch ausstehenden Beträge mit Hilfe der jährlichen Rückflüsse wiedergewonnen ist. Die Ermittlung der dynamischen Amortisationszeit stellt eine Variante der kritischen Werte-Rechnung dar. Kritische Nutzungsdauer und dynamische Amortisationszeit sind identisch.

Rentabilitätsrechnung: Man vergleicht die tatsächliche Rentabilität eines Objektes mit dem von der Unternehmungsleitung festgelegten Mindestwert an Rentabilität. Nach dem Rentabilitätskriterium kommen nur Objekte in Frage, die die Mindestrentabilität erreichen oder überschreiten.

Rentabilitätsberechnung:

- Erweiterungsinvestition: Dividiere den Gewinn durch den Kapitaleinsatz (= durchschnittlich gebundenes Kapital).

- Rationalisierungsinvestition: Dividiere die Minderkosten durch den Kapitaleinsatz (= durchschnittlich gebundenes Kapital).

Schwachstellen: Neben den allgemeinen Schwachstellen der statischen Verfahren zusätzlich:

- Schematische Festlegung des Kapitaleinsatzes (entspricht meist nicht der tatsächlichen Kapitalbindung),

- Probleme bei der inhaltlichen Ausfüllung des Gewinnbegriffes.

Formeln und Symbole

Formeln	Symbole
$K_I = B_I + \dfrac{A_I}{n_I} + \dfrac{A_I}{2} \cdot i$ $K_I = B_I + \dfrac{A_I - R_I}{n_I} + \dfrac{A_I + R_I}{2} \cdot i$ $DGK = \dfrac{A}{2}$ $DGK = \dfrac{A + R}{2}$	K = Gesamtkosten B = Betriebskosten A = Anschaffungskosten n = Nutzungsdauer i = Kalkulationszinssatz R = Restwert DGK = durchschnittlich gebunde- nes Kapital Index I = Anlage 1
$G_I = E_I - K_I$ $G_I = p_I x_I - B_I - \dfrac{A_I}{n_I} - \dfrac{A_I}{2} \cdot i$ $G_I = p_I x_I - B_I - \dfrac{A_I - R_I}{n_I} - \dfrac{A_I + R_I}{2} \cdot i$ $G_I = p_I x_I - k_{v_I} x_I - K_{f_I}$	G = Gewinn E = Ertrag p = Stückpreis x = Menge k_v = variable Kosten je Stück K_f = Fixkosten
$t = \dfrac{A}{\varnothing (e-a)}$ $t = \dfrac{A-R}{\varnothing (e-a)}$ $t = \dfrac{A}{\varnothing g + \text{Abschreibungen}}$ $t = \dfrac{A-R}{\varnothing g + \text{Abschreibungen}}$ $A = (e_1 - a_1) + (e_2 - a_2) + (e_3 - a_3)$ $+ ... + (e_t - a_t + R_t)$ $t = n_1 - C_{0,1} \cdot \dfrac{n_2 - n_1}{C_{0,2} - C_{0,1}}$	t = tatsächliche Amortisati- onszeit $\varnothing (e - a)$ = durchschnittliche jährliche Nettoeinzahlungen $\varnothing g$ = durchschnittlicher jährli- cher Gewinn $(e_t - a_t)$ = Nettoeinzahlungen des Jahres t R_t = Restwert zum Zeitpunkt t n_1 = Nutzungsdauer 1 $C_{0,1}$ = Kapitalwert 1

$\text{Rent} = \dfrac{\Delta G}{\text{DGK}}$ $\text{DGK} = \dfrac{A + R_1 + R_2 + \ldots + R_{n-1}}{n}$ $\quad = \dfrac{A}{2} \cdot \dfrac{n+1}{n}$ $\text{DGK} = \dfrac{A - R}{2} \cdot \dfrac{n+1}{n} + R$	ΔG = Gewinnveränderung durch Investition R_{n-1} = Restwert (= gebundenes Kapital) zu Beginn des letzten Jahres A = Anschaffungsauszahlung (= gebundenes Kapital) zu Beginn des ersten Jahres

Fragen und Aufgaben

5.1 Formulieren Sie die Entscheidungsregel für die Kosten- und die Gewinnvergleichsrechnung. Zeigen Sie, wie man die in die Entscheidungsregel eingehenden Globalgrößen gewöhnlich differenziert.

5.2 In welcher betrieblichen Situation könnte man (wenn man von den grundsätzlichen Bedenken gegen die statischen Verfahren absieht) eine Kostenvergleichsrechnung durchführen? Wann wäre dagegen eine Gewinnvergleichsrechnung notwendig?

5.3 Stellen Sie dar, welches die grundsätzlichen Nachteile aller statischen Methoden sind. Welches ist der besondere Nachteil der Kosten- und Gewinnvergleichsrechnung?

5.4 Wird eine alte Anlage schneller ersetzt, wenn man die Bestimmung des optimalen Ersatzzeitpunktes gemäß Gleichung (5.6) unter Berücksichtigung des Kapitaldienstes der alten Anlage oder nach dem Vorschlag von E. Schneider ohne Berücksichtigung des Kapitaldienstes der alten Anlage gemäß (5.8) durchführt?

5.5 Nehmen Sie Stellung zu folgendem Satz:

„Die hohen Restwerte unserer alten Anlagen wirken bremsend auf Neuinvestitionen, d. h. auf den Ersatz dieser Anlagen".

5.6 Nehmen Sie Stellung zu folgendem Satz:

„Dass die statischen Methoden trotzdem noch in so großem Umfang angewendet werden, hat sachlich folgende Gründe:

1. Es ist nicht in allen Fällen möglich, detaillierte Schätzungen der Ausgaben und Einnahmen eines Investitionsprojektes für die einzelnen Perioden der Nutzungsdauer vorzunehmen.

2. Es ist nicht in allen Fällen möglich, die von einem Investitionsprojekt verursachten Einnahmen festzustellen und sie dem Projekt zuzurechnen".

5.7 Errechnen Sie den approximativen Kapitaldienst KD_{appr} für den Fall eines po-
    sitiven und eines negativen Restwertes. Gegeben sind die Daten:

$A = 100\,000\ (€)$
$n\ =\qquad 10\ (Jahre)$
$i\ =\qquad 10\ (\%)$

a) Der Restwert hat die Höhe $R = +\,20\,000\ (€)$.

b) Der Restwert hat die Höhe $R = -\,20\,000\ (€)$.

5.8 In einem Betrieb soll die Fertigung eines Überdruckventils, von dem bislang
    1 000 Stück pro Monat produziert wurden, im Zuge von Spezialisierungsmaß-
    nahmen reduziert werden. Die im Betrieb befindliche Anlage ist durch fol-
    gende Kostenfunktion gekennzeichnet:

$$K_1 = 8\,000 + 2x$$

Als Alternative zu der im Betrieb befindlichen Anlage, die in den nächsten
Monaten infolge technischen Verschleißes ersetzt werden muss, kommen neben dem identischen Ersatz ein weniger automatisiertes neues Verfahren mit
der Kostenfunktion

$$K_{II} = 4\,000 + 10x$$

oder der Fremdbezug in Frage. Beim Fremdbezug entstehen Kosten von 30 €
je Stück.

Geben Sie die Produktionsmengen je Monat an, für die der Übergang zum
weniger automatisierten neuen Verfahren bzw. zum Fremdbezug sinnvoll erscheint (zeichnerische und rechnerische Lösung).

5.9 Ein Betrieb fertigt ein Produkt, das zu einem Preis von 10 € je Stück abgesetzt
    werden kann, nach einem Verfahren, welches durch die Kostenfunktion

$$K_{alt} = 2\,000 + 5x$$

gekennzeichnet ist. Das alte Verfahren lässt eine Maximalproduktion von
1 500 Einheiten je Monat zu. Die alte Anlage ist aus technischen Gründen zu
ersetzen. Dabei besteht die Möglichkeit eines identischen Ersatzes oder der
Anschaffung einer anderen Anlage, die die Kostenfunktion

$$K_{neu} = 6\,000 + 2x$$

aufweist und eine monatliche Maximalproduktion von 2 000 Einheiten gestattet.

Zeigen Sie, unter welchen Voraussetzungen es sinnvoll ist, zu dem neuen Verfahren überzugehen.

5.10 Im Rahmen einer Investitionsrechnung sind u. a. die Kosten bzw. Auszahlungen zweier Investitionsmöglichkeiten zu vergleichen.

Jahre	Kosten bzw. Auszahlungen	
	Investition I	Investition II
1	100 000	300 000
2	200 000	200 000
3	300 000	100 000

Welche Werte sind nach den primitiven statischen Verfahren relevant? Welche Werte ergeben sich bei den verbesserten statischen Verfahren? Welche Durchschnittswerte sind anzusetzen, wenn man sich entschließt, mit einer dynamischen Methode zu rechnen ($i = 0{,}12 = 12$ %)?

5.11 a) Ein Betrieb verfügt über eine Maschine, deren jährliche Betriebskosten 100 000 € betragen. Auf dem Markt erscheint eine neue Maschine, deren Anschaffungspreis 200 000 € und deren jährliche Betriebskosten (bei der gleichen Produktion) 60 000 € betragen. Die Nutzungsdauer der neuen Maschine wird auf 5 Jahre veranschlagt. Soll die alte Maschine weiter benutzt oder soll sofort die neue Maschine angeschafft werden, wenn der Investor mit einem Kalkulationszinssatz von $i = 0{,}10 = 10$ % rechnet und etwaige Restwerte vernachlässigt?

b) Wie wäre zu entscheiden, wenn man bei Verkauf der alten Maschine noch einen Restwert von $R_{alt} = 60 000$ € erlösen könnte, der in jedem Folgejahr um 20 000 € abnimmt? Die Altanlage kostete vor 5 Jahren 180 000 €. Ihre Restlebensdauer wird mit 3 Jahren veranschlagt.

5.12 Formulieren Sie die Entscheidungsregel zur Bestimmung der Vorteilhaftigkeit einer Investition gemäß Amortisationsrechnung.

5.13 Erläutern Sie kurz die beiden Verfahren zur Bestimmung der statischen Amortisationszeit einer Investition. Welches Verfahren halten Sie für das Bessere?

5.14 Nennen und erläutern Sie kurz drei Schwachstellen der Amortisationsrechnung, die den Wert dieser Methode in Frage stellen.

5.15 Erläutern Sie den Unterschied zwischen der statischen und der dynamischen Amortisationsrechnung. Auf welcher Investitionsrechnungsmethode basiert die dynamische Amortisationsrechnung?

5.16 Erläutern Sie folgenden Satz und nehmen Sie Stellung:

„Der Kalkulationszinssatz ist eine schwierig zu ermittelnde und stets subjektive Größe. Deshalb besteht ein wesentlicher Vorteil der statischen Verfahren darin, dass hierbei auf den Ansatz eines Kalkulationszinssatzes verzichtet werden kann".

Stützen Sie sich bei Ihrer Stellungnahme auf die statische und dynamische Version der Amortisationsrechnung.

5.17 Erstellen Sie ein Formular zur Berechnung der statischen und der dynamischen Amortisationszeit, und vergleichen Sie Ihre Skizze mit dem Muster im Lösungsanhang.

5.18 Erläutern Sie die Entscheidungsregel der Rentabilitätsrechnung unter Bezugnahme auf Erweiterungs- und Rationalisierungsinvestitionen.

5.19 Wie kann der Kapitaleinsatz, auf den der jährliche Durchschnittsgewinn bei der Rentabilitätsrechnung zu beziehen ist, definiert sein?

5.20 Erläutern Sie kurz die Unterschiede zwischen dem internen Zinssatz einer Investition und ihrer Rentabilität.

5.21 a) In einem Unternehmen wurde eine maximal zulässige Amortisationszeit von 5 Jahren festgelegt. Es ist eine Rationalisierungsinvestition geplant, durch die eine alte Anlage mit einem Stundenkostensatz von 8 € durch eine neue Anlage mit einem Stundenkostensatz von 5,50 € ersetzt werden soll. Die Anlagen werden 2 400 Stunden pro Jahr genutzt.

Sollte man dem Unternehmen den Kauf der neuen Anlage unter Zugrundelegung der Amortisationsrechnung empfehlen, falls Anschaffungskosten von 24 000 € anfallen?

b) Berechnen Sie, ob sich die in a) beschriebene Investition innerhalb der maximal zulässigen Zeit von 5 Jahren auch unter Zugrundelegung der dynamischen Amortisationsrechnung amortisiert ($i = 0,10 = 10 \%$).

5.22 Ermitteln Sie die Kapitalwerte der im Folgenden beschriebenen Investition, bei der drei verschiedene denkbare Verläufe der Nettoeinzahlungen pro Jahr zu berücksichtigen sind (vgl. Beispiel auf S. 196).

Legen Sie Ihrer Rechnung einen Kalkulationszinssatz von 10 % zugrunde.

	1. Fall	2. Fall	3. Fall
Kapitaleinsatz (€)	100 000	100 000	100 000
Rückflüsse (€/Jahr)			
1. Jahr:	60 000	60 000	60 000
2. Jahr:	40 000	40 000	40 000
3. Jahr:	-	10 000	10 000
4. Jahr:		-	15 000

5.23 Gegeben ist ein Investitionsobjekt mit

Anschaffungsauszahlung	120 000 €
Nutzungsdauer	7 Jahre
Kalkulationszinssatz	10 %

Die jährlichen Rückflüsse (Nettoeinzahlungen) betragen am Ende des ersten Jahres 20 000 €. Sie steigen in der Folgezeit jährlich um 2 000 €.

a) Stellen Sie die Zahlungsverläufe am Zeitstrahl dar und ermitteln Sie die statische Amortisationszeit nach der Durchschnittsmethode.

b) Ermitteln Sie tabellarisch
- die statische Amortisationszeit (Kumulationsmethode),
- die dynamische Amortisationszeit.

5.24 Beim Kauf einer Bohrmaschine fallen Anschaffungskosten von A = 200 000 € an. Die Nutzungsdauer wird auf n = 4 Jahre veranschlagt.

a) Ermitteln Sie die Höhe des durchschnittlich gebundenen Kapitals DGK für folgende vier Fälle:

Gebundenes Kapital wird kontinuierlich vermindert; R = 0 €.
Gebundenes Kapital wird kontinuierlich vermindert; R = 40 000 €.
Gebundenes Kapital wird am Jahresende reduziert; R = 0 €.
Gebundenes Kapital wird am Jahresende reduziert; R = 40 000 €.

b) Ermitteln Sie die Rentabilität für die in a) angesprochenen Fälle, falls die Investition eine Gewinnerhöhung um 20 000 €/Jahr bringt.

c) An welcher Verzinsung sollte man sich bei der betrieblichen Entscheidungsfindung orientieren?

6.   Kritische Werte-Rechnung (Break-even-Analyse)

6.1   Kritische Werte in Bezug auf eine Investition

6.1.1   Begriff und Arten

In der betrieblichen Praxis ist es häufig zweckmäßig, die Ergebnisse der Wirtschaftlichkeitsrechnung durch die Ermittlung kritischer Werte zu ergänzen.

> Der kritische Wert (break-even-point) einer Variablen in Bezug auf eine Investition ist der Wert der betreffenden Variablen, bei dem sich die Investition gerade noch (oder gerade eben) lohnt[1].

So ist etwa die kritische Anschaffungsauszahlung der Wert der Anschaffungsauszahlung, den die Investition gerade noch verträgt, ohne unwirtschaftlich zu werden (= Höchstwert). Die kritische Absatzmenge dagegen ist der Wert der abzusetzenden Stückzahl, der alljährlich wenigstens erreicht werden muss, damit sich das Vorhaben lohnt (= Mindestwert). Bei Überschreitung des Höchstwertes oder Nichterreichen des kritischen Mindestwertes ist das Objekt unvorteilhaft. Die kritische Werte-Rechnung ist eine Form der Empfindlichkeits- oder Sensibilitätsanalyse[2]. Die anderen Formen sind Dreifach-Rechnung und Zielgrößen-Änderungsrechnung. Die Empfindlichkeitsanalyse fragt, wie sensibel der Kapitalwert auf Datenänderungen reagiert. Drei Viertel der deutschen Großunternehmungen nutzen die Sensibilitätsanalyse zur Risikoabschätzung. Vierzig Prozent führen die Empfindlichkeitsanalyse im Form der kritischen Werte-Rechnung durch[3]. Zur Ermittlung kritischer Werte stützen wir uns auf die drei dynamischen Investitionsrechnungsverfahren. Wenn Sie beispielsweise die Kapitalwertgleichung

(6.1)

$$C_0 = (p \cdot x - a_v \cdot x - a_f) \cdot \frac{(1+i)^n - 1}{i(1+i)^n} + R(1+i)^{-n} - A$$

$$\underbrace{\qquad\qquad}_{e} \quad \underbrace{\qquad\qquad}_{a}$$

---

[1] Vgl. auch: E. Schneider, Wirtschaftlichkeitsrechnung, S. 63 ff. - K.-D. Däumler/J. Grabe, Kostenrechnungs- und Controllinglexikon, S. 47 ff. u. 197 ff.
Das Rechnen mit kritische Werten fußt auf der u. a. von J. F. Schär beschriebenen „Berechnung des toten Punktes". Vgl. J. F. Schär, Allgemeine Handelsbetriebslehre, S. 169.
Kilger betont, die Berechnung des toten Punktes entspreche der angloamerikanischen Break-even-Analyse. Vgl. W. Kilger, Flexible Plankostenrechnung und Deckungsbeitragsrechnung, S. 70 f.
[2] Ausführliche Darstellung der Sensibilitätsanalyse und der anderen Methoden zur Risikoabschätzung bei: K.-D. Däumler, Anwendung von Investitionsrechnungsverfahren in der Praxis, S. 171 ff.
[3] B. Herrmann, Anwendung der Investitionsrechnungsmethoden in der Praxis, S. 64 ff.

betrachten, können Sie folgende kritische Höchst- und Mindestwerte unterscheiden:

Kritische Höchstwerte (bei Überschreitung wird Objekt unvorteilhaft)		
Bezeichnung	Symbol	Dimension
kritische variable Auszahlungen je Einheit	$a_{v,kr}$	€/LE
kritische fixe Auszahlungen je Periode	$a_{f,kr}$	€/Jahr
kritischer Wert des Kalkulationszinssatzes	i_{kr}	%
kritische Anschaffungsauszahlung	A_{kr}	€
kritische jährliche Betriebs- u. Instandhaltungsauszahlungen	a_{kr}	€/Jahr

Kritische Mindestwerte (bei Nichterreichen bleibt Objekt unvorteilhaft)		
Bezeichnung	Symbol	Dimension
kritischer Verkaufspreis	p_{kr}	€/LE
kritische Absatzmenge	x_{kr}	LE/Jahr
kritische Nutzungsdauer	n_{kr}	Jahre
kritischer Restwert	R_{kr}	€
kritische jährliche Einzahlungen	e_{kr}	€/Jahr

In Abbildung 6.1 sehen Sie einige typische Verläufe der Kapitalwertfunktion in Abhängigkeit von Variablen, die auf die Vorteilhaftigkeit von Investitionen einwirken. So nimmt der Kapitalwert einer Investition mit steigender Nutzungsdauer unter sonst gleichen Umständen zu. Bei Unterschreitung der kritischen Nutzungsdauer n_{kr} wird das Objekt unvorteilhaft.

Den kritischen Wert einer auf die Vorteilhaftigkeit Ihrer Investition einwirkenden Größe können Sie leicht errechnen, wenn Sie beachten, dass die Investition gerade noch (oder gerade eben) lohnend sein soll:

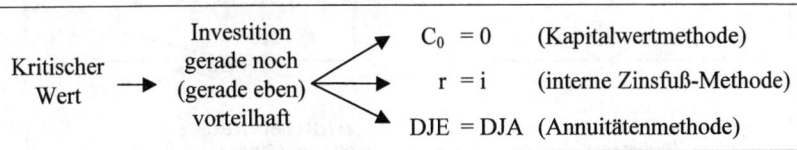

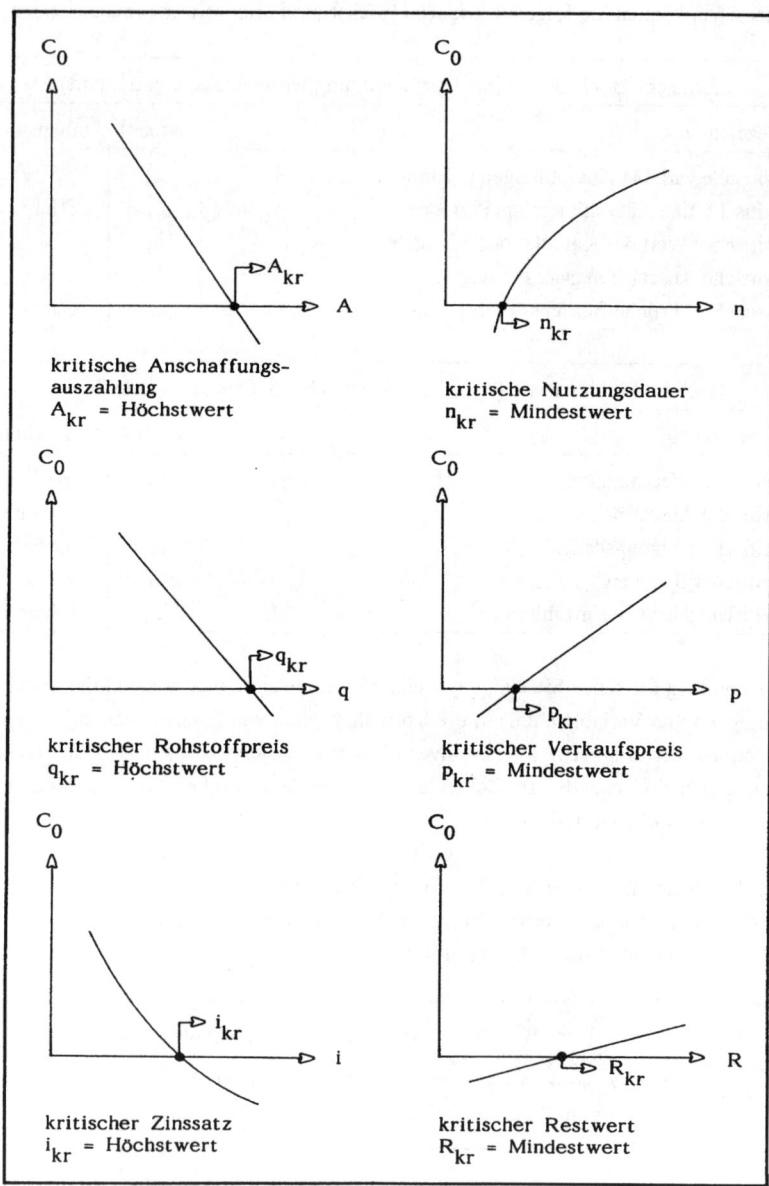

Abb. 6.1: Kritische Werte als Höchst- und Mindestwerte

Aus der Vorschrift zur Ermittlung des kritischen Wertes einer Variablen in Bezug auf eine Investition folgt also je nach der zu verwendenden Methode der Wirtschaftlichkeitsrechnung eine bestimmte Bedingungsgleichung, die die Ausrechnung des kritischen Wertes gestattet.

- Soll der kritische Wert mit Hilfe der Kapitalwertmethode ermittelt werden, so ist der Kapitalwert der betreffenden Investition gleich Null zu setzen:

(6.2)
$$C_0 = 0$$

- Soll der kritische Wert nach der internen Zinsfuß-Methode errechnet werden, so ist die betreffende Variable so zu bestimmen, dass der Kalkulationszinssatz gleich dem internen Zinssatz wird.

(6.3)
$$r = i$$

Die Bedingung $r = i$ ist für den Fall erfüllt, dass der Kapitalwert gleich Null ist. Die Berechnung eines kritischen Wertes aufgrund der Bedingung $r = i$ ist also identisch mit der Rechnung nach dem Kriterium $C_0 = 0$. Wegen des rechnerischen Aufwandes ermittelt man kritische Werte nicht nach der internen Zinsfuß-Methode, sondern nutzt die Kapitalwert- oder Annuitätenmethode.

- Wird zur Bestimmung des kritischen Wertes die Annuitätenmethode verwendet, setzt man die durchschnittlichen jährlichen Einzahlungen und die durchschnittlichen jährlichen Auszahlungen gleich. Genauso gut kann man den kritischen Wert einer Variablen durch Nullsetzen des durchschnittlichen jährlichen Überschusses errechnen. Wegen DJÜ = C_0 • KWF fußt auch dieses Verfahren auf der Kapitalwertmethode: Für jeden kritischen Variablenwert, bei dem $C_0 = 0$ ist, gilt gleichzeitig DJÜ = 0.

(6.4)
$$DJE = DJA$$
$$DJ\ddot{U} = 0$$

6.1.2   Praktische Ermittlung

Sie können grundsätzlich für jede Variable, die auf die Vorteilhaftigkeit einer Investition einwirkt, einen kritischen Wert ermitteln. In der Praxis werden derartige Rechnungen insbesondere im Zusammenhang mit der Risikoberücksichtigung angestellt. Die Daten, auf denen die Investitionsrechnung fußt, sind - abgesehen von der Anschaffungsauszahlung - im Allgemeinen nur Schätzwerte (so etwa Preise, Mengen, Löhne, Lebensdauer, Restwerte usw.) und daher mit Unsicherheit behaftet. Das Rechnen mit kritischen Werten gibt die Möglichkeit, aufzuzeigen, in welchem Umfang Abweichungen in der einen oder anderen Form auftreten dürfen, ohne dass dadurch die Entscheidung beeinflusst würde. Sie ermitteln also für die als besonders unsicher angesehenen Daten jenen Höchst- oder Mindestwert, bei dem die betreffende Investition eben noch oder gerade eben lohnend ist.

Stellen Sie sich vor, Sie hätten ein Spielzeugunternehmen zu leiten. Es liegt Ihnen die Offerte eines Kaufhauses vor.

* Sie sollen von einem neuen Spiel alljährlich 150 000 Einheiten exklusiv liefern. Dann lautet die entscheidende Frage: Wie hoch muss der Preis pro Spiel mindestens sein, damit Sie keinen Verlust machen? Sie ermitteln also den kritischen Verkaufspreis in Bezug auf die zur Spielproduktion notwendige Investition.

* Sie sollen eine noch zu verhandelnde Anzahl Spiele zu einem schon feststehenden Preis liefern. Dann lautet die entscheidende Frage: Wie hoch muss die jährliche Liefermenge mindestens sein, damit sich die Investition zur Produktion des Spieles lohnt? Sie ermitteln also die kritische Verkaufsmenge.

Die praktische Ermittlung folgt dem bereits im Zusammenhang mit der internen Zinsfuß-Methode gezeigten 3-Schritte-Schema:

---

1. Schritt: Kapitalwertfunktion oder DJÜ-Funktion aufstellen.

2. Schritt: Kapitalwert oder DJÜ gleich Null setzen.

3. Schritt: Gleichung nach gesuchter Größe auflösen.

Das 3-Schritte-Schema führt bei linearen Kapitalwert- oder DJÜ-Funktionen zuverlässig zum Ergebnis. Bei nichtlinearen Kapitalwert- oder DJÜ-Funktionen kann die Auflösung der Gleichung nach dem gesuchten kritischen Wert zeitaufwendig oder unmöglich sein. In diesem Fall finden Sie die Lösung grafisch oder mit Hilfe der wohl bekannten Regula falsi (vgl. Kapitel 3: Interne Zinsfuß-Methode, S. 91). In der Praxis sind häufig nur ganzzahlige kritische Werte sinnvoll. Sie bauen keine halbe Maschine und stellen grundsätzlich nur vollständige Glühbirnen her. Deshalb sind nicht ganzzahlige kritische Mindestwerte stets aufzurunden und nicht ganzzahlige kritische Höchstwerte stets abzurunden.

6.1.3   Ermittlung kritischer Werte bei linearen Kapitalwertfunktionen

Beispiel (Ermittlung der kritischen Anschaffungsauszahlung)

Ein mit i = 0,08 = 8 % rechnender Investor plant den Kauf eines vermieteten Bürohauses. Am Ende des 10. Jahres übernimmt der Mieter das Gebäude zum Festpreis von 1 000 000 €. Ermitteln Sie die kritische Anschaffungsauszahlung A_{kr} für das Gebäude nach der Kapitalwertmethode, wenn es zu folgenden Konditionen vermietet ist:

Jahre	Jahresnettomiete (€/Jahr)
1 bis 3	100 000
4 bis 7	150 000
8 bis 10	180 000

Lösung

1. Kapitalwertfunktion aufstellen: $C_0 = -A + BW$

   (BW = Barwert aller Nettoeinzahlungen, die
   das Gebäude nach dem Zeitpunkt 0 abwirft.)

2. Kapitalwert gleich Null setzen: $0 = -A_{kr} + BW$

3. Gleichung nach gesuchter Größe auflösen: $A_{kr} = BW$

Die kritische Anschaffungsauszahlung ist also mit dem Barwert aller Nettoeinzahlungen identisch.

Der folgende Zeitstrahl zeigt schematisch, wie man den Barwert der Nettoeinzahlungen BW ermittelt.

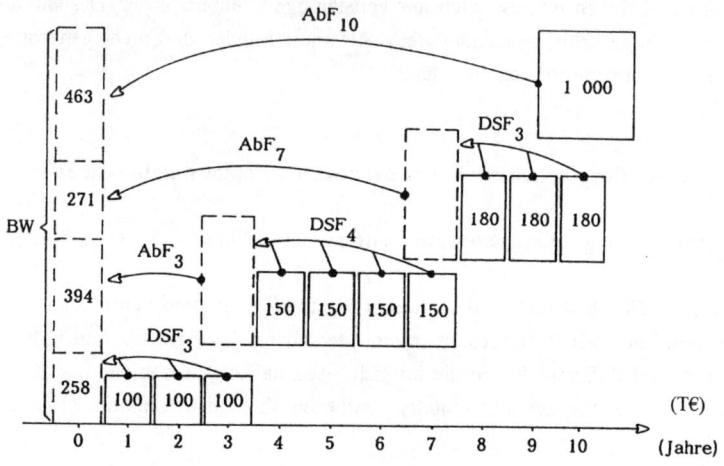

$$BW = 100\ 000 \cdot DSF_3 + 150\ 000 \cdot DSF_4 \cdot AbF_3 + 180\ 000 \cdot DSF_3 \cdot AbF_7$$
$$+ 1\ 000\ 000 \cdot AbF_{10}$$

$$BW = 100\ 000 \cdot 2{,}577097 + 150\ 000 \cdot 3{,}312127 \cdot 0{,}793832$$
$$+ 180\ 000 \cdot 2{,}5577097 \cdot 0{,}583490 + 1\ 000\ 000 \cdot 0{,}463193$$

$$BW = 257\ 709{,}70 + 394\ 390{,}86 + 270\ 667{,}86 + 463\ 193$$

$$BW = 1\ 385\ 061{,}42\ (€)$$

Ergebnis: Ein mit 8 % rechnender Investor kann für das Gebäude maximal einen Betrag von knapp 1,4 Mio Euro ausgeben. Wird dieser Betrag überschritten, ist die Investition „Kauf eines Bürogebäudes" unvorteilhaft.

Beispiel (Ermittlung der kritischen Minderauszahlung)

Ein Elektrokonzern bietet so genannte Solarwattsysteme für Einfamilienhäuser als zusätzliche Energiequelle bei der Warmwasserbereitung und für die Zentralheizung an. Der Preis der Anlage einschließlich Montage beträgt rund 10 000 €. Die Lebensdauer wird auf 10 Jahre veranschlagt. Die Anlage ist wartungsfrei, es entstehen allerdings betriebsabhängige Stromkosten. Denn sobald genügend Sonne scheint, setzt sich eine elektrische Umwälzpumpe in Betrieb, die eine Leistung von 1 000 Watt benötigt.

a) Wie hoch muss die durchschnittliche jährliche Minderauszahlung DJA (bedingt durch den geringeren Verbrauch an anderen Energieträgern, etwa Öl) mindestens sein, damit sich die Anschaffung lohnt, wenn man von durchschnittlich 1 800 Betriebsstunden jährlich ausgeht, der Preis einer Kilowattstunde 0,30 € beträgt und der Kalkulationszinssatz auf 6% festgelegt wird?

b) Gesetzt den Fall, die derzeit realisierbaren Minderauszahlungen liegen unter der nach a) zu ermittelnden Mindestersparnis, welche Argumente könnten dennoch für den Einbau der Solarwattanlage sprechen?

Lösung

a) Man ermittelt die bei Einbau der Solarwattanlage entstehenden DJA, die aus zwei Komponenten bestehen:

1. Jährliche Stromkosten:	1 800 • 0,30	=	540,00 (€/Jahr)
2. Kapitaldienst: A • KWF = 10 000 • 0,135868		=	1 358,68 (€/Jahr)
	DJA	=	1 898,68 (€/Jahr)

Ergebnis:

a) Der Einbau der Solarwattanlage ist für den Hausbesitzer stets dann wirtschaftlich lohnend, wenn die dadurch ermöglichten Minderauszahlungen pro Jahr den Wert von 1 898,68 € erreichen oder übersteigen.

b) Wenn die derzeit realisierbaren Minderauszahlungen den Wert von 1 898,68 €/Jahr nicht voll erreichen, kann der Einbau der Anlage dennoch vorteilhaft sein, wenn man von steigenden Energiepreisen und damit von steigenden Einsparungen ausgeht. Außerdem dürfte die Anlage ökologische Vorteile aufweisen.

Beispiel (Ermittlung der kritischen Menge)

Die Uhrenfabrik SWITCH könnte an das Warenhaus KAUFTEMPEL sechs Jahre lang eine Partie Billig-Quarzuhren zum Stückpreis von 10 € verkaufen. Da die Produktionsanlagen zurzeit voll ausgelastet sind, wäre bei Hereinnahme des Zusatzauftrages eine Erweiterungsinvestition mit einer Anschaffungsauszahlung von 100 000 € fällig. Nach sechsjähriger Nutzung kann man noch mit einem Restwert von 40 000 € rechnen. Bei SWITCH werden Investitionen nur dann durchgeführt, wenn sie sich mit mindestens 10 % verzinsen. Die jährlichen Auszahlungen für Betrieb und Instandhaltung der anzuschaffenden Anlagen hängen in folgender Weise von der jährlichen Produktionsmenge der Billig-Quarzuhren (x) ab:

$$a = 5\ 000 + 5x.$$

Bevor der Vertreter von SWITCH die Vertragsverhandlungen mit KAUFTEMPEL zum Abschluss bringt, erkundigt er sich bei Ihnen, wie viel Stück jährlich mindestens verkauft werden müssen, damit sich die Investition lohnt.

a) Stellen Sie die Zahlungsverhältnisse am Zeitstrahl dar.

b) Ermitteln Sie die kritische Verkaufsmenge mit Hilfe der Kapitalwertmethode.

c) Ermitteln Sie die kritische Verkaufsmenge mit Hilfe der Annuitätenmethode.

d) Stellen Sie die Kapitalwert- und die DJÜ-Funktion im Diagramm dar.

Lösung

a) Zeitstrahl

b) Kritische Menge gemäß Kapitalwertmethode

1. C_0-Funktion aufstellen:

$$C_0 = -A + (e - a) \cdot DSF_6 + R \cdot AbF_6$$

$$C_0 = -100\,000 + (10x - 5\,000 - 5x) \cdot DSF_6 + 40\,000 \cdot AbF_6$$

2. C_0 gleich Null setzen:

$$0 = -100\,000 + (5x_{kr} - 5\,000) \cdot DSF_6 + 40\,000 \cdot AbF_6$$

3. Nach x_{kr} auflösen:

$$100\,000 - 40\,000 \cdot AbF_6 = (5x_{kr} - 5\,000) \cdot DSF_6$$

$$5x_{kr} - 5\,000 = \frac{100\,000 - 22\,579}{4,355261}$$

$$5x_{kr} = 17\,776 + 5\,000$$

$$x_{kr} = 4\,555 \text{ (Stück/Jahr)}$$

c) Kritische Menge gemäß Annuitätenmethode:

1. DJÜ-Funktion aufstellen:

$DJÜ = e + R \cdot RVF_6 - a - A \cdot KWF_6$

$DJÜ = 10x + 40\,000 \cdot 0{,}129607 - 5\,000 - 5x - 100\,000 \cdot 0{,}229607$

2. DJÜ gleich Null setzen:

$0 = 10x_{kr} + 5\,184 - 5\,000 - 5x_{kr} - 22\,961$

$0 = 5x_{kr} - 22\,777$

3. Nach x_{kr} auflösen:

$5x_{kr} = 22\,777$

$x_{kr} = 4\,555$ (Stück/Jahr)

d) Grafische Darstellung von C_0- und DJÜ-Funktionen:

Es gilt: $C_0 = -100\,000 + (5x - 5\,000) \cdot 4{,}355261 + 40\,000 \cdot 0{,}564474$

$C_0 = -100\,000 + 21{,}776305x - 21\,776 + 22\,579$

$C_0 = -99\,197 + 21{,}776305x$ und

$DJÜ = -22\,777 + 5x$

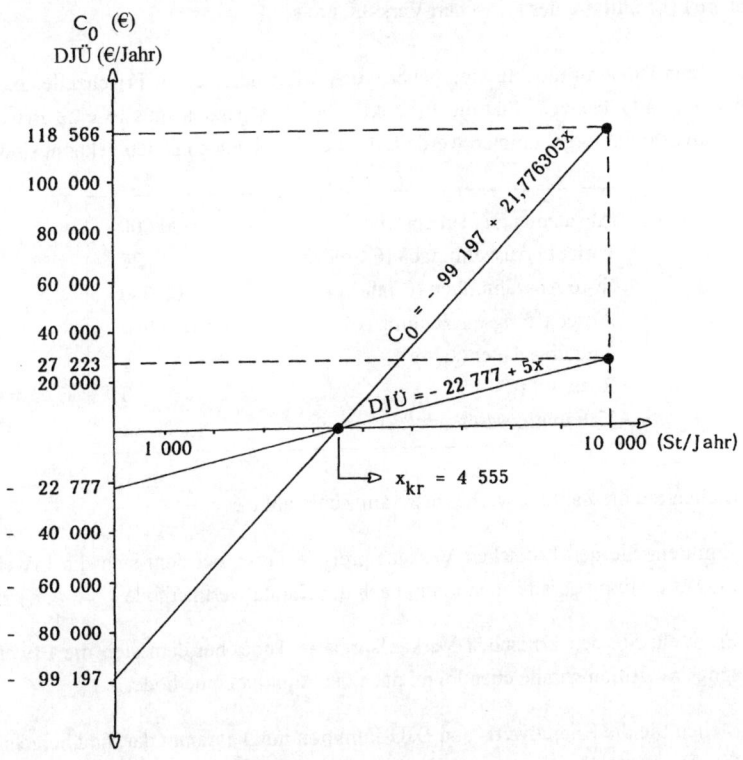

Abb. 6.2: Ermittlung der kritischen Menge

Ergebnis: Die Erweiterungsinvestition ist nur dann lohnend, wenn die SWITCH mindestens 4 555 Quarzuhren jährlich absetzt. Bei diesem Wert erzielt sie die Wiedergewinnung des eingesetzten Kapitals und eine Verzinsung der ausstehenden Beträge zum Kalkulationszinssatz. Wird der kritische Wert bei den Vertragsverhandlungen nicht erreicht, ist der Auftrag abzulehnen.

Beispiel (Ermittlung des kritischen Verkaufspreises)

Die Firma Bioderm möchte eine neuartige Antifaltencreme mit Frischzellenextrakt auf den Markt bringen. Für die Produktion des Präparates müsste eine Erweiterungsinvestition vorgenommen werden, für die die folgenden Daten bekannt sind:

Absatzmenge (Tuben/Jahr)	300 000
variable Auszahlungen (€/Stück)	20
feste Auszahlungen (€/Jahr)	180 000
Anschaffungsauszahlung (€)	5 000 000
Nutzungsdauer (Jahre)	5
Restwert (€)	0
Kalkulationszinssatz (%)	12

a) Stellen Sie die Zahlungsverhältnisse am Zeitstrahl dar.

b) Ermitteln Sie den kritischen Verkaufspreis je Tube, bei dem sich die Erweiterungsinvestition gerade eben lohnt, nach der Kapitalwertmethode.

c) Ermitteln Sie den kritischen Verkaufspreis je Tube, bei dem sich die Erweiterungsinvestition gerade eben lohnt, nach der Annuitätenmethode.

d) Stellen Sie die Kapitalwert- und DJÜ-Funktion im Diagramm dar, und berechnen Sie den Kapitalwert C_0 und den durchschnittlichen jährlichen Überschuss DJÜ für den Verkaufspreis von $p = 30$ € je Tube.

Lösung

a) Zeitstrahl

b) Kritischer Verkaufspreis gemäß Kapitalwertmethode

$$C_0 = -A + (e-a) \cdot DSF_5$$

1. Schritt: $C_0 = -5\,000\,000 + (300\,000p - 6\,180\,000) \cdot DSF_5$

2. Schritt: $0 = -5\,000\,000 + (300\,000p_{kr} - 6\,180\,000) \cdot 3{,}604776$

3. Schritt: $\dfrac{5\,000\,000}{3{,}604776} = 300\,000p_{kr} - 6\,180\,000$

$$300\,000p_{kr} = 7\,567\,049$$

$$p_{kr} = 25{,}22 \ (\text{€/Tube})$$

c) Kritischer Verkaufspreis gemäß Annuitätenmethode

1. Schritt: $DJÜ = \overbrace{DJE}\quad - \quad \overbrace{DJA}$

$$DJÜ = 300\,000 \cdot p - 6\,180\,000 - 5\,000\,000 \cdot KWF_5$$

2. Schritt: $0 = 300\,000 \cdot p_{kr} - 6\,180\,000 + 5\,000\,000 \cdot 0{,}277410$

3. Schritt: $0 = 300\,000 \cdot p_{kr} - 6\,180\,000 - 1\,387\,050$

$$p_{kr} = \dfrac{7\,567\,050}{300\,000} = 25{,}22 \ (\text{€/Tube})$$

Ergebnis: Wenn die Bioderm exakt einen Verkaufspreis von 25,22 € je Tube erhält, erzielt sie im Laufe der fünfjährigen Nutzungsdauer der Produktionsanlagen eine vollständige Wiedergewinnung der eingesetzten Mittel sowie eine Verzinsung der ausstehenden Beträge mit 12 %. Der kritische Verkaufspreis beläuft sich auf 25,22 €. Dieser Betrag muss mindestens erzielt werden, wenn die Erweiterungsinvestition vorteilhaft sein soll.

d) Grafische Darstellung von C_0- und DJÜ-Funktion

Es gilt: $C_0 = -5\,000\,000 + (300\,000p - 6\,180\,000) \cdot 3{,}604776$

$C_0 = -27\,277\,516 + 1\,081\,433p$

und $DJÜ = -7\,567\,050 + 300\,000p$

$$p = 30 \quad \rightarrow \quad C_0 = -27\,277\,516 + 1\,081\,433 \cdot 30 = 5\,165\,474\ (\text{€})$$

$$\text{DJÜ} = -7\,567\,050 + 300\,000 \cdot 30 = 1\,432\,950\ (\text{€})$$

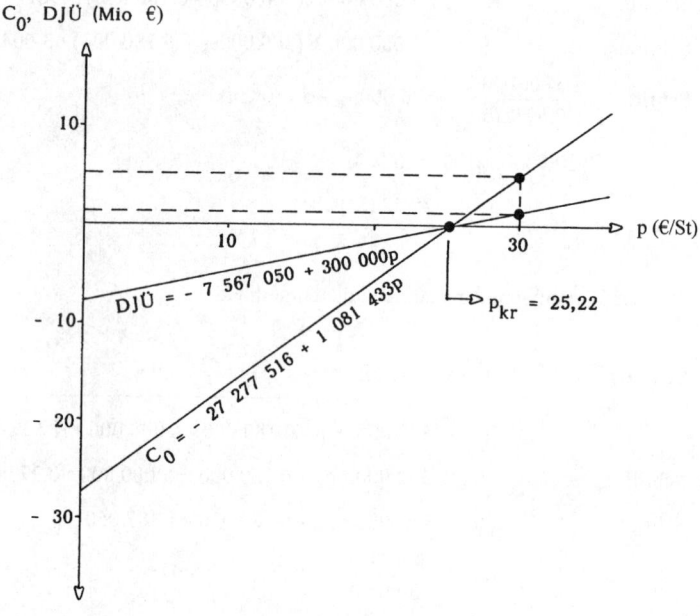

Abb. 6.3: Ermittlung des kritischen Preises

6.1.4   Ermittlung kritischer Werte bei nichtlinearen Kapitalwertfunktionen

Die drei letzten Beispiele (Ermittlung der kritischen Anschaffungsauszahlung, der kritischen Menge, des kritischen Verkaufspreises) haben Ihnen gezeigt, dass die Berechnung kritischer Werte bei linearen Kapitalwert- und DJÜ-Funktionen sehr einfach ist. Wir wenden uns nun der Problemlösung beim Vorliegen nichtlinearer Funktionen der Zielgrößen C_0 und DJÜ zu. Ein solcher Verlauf ist in zwei Fällen gegeben: bei der Nutzungsdauer n und beim Zinssatz i. Die Lösung ist auch hier einfach, sofern Sie sich noch an die Rechentechniken der internen Zinsfuß-Methode erinnern, die wir im Folgenden analog anwenden.

Beispiel (Ermittlung der kritischen Nutzungsdauer)

Die Latex GmbH verzeichnet gegenwärtig eine verstärkte Nachfrage nach ihren Einmalartikeln. Es wird daher erwogen, eine Erweiterungsinvestition zu tätigen, für die die folgenden Daten gelten:

Anschaffungsauszahlung (€)	250 000
zusätzliche Absatzmenge (Stück/Jahr)	65 000
Absatzpreis (€/Stück)	1,50
variable Auszahlungen (€/Stück)	0,25
fixe Auszahlungen (€/Jahr)	21 250
Restwert (€)	40 000
Kalkulationszinssatz (%)	6

Für die Vorteilhaftigkeit dieser Investition ist die Dauer der Zusatznachfrage von entscheidender Bedeutung. Die Latex GmbH möchte daher als Entscheidungshilfe die kritische Nutzungsdauer errechnet haben. Das heißt: Sie sollen die Frage beantworten, wie lange die Zusatznachfrage wenigstens anhalten muss, damit sich die Investition lohnt.

Ermitteln Sie die kritische Nutzungsdauer

a) auf grafischem Weg mit Hilfe dreier Wertepaare,

b) auf arithmetischem Weg mit Hilfe der Regula falsi,

c) mittels Logarithmierens und mit Hilfe des Tabellenwertes des Aufzinsungsfaktors (AuF).

d) Zeigen Sie einen einfachen Weg zur Bestimmung der kritischen Nutzungsdauer, falls man den Restwert aus Vorsichtsgründen mit R = 0 ansetzt. (Sie dürfen sich auch gern an den entsprechenden Sonderfall der Effektivzinsbestimmung erinnern, die restwertlose Investition, vgl. S. 98 ff.).

Lösung

a) grafische Bestimmung der kritischen Nutzungsdauer

$$
\begin{array}{cccccc}
 & & & & & + 40{,}0 \\
 & 97{,}5 & 97{,}5 & 97{,}5 & \ldots & 97{,}5 \\
- 250 & - 37{,}5 & - 37{,}5 & - 37{,}5 & \ldots & - 37{,}5 \qquad (T\text{€}) \\
\hline
0 & 1 & 2 & 3 & \ldots & n_{kr} \doteq ? \qquad (\text{Jahre})
\end{array}
$$

$$C_0 = -A + (e - a) \cdot DSF + R \cdot AbF$$

1. Schritt:

$$C_0 = -\,250\,000 + 60\,000\ \frac{(1+0{,}06)^n - 1}{0{,}06\,(1+0{,}06)^n} + 40\,000 \cdot \frac{1}{(1+0{,}06)^n}$$

2. Schritt:

Der Kapitalwert hängt jetzt nur noch von n ab. Wir bestimmen n_{kr} grafisch, indem wir von drei verschiedenen Nutzungszeiten (Probiernutzungsdauern) ausgehen, die zugehörigen Kapitalwerte ausrechnen und die Wertepaare ins Diagramm einzeichnen (vgl. nachfolgende Abbildung). Zur Vereinfachung soll der Restwert im Zeitablauf nicht sinken, sondern konstant bleiben.

$n_1 = 4$ Jahre $\rightarrow$ $C_{0,1} = -\,250\,000 + 60\,000 \cdot 3{,}465106 + 40\,000 \cdot 0{,}792094$

$\qquad\qquad\qquad\quad C_{0,1} = -\,250\,000 + 207\,906 + 31\,684 = -\,10\,410\ (\text{€})$

$n_2 = 5$ Jahre $\rightarrow$ $C_{0,2} = -\,250\,000 + 60\,000 \cdot 4{,}212364 + 40\,000 \cdot 0{,}747258$

$\qquad\qquad\qquad\quad C_{0,2} = -\,250\,000 + 252\,742 + 29\,890 = 32\,632\ (\text{€})$

$n_3 = 6$ Jahre $\rightarrow$ $C_{0,3} = -\,250\,000 + 60\,000 \cdot 4{,}917324 + 40\,000 \cdot 0{,}704961$

$\qquad\qquad\qquad\quad C_{0,3} = -\,250\,000 + 295\,039 + 28\,198 = 73\,237\ (\text{€})$

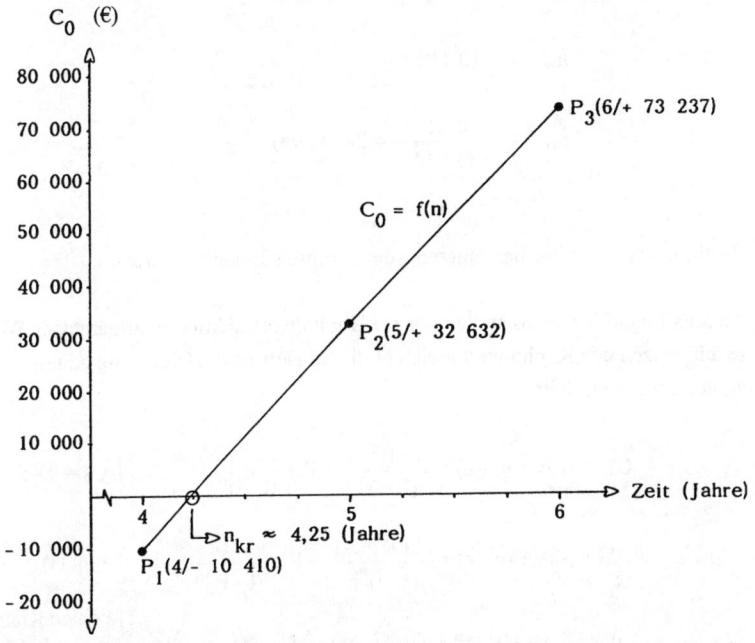

Abb. 6.4: Ermittlung der kritischen Nutzungsdauer

b) Bestimmung der kritischen Nutzungsdauer mit Hilfe der Regula falsi

Die Anwendung der Zwei-Punkte-Form der Geradengleichung führt unter Benutzung des in Kapitel 3: Interne Zinsfuß-Methode beschriebenen Weges zum Ergebnis:

(6.5) $n_{kr} = n_1 - C_{0,1} \cdot \dfrac{n_2 - n_1}{C_{0,2} - C_{0,1}}$ Regula falsi

Setzt man die Koordinaten von P_1 und P_2 in Gleichung (6.5) ein, ergibt sich:

$$n_{kr} = 4 + 10\,410 \cdot \frac{5 - 4}{32\,632 + 10\,410}$$

$$n_{kr} = 4 + \frac{10\,410}{43\,042} = 4,24 \text{ (Jahre)}$$

c) Bestimmung der kritischen Nutzungsdauer mittels Logarithmierens

Zwecks Logarithmierens stellen wir die Kapitalwertfunktion in allgemeiner Weise auf, setzen den Kapitalwert gleich Null und formen die Gleichung so um, dass n_{kr} auf der linken Seite steht.

$$C_0 = -A + (e-a) \cdot \frac{(1+i)^n - 1}{i(1+i)^n} + R \cdot \frac{1}{(1+i)^n} \qquad | \ C_0 = 0 \rightarrow$$

$$0 = -A + (e-a) \cdot \frac{(1+i)^{n_{kr}} - 1}{i(1+i)^{n_{kr}}} + R \cdot \frac{1}{(1+i)^{n_{kr}}} \qquad | \cdot i(1+i)^{n_{kr}} \rightarrow$$

$$0 = -A \cdot i(1+i)^{n_{kr}} + (e-a)[(1+i)^{n_{kr}} - 1] + R \cdot i \qquad \begin{array}{l} | \text{ eckige Klammer} \\ \text{ausmultiplizie-} \\ \text{ren} \rightarrow \end{array}$$

$$0 = -A \cdot i(1+i)^{n_{kr}} + (e-a)(1+i)^{n_{kr}} - (e-a) + R \cdot i \quad | + (e-a) - R \cdot i \rightarrow$$

$$(e-a) - R \cdot i = (1+i)^{n_{kr}} [(e-a) - A \cdot i] \qquad | : [(e-a) - A \cdot i] \rightarrow$$

(6.6)
$$\boxed{(1+i)^{n_{kr}} = \frac{(e-a) - R \cdot i}{(e-a) - A \cdot i}} \qquad | \text{ logarithmieren} \rightarrow$$

$$n_{kr} \cdot \lg(1+i) = \lg \frac{(e-a) - R \cdot i}{(e-a) - A \cdot i}$$

(6.7)
$$\boxed{n_{kr} = \frac{\lg \dfrac{(e-a) - R \cdot i}{(e-a) - A \cdot i}}{\lg(1+i)}}$$

Wir setzen in (6.7) die Zahlen des Beispiels ein und erhalten:

$$n_{kr} = \frac{\lg \dfrac{60\,000 - 40\,000 \cdot 0,06}{60\,000 - 250\,000 \cdot 0,06}}{\lg(1 + 0,06)}$$

$$n_{kr} = \frac{\lg \dfrac{57\,600}{45\,000}}{\lg 1,06}$$

$$n_{kr} = \frac{0,1072}{0,0253} = 4,24 \ (\text{Jahre})$$

Hinweis: Die bei der Umformung als Zwischenergebnis ausgewiesene Gleichung (6.6) zeigt, dass die Bestimmung der kritischen Nutzungsdauer auch über den Tabellenwert des Aufzinsungsfaktors AuF $= (1+i)^{n_{kr}}$ erfolgen könnte. Bedingung für die Anwendung von (6.6) und (6.7) ist, dass die Nettoeinzahlungen im Zeitablauf konstant bleiben. Aus (6.6) folgt im gegebenen Fall:

$$\text{AuF}_{n_{kr}} = \frac{60\,000 - 40\,000 \cdot 0,06}{60\,000 - 250\,000 \cdot 0,06}$$

$$\text{AuF}_{n_{kr}} = \frac{57\,600}{45\,000} = 1,28$$

AuF $= 1,28$ liegt in der 6 %-Tabelle zwischen $n = 4$ und $n = 5$.

Ergebnis a), b), c): Aus Grafik und Rechnung wird deutlich, dass die Latex GmbH nur dann investieren sollte, wenn mit genügender Sicherheit angenommen werden kann, dass die Zusatznachfrage nach ihren Einmalartikeln über einen Zeitraum von wenigstens 4,24 Jahren anhält.

Ist die tatsächliche Nutzungsdauer genau 4,24 Jahre und entspricht somit der kritischen Nutzungsdauer, dann erhält die Latex GmbH das eingesetzte Kapital zurück und eine Verzinsung von 6 % auf die jeweils noch ausstehenden Beträge. Anders formuliert: In 4,24 Jahren hat sich die Erweiterungsinvestition dynamisch amortisiert.

> Die kritische Nutzungsdauer eines Objektes ist identisch mit seiner dynamischen Amortisationszeit.

Das zeigt, dass die Amortisationsrechnung in ihrem Kern keine eigenständige Methode der Investitionsrechnung darstellt. Die Amortisationsrechnung repräsentiert vielmehr eine spezielle Form der Ermittlung eines kritischen Wertes in Bezug auf eine Investition (kritische Nutzungsdauer), wobei wahlweise die Kapitalwert- oder die Annuitätenmethode eingesetzt werden kann. Man errechnet den Wert, den die tatsächliche Nutzungsdauer mindestens annehmen muss, um

• das eingesetzte Kapital wiederzugewinnen (statische Amortisationsrechnung) oder

• das eingesetzte Kapital wiederzugewinnen und darüber hinaus eine Verzinsung der ausstehenden Beträge zu erhalten (dynamische Amortisationsrechnung).

d) Bestimmung der kritischen Nutzungsdauer bei R = 0

Wir wollen uns nun der Frage zuwenden, wie sich das Lösungsverfahren modifizieren lässt, wenn der Restwert der Erweiterungsinvestition gleich Null (oder quantitativ unerheblich) ist. Der Zeitstrahl vereinfacht sich dann zu:

- 250	60	60	60	...	60	(T€)
0	1	2	3	...	n_{kr} = ?	(Jahre)

$$C_0 = - A + (e - a) \cdot DSF$$

Schritt:	allgemeine Lösung	Zahlen des Beispiels
(1)	$C_0 = -A + (e - a) \cdot DSF$	$C_0 = -250\,000 + 60\,000 \cdot DSF$
(2)	$0 = -A + (e - a) \cdot DSF_{n_{kr}}$	$0 = -250\,000 + 60\,000 \cdot DSF_{n_{kr}}$
(3)	$\boxed{DSF_{n_{kr}} = \dfrac{A}{(e-a)}}$ (6.8)	$DSF_{n_{kr}} = \dfrac{250\,000}{60\,000} = 4{,}166667$

Wir wissen also, dass der Wert des Diskontierungssummenfaktors 4,166667 ist. Ferner ist bekannt, dass der Investor mit $i = 0{,}06 = 6\,\%$ rechnet. Ein Blick in die 6 %-Tabelle zeigt uns:

$$
\begin{aligned}
n = 4 &\rightarrow DSF = 3{,}465106 \\
\text{unser Wert} &\rightarrow DSF = 4{,}166667 \longrightarrow n_{kr} = 4{,}94 \text{ (Jahre)} \\
n = 5 &\rightarrow DSF = 4{,}212364
\end{aligned}
$$

Der Wert von 4,94 Jahren ergibt sich mit Hilfe der linearen Interpolation.

$$
\begin{aligned}
4{,}212364 - 3{,}465106 &= 0{,}747258 = 1 \text{ Jahr} \\
4{,}166667 - 3{,}465106 &= 0{,}701561 = x
\end{aligned}
$$

$$x = \frac{0{,}701561}{0{,}747258} = 0{,}94$$

$n_{kr} = 4 + 0{,}94 = 4{,}94$ (Jahre)

Ergebnis: Wenn die Erweiterungsinvestition am Ende ihrer Nutzungsdauer keinen Restwert erbringt, dann fehlen 40 000 € in der Kasse, mit der Folge, dass die kritische Nutzungsdauer von 4,24 auf 4,94 Jahre steigt.

Hinweis: Es gibt in zwei Fällen nichtlineare Kapitalwertkurven: Bei der Nutzungsdauer n und beim Kalkulationszinssatz i. Warum haben wir bei dem obigen

Beispiel nur die kritische Nutzungsdauer n_{kr} , nicht aber den kritischen Kalkulationszinssatz i_{kr} errechnet? Wir beschränkten uns auf die Ermittlung von n_{kr}, weil der kritische Kalkulationszinssatz identisch ist mit dem internen Zinssatz r. Somit sind alle im Kapitel 3 (Interne Zinsfuß-Methode) gezeigten Beispiele zur Renditenberechnung gleichzeitig Beispiele zur Berechnung des kritischen Kalkulationszinssatzes.

6.2 Kritische Werte in Bezug auf zwei Investitionen

6.2.1 Begriff und Arten

Ein Investor steht bei der Auswahl eines Investitionsobjektes häufig zunächst vor einer großen Anzahl von in Frage kommenden Möglichkeiten. Diese werden im Zuge eines Vorauswahlverfahrens meist auf zwei oder drei Objekte reduziert, die in die engere Wahl gelangen. Bei den wenigen in der engeren Wahl befindlichen Möglichkeiten kann es sinnvoll sein, den kritischen Wert einer bestimmten Größe in Bezug auf zwei Investitionen zu ermitteln.

> Kritischer Wert einer Variablen in Bezug auf zwei Investitionen ist der Wert der betreffenden Variablen, bei dem beide Investitionen gleich vorteilhaft oder gleich unvorteilhaft sind.

In Abbildung 6.5 sind beispielhaft einige kritische Werte in Bezug auf zwei Investitionen (Investition I und II) dargestellt.

Wenn sich die Kapitalwertkurven im negativen Bereich schneiden, wie dies in Abbildung 6.5 beim kritischen Rohstoffpreis der Fall ist, dann sind die beiden Investitionen bei diesem kritischen Wert gleich unvorteilhaft. Genau wie bei den kritischen Werten in Bezug auf eine Investition sind zwei Typen von Kapitalwertfunktionen zu unterscheiden, lineare und nichtlineare. Nichtlineare Kapitalwertfunktionen gibt es nur für zwei Variable: in Abhängigkeit von der Nutzungsdauer n und dem Kalkulationszinssatz i.

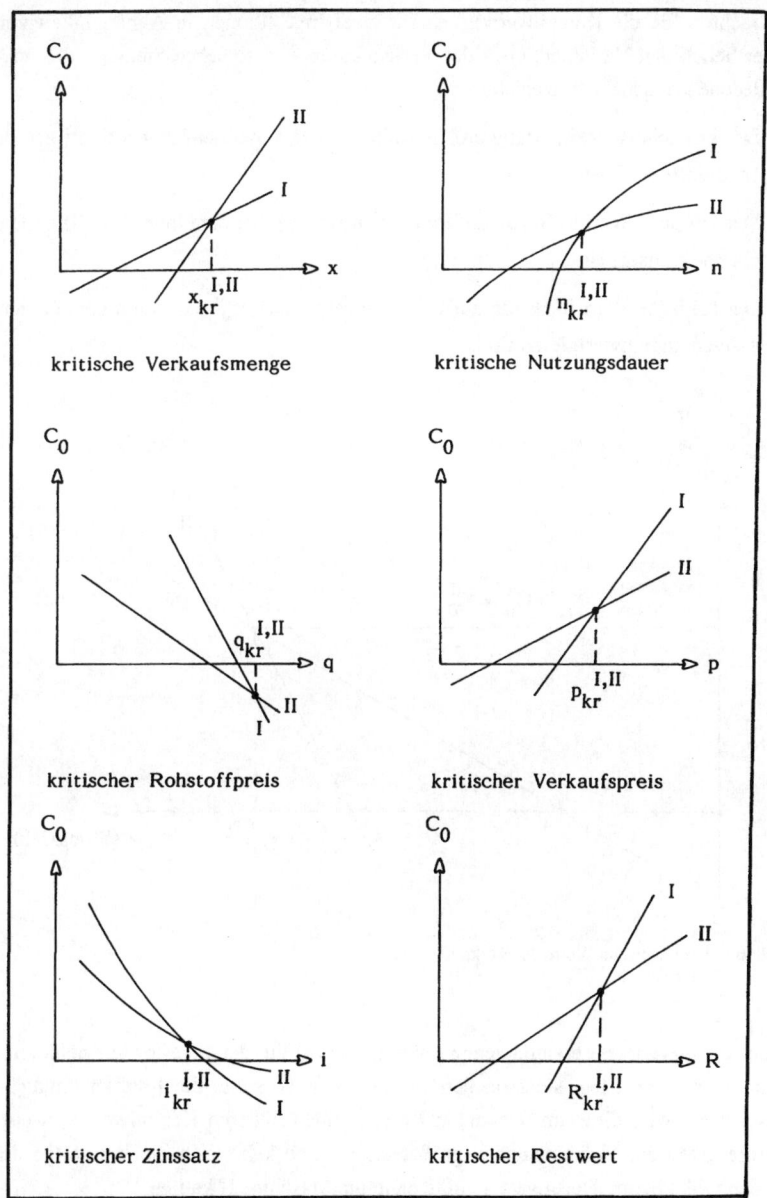

Abb. 6.5: Kritische Werte in Bezug auf zwei Investitionen

Betrachten Sie die Kapitalwertkurven für zwei Investitionen in Abhängigkeit von einer beliebigen Variablen, etwa der Verkaufsmenge x, so sehen Sie, dass drei verschiedene kritische Werte existieren:

1. Der kritische Wert in Bezug auf Investition I (x_{kr}^{I}), bei dem Investition I gerade eben vorteilhaft ist.

2. Der kritische Wert in Bezug auf Investition II (x_{kr}^{II}), bei dem Investition II gerade eben vorteilhaft ist.

3. Der kritische Wert in Bezug auf beide Investitionen ($x_{kr}^{I,II}$), bei dem beide Alternativen kapitalwertgleich sind.

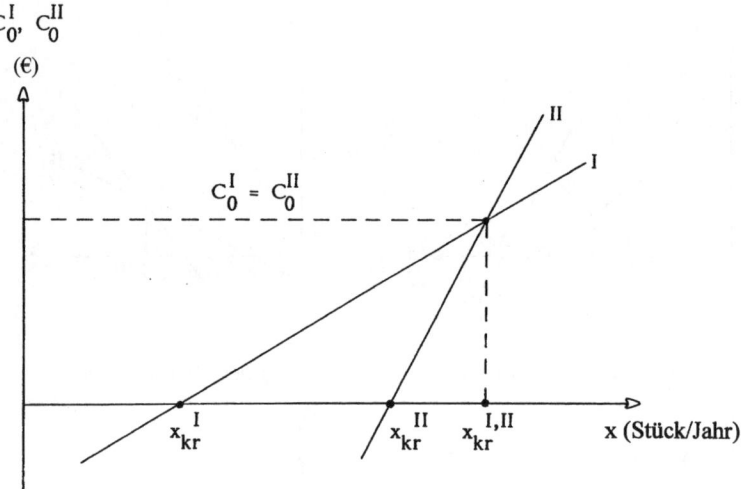

Abb. 6.6: Drei kritische Werte der Verkaufsmenge

Liegt die erwartete Verkaufsmenge unter x_{kr}^{I}, so sollte der Investor auf beide Objekte verzichten. Liegt sie zwischen x_{kr}^{I} und $x_{kr}^{I,II}$, so sollte der Investor Anlage I anschaffen, weil diese im relevanten Bereich einen höheren Kapitalwert aufweist. Ist die erwartete Verkaufsmenge größer als $x_{kr}^{I,II}$, so kehrt sich die Rangfolge der beiden Objekte um. Der Investor sollte dann die Maschine II kaufen.

Der kritische Wert einer Variablen in Bezug auf zwei Investitionen ist also entscheidend, um festzustellen, in welchem Bereich welche Investition vorteilhafter ist. Die Berechnung eines solchen kritischen Wertes kann erfolgen:

1. Nach der Kapitalwertmethode, indem die Kapitalwerte der Investitionen I und II gleichgesetzt werden:

(6.9)
$$C_0^I = C_0^{II}$$

2. Nach der internen Zinsfuß-Methode, indem die Renditen für die beiden Investitionen gleichgesetzt werden:

(6.10)
$$r_I = r_{II}$$

Hinweis: Die interne Zinsfuß-Methode wird wegen des hohen Rechenaufwandes nicht angewendet.

3. Nach der Annuitätenmethode, indem man die durchschnittlichen jährlichen Überschüsse beider Investitionen gleichsetzt:

(6.11)
$$DJÜ_I = DJÜ_{II}$$

Für den Fall, dass die durchschnittlichen jährlichen Einzahlungen zweier Investitionsmöglichkeiten gleich sind, vereinfacht sich (6.11). Es sind dann nur noch die durchschnittlichen jährlichen Auszahlungen miteinander zu vergleichen:

(6.12)
$$DJA_I = DJA_{II}$$

6.2.2   Praktische Ermittlung

Beispiel (Ermittlung der kritischen Absatzmenge)

Bei der METALL-AG sollen zusätzlich zum bisherigen Programm künftig auch Holzbeschläge aus beschichtetem Metall angefertigt werden. Die Verkaufspreise der beschichteten Beschläge belaufen sich auf 9 € je Stück. Für die Fertigung der Beschläge sind zwei noch anzuschaffende Maschinen in die engere Wahl gekommen, für die folgende Daten gelten:

Maschine	I	II
Anschaffungsauszahlung (€)	100 000	150 000
Nutzungsdauer (Jahre)	6	6
Auszahlungen je Stück (€/St)	3	2
Kalkulationszinssatz	0,10	0,10
Restwert (€)	0	0

Ermitteln Sie die kritischen Absatzmengen in Bezug auf Anlage I und Anlage II sowie die kritische Absatzmenge in Bezug auf beide Anlagen

a) nach der Annuitätenmethode,

b) nach der Kapitalwertmethode.

Lösung a)

Anlage I	Anlage II
$DJÜ_I = 9x - 3x - 100\,000 \cdot KWF$	$DJÜ_{II} = 9x - 2x - 150\,000 \cdot KWF$
$0 = 6x_{kr}^I - 22\,961$	$0 = 7x_{kr}^{II} - 34\,441$
$x_{kr}^I = 3\,827$ (Stück/Jahr)	$x_{kr}^{II} = 4\,920$ (Stück/Jahr)

$$\text{DJÜ}_I = \text{DJÜ}_{II}$$

$$6x_{kr}^{I,II} - 22\,961 = 7x_{kr}^{I,II} - 34\,441$$

$$x_{kr}^{I,II} = 11\,480 \text{ (Stück/Jahr)}$$

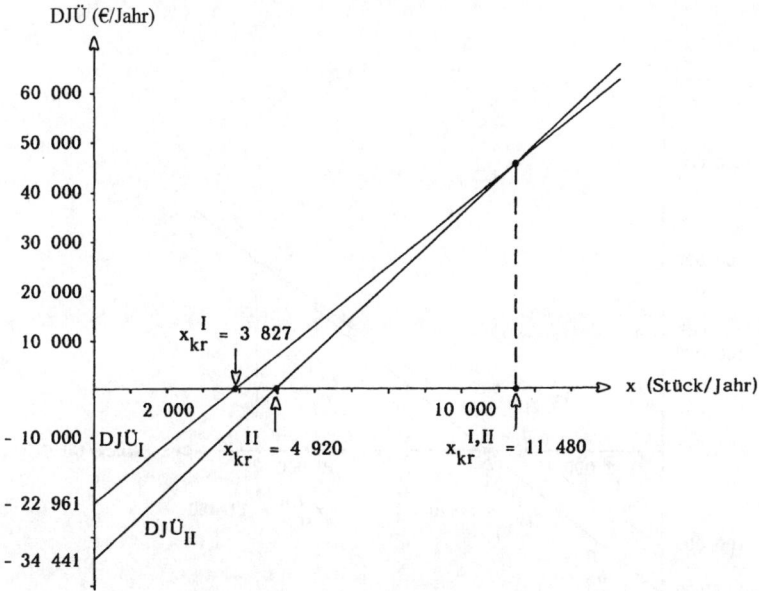

Abb. 6.7: Ermittlung dreier kritischer Mengen

Lösung b)

Anlage I	Anlage II
$c_0^I = -100\,000 + 6x \cdot \text{DSF}$	$c_0^{II} = -150\,000 + 7x \cdot \text{DSF}$
$0 = -100\,000 + 6x_{kr}^I \cdot 4{,}355261$	$0 = -150\,000 + 7x_{kr}^{II} \cdot 4{,}355261$
$x_{kr}^I = 3\,827 \text{ (Stück/Jahr)}$	$x_{kr}^{II} = 4\,920 \text{ (Stück/Jahr)}$

$$C_0^I = C_0^{II}$$

$$-100\,000 + 6x_{kr}^I \cdot 4,355261 = -150\,000 + 7x_{kr}^{II} \cdot 4,355261$$

$$50\,000 = x_{kr}^{I,II} \cdot 4,355261$$

$$x_{kr}^{I,II} = 11\,480 \text{ (Stück/Jahr)}$$

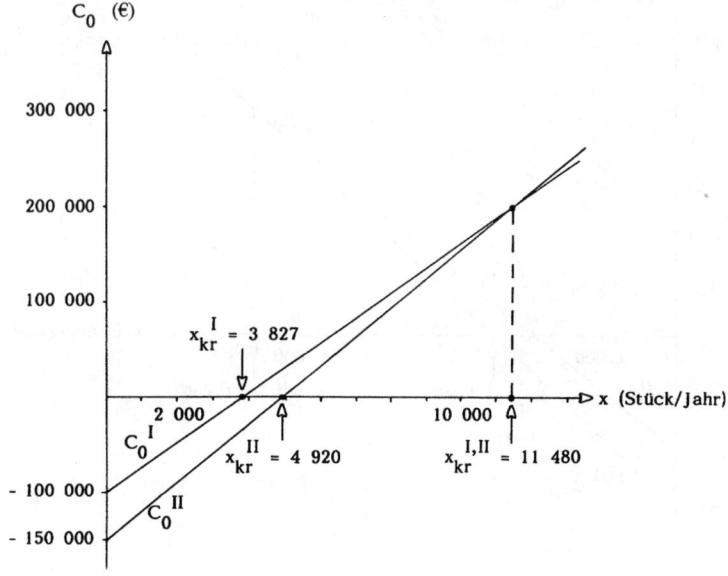

Abb. 6.8: Ermittlung dreier kritischer Mengen

Ergebnis a) und b): Liegt die erwartete Absatzmenge zwischen 3 827 und 11 480 Einheiten pro Jahr, so sollte Anlage I gekauft werden. Kann man mehr als 11 480 Einheiten jährlich absetzen, ist die Anschaffung von Anlage II vorteilhafter.

Beispiel (Vergleich von drei Investitionsmöglichkeiten)

Ein Gießereibetrieb will zukünftig zusätzlich zu seinem Fertigungsprogramm Vergaser-Gehäuse für einen Kraftfahrzeughersteller produzieren. Der bereits ausgehandelte Verkaufspreis beträgt 20 € je Gehäuse. Für die Fertigung dieser Gehäuse ist keine freie Kapazität verfügbar, es muss eine neue Formanlage angeschafft werden. Der Kalkulationszinssatz beträgt i = 0,09 = 9 %. Dem Betrieb stehen 3 verschiedene Formanlagen zur Auswahl, für die folgende Daten ermittelt wurden:

Anlage	I	II	III
Anschaffungsauszahlung (€)	48 000	60 000	170 000
von der Fertigungsmenge unabhängige jährliche Betriebsauszahlungen (€/Jahr)	40 000	70 000	125 000
variable Betriebsauszahlungen je zu fertigendes Gehäuse (€/Stück)	13	8	2,50
erwartete Nutzungsdauer (Jahre)	10	10	10
Restwert nach Ablauf der Nutzungsdauer	0	0	0

a) Ermitteln Sie mit Hilfe der Annuitätenmethode die jährlichen kritischen Gehäuse-Fertigungsmengen jeweils für die Formanlage I, II und III rechnerisch.

b) Ermitteln Sie mit Hilfe der Annuitätenmethode die jährlichen kritischen Gehäuse-Fertigungsmengen jeweils rechnerisch für:

• Anlage I in Bezug auf Anlage II

• Anlage I in Bezug auf Anlage III

• Anlage II in Bezug auf Anlage III.

c) Stellen Sie die Ergebnisse von a) und b) in einer Zeichnung dar.

Lösung

a) Ermittlung von x_{kr}^{I} :

$$DJE = DJA_I$$

$$20x_{kr}^{I} = 40\,000 + 13x_{kr}^{I} + 48\,000 \cdot 0,155820$$

$$20x_{kr}^{I} = 13x_{kr}^{I} + 47\,479$$

$$7x_{kr}^{I} = 47\,479$$

$$x_{kr}^{I} = 6\,783 \text{ (Stück/Jahr)}$$

Ermittlung von x_{kr}^{II} :

$$DJE = DJA_{II}$$

$$20x_{kr}^{II} = 70\,000 + 8x_{kr}^{II} + 60\,000 \cdot 0,155820$$

$$20x_{kr}^{II} = 8x_{kr}^{II} + 79\,349$$

$$12x_{kr}^{II} = 79\,349$$

$$x_{kr}^{II} = 6\,612 \text{ (Stück/Jahr)}$$

Ermittlung von x_{kr}^{III} :

$$DJE = DJA_{III}$$

$$20x_{kr}^{III} = 125\,000 + 2,5x_{kr}^{III} + 170\,000 \cdot 0,155820$$

$$20x_{kr}^{III} = 2,5x_{kr}^{III} + 151\,489$$

$$17,5x_{kr}^{III} = 151\,489$$

$$x_{kr}^{III} = 8\,657 \text{ (Stück/Jahr)}$$

Ergebnis: Die Anlage I (Anlage II; Anlage III) ist vorteilhaft, wenn mindestens 6 783 (6 612; 8 657) Gehäuse pro Jahr gefertigt werden.

b) Ermittlung von $x_{kr}^{I,II}$: $DJA_I = DJA_{II}$

$$40\,000 + 13x_{kr}^{I,II} + 48\,000 \cdot 0{,}155820 = 70\,000 + 8x_{kr}^{I,II} + 60\,000 \cdot 0{,}155820$$

$$40\,000 + 7\,479 + 13x_{kr}^{I,II} = 8x_{kr}^{I,II} + 70\,000 + 9\,349$$

$$5x_{kr}^{I,II} = 79\,349 - 47\,479$$

$$5x_{kr}^{I,II} = 31\,870$$

$$x_{kr}^{I,II} = 6\,374 \text{ (Stück/Jahr)}$$

Ermittlung von $x_{kr}^{I,III}$: $DJA_I = DJA_{III}$

$$40\,000 + 13x_{kr}^{I,III} + 7\,479 = 125\,000 + 2{,}5x_{kr}^{I,III} + 26\,489$$

$$10{,}5x_{kr}^{I,III} = 151\,489 - 47\,479$$

$$10{,}5x_{kr}^{I,III} = 104\,010$$

$$x_{kr}^{I,III} = 9\,906 \text{ (Stück/Jahr)}$$

Ermittlung von $x_{kr}^{II,III}$: $DJA_{II} = DJA_{III}$

$$70\,000 + 8x_{kr}^{II,III} + 60\,000 \cdot 0{,}155820 = 125\,000 + 2{,}5x_{kr}^{II,III} + 170\,000 \cdot 0{,}155820$$

$$79\,349 + 8x_{kr}^{II,III} = 2{,}5x_{kr}^{II,III} + 151\,489$$

$$5{,}5x_{kr}^{II,III} = 72\,140$$

$$x_{kr}^{II,III} = 13\,116 \text{ (Stück/Jahr)}$$

Ergebnis: Bei einer Jahresproduktion von 6 374 Gehäusen sind die Anlagen I und II gleich vorteilhaft (genauer: gleich unvorteilhaft). Bei 9 906 Gehäusen jährlich sind Anlage I und III gleich vorteilhaft. Die Anlagen II und III sind bei einer jährlichen Fertigungsmenge von 13 116 Einheiten gleich wirtschaftlich.

c) Grafische Darstellung:

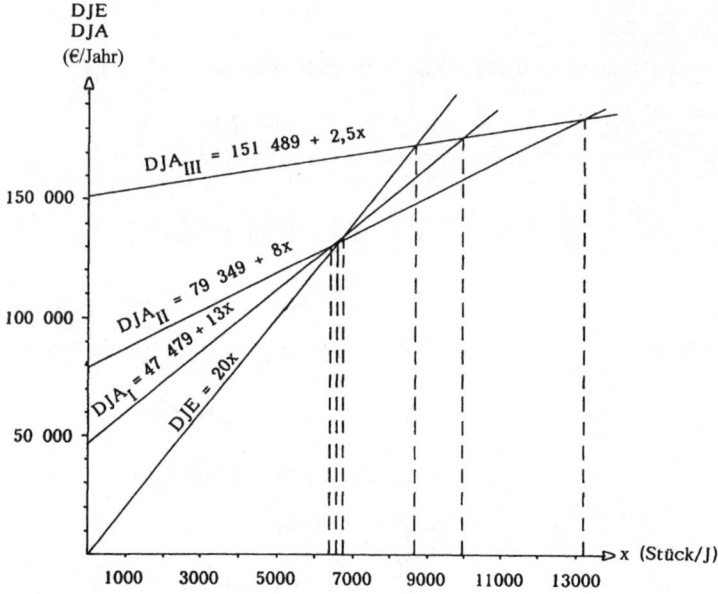

Abb. 6.9: Ermittlung von sechs kritischen Mengen

6.3   Entwicklung entscheidungsrelevanter kritischer Werte im Zeitablauf

Bei Großinvestitionen, die mehrere Jahre zur Realisierung benötigen, beobachten wir häufig im Zeitablauf extreme Kostensteigerungen. Es ist keine Seltenheit, dass ein neues Klinikum nach fünfjähriger Bauzeit das Doppelte oder Dreifache des veranschlagten Betrages kostet. Bei neuentwickelten Flugzeugen kann es auch schon einmal das Fünf- oder Zehnfache sein. Das Rezept gegen Kostenexplosionen sieht auf den ersten Blick relativ einfach aus. Es heißt: rechtzeitig aussteigen (so weit ein Ausstieg noch möglich ist). Dazu sind entscheidungsrelevante kritische Werte zu ermitteln, wobei dem entscheidungsrelevanten kritischen Preis eine besondere Rolle zukommt.

Die Wirtschaftlichkeitsrechnung zur Bestimmung entscheidungsrelevanter kritischer Preise zeigt, dass diese im Zeitablauf normalerweise nicht steigen, sondern abnehmen. Diese Aussage steht nur scheinbar im Widerspruch zur obigen Feststellung extremer Kostensteigerungen. Wenden wir uns also der Technik zu, mit der entscheidungsrelevante Preise im Zeitablauf ermittelt werden.

Beispiel (Ermittlung entscheidungsrelevanter Preise im Zeitablauf)

Ein Flugzeug soll völlig neu entwickelt werden. Für die Entwicklung sind insgesamt 10 Jahre vorgesehen, die in drei Phasen unterteilt werden[1]:

1. Phase: Sie dauert zwei Jahre und umfasst die Forschungs- und Entwicklungsarbeiten bis hin zur Fertigstellung eines Prototyps. Es fallen jährliche Auszahlungen von 800 Mio Euro an.

2. Phase: Sie dient der Weiterentwicklung des Flugzeugs anhand des Prototyps und der Vorbereitung der Produktionsaufnahme. Während der drei Jahre umfassenden Phase 2 fallen jährliche Auszahlungen von 800 Mio Euro an.

3. Phase: Zu Beginn der dritten Phase werden die Produktionsanlagen errichtet. Neben der hierfür erforderlichen Anschaffungsauszahlung von 1 200 Mio Euro fällt im Zeitpunkt 5 die letzte 800 Mio Euro-Rate aus Phase 2 an, so dass die Gesamtzahlung 2 000 Mio Euro beträgt. Während der fünf Jahre dauernden dritten Phase erzielt man jährliche Einzahlungen, die vom Verkaufspreis p und der jährlichen Stückzahl x abhängen. Letztere legt der politische Entscheidungsträger mit x = 70 Einheiten pro Jahr fest. Die jährlichen Auszahlungen lassen sich in einen fixen und einen variablen Teil aufspalten. Die Fixauszahlungen belaufen sich auf 100 Mio Euro jährlich; sie enthalten keine Kapitalkosten. Die variablen Auszahlungen betragen 5 Mio Euro pro gefertigtem Flugzeug. Für die gesamten jährlichen Betriebs- und Instandhaltungsauszahlungen a gilt also:

$$a = 100 \cdot 10^6 + 5 \cdot 70 \cdot 10^6 = 450 \cdot 10^6$$

---

[1] In der Praxis werden häufig mehr als drei Phasen unterschieden. Am Ende einer jeden Entwicklungsphase finden gewöhnlich Gespräche und Entscheidungen darüber statt, ob das betreffende Projekt fortgeführt werden soll.

Nach Ablauf der fünfjährigen Flugzeugfertigung kann im Zeitpunkt 10 noch ein Restwert von 50 Mio Euro für die Produktionsanlagen erlöst werden. Der Kalkulationszinssatz beläuft sich auf i = 0,06 = 6 %.

Der Zeitstrahl zeigt die Ein- und Auszahlungen, die während der drei Phasen für die Entwicklung und spätere Fertigung der Flugzeuge anfallen. Ermitteln Sie den entscheidungsrelevanten kritischen Preis zu Beginn jeder der drei Phasen nach der Kapitalwertmethode.

$$
\begin{array}{ccccccccccc}
 & & & & & & 50 & & & & \\
 & & & 70p & 70p & 70p & 70p & 70p & & & \\
-800 & -800 & -800 & -800 & -2000 & -450 & -450 & -450 & -450 & -450 & \text{(Mio €)} \\
\end{array}
$$

```
   0   1   2   3   4   5   6   7   8   9   10   (Jahre)
   └─────┘   └───────┘   └──────────────────┘
   1. Phase   2. Phase        3. Phase
```

Lösung 1: entscheidungsrelevanter kritischer Preis vor Phase 1

Für den Kapitalwert der vorliegenden Investition gilt:

$$
\begin{aligned}
C_0 = &-800 \cdot 10^6 \cdot \overset{\text{DSF}_4}{3{,}465106} - 2\,000 \cdot 10^6 \cdot \overset{\text{AbF}_5}{0{,}747258} \\
&+ (70 \cdot p - 450 \cdot 10^6) \cdot \underset{\text{DSF}_5}{4{,}212364} \cdot \underset{\text{AbF}_5}{0{,}747258} + 50 \cdot 10^6 \cdot \underset{\text{AbF}_{10}}{0{,}558395}
\end{aligned}
$$

Der Kapitalwert wird gleich Null gesetzt und nach p aufgelöst:

$$
(70 p_{kr} - 450 \cdot 10^6) \cdot 3{,}14772 = 10^6 (2\,772{,}084 + 1\,494{,}516 - 27{,}92)
$$

$$
70 p_{kr} - 450 \cdot 10^6 = 10^6 \cdot \frac{4\,238{,}68}{3{,}14772}
$$

$$
70 p_{kr} = 10^6 \cdot (1\,346{,}5874 + 450)
$$

$$p_{kr} = \frac{1\,796{,}5874}{70} \cdot 10^6$$

$$p_{kr} = 25\,665\,534 \; (\text{€/Stück})$$

Ergebnis: Der kritische Preis für ein Flugzeug beläuft sich auf 25,7 Mio Euro. Nur wenn davon auszugehen ist, dass dieser Preis mindestens erzielt wird, sollte das Projekt realisiert werden. Ein Verzicht auf das Programm wäre sinnvoll, wenn eine technisch gleichwertige Alternative zu einem Preis von weniger als 25,7 Mio Euro angeboten würde.

Lösung 2: entscheidungsrelevanter kritischer Preis vor Phase 2

Wenn man mit dem Projekt allerdings begonnen hat, dann ist die obige Errechnung eines kritischen Preises von 25,7 Mio Euro gegenstandslos. Für die Bestimmung eines kritischen Preises zu einem beliebigen Zeitpunkt t dürfen nur jene Zahlungen herangezogen werden, die nach dem Zeitpunkt t anfallen. Es gilt der einfache Sachverhalt, dass nur künftige Zahlungen vermieden werden können. Vergangene Zahlungen sind bereits geleistet, sie sind nicht mehr entscheidungsrelevant, da sie von der Entscheidung „Projekt fortführen" oder „Projekt stoppen" nicht mehr berührt werden können.

Sollte also nach Abschluss der 1. Phase, d. h. unmittelbar nach Zeitpunkt 2, zu dem über die Weiterführung und Überleitung des Projektes in die zweite Phase zu entscheiden ist, eine Alternative zu dem zu entwickelnden Flugzeug in Sicht kommen, deren Preis unter 25,7 Mio Euro liegt, so kann daraus keinesfalls automatisch gefolgert werden, es sei unökonomisch, das begonnene Projekt weiterzuführen. Vielmehr ist die in Sicht befindliche Alternative mit einem neuen kritischen Preis zu konfrontieren, bei welchem nur noch die nach dem Zeitpunkt 2 anfallenden Zahlungen berücksichtigt werden dürfen. Die während der ersten beiden Jahre aufgewendeten Mittel sind bereits Geschichte und damit nicht mehr entscheidungsrelevant. Für den neuen kritischen Preis p'_{kr} ist folgender Zeitstrahl maßgebend:

$$50$$

$$70p \quad 70p \quad 70p \quad 70p \quad 70p$$

$$- 800 - 800 - 800 - 800 - 2000 - 450 - 450 - 450 - 450 - 450 \quad \text{(Mio €)}$$

| 0 | 1 | 2 | 3 | 4 | 5 | 6 | 7 | 8 | 9 | 10 | (Jahre) |

neue Gegenwart

Daraus ergibt sich der Kapitalwert:

$$\overset{\longrightarrow DSF_2}{} \qquad \overset{\longrightarrow AbF_3}{}$$

$$C_0 = -800 \cdot 10^6 \cdot 1{,}833393 - 2\,000 \cdot 10^6 \cdot 0{,}839619$$
$$+ (70 \cdot p - 450 \cdot 10^6) \cdot 4{,}212364 \cdot 0{,}839619 + 50 \cdot 10^6 \cdot 0{,}627412$$

$$\underset{\longrightarrow DSF_5 \quad \longrightarrow AbF_3 \qquad \longrightarrow AbF_8}{}$$

Der Kapitalwert wird gleich Null gesetzt und die Gleichung nach p'_{kr} aufgelöst:

$$(70p'_{kr} - 450 \cdot 10^6) \cdot 3{,}53678 \;=\; 10^6 \,(1\,466{,}714 + 1\,679{,}238 - 31{,}371)$$

$$70p'_{kr} - 450 \cdot 10^6 \;=\; 10^6 \cdot \frac{3\,114{,}581}{3{,}53678}$$

$$70p'_{kr} \;=\; 10^6 \cdot (880{,}62616 + 450)$$

$$p'_{kr} \;=\; 10^6 \cdot \frac{1\,330{,}62616}{70}$$

$$p'_{kr} \;=\; 19\,008\,945 \ (\text{€/Stück})$$

Ergebnis: Das Entwicklungsprojekt sollte nach der ersten Phase stets dann weitergeführt werden, wenn keine Alternative existiert, deren Preis unter dem neuen kritischen Wert p'_{kr} von 19 Mio Euro liegt.

Lösung 3: entscheidungsrelevanter kritischer Preis vor Phase 3

Für Entscheidungen nach Abschluss der zweiten Phase gilt wiederum ein neuer kritischer Preis. Bei diesem dritten kritischen Preis sind sämtliche bereits getätigten Forschungs- und Entwicklungsaufwendungen außer Acht zu lassen. Entscheidungsrelevant sind nur noch die Zahlungen, die zum Zeitpunkt 5 oder später anfallen.

```
                                                        50

                           70p    70p    70p    70p    70p

       - 800 - 800 - 800 - 800 - 2000 - 450 - 450 - 450 - 450 - 450   (Mio €)
   ├─────┼─────┼─────┼─────┼─────┼─────┼─────┼─────┼─────┼─────►
   0     1     2     3     4     5     6     7     8     9    10    (Jahre)
                                 ▲
                                 |
                           neue  Gegenwart
```

Man erhält somit folgenden Kapitalwert:

$$\overset{\displaystyle\longrightarrow DSF_5}{} \qquad \overset{\displaystyle\longrightarrow AbF_5}{}$$

$$C_0 = -2\,000 \cdot 10^6 + (70\,p_{kr}^{''} - 450 \cdot 10^6) \cdot 4{,}212364 + 50 \cdot 10^6 \cdot 0{,}747258$$

Daraus ergibt sich:

$$(70 p_{kr}^{''} - 450 \cdot 10^6) \cdot 4{,}212364 \ = \ 10^6 \,(2\,000 - 37{,}363)$$

$$70 p_{kr}^{''} - 450 \cdot 10^6 \ = \ 10^6 \cdot \frac{1\,962{,}637}{4{,}212364}$$

$$70 p_{kr}^{''} \ = \ 10^6 \cdot (465{,}92293 + 450)$$

$$p_{kr}^{''} \ = \ 13\,084\,613 \ (\text{€/Stück})$$

Ergebnis: Unmittelbar vor der Produktionsaufnahme beläuft sich der kritische Preis für das Flugzeug auf rund 13 Mio Euro. Ein Verzicht auf die Produktionsaufnahme lohnt sich mithin nur dann, wenn eine Alternative existiert, deren Preis geringer ist als 13 Mio Euro.

Das Beispiel zeigt deutlich, dass es insbesondere bei langfristigen Investitionsprojekten sinnvoll sein kann, in regelmäßigen Abständen Zwischenberechnungen vorzunehmen, um etwaige Veränderungen der kritischen Werte einzelner Größen festzustellen, damit die Entscheidung „Projektfortführung oder Projektabbruch" auf einer rationalen Grundlage fußt. Derartige Berechnungen sind im Frühstadium der Planungen vorzunehmen, denn nur im Frühstadium existiert eine reelle Chance, ein begonnenes Projekt abzubrechen. Wird diese Chance versäumt, gelangt man rasch in die Situation, dass der entscheidungsrelevante kritische Preis so weit abnimmt, dass ein Projektabbruch kaum mehr in Frage kommt. Gleichzeitig können die Gesamtkosten des Projektes als Summe früher geleisteter und künftig zu leistender Zahlungen sehr viel höher als ursprünglich geplant sein. Wenn politische Entscheidungsträger, ihren normalen Neigungen folgend, Entscheidungen vertagen und Projekte vorläufig (wie man meint) weiterführen, so bedeutet das in Wirklichkeit, dass das Projekt abgeschlossen wird, unabhängig davon, welche Höhe die Gesamtzahlungen erreichen. Es bedeutet zum Beispiel:

- Olympische Spiele 1972: geplant 600 Mio DM, tatsächlich 2 000 Mio DM,

- Tornado-Flugzeug: geplant 10 Mio DM/St, tatsächlich 100 Mio DM/St,

- Flughafen München II: geplant 800 Mio DM, tatsächlich 8 500 Mio DM.

- Lehrter Bahnhof zu Berlin: 1993 plante man seine Eröffnung für 2000 und Kosten von 500 Millionen Mark. 2001 plante man seine Eröffnung 2008 und Kosten von 1,65 Milliarden Mark.
Prognose des Autors: Eröffnung nach 2010 bei Kosten von über 3 Mrd. Euro.
Ihre Prognose: Eröffnung nach _____ bei Kosten von über ___ Mrd. Euro.

6.4   Checkliste

Arten: Es gibt kritische Werte in Bezug auf eine Investition und kritische Werte in Bezug auf zwei Investitionen.

Kritische Werte in Bezug auf eine Investition: Das sind solche Variablenwerte, bei denen sich eine Investition
- eben noch lohnt (Höchstwerte, z. B. kritische Anschaffungsauszahlung, kritischer Rohstoffpreis, Zinssatz),
- gerade eben lohnt (Mindestwerte, z. B. kritische Absatzmenge, Nutzungsdauer, kritischer Verkaufspreis, Restwert).

Ermittlung: Die Ermittlung im praktischen Fall erfolgt nach dem Schema:

1. Kapitalwert- oder DJÜ-Funktion aufstellen,
2. Kapitalwert oder DJÜ gleich Null setzen,
3. Gleichung nach gesuchter Größe auflösen.

Das gilt bei linearem Verlauf der Kapitalwert- oder DJÜ-Funktion. Verlaufen Kapitalwert- und DJÜ-Funktion nichtlinear, erfolgt die Problemlösung grafisch oder mittels Regula falsi. Bei Nutzungsdauerbestimmungen kommen auch die Lösungswege Logarithmieren und Tabellenwerte der finanzmathematischen Faktoren in Frage.

Praktische Bedeutung: Kritische Werte, insbesondere auch Amortisationszeiten, stellen eine sinnvolle Ergänzung der dynamischen Investitionsrechnungsverfahren dar. Es geht darum, die in den einzelnen Variablen liegenden Risiken sichtbar zu machen. Man errechnet für jede als unsicher betrachtete Variable den Höchst- oder Mindestwert, den sie allenfalls erreichen darf, ohne dass die Investition unvorteilhaft wird. Dieser Wert wird verglichen mit dem für möglich gehaltenen Höchst- oder Mindestwert, den die Variable unter ungünstigen Bedingungen annehmen könnte.

Kritische Werte in Bezug auf zwei Investitionen: Das sind solche Variablenwerte, bei denen es gleichgültig ist, welche der beiden Investitionen durchgeführt wird. Sie sind beide gleichwertig, und zwar in dem Sinne, dass ihre barwertigen Überschüsse oder ihre durchschnittlichen jährlichen Überschüsse übereinstimmen. Ermittlung im praktischen Fall durch das 3-Schritte-Schema:

1. Kapitalwertfunktionen (oder DJÜ-Funktionen) aufstellen,
2. Funktionen gleichsetzen,
3. Gleichung nach gesuchter Größe auflösen.

Praktische Bedeutung: Kritische Werte in Bezug auf zwei Investitionen werden beim Vergleich von mehreren Investitionsmöglichkeiten benötigt. Sie grenzen die Bereiche ab, in denen das eine Objekt dem anderen über- oder unterlegen ist, jeweils gemessen an einer bestimmten Zielgröße (Kapitalwert oder DJÜ).

Formeln und Symbole

Formeln	Symbole
Der Kapitalwert hängt von diversen Variablen ab. Jede Variable kann einen kritischen Wert annehmen. $C_0 = f(p, x, a_v, a_f, i, n, R, A)$	C_0 = Kapitalwert p_{kr} = kritischer Verkaufspreis x_{kr} = kritische Absatzmenge $a_{v,kr}$ = kritische variable Auszahlungen je Einheit $a_{f,kr}$ = kritische fixe Auszahlungen je Periode i_{kr} = kritischer Kalkulationszinssatz n_{kr} = kritische Nutzungsdauer R_{kr} = kritischer Restwert A_{kr} = kritische Anschaffungsauszahlung
$C_0 = 0$ $r = i$ $DJE = DJA$ $DJÜ = 0$	r = Rendite i = Kalkulationszinssatz DJE = durchschnittliche jährliche Einzahlungen DJA = durchschnittliche jährliche Auszahlungen $DJÜ$ = durchschnittlicher jährlicher Überschuss
$n_{kr} = n_1 - C_{0,1} \cdot \dfrac{n_2 - n_1}{C_{0,2} - C_{0,1}}$ $(1+i)^{n_{kr}} = \dfrac{(e-a) - R \cdot i}{(e-a) - A \cdot i}$ $n_{kr} = \dfrac{\lg \dfrac{(e-a) - R \cdot i}{(e-a) - A \cdot i}}{\lg(1+i)}$ $DSF_{n_{kr}} = \dfrac{A}{(e-a)}$	$(e-a)$ = Nettoeinzahlungen DSF = Diskontierungssummenfaktor

$C_0^I = C_0^{II}$ $r_I = r_{II}$ $DJ\ddot{U}_I = DJ\ddot{U}_{II}$ $DJA_I = DJA_{II}$	I = Investition I II = Investition II

Fragen und Aufgaben

6.1 Was versteht man unter einem kritischen Wert? Geben Sie Beispiele für kritische Werte.

6.2 Wie ermittelt man den kritischen Wert einer Variablen in Bezug auf eine Investition?

6.3 „In welchem Sinne ist der interne Zinsfuß einer Investition ein kritischer Wert für ihren Kapitalwert"? (E. Schneider)

6.4 Wie ermitteln Sie den kritischen Preis für ein kommerziell zu nutzendes Wohngebäude, den Sie eben noch bezahlen könnten, ohne wirtschaftlich benachteiligt zu sein?

6.5 Begründen Sie, weshalb der kritische Preis für ein zeitaufwendig zu entwickelndes Produkt im Zeitablauf fallen kann.

6.6 Was versteht man unter einem kritischen Wert in Bezug auf zwei Investitionen? Wie wird ein solcher Wert ermittelt?

6.7 „Beim Vergleich zweier Investitionsobjekte können drei verschiedene kritische Werte für die Nutzungsdauer auftreten". Begründen Sie diese Aussage mit Hilfe einer Zeichnung.

6.8 In einem Betrieb wird die Anschaffung einer Kunststoffpresse zur Herstellung von Schüsseln erwogen. Der Anschaffungspreis für eine solche Presse liegt bei 19 000 €. Der Restwert (= Schrottwert) nach Ablauf der Lebensdauer von 8 Jahren wird mit 1 000 € angenommen. Eine Einzelhandelsunternehmung garantiert eine Festabnahme von 12 000 Stück pro Jahr. Die jährlichen Auszahlungen a, bei denen die Kapitalkosten nicht berücksichtigt sind, genügen der Bedingung $a = 2\ 000 + 0{,}15x$. Der Kalkulationszinssatz beläuft sich auf $i = 0{,}10 = 10\ \%$.

Im vorliegenden Fall sind alle Daten bis auf den Verkaufspreis für die Schüsseln fixiert. Es ist daher zu fragen, welcher Preis p mindestens erzielt werden muss, damit sich die Investition lohnt. Die Antwort soll mit Hilfe der Kapitalwertmethode gefunden werden.

6.9 Eine über 10 Jahre laufende Investition weist bei einer Anschaffungsauszahlung von 5 000 € jährliche Einzahlungen von 1 500 € und jährliche Auszahlungen von 1 000 € auf. Der Kalkulationszinssatz beläuft sich auf $i = 0,10 =$ 10 %. Welche Höhe müsste der Restwert dieser Investition mindestens haben, damit sie sich lohnt? (Lösung gemäß Kapitalwertmethode)

6.10 Eine zu Rationalisierungszwecken vorgenommene Investition mit einer Lebensdauer von 5 Jahren und einer Anschaffungsauszahlung von 90 000 € wird bei einem Kalkulationszinssatz von $i = 0,10 = 10$ % durchgeführt. Der Restwert beläuft sich auf null. Welchen Wert muss der Rationalisierungseffekt jährlich aufweisen, damit sich die Investition lohnt?

6.11 Ein Investor plant den Kauf eines Bürohauses, das zu folgenden Konditionen fest vermietet ist:

Jahre	Jahresnettomiete (€/Jahr)
1 bis 5	100 000
6 bis 10	120 000
11 bis 15	150 000
16 bis 35	200 000

Weitere Zahlungen sind nicht zu erwarten. Wie hoch ist der Höchstpreis des Investors, wenn dieser mit einem Kalkulationszinssatz von $i = 0,10 = 10$ % rechnet?

6.12 Ein Wirt möchte die Versorgung seiner Gäste mit Alkoholika auch während der Stunden, in denen das Lokal geschlossen ist, sichergestellt wissen. Er plant die Installation eines neuartigen Getränkeautomaten, der neben Bargeld auch Scheckkarten annimmt und für die Kundschaft mit Zitterhand eine feste Manschettenführung für den Unterarm zum Einwurfschlitz bietet. Was die Nutzungsdauer der Anlage angeht, so liegen noch keine Praxiserfahrungen vor. Der Hersteller hält eine Nutzungsdauer von fünf bis zehn Jahren für wahrscheinlich und ist bereit, eine Nutzung von fünf Jahren zu garantieren. Die restlichen Daten können mit größerer Sicherheit angegeben werden:

- $A = 12\,500$ €
- $e = 5\,700$ €/Jahr
- $a = 2\,700$ €/Jahr
- $R = 2\,000$ €
- $i = 0,06 = 6$ %

Zur Beantwortung der Frage, ob man es riskieren kann, die Maschine zu installieren, soll die kritische Lebensdauer

a) grafisch nach der Kapitalwertmethode,

b) mit Hilfe einer Näherungsformel (Regula falsi),

c) mittels Logarithmierens gefunden werden.

d) Welche kritische Nutzungsdauer ergibt sich, wenn R = 0 gilt?

6.13 Von zwei Investitionsmöglichkeiten sind folgende Daten bekannt:

	Investition I	Investition II
Anschaffungsauszahlung (€)	3 000	5 000
Lebensdauer (Jahre)	8	8
DJE (€/Jahr)	1 200	1 200
Betriebs- und Instandhaltungs- auszahlungen (€/Jahr)	100 + 30q	150 + 10q
Kalkulationszinssatz	0,08	0,08

Man ermittle mit Hilfe der Annuitätenmethode den kritischen Wert q_{kr} für eine in der Produktion verbrauchte Rohstoffeinheit

a) für Investition I,

b) für Investition II und jenen,

c) bei dem Investition I und II gleichwertig sind.

6.14 Der Eigentümer eines Eigenheimes verfügt über eine Ölzentralheizung, durch die auch die Brauchwassererwärmung vorgenommen wird. Um die Heizungsanlage eventuell in den Sommermonaten abschalten zu können, in denen der Wirkungsgrad extrem niedrig liegt, erwägt der Eigenheimeigentümer die Anschaffung einer strombetriebenen Wärmepumpe zur Brauchwassererwärmung, für die die folgenden Daten gelten:

Anschaffungspreis	4 000 €
Nutzungsdauer	12 Jahre
jährliche Auszahlungen für Strom und Wartung	400 €

a) Wie hoch muss der in Geld bewertete jährliche Minderverbrauch an Heizöl mindestens sein, damit sich die Installation der Wärmepumpe lohnt (Kalkulationszinssatz i = 0,10 = 10 %)?

b) Was könnte dennoch für die Anschaffung der Wärmepumpe sprechen, falls die zu erwartende Minderauszahlung den in a) ermittelten Wert nicht ganz erreicht?

6.15 Der am Ende der Nutzungsdauer n eines Investitionsobjektes tatsächlich erzielbare Restwert R kann positiv, Null oder negativ sein. Gelten diese drei Möglichkeiten auch für den kritischen Restwert R_{kr} einer Investition? Beantworten Sie die Frage anhand einer Grafik, die die drei möglichen Verläufe der Kapitalwertfunktion in Abhängigkeit vom Restwert R zeigt.

6.16 Schreiben Sie mir einen Brief!

Sie haben sich den Lehrtext dieses Buches und die Fragen und Aufgaben angesehen. Dafür danke ich Ihnen, liebe Leser, sehr herzlich. Vielleicht freut Sie etwas, was in diesem Buch steht, oder Sie ärgern sich über etwas. Vielleicht haben Sie einen Fehler entdeckt; vielleicht finden Sie, man müsse ein bestimmtes Thema anders anfassen. Schreiben Sie mir in solchen Fällen einfach einen Brief. Zwar kann ich Ihnen nicht versprechen, dass alle Ihre 25 000 Schreiben beantwortet werden. Auch wird es nicht möglich sein, Ihre 25 000 Änderungswünsche alle zu berücksichtigen. Aber ich werde jeden Brief gründlich lesen und überlegen, ob das, was Sie vorschlagen, das Buch besser machen kann. Damit Sie nicht zu viel Arbeit haben, finden Sie nebenstehend ein Rezept (einen Musterbrief) auch für diese, Ihre letzte Aufgabe.

Herrn
K.-D. Däumler
Fachhochschule Kiel
Fachbereich Wirtschaft
Sokratesplatz 2

24149 Kiel

Ich habe in den Grundlagen der Investitions- und Wirtschaftlichkeitsrechnung, 11. Auflage, die folgenden Schreib- und Rechenfehler gefunden:

Seite   o = oberes Drittel
         m = mittleres Drittel
         u = unteres Drittel
	Art des Fehlers
	(Kurzbeschreibung)

Die folgenden Passagen des Buches sollte man bei einer Neuauflage *p* praxisnäher, *v* verständlicher, *k* kürzer, *a* ausführlicher formulieren:

Seite   o = oberes Drittel
         m = mittleres Drittel
         u = unteres Drittel
	Vorschlag für Neuformulierung

Außerdem möchte ich noch bemerken:

Testklausur Investitionsrechnung

Die folgenden Behauptungen sind auf ihre Richtigkeit zu überprüfen.
(Es können mehrere Behauptungen richtig oder falsch sein.)

Kennzeichnen Sie die Behauptungen mit

richtig   (+),
weiß nicht   ( ),
falsch   (-).

Kennzeichnen Sie die Lösungen bitte nur dann mit (+) und (-)wenn Sie sich sicher sind. Raten Sie nicht. Verzichten Sie im Zweifel auf das Ausfüllen.

1. Eine sachlich korrekte Investitionsrechnung sollte stets auf der Grundlage von

   - Leistungen und Kosten durchgeführt werden;   ( )

   - Einzahlungen und Auszahlungen durchgeführt werden;   ( )

   - Erträgen und Aufwendungen durchgeführt werden.   ( )

2. Die Aufgabe der Investitionsrechnung besteht darin,

   - erstens die absolute Vorteilhaftigkeit eines Objektes zu bestimmen, zweitens die relative Vorteilhaftigkeit zu ermitteln, drittens den optimalen Ersatzzeitpunkt sowie die optimale Nutzungsdauer anzugeben;   ( )

   - die Liquidität des Unternehmens sicherzustellen;   ( )

   - Entscheidungshilfen bei der betrieblichen Investitionsplanung zu geben.   ( )

3. Der Kalkulationszinssatz i eines Investors ist definiert als

   - die Verzinsung, die das durchzuführende Objekt abwirft;   ( )

   - subjektive Mindestverzinsungsanforderung des Investors an sein Investitionsobjekt;   ( )

   - Basiszinssatz gemäß Diskontsatz-Überleitungs-Gesetz plus vier Prozent.   ( )

4. Der Kapitalwert einer Investition ist definiert als

- Differenz zwischen den barwertigen Einzahlungen E_0 und barwertigen Auszahlungen A_0, jeweils berechnet mit dem Kalkulationszinssatz; ( )
- Summe aller auf den Zeitpunkt 0 mit dem Kalkulationszinssatz i abgezinsten Zahlungen; ( )
- Summe aller auf den Zeitpunkt 0 mit dem Kalkulationszinssatz i abgezinsten Einzahlungen. ( )

5. Der Kapitalwert einer Investition mit positiven jährlichen Nettoeinzahlungen fällt unter sonst gleichen Umständen (ceteris paribus)

- mit steigender Nutzungsdauer n; ( )
- mit steigendem Kalkulationszinssatz i; ( )
- mit steigendem Restwert R. ( )

6. Der Kapitalwert einer Investition ist negativ, wenn

- die Summe aller abgezinsten Einzahlungen E_0 kleiner ist als die Summe aller abgezinsten Auszahlungen A_0; ( )
- die interne Verzinsung r über dem Kalkulationszinssatz i liegt; ( )
- die Anschaffungsauszahlung A größer ist als die Summe der nachfolgenden undiskontierten Nettoeinzahlungen (e - a) zuzüglich Restwert. ( )

7. Der Kapitalwert einer Investition mit positiven jährlichen Nettoeinzahlungen

- kann niemals negativ werden; ( )
- und begrenzter Nutzungsdauer strebt gegen unendlich, wenn der Kalkulationszinssatz i gegen Null strebt; ( )
- und unbegrenzter Nutzungsdauer strebt gegen unendlich, wenn der Kalkulationszinssatz i gegen Null strebt. ( )

8.

Der Kapitalwert der Investition

$$\begin{array}{ccccc} & & & +100 & \\ -100 & +10 & +10 & & (€) \\ \hline 0 & 1 & 2 & & \text{(Jahre)} \end{array}$$

- ist erst errechenbar, wenn man den Kalkulationszinssatz i kennt; ( )

- ist erst errechenbar, wenn man den internen Zinssatz r des Objektes   ( )
kennt;
- ist gleich Null, falls man mit einem Kalkulationszinssatz von   ( )
i = 0,10 = 10 % rechnet.

9. Eine Investition ist stets dann vorteilhaft, wenn

- sie sich zum internen Zinssatz r verzinst;   ( )
- die Anschaffungsauszahlung A wiedergewonnen wird;   ( )
- der Kalkulationszinsfuß unter dem internen Zinssatz liegt.   ( )

10. Der interne Zinssatz einer Investition

- sagt für sich allein noch nichts über ihre Vorteilhaftigkeit aus;   ( )
- liegt über dem Kalkulationszinssatz, falls die Investition einen positiven Kapitalwert hat;   ( )
- ist gleich Null, falls der Kapitalwert der Investition Null ist.   ( )

11.

Der interne Zinssatz der Investition

$$\underset{\substack{0 \qquad 1 \qquad 2}}{\underline{-100 \quad +8 \quad \overset{+100}{+\ 8}}} \quad \text{(€)}$$
(Jahre)

- ist gleich Null, falls der Kalkulationszinssatz gleich Null ist;   ( )
- beläuft sich auf 8 %, und zwar unabhängig von der Höhe des Kalkulationszinssatzes;   ( )
- kann im gegebenen Fall auch ohne die Regula falsi errechnet werden, indem man die Kapitalwertgleichung aufstellt, gleich Null
setzt und nach dem Zinssatz auflöst.   ( )

12. Der interne Zinssatz einer Investition

- entspricht stets der Effektivverzinsung der besten nicht gewählten
Investition, falls der Investor seinen Kalkulationszinssatz nach dem
Opportunitätskostenprinzip festlegt;   ( )
- ist immer positiv, wenn der Restwert des Objektes positiv ist;   ( )
- unterscheidet sich in aller Regel von der statisch ermittelten Rentabilität.   ( )

13. Die Rendite eines Investitionsobjektes

- entspricht dem Kalkulationszinssatz stets dann, wenn die barwertigen Einzahlungen E_0 mit den barwertigen Auszahlungen A_0 übereinstimmen;   ( )

- gibt an, wie sich das jeweils im Objekt gebundene Kapital verzinst;   ( )

- ist immer dann größer als der Kalkulationszinssatz, wenn die Nettoeinzahlungen (e - a) des Investitionsobjektes positiv sind.   ( )

14. Die Effektivverzinsung einer Industrieobligation steigt unter sonst gleichen Umständen (ceteris paribus)

- mit steigendem Ausgabekurs;   ( )

- mit steigendem Rückzahlungskurs;   ( )

- mit steigendem Nominalzinssatz.   ( )

15. Im Rahmen der Annuitätenmethode

- ermittelt man die durchschnittlichen jährlichen Ein- und Auszahlungen und/oder den durchschnittlichen jährlichen Überschuss DJÜ;   ( )

- ergibt sich der durchschnittliche jährliche Überschuss DJÜ durch Multiplikation des Kapitalwertes mit dem Kehrwert des Diskontierungssummenfaktors;   ( )

- erhält man den Kapitalwert C_0 durch Multiplikation des durchschnittlichen jährlichen Überschusses mit dem Kapitalwiedergewinnungsfaktor.   ( )

16. Nach dem Annuitätenkriterium gilt eine Investition

- stets dann als vorteilhaft, wenn ihre durchschnittlichen jährlichen Einzahlungen DJE positiv sind;   ( )

- nur dann als vorteilhaft, wenn der durchschnittliche jährliche Überschuss DJÜ einen bestimmten, über null liegenden Mindestwert überschreitet;   ( )

- als vorteilhaft, wenn die Differenz zwischen den durchschnittlichen jährlichen Einzahlungen DJE und den Betriebs- und Instandhaltungsauszahlungen a mindestens die Höhe des Kapitaldienstes KD erreicht.   ( )

17. Der durchschnittliche jährliche Überschuss einer Investition

    - kann niemals negativ werden, wenn ihre durchschnittlichen jährlichen Nettoeinzahlungen (e - a) positiv sind;   ( )

    - fällt unter sonst gleichen Umständen (ceteris paribus) mit steigendem Kalkulationszinssatz;   ( )

    - fällt unter sonst gleichen Umständen (ceteris paribus) im Regelfall mit steigender Nutzungsdauer n.   ( )

18. Der durchschnittliche jährliche Überschuss DJÜ einer vorteilhaften Investition steigt unter sonst gleichen Umständen (ceteris paribus)

    - mit steigendem Restwert R;   ( )

    - mit steigender Anschaffungsauszahlung A;   ( )

    - mit steigenden Betriebs- und Instandhaltungsauszahlungen a.   ( )

19. Wenn der durchschnittliche jährliche Überschuss DJÜ einer Investition gleich Null ist, dann

    - ist ihr Kapitalwert C_0 größer Null;   ( )

    - stimmen Kalkulationszinssatz i und interner Zinssatz r überein;   ( )

    - hat ihr Kapitaldienst KD den Wert Null.   ( )

20. Der jährliche Kapitaldienst KD einer Investition wird unter sonst gleichen Umständen (ceteris paribus)

    - bei unterschiedlichen Werten des Kalkulationszinssatzes i konstant bleiben;   ( )

    - bei steigenden jährlichen Einzahlungen e konstant bleiben;   ( )

    - mit steigender Nutzungsdauer sinken.   ( )

21. Beim Einsatz der Ingenieurformel im Rahmen einer Kostenvergleichsrechnung

    - werden keinerlei Zinsen berücksichtigt;   ( )

    - werden Zinsen nur im Rahmen eines approximativen Kapitaldienstes berücksichtigt;   ( )

    - arbeitet man mit den Rechnungselementen Ein- und Auszahlungen.   ( )

22. Der approximative Kapitaldienst

- ist stets kleiner als der genaue Kapitaldienst;   ( )
- weicht vom genauen Wert immer mehr ab, wenn der Kalkulationszinssatz i unter sonst gleichen Umständen steigt;   ( )
- weicht vom genauen Wert immer mehr ab, wenn die Laufzeit n
  unter sonst gleichen Umständen steigt.   ( )

23. Beim Einsatz der Kostenvergleichsrechnung zur Lösung des Ersatz-
    problems

- sind die Kapitalkosten der Altanlage zweckmäßigerweise als nicht
  entscheidungsrelevant zu betrachten;   ( )
- wird die Altanlage zu früh ersetzt, wenn man ihre Kapitalkosten als
  entscheidungsrelevant betrachtet;   ( )
- wird die Altanlage zu spät ersetzt, wenn man ihre Kapitalkosten als
  entscheidungsrelevant betrachtet.   ( )

24. Die Gewinnvergleichsrechnung

- hat gegenüber der Kostenvergleichsrechnung den Vorteil, auch bei
  ertragsändernden Investitionen anwendbar zu sein;   ( )
- basiert auf den Rechnungselementen Ein- und Auszahlungen;   ( )
- geht wie die Kostenvergleichsrechnung vom approximativen Kapitaldienst aus.   ( )

25. Die statische Amortisationszeit t ist die Anzahl von Jahren

- nach der das Objekt wegen technischer Überalterung aus dem Betrieb scheidet;   ( )
- bei der die Verrechnung aller Ein- und Auszahlungen des Objektes
  den Wert Null ergibt;   ( )
- bei der die Anschaffungsauszahlung A des Objektes dem kumulierten Wert aller nach dem Zeitpunkt Null anfallenden Nettoeinzahlungen (e - a) einschließlich Restwert R entspricht.   ( )

26. Die dynamische Amortisationszeit t_d einer Anlage ist

- unter sonst gleichen Umständen im Regelfall länger als die statische;   ( )

- ein kritischer Wert in Bezug auf die betreffende Investition, bei dem der Kapitalwert C_0 des Objektes gerade gleich Null wird;   ( )

- ein kritischer Wert in Bezug auf die betreffende Investition, bei dem der durchschnittliche jährliche Überschuss DJÜ gerade gleich Null wird.   ( )

27. Im Rahmen der Rentabilitätsrechnung

- ermittelt man die Zielgröße Rentabilität, indem man den Gewinn G durch das durchschnittlich gebundene Kapital DGK dividiert;   ( )

- erhält man ein Ergebnis, die Rentabilität, das im Regelfall mit dem internen Zinssatz r des Objektes übereinstimmt;   ( )

- zeigt es sich, dass man das durchschnittlich gebundene Kapital DGK in allen Praxisfällen in Höhe der halben Anschaffungsauszahlung A angeben kann.   ( )

28. Der kritische Wert einer Variablen in Bezug auf eine Investition

- kann positiv, Null oder negativ sein;   ( )

- kann auch dann hinlänglich genau errechnet werden, wenn sich die Kapitalwert- oder DJÜ-Funktion nicht nach der gesuchten Größe auflösen lässt;   ( )

- ist der Höchst- oder Mindestwert der betreffenden Variablen, bei dem die Investition gerade noch oder gerade eben vorteilhaft ist.   ( )

29. Der kritische Wert einer Variablen in Bezug auf zwei Investitionen

- kann positiv, Null oder negativ sein;   ( )

- ist der Wert, bei dem beide Investitionen den gleichen Wert der jeweiligen Zielgröße (z. B. Kapitalwert) aufweisen;   ( )

- ist der Wert der betreffenden Variablen, bei dem beide Investitionen einen identischen Kapitaldienst KD aufweisen.   ( )

30. Der kritische Restwert einer Investition

- ist stets positiv;   ( )

- ist stets negativ;   ( )

- ist im Regelfall negativ.   ( )

Lösung auf S. 345.

Kurzantworten und Kurzlösungen
(Die linke Ziffer gibt jeweils die Kapitelnummer wieder)

1.1

Volkswirtschaftliche Begründung:
Die Investitionen in unserer Volkswirtschaft sind in der Vergangenheit tendenziell ständig gestiegen. Wir investieren ca. 20 % unseres Bruttosozialproduktes. Es ist deshalb für unsere Volkswirtschaft wichtig, dass über die hohen Investitionssummen so gut wie möglich disponiert wird. Dazu ist eine Investitionsrechnung erforderlich.

Betriebswirtschaftliche Begründung:
Die Investitionen pro Betrieb und pro Beschäftigtem sind in der Vergangenheit sehr stark gestiegen. Ein Betrieb ist darauf angewiesen,

• Chancen zu erkennen und zu nutzen (also Gewinn bringende Investitionen zu realisieren) und

• Risiken zu erkennen und zu vermeiden (also Verlust bringende Investitionen zu unterlassen).

Die Investitionsrechnung bietet dem Betrieb eine Entscheidungshilfe, um vorteilhafte Investitionen von unvorteilhaften zu trennen.

1.2

Realinvestitionen dienen dazu, den betrieblichen Produktionsapparat zu verbessern oder zu erweitern, z. B. Maschinen, Gebäude, Vorräte. Finanzinvestitionen liegen dann vor, wenn Forderungen erworben werden, z. B. Kauf von Pfandbriefen, Kommunalobligationen, Bankguthaben.

1.3

Für die Durchführung der Investitionsrechnung ist die Art der vorliegenden Investition unwichtig. Entscheidend ist das Zeitbild der Investition, d. h. die Zahlungen in ihrer Höhe und zeitlichen Verteilung. Man definiert deshalb Investition als Zahlungsreihe, die mit einer Auszahlung beginnt.

1.4

Eine Investitionsrechnung ist stets auf der Grundlage von Auszahlungen und Einzahlungen aufzubauen, d. h. auf der Grundlage solcher Rechnungselemente, die angeben, wann ein Zahlungsvorgang kassenwirksam wird. Für die Vorteilhaftigkeit einer Investition ist nämlich nicht nur die absolute Höhe der Zahlungen maßgebend, sondern auch deren zeitliche Verteilung.

1.5

Eine Ersatzinvestition durchzuführen bedeutet meist, die Altanlage gegen eine kostengünstiger arbeitende Neuanlage auszutauschen. Damit ist die Ersatzinvestition gleichzeitig eine Rationalisierungsinvestition. Nutzt man den Anlagenersatz zum Erwerb einer größeren Maschine, hat die Ersatzinvestition darüber hinaus auch Erweiterungscharakter. Sollte ihre Nutzungsdauer über vier Jahren liegen, so spricht man im Allgemeinen von langfristiger Investition. Ist der Investor Unternehmer, dann handelt es sich um eine private, investiert der Staat, um eine öffentliche Investition. Chronologisch ist sie eine laufende Investition, von der Art der Nutzleistung eine Realinvestition. Wichtig ist also, dass die verschiedenen Kategorien nicht alternativ, sondern additiv verwendbar sind, wenn es um die Beschreibung eines praktischen Investitionsvorhabens geht.

1.6

Die Kostenrechnung wird regelmäßig erstellt, die Investitionsrechnung dagegen diskontinuierlich von Fall zu Fall. Die Kostenrechnung legt stets eine Teilperiode zugrunde (Quartal oder Monat), die Investitionsrechnung hingegen die gesamte Nutzungsdauer eines Investitionsobjektes (im Regelfall mehrere Jahre). Die Kostenrechnung bezieht sich auf den Betrieb als Ganzes, die Investitionsrechnung auf ein einzelnes Objekt. Die Kostenrechnung dient der Steuerung und Kontrolle des Betriebes, die Investitionsrechnung dient der Vorteilhaftigkeitsbestimmung eines Investitionsobjektes (oder der Ermittlung der optimalen Nutzungsdauer oder des optimalen Ersatzzeitpunktes). Die Kostenrechnung fußt auf den Rechnungselementen Kosten und Leistungen, die Investitionsrechnung basiert auf Ein- und Auszahlungen.

1.7

Definition	Fachbegriff
Geldwert eines Einkaufes pro Periode	Ausgabe (€/Periode)
Geldwert eines Verkaufes pro Periode	Einnahme (€/Periode)
bewerteter Güterverzehr im Produktionsprozess zur Leistungserstellung einer Periode	Kosten (€/Periode)
bewertete betriebliche Leistungen einer Periode	Betriebsertrag (interner Ertrag) (€/Periode)
jede Eigenkapitalminderung einer Periode, die keine Kapitalrückzahlung darstellt	Aufwand (€/Periode)

Definition	Fachbegriff
jede Eigenkapitalerhöhung einer Periode, die keine Kapitaleinzahlung darstellt	externer Ertrag (€/Periode)
Kassenminderung pro Periode	Auszahlung (€/Periode)
Kassenzugang pro Periode	Einzahlung (€/Periode)

1.8

Die statischen Verfahren sind vergleichsweise einfach, da sie auf die Rechentechnik des Auf- und Abzinsens verzichten. Sie benutzen meist Kosten und Leistungen oder Aufwendungen und Erträge als Rechnungselemente. Sie wurden von der Praxis entwickelt und stellen grobe Faustregeln dar. Im Einzelnen handelt es sich um die Kostenvergleichsrechnung, Gewinnvergleichsrechnung, Amortisationsrechnung und die Rentabilitätsrechnung. Die statischen Methoden werden heutzutage bei Großunternehmungen immer seltener angewendet. Häufig findet man sie auch heute noch bei Klein- und Mittelbetrieben.

Die dynamischen Verfahren setzen mathematische Grundkenntnisse voraus, da sie auf der Rechentechnik des Auf- und Abzinsens basieren. Als Rechnungselemente werden Aus- und Einzahlungen verwendet. Im Einzelnen handelt es sich um die Kapitalwertmethode, interne Zinsfuß-Methode, Annuitätenmethode. In Großunternehmungen werden diese Methoden heute überwiegend eingesetzt. Ein hohes Entwicklungspotential findet sich bei Klein- und Mittelbetrieben, wo heute noch überwiegend statische Verfahren zum Einsatz gelangen. Hier ließen sich bei Verwendung dynamischer Methoden erhebliche Gewinnverbesserungen erzielen.

1.9

Kalkulationszinssatz ist der subjektive Mindestzinssatz, den ein Investor im Rahmen einer Investitionsentscheidung ansetzt.

1.10

1. Möglichkeit:

Bei vollständiger Eigenfinanzierung kann der Kalkulationszinssatz i_e nie kleiner sein als der Habenzinssatz einer bestimmten Kapitalmarktanlage, denn ein Unternehmer könnte sonst die Mittel am Kapitalmarkt anlegen. Es gilt also:

$$i_e \geq \text{Habenzinssatz}$$

Da der Unternehmer bei einer Kapitalbindung in einer betrieblichen Investition ein Risiko eingeht, muss er dieses Risiko durch einen entsprechenden Zuschlag berücksichtigen. Er erhöht den Habenzins einer bestimmten Kapitalmarktanlage um den Risikozuschlag z. Es gilt also:

$$i_e = \text{Habenzinssatz} + z$$

2. Möglichkeit:

Bei vollständiger Fremdfinanzierung muss der Unternehmer den Kalkulationszinssatz mindestens in Höhe des Zinssatzes für das überlassene Fremdkapital ansetzen:

$$i_f \geq \text{Sollzinssatz}$$

Berücksichtigt man das Investitionsrisiko durch den Zuschlag z, so gilt:

$$i_f = \text{Sollzinssatz} + z$$

3. Möglichkeit:

Bei einer Mischfinanzierung aus Eigen- und Fremdmitteln ergibt sich der Kalkulationszinssatz als gewichtetes Mittel aus dem Kalkulationszinssatz für das Eigenkapital i_e und jenem für das Fremdkapital i_f.

$$i_m = \frac{EK \cdot i_e + FK \cdot i_f}{EK + FK}$$

4. Möglichkeit:

Die Rendite der besten nicht gewählten Alternative dient als Maßstab für den Kalkulationszinssatz i der vorgesehenen Investition; es gilt:

$$i = \text{Alternativrendite}$$

5. Möglichkeit:

Man ordnet jede Investition nach einem vorgegebenen Raster einer bestimmten Risikokategorie zu, für die jeweils ein eigener Kalkulationszinssatz bestimmt ist.

1.11

Gemäß (1.2) gilt für den Kalkulationszinssatz i_e bei Eigenfinanzierung:

$$i_e = \text{Habenzinssatz} + \text{Risikozuschlag}$$

Das Opportunitätskostenprinzip dagegen verlangt:

$$(1.6) \qquad i_0 = \text{Alternativrendite}$$

Die Gemeinsamkeit besteht darin, dass man sich in beiden Fällen an einer Alternative zur Festlegung des Kalkulationszinssatzes orientiert. Der Unterschied liegt darin, dass das Feld der als relevant betrachteten Alternativen verschieden ist. (1.2) beschränkt das Alternativenfeld auf Finanzinvestitionen am Kapitalmarkt. (1.6) bezieht sämtliche Investitionsarten in das Alternativenfeld ein, schreibt jedoch vor, dass die Alternativinvestition mit der höchsten Rendite bei der Bestimmung des Kalkulationszinssatzes auszuwählen sei. Das kann eine Realinvestition oder eine Finanzinvestition sein.

1.12

Es ist nicht sinnvoll, den Kalkulationszinssatz höher als den internen Zinssatz der besten nicht gewählten Investition festzulegen. Wird nämlich ein Beurteilungsobjekt wegen eines zu hohen Kalkulationszinssatzes als unwirtschaftlich abgelehnt, so hat der Investor offenbar keine Ausweichmöglichkeit, die eine Anlage seiner Mittel zum Kalkulationszinssatz gewährleistet. Problematisch ist hierbei der Vergleich von Investitionsobjekten, die sich hinsichtlich des Risikos stark unterscheiden. So wird ein Investor seine Mittel eventuell lieber zu 5 % bei einer Bank als zu 20 % bei einer sehr riskanten Realinvestition anlegen.

1.13

Der Kalkulationszinssatz eines Investors kann aus folgenden Gründen. nicht als objektiv bezeichnet werden:

a) Fixiert der Investor seinen Kalkulationszinssatz nach der Regel:

> Kalkulationszinssatz = Basiszins + Risikozuschlag,

so ist zu beachten, dass in einer Volkswirtschaft kein einheitlicher Basiszins existiert. Man findet vielmehr verschiedene Soll- und Habenzinssätze.

Ferner ist die Risikoeinschätzung und damit der Risikozuschlag von Investor zu Investor und von Investition zu Investition verschieden.

b) Bei Festlegung des Kalkulationszinssatzes nach dem Opportunitätskostenprinzip ist das Feld der betrachteten Investitionsmöglichkeiten von Investor zu Investor verschieden.

1.14

Wer eine Investition ablehnt, weil sie die geforderte Mindestverzinsung nicht erbringt, d. h. weil ihre Rendite unter dem Kalkulationszinssatz liegt, führt keinen isolierten Vergleich durch. Er vergleicht vielmehr zwei Möglichkeiten: das Investitionsobjekt und die Anlage der zu investierenden Mittel zum Kalkulationszinssatz. Die Anlage der Geldmittel zum Zinssatz i ist mithin als konkurrierendes Investitionsobjekt zu sehen. Die Vorteilhaftigkeit einer Investition wird stets durch Vergleich bestimmt.

1.15

a) i_e = Habenzinssatz + z

$\quad i_e$ = 0,09 + 0,06

$\quad i_e$ = 0,15 = 15 %

b) i_f = Sollzinssatz + z

$\quad i_f$ = 0,11 + 0,06

$\quad i_f$ = 0,17 = 17 %

c) $i_m = \dfrac{EK \cdot i_e + FK \cdot i_f}{EK + FK}$

$\quad i_m = \dfrac{EK}{EK + FK} \cdot i_e + \dfrac{FK}{EK + FK} \cdot i_f$

$\quad i_m$ = 0,25 $\cdot$ i_e + 0,75 $\cdot$ i_f

$\quad i_m$ = 0,25 $\cdot$ 0,15 + 0,75 $\cdot$ 0,17

$\quad i_m$ = 0,165 = 16,5 %

d) i_o = Alternativrendite

$\quad i_o$ = 0,19 = 19 %

1.16

a) Bei Wahl der Investition 2 weist die beste nicht gewählte Investition einen Effektivzinssatz von 18 % aus. Die Opportunitätskosten belaufen sich auf 18 %.

b) Entscheidet sich der Investor für Investition 4 (3, 1), so belaufen sich die Opportunitätskosten auf 19 %. Das ist die Effektivverzinsung der besten nicht gewählten Investition.

1.17

Der niedrigste in der Praxis verwendete Kalkulationszinssatz dürfte bei 6 % liegen; als Höchstwerte werden Sätze zwischen 20 % und 40 % genannt. Praktisch bedeutsam ist der Bereich von 8 % bis 12 %; der häufigste Wert für den Kalkulationszinssatz liegt in Deutschland bei 10 %.

1.18

Eine Investition beginnt mit einer oder mehreren Auszahlungen und lässt zu späteren Zahlungszeitpunkten überwiegend positive Nettoeinzahlungen erwarten. Eine Finanzierung beginnt mit einer oder mehreren Einzahlungen und lässt spätere Auszahlungen erwarten. Investition und Finanzierung unterscheiden sich lediglich durch das Vorzeichen der jeweiligen Zahlungsreihe.

2.1

$K_n = K_0 \cdot AuF_{20}$

$K_n = 3\ 000\ 000\ 000\ 000 \cdot 2{,}653298$

$K_n = 7\ 959{,}894\ (\text{Mrd Euro})$

2.2

$n_1 = 5 \rightarrow K_n = 100 \cdot 1{,}469328$
$K_n = 146{,}93\ (\text{€})$

$n_4 = 20 \rightarrow K_n = 100 \cdot 4{,}660957$
$K_n = 466{,}10\ (\text{€})$

$n_2 = 10 \rightarrow K_n = 100 \cdot 2{,}158925$
$K_n = 215{,}89\ (\text{€})$

$n_5 = 25 \rightarrow K_n = 100 \cdot 6{,}848475$
$K_n = 684{,}85\ (\text{€})$

$n_3 = 15 \rightarrow K_n = 100 \cdot 3{,}172169$
$K_n = 317{,}22\ (\text{€})$

$n_6 = 30 \rightarrow K_n = 100 \cdot 10{,}062657$
$K_n = 1\ 006{,}27\ (\text{€})$

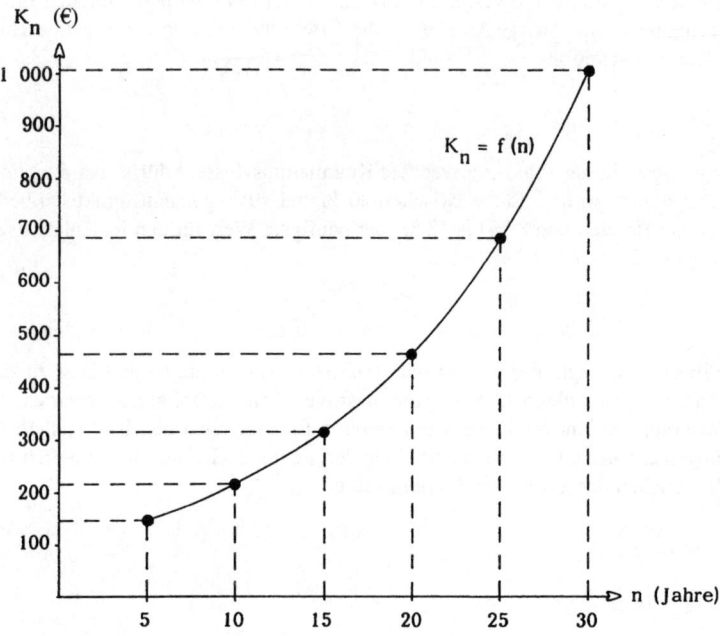

Abb.: Endwertkurve

Die Kurve zeigt einen progressiv steigenden Verlauf.

2.3

$K_n = K_0 \cdot AuF_{20}$

$K_n = 100\ 000 \cdot 4{,}660957$

$K_n = 466\ 096\ (€)$

Das Guthaben des Erben beträgt nach 20 Jahren 466 096 €. Die dann jährlich anfal-lenden Zinsen belaufen sich auf:

$Z = 466\ 096 \cdot 0{,}08$

$Z = 37\ 287{,}68\ (€)$

2.4

$$AbF_2 \qquad AbF_5 \qquad AbF_7$$
$$\downarrow \qquad \downarrow \qquad \downarrow$$

$K_0 = 2\,000 \cdot 0,857339 + 5\,000 \cdot 0,680583 + 4\,000 \cdot 0,583490$

$K_0 = 1\,714,68 + 3\,402,91 + 2\,333,96$

$K_0 = 7\,451,55\ (\text{€})$

Die Einmalzahlung zum Zeitpunkt 0, die den drei einzelnen Zahlungen gleichwertig ist, beträgt 7 451,55 €.

2.5

a) $i_1 = 0,06 = 6\ \%$

Um die Zahlungen vergleichen zu können, ist es notwendig, sie auf den Zeitpunkt 0 abzuzinsen.

Käufer	Angebot (Zeitwert)	Abzinsungsfaktor	Angebot (Barwert)
A	120 000	-	120 000
B	150 000	0,747258	112 089
C	180 000	0,704961	126 893

Das Angebot des C ist beim gewählten Zinssatz das günstigste, weil es den höchsten Barwert aufweist.

b) $i_2 = 0,10 = 10\ \%$

Käufer	Angebot (Zeitwert)	Abzinsungsfaktor	Angebot (Barwert)
A	120 000	-	120 000
B	150 000	0,620921	93 138
C	180 000	0,564474	101 605

Bei einem Zinssatz von $i = 0,10 = 10\ \%$ ist das Angebot des A am günstigsten.

2.6

a) $i = 0,06 = 6\% \rightarrow$

$K_0 = g \cdot DSF_8$

$K_0 = 6\,000 \cdot 6,209794$

$K_0 = 37\,258,76\ (€)$

Der der Zahlungsreihe äquivalente Barwert beträgt beim Kalkulationszinssatz von 6 % 37 258,76 €.

b) $i = 0,10 = 10\% \rightarrow$

$K_0 = g \cdot DSF_8$

$K_0 = 6\,000 \cdot 5,334926$

$K_0 = 32\,009,56\ (€)$

Der der Zahlungsreihe äquivalente Barwert beläuft sich beim Kalkulationszinssatz von 10 % auf 32 009,56 €.

2.7

$K_n = g \cdot EWF_{30}$

$K_n = 2\,000 \cdot 94,460786$

$K_n = 188\,922\ (€)$

Der Verzicht auf das Lottospielen erbringt bei Anlage der dadurch frei werdenden Mittel zu i = 7 % nach 30 Jahren ein Kapital von 188 922 €.

2.8

Weil der, der Ihnen Geld leiht, im Regelfall dafür Zinsen verlangt - genauso wie Sie im Regelfall Zinsen erwarten, wenn Sie Geld verleihen. Dabei kommt man rasch zu beträchtlichen Steigerungen: Ein heute zu 7 % angelegter Geldbetrag wächst unter Berücksichtigung von Zins und Zinseszins innerhalb von 10 Jahren auf das Doppelte.

2.9

Unter Zeitpräferenz versteht man den Tatbestand der Minderschätzung künftiger Bedürfnisse, Ereignisse und Zahlungen gegenüber gegenwärtigen. Ihr jetziger Hunger ist Ihnen wichtiger als Ihr künftiger. Ihr Jahresgehalt empfangen Sie lieber in zwölf Monatsraten während des Jahres als in einer einzigen Zahlung am 31. Dezember. Den in einem Preisausschreiben gewonnenen Kilobarren Gold wollen Sie jetzt und nicht erst nach 20 Jahren.

2.10

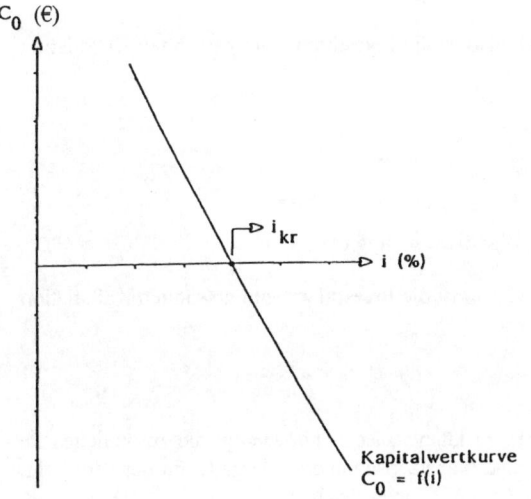

Typischer Verlauf der Kapitalwertkurve:

monoton fallend

Abb.: Kapitalwertkurve

Kapitalwertformel:

$$C_0 = -A + R\ \frac{1}{(1+i)^n} + \sum_{k=1}^{k=n}(e_k - a_k) \cdot \frac{1}{(1+i)^k}$$

Wie aus der Formel ersichtlich ist, werden alle Größen, ausgenommen A, auf den Zeitpunkt 0 abgezinst. Mit steigendem i werden die Barwerte kleiner, da der Abzinsungsfaktor mit steigendem i sinkt.

2.11

Der Kapitalwert ist die Differenz zwischen den barwertigen Ein- und Auszahlungen bei einem bestimmten Zinssatz: $C_0 = E_0 - A_0$.

2.12

a) $i_1 = 0,08 = 8\,\% \rightarrow$

$C_0 = E_0 - A_0$

$C_0 = 14\,800 \cdot 0,680583 - 10\,000 = +73\ (\text{€})$

Der Kapitalwert ist positiv, also ist die Investition beim gewählten Kalkulationszinssatz vorteilhaft.

b) $i_2 = 0,10 = 10\,\% \rightarrow$

$C_0 = E_0 - A_0$

$C_0 = 14\,800 \cdot 0,620921 - 10\,000 = -810,38\ (\text{€})$

Der Kapitalwert ist negativ, also ist die Investition beim gewählten Kalkulationszinssatz unvorteilhaft.

2.13

Um eine Empfehlung abgeben zu können, ist es notwendig, die zusätzlichen Prämienzahlungen auf den Zeitpunkt 0 abzuzinsen und die Summe mit der barwertigen Sofortauszahlung von 1 500 € (= BW_1) zu vergleichen.

a) $BW_1 = 1\,500\ (\text{€})$

$BW_2 = 500 \cdot 0,925926 + 400 \cdot 0,857339 + 400 \cdot 0,793832 + 300 \cdot 0,73503$
$\qquad\quad + 300 \cdot 0,680583$

$BW_2 = 1\,548\ (\text{€})$

Bei einem Zinssatz von 8 % ist der Barwert der zusätzlichen Prämienzahlungen höher als die Einmalzahlung → selbst regulieren.

b) $BW_1 = 1\,500$ (€)

$BW_2 = 500 \cdot 0{,}909091 + 400 \cdot 0{,}826446 + 400 \cdot 0{,}751315 + 300 \cdot 0{,}683013$
$\qquad + 300 \cdot 0{,}620921$

$BW_2 = 1\,476$ (€)

Bei einem Kalkulationszinssatz von 10 % ist es empfehlenswert, den Schaden durch die Versicherung regeln zu lassen, weil der Barwert der zusätzlichen Prämienzahlungen kleiner ist als die Einmalzahlung.

2.14

$C_0 = (e - a) \cdot DSF_n + R \cdot AbF_n - A$

$C_0 = (5\,000 - 3\,000) \cdot 3{,}465106 + 4\,000 \cdot 0{,}792094 - 10\,000$

$C_0 = 98{,}59$ (€)

Die Investition ist beim gewählten Kalkulationszinssatz vorteilhaft, da der Kapitalwert positiv ist.

2.15

a) $K_0 = \dfrac{g}{i} = \dfrac{4\,500}{0{,}08} = 56\,250$ (€)

b) $K_0 = 4\,500 \cdot \dfrac{1}{0{,}04} = 112\,500$ (€)

2.16

$K_0 = g \cdot \dfrac{1}{i} = 25\,000 \cdot \dfrac{1}{0{,}06} = 416\,667$ (€)

2.17

Steigt (+) oder fällt (-) der Kapitalwert einer Investition im Regelfall unter sonst gleichen Umständen mit

- steigender Anschaffungsauszahlung A?   Kapitalwert (-)

- steigenden jährlichen Betriebs- und
  Instandhaltungsauszahlungen a?   Kapitalwert (-)

- steigenden jährlichen Einzahlungen e?   Kapitalwert (+)

- steigender Nutzungsdauer n?   Kapitalwert (+)

- steigendem Kalkulationszinssatz i?   Kapitalwert (-)

2.18

Meist ist die Anschaffungsauszahlung eines Objekts die einzige sicher feststellbare
Größe. Alle anderen Größen sind risikobehaftet. Sie können von dem als wahrscheinlich angesehenen Wert so abweichen, dass die Vorteilhaftigkeit des Objekts
leidet. Diesem Risiko steht aber auch eine Chance gegenüber. Das ist diejenige Abweichung vom wahrscheinlichsten Wert, die die Vorteilhaftigkeit günstig beeinflusst. Risiko und Chance gehören zusammen.

In die Investitionsrechnung eingehende Größe	Risiko	Chance
Anschaffungsauszahlung A	entfällt	entfällt
Betriebs- und Instandhaltungsaus-zahlungen a	tatsächliche Werte höher als erwartet	tatsächliche Werte niedriger als erwartet
jährliche Einzahlungen e	Istwerte kleiner als Planwerte	Istwerte größer als Planwerte
Nutzungsdauer n	tatsächliche Nut-zungsdauer liegt unter dem Planwert	tatsächliche Nut-zungsdauer liegt über dem Planwert
Restwert R	Istwert liegt unter Planwert	Istwert liegt über Planwert
Kalkulationszinssatz i	Zinsniveau steigt, Kalkulationszinssatz zu niedrig	Zinsniveau fällt, Kal-kulationszinssatz zu hoch

2.19

Formular zur Kapitalwertberechnung				
Zeitpunkt/ Wirt- schaftsjahr	Auszahlun- gen A, a (€)	Einzahlun- gen e, R (€)	Nettoein- zahlungen (€)	Abzinsungs- faktor (8 %)	Barwerte (8 %) (€)
	I	II	III = II - I	IV	V = III • IV
0 20..				1,000000	
1 20..				0,925926	
2 20..				0,857339	
3 20..				0,793832	
4 20..				0,735030	
5 20..				0,680583	
6 20..				0,630170	
7 20..				0,583490	
8 20..				0,540269	
9 20..				0,500249	
10 20..				0,463193	
11 20..				0,428883	
12 20..				0,397114	
13 20..				0,367698	
14 20..				0,340461	
15 20..				0,315242	
16 20..				0,291890	
17 20..				0,270269	
18 20..				0,250249	
19 20..				0,231712	
20 20..				0,214548	
21 20..				0,198656	
22 20..				0,183941	
23 20..				0,170315	
24 20..				0,157699	
25 20..				0,146018	
26 20..				0,135202	
27 20..				0,125187	
28 20..				0,115914	
29 20..				0,107328	
30 20..				0,099377	
Kapitalwert (= Summe aller Barwerte)					

3.1

Eine Investition ist dann vorteilhaft, wenn der interne Zinssatz (= erwartete Rendite) einer Investition mindestens so groß ist wie die vom Investor subjektiv gesetzte Mindestverzinsungsanforderung (= Kalkulationszinssatz).

Folgende zwei Teilfragen müssen dazu gestellt und beantwortet werden:

1) Welche Höhe hat die Mindestverzinsungsanforderung i des Investors?

2) Wie groß ist die Rendite r der Investition?

3.2

Rendite, Effektivverzinsung, DCF-Rendite = Discounted-Cash-Flow-Rendite, interner Ertragssatz, interne Rendite, internal rate of return, Kapitalertragsrate.

3.3

Der interne Zinssatz einer Investition ist der Zinssatz, bei dessen Ansatz der Kapitalwert einer Investition gleich Null wird.

3.4

Die Definition des internen Zinssatzes besagt, dass es sich hierbei um den Zinssatz handelt, bei dem der Kapitalwert einer Investition gleich Null wird. Bei einem Kapitalwert von Null ist eine Investition aber gerade noch lohnend. Eine eben noch lohnende Investition ist nach der internen Zinsfuß-Methode durch die Bedingung i = r zu charakterisieren. Somit repräsentiert der Schnittpunkt der Kapitalwertkurve mit der Abszisse die Nullstelle der Kapitalwertfunktion mit i = r und gleichzeitig $C_0 = 0$.

3.5

Finanzierung ist das Spiegelbild von Investition, nämlich eine Zahlungsreihe, die mit einer Einzahlung beginnt. Da wie bei der Investition eine Zahlungsreihe vorliegt, kann man auch die Effektivbelastung analog berechnen. Aus der Sicht des Geldgebers lässt sich eine Finanzierungsmaßnahme auch direkt als Investition interpretieren, was die unmittelbare Anwendung der internen Zinsfuß-Methode ermöglicht.

3.6

Unter einem Disagio (ital. = Abschlag, Abgeld) versteht man die Spanne, um die der Preis oder Kurs eines Wertpapieres hinter dem Nennwert zurückbleibt. Unter dem

Begriff Agio (ital. = Aufgeld) versteht man den Betrag, um den der Preis oder Kurs eines Wertpapieres über dem Nennwert liegt.

Bei einem unter 100 % liegenden Auszahlungskurs ist der Effektivzinssatz höher als der Nominalzinssatz. Ein unter 100 % liegender Auszahlungskurs kann also zur Verschleierung eines hohen Effektivzinssatzes benutzt werden. Daneben kommt als Motiv für einen niedrigen Auszahlungskurs auch die Notwendigkeit einer Feinabstimmung des Effektivzinssatzes in Frage: Der Nominalzinssatz wird üblicherweise lediglich in Schritten von einem halben oder einem viertel Prozentpunkt geändert. Will man also einen Effektivzinssatz von beispielsweise 6,65 %, dann ist - bei einem Nominalzinssatz von 6,5 % - ein Auszahlungskurs zu wählen, der unter 100 % liegt. Die Höhe des Disagios richtet sich dann nach der Laufzeit des Darlehens.

Das wird auch aus den Gleichungen (3.8) deutlich:

$$r_{appr} = \frac{Z}{A} + \frac{R - A}{n} \qquad\qquad r_{appr} = \frac{Z + \dfrac{R - A}{n}}{A}$$

Die Gleichungen verteilen das Disagio (= Differenz zwischen Rückzahlungskurs und Auszahlungskurs = R - A) mittels Division durch n auf die Laufzeit. Der approximative Effektivzinssatz ergibt sich, indem Sie neben dem Nominalzinssatz auch das anteilige Disagio pro Periode berücksichtigen, das aber in beiden Fällen nicht finanzmathematisch korrekt auf die Laufzeit verteilt wird.

3.7

$$i_1 = 0{,}06 \quad \rightarrow \quad C_{0,1} = -88{,}50 + 7 \cdot 0{,}943396 + 8 \cdot 0{,}889996 + 9 \cdot 0{,}839619$$
$$+ 9 \cdot 0{,}792094 + (6 + 77{,}50) \cdot 0{,}747258$$

$$C_{0,1} = +2{,}31 \ (€)$$

$$i_2 = 0{,}08 \quad \rightarrow \quad C_{0,2} = -88{,}50 + 7 \cdot 0{,}925926 + 8 \cdot 0{,}857339 + 9 \cdot 0{,}793832$$
$$+ 9 \cdot 0{,}735030 + (6 + 77{,}50) \cdot 0{,}680583$$

$$C_{0,2} = -4{,}57 \ (€)$$

$i_3 = 0,10 \quad \rightarrow \quad C_{0,3} = -88,50 + 7 \cdot 0,909091 + 8 \cdot 0,8266446 + 9 \cdot 0,751315$
$$+ 9 \cdot 0,683013 + (6 + 77,50) \cdot 0,620921$$

$$C_{0,3} = -10,77 \ (\text{€})$$

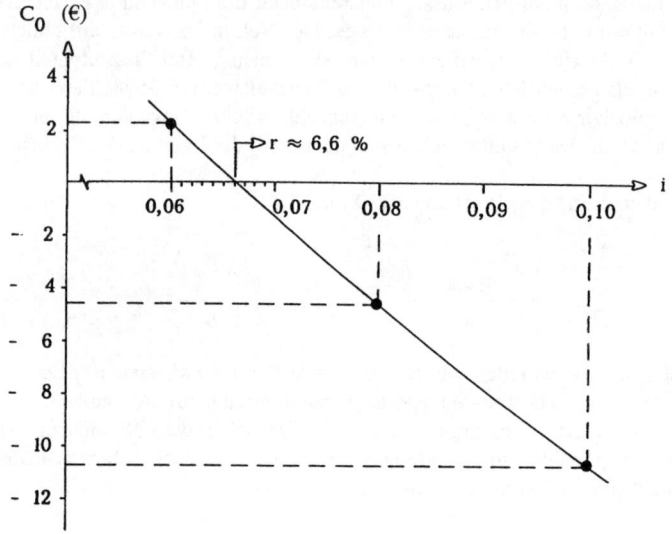

Abb.: Kapitalwertkurve

Die Rendite dieser Finanzinvestition liegt bei $r = 0,066 = 6,6$ %. Rechnet der Investor normalerweise mit einem Kalkulationszinssatz von $i = 0,10 = 10$ %, so war das Engagement nicht lohnend.

3.8

a) $r_{appr} = \dfrac{Z}{A} + \dfrac{R-A}{n} = \dfrac{0,08}{0,92} + \dfrac{1,00 - 0,92}{10} = 0,09495 = 9,50 \ (\%)$

$r_{appr} = \dfrac{Z + \dfrac{R-A}{n}}{A} = \dfrac{8 + \dfrac{100 - 92}{10}}{92} = 0,0957 = 9,57 \ (\%)$

b) $i_1 = 0,06 \rightarrow C_{0,1} = -92 + 8 \cdot 7,360087 + 100 \cdot 0,558395$

$\qquad\qquad\quad C_{0,1} = +22,72$ (€)

$i_2 = 0,08 \rightarrow C_{0,2} = -92 + 8 \cdot 6,710081 + 100 \cdot 0,463193$

$\qquad\qquad\quad C_{0,2} = +8,00$ (€)

$i_3 = 0,10 \rightarrow C_{0,3} = -92 + 8 \cdot 6,144567 + 100 \cdot 0,385543$

$\qquad\qquad\quad C_{0,3} = -4,29$ (€)

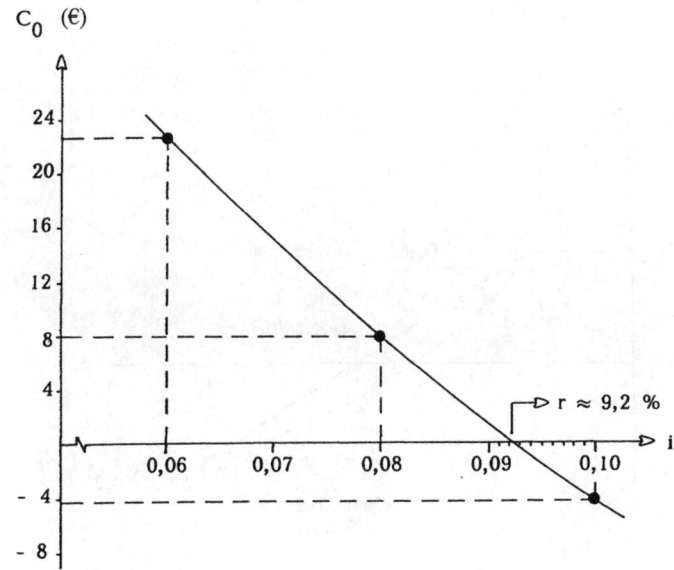

Abb.: Kapitalwertkurve

Die Investition weist eine Rendite von ca. 9,2 % auf.

c) Für $n \rightarrow \infty$ strebt der Diskontierungssummenfaktor gegen $\frac{1}{i}$.

1. Schritt: $\qquad C_0 = -92 + 8 \cdot \frac{1}{i}$

2. Schritt: $0 = -92 + 8 \cdot \dfrac{1}{r}$

3. Schritt: $r = \dfrac{8}{92} = 0,086956 = 8,70 \ (\%)$

Bei unendlicher Laufzeit beläuft sich die Rendite auf $r = 8,70 \ \%$.

3.9

Die Gleichung zur Effektivzinsbestimmung (Regula falsi) lautet:

$$r = i_1 - C_{0,1} \cdot \frac{i_2 - i_1}{C_{0,2} - C_{0,1}}$$

Herleitung:

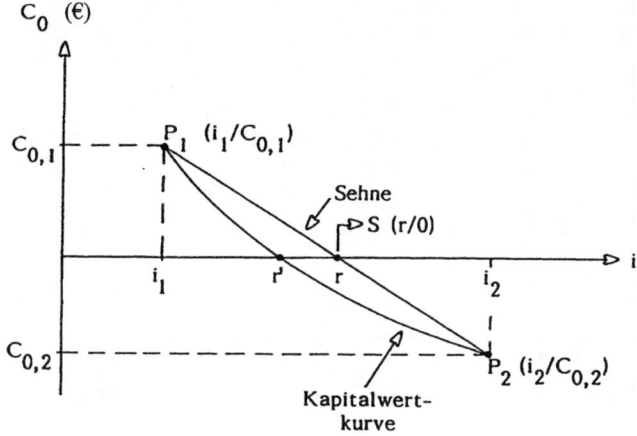

Abb.: Sehnenverfahren (Regula falsi)

Ausgangspunkt ist der gesuchte interne Zinssatz, also der Wert von i, an dem die aus der Abbildung ersichtliche Gerade die Abszisse schneidet. Hierfür stehen zwei Wertepaare zur Verfügung, nämlich die Koordinaten von P_1 ($i_1/C_{0,1}$) und jene von P_2 ($i_2/C_{0,2}$).

1. Schritt: Ermittlung der Geradengleichung.

$$\frac{C_0 - C_{0,1}}{i - i_1} = \frac{C_{0,2} - C_{0,1}}{i_2 - i_1}$$

2. Schritt: Da der Schnittpunkt der Geraden mit der Abszisse ermittelt werden soll, muss $C_0 = 0$ gesetzt werden. Durch das Nullsetzen ist der Zinssatz i als Renditenwert r fixiert.

$$\frac{0 - C_{0,1}}{r - i_1} = \frac{C_{0,2} - C_{0,1}}{i_2 - i_1} \qquad | \bullet (r - i_1) \bullet (i_2 - i_1)$$

3. Schritt: Auflösen der Gleichung nach r.

$$- C_{0,1}(i_2 - i_1) = (C_{0,2} - C_{0,1})(r - i_1) \qquad | : (C_{0,2} - C_{0,1})$$

$$r - i_1 = \frac{- C_{0,1}(i_2 - i_1)}{C_{0,2} - C_{0,1}} \qquad | + i_1$$

$$r = i_1 - C_{0,1} \bullet \frac{i_2 - i_1}{C_{0,2} - C_{0,1}}$$

3.10

a) 1. Grafische Methode

$i_1 = 0{,}06 \quad \rightarrow \quad C_{0,1} = - 46\,000 + 3\,000 \bullet 7{,}360087 + 50\,000 \bullet 0{,}558395$

$\qquad\qquad\qquad C_{0,1} = + 4\,000 \ (\text{€})$

$i_2 = 0{,}07 \quad \rightarrow \quad C_{0,2} = - 46\,000 + 3\,000 \bullet 7{,}023582 + 50\,000 \bullet 0{,}508349$

$\qquad\qquad\qquad C_{0,2} = + 488 \ (\text{€})$

$i_3 = 0{,}08 \quad \rightarrow \quad C_{0,3} = - 46\,000 + 3\,000 \bullet 6{,}710081 + 50\,000 \bullet 0{,}463193$

$\qquad\qquad\qquad C_{0,3} = - 2\,710 \ (\text{€})$

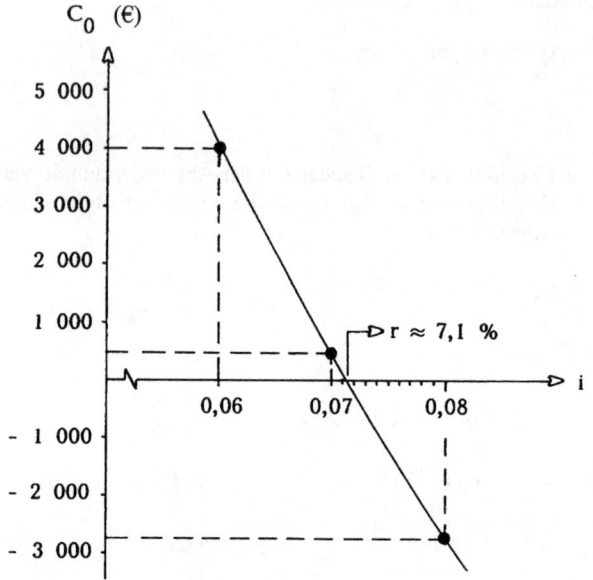

Abb.: Grafische Effektivzinsberechnung

Nach der grafischen Methode ergibt sich ein interner Zinssatz von ca. 7,1 %.

2. Rechnerische Methode

$i_1 = 0,07 \rightarrow C_{0,1} = +488 \,(\text{€})$

$i_2 = 0,08 \rightarrow C_{0,2} = -2\,710 \,(\text{€})$

Setzt man die beiden Wertepaare in die Gleichung zur Effektivzinsbestimmung ein, so ergibt sich:

$$r = 0,07 - 488 \cdot \frac{0,08 - 0,07}{-2\,710 - 488}$$

$$r = 0,07 + 488 \cdot \frac{0,01}{3\,198}$$

$$r = 0,0715 = 7,15 \,(\%)$$

Nach der rechnerischen Methode ergibt sich ein interner Zinssatz von 7,15 %.

3. Näherungsgleichungen (3.8)

Für die approximative Rendite gilt:

$$r_{appr} = \frac{Z + \dfrac{R - A}{n}}{A} \qquad \text{oder:} \qquad r_{appr} = \frac{Z}{A} + \frac{R - A}{n}$$

$$r_{appr} = \frac{3\ 000 + \dfrac{50\ 000 - 46\ 000}{10}}{46\ 000} \qquad\qquad r_{appr} = \frac{0,06}{0,92} + \frac{0,08}{10}$$

$$r_{appr} = \frac{3\ 000 + 400}{46\ 000} \qquad\qquad r_{appr} = 0,07322$$

$$r_{appr} = 7,39\ (\%) \qquad\qquad r_{appr} = 7,32\ (\%)$$

Die Näherungslösung ergibt Effektivzinssätze von 7,39 % und 7,32 %, die um 0,24 bzw. 0,17 Prozentpunkte über dem genauen Wert von 7,15 % liegen.

b) Die Näherungsgleichung erbringt im gegebenen Fall eine Lösung, die deutlich von dem genauen Wert abweicht. Der Grad der Abweichung hängt von folgenden Größen ab:

1. von der Höhe des Disagios,

2. von der Laufzeit.

Dabei gilt:

1. Die Abweichung wächst unter sonst gleichen Umständen mit wachsendem Disagio.

2. Die Abweichung nimmt bei konstantem Effektivzinssatz mit steigender Laufzeit zu.

3.11

a) Die Formel für die Rendite einer Investition, bei der der Restwert die gleiche Höhe hat wie die Anschaffungsauszahlung, lautet:

$$r = \frac{(e - a)}{A}$$

$$r = \frac{3\ 200}{20\ 000}$$

$$r = 0,16 = 16\ (\%)$$

Die Rendite dieser Investition beträgt 16 %.

b) Es gilt: 1. Schritt: $C_0 = -20\ 000 + 3\ 200 \cdot DSF_9$

               2. Schritt: $0 = -20\ 000 + 3\ 200 \cdot DSF_9$

               3. Schritt: $DSF_9 = \dfrac{20\ 000}{3\ 200} = 6,2500$

Aus der Tabelle der Diskontierungssummenfaktoren erhält man für n = 9 und für den Faktorenwert von 6,2500 einen internen Zinssatz von etwa 8 %.

c) Bei n → ∞ gilt:

               1. Schritt: $C_0 = 3\ 200 \cdot \dfrac{1}{i} - 20\ 000$

               2. Schritt: $0 = 3\ 200 \cdot \dfrac{1}{r} - 20\ 000$

               3. Schritt: $r = \dfrac{3\ 200}{20\ 000} = 0,16 = 16\ (\%)$

Bei unbegrenzter Lebensdauer beträgt die Rendite 16 %.

3.12

$$r = \left(\frac{R}{A}\right)^{\frac{365}{v}} - 1 = \left(\frac{1\ 000}{970}\right)^{18,25} - 1 = 0,7435 = 74,35\ \%$$

3.13.

Formular zur Effektivzinsberechnung

Zeitpunkt	Wirtschaftsjahr	Auszahlungen A,a (€)	Einzahlungen e, R (€)	Nettoeinzahlungen (€)	Abzinsungsfaktor (8 %)	Barwerte (8 %) (€)	Abzinsungsfaktor (12 %) (€)	Barwerte (12 %) (€)
		I	II	III = II - I	IV	V = III · IV	VI	VII = III · VI
0	20..				1,000000		1,000000	
1	20..				0,925926		0,892857	
2	20..				0,857339		0,797194	
3	20..				0,793832		0,711780	
4	20..				0,735030		0,635518	
5	20..				0,680583		0,567427	
6	20..				0,630170		0,506631	
7	20..				0,583490		0,452349	
8	20..				0,540269		0,403883	
9	20..				0,500249		0,360610	
10	20..				0,463193		0,321973	
11	20..				0,428883		0,287476	
12	20..				0,397114		0,256675	
13	20..				0,367698		0,229174	
14	20..				0,340461		0,204620	
15	20..				0,315242		0,182696	

Kapitalwerte (= Summe aller Barwerte) $C_{0,1}$ = $C_{0,2}$ =

$$\text{Rendite (interner Zinssatz)} \quad r = 8 - C_{0,1} \cdot \frac{12 - 8}{C_{0,2} - C_{0,1}} = 8 + C_{0,1} \cdot \frac{4}{C_{0,2} - C_{0,1}} =$$

3.14

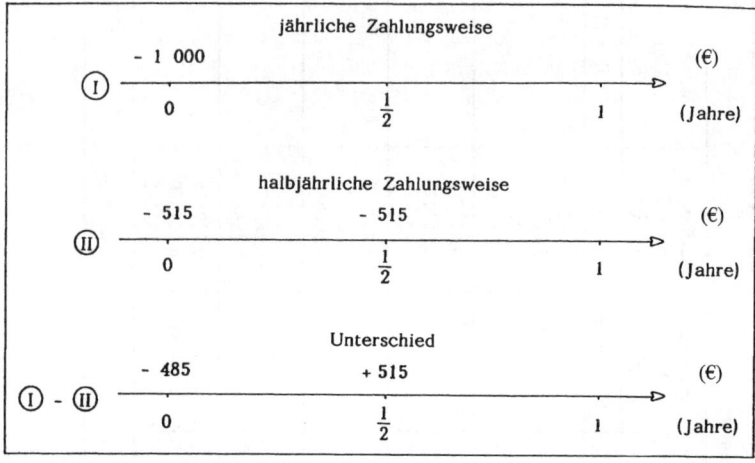

Bei halbjährlicher Zahlungsweise (II) fällt in 0 eine Zahlung von 515 an. Man ver-meidet also im Vergleich zu (I) lediglich eine Zahlung von 485; das ist der Kredit, den die Versicherung dem Studenten gewährt. Die Vermeidung von 485 zum Zeit-punkt I wird aber erkauft durch eine Zahlung von 515 zum Halbjahr. Für einen Kre-dit von 485 € sind 30 € Zinsen im Halbjahr zu zahlen. Damit ergibt sich folgender effektiver Jahreszinssatz von 12,75 %. Der Überziehungskredit ist billiger.

$$r = \left(\frac{515}{485}\right)^2 - 1 = 0,1275 = 12,75 \ (\%)$$

4.1

Der Kehrwert des Diskontierungssummenfaktors verteilt einen heute fälligen Geld-betrag unter Berücksichtigung von Zins und Zinseszins in gleiche Annuitäten auf eine bestimmte Anzahl von Perioden. Der Faktor hat in Literatur und Praxis ver-schiedene Bezeichnungen, je nachdem, welches Problem gelöst werden soll:

(1) Verrentungsfaktor deutet darauf hin, dass man mit Hilfe dieses Faktors die ei-nem heute fälligen Geldbetrag bei einem bestimmten Zinssatz äquivalente, über n Perioden laufende Rente ermitteln kann.

(2) Von Kapitalwiedergewinnungsfaktor spricht man, wenn ein Investor mit Hilfe des Faktors ausrechnet, wie hoch der jährlich einzunehmende Nettobetrag min-destens sein muss, damit sich die Anschaffungsauszahlung wiedergewinnen

lässt, und die jeweils noch ausstehenden Beträge zum Kalkulationszinssatz verzinst werden.

(3) Annuitätenfaktor heißt der Kehrwert des Diskontierungssummenfaktors im Bereich der Tilgungsrechnung. Er gestattet die Ermittlung jener Jahreszahlung (Annuität), die zur Bedienung einer Schuld bei gegebener Laufzeit und gegebenem Zinssatz notwendig ist.

In allen drei Fällen wird eine Einmalzahlung K_0 umgerechnet in eine gleichwertige Zahlungsreihe.

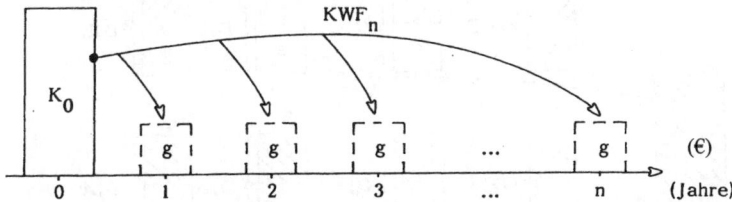

4.2

Unter der anteiligen Anschaffungsauszahlung versteht man jenen Betrag, der wirtschaftlich die auf die Laufzeit umgelegte Anschaffungsauszahlung repräsentiert.

$$\text{anteilige Anschaffungsauszahlung} = A \cdot \frac{i(1+i)^n}{(1+i)^n - 1}$$

$$\text{anteilige Anschaffungsauszahlung} = A \cdot KWF_n = \text{Kapitaldienst}$$

Unter dem anteiligen Restwert versteht man jenen Betrag, der den auf die Laufzeit von n Jahren umgelegten Restwert repräsentiert.

$$\text{anteiliger Restwert} = R \cdot \frac{i}{(1+i)^n - 1}$$

$$\text{anteiliger Restwert} = R \cdot RVF_n$$

4.3

Die Annuitätenmethode rechnet alle anfallenden Ein- und Auszahlungen auf Durchschnittswerte um. Man vergleicht dann die Zahlungsreihe der durchschnittlichen jährlichen Einzahlungen (DJE) mit jener der durchschnittlichen jährlichen Auszahlungen (DJA). Vorteilhaft ist eine Investition stets dann, wenn gilt:

$$\text{DJE} \geq \text{DJA} \qquad\qquad \text{oder} \qquad\qquad \text{DJÜ} \geq 0$$

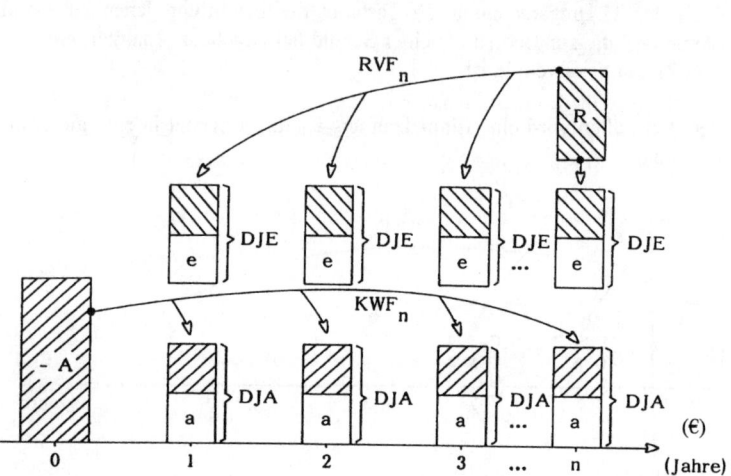

Die Kapitalwertmethode errechnet die Vorteilhaftigkeit der zu verschiedenen Zeitpunkten anfallenden Zahlungen nicht durch die Bildung von durchschnittlichen Zahlungsreihen, sondern durch Abzinsen aller Ein- und Auszahlungen auf den Zeitpunkt 0. Vorteilhaft ist eine Investition stets dann, wenn der Barwert BW aller nach dem Zeitpunkt 0 anfallenden Nettoeinzahlungen mindestens so groß wie die Anschaffungsauszahlung ist, d. h. der Kapitalwert der Investition nicht negativ ist.

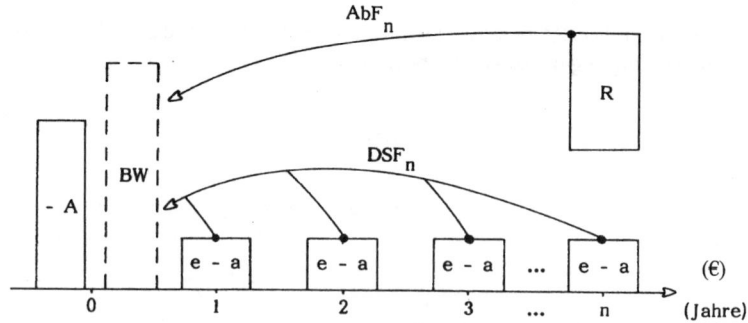

4.4

Der Kapitaldienst einer Investition lässt sich in einen Zins- und einen Wiedergewinnungsanteil zerlegen:

Kapitaldienst = Zinsanteil + Wiedergewinnungsanteil

a) Mit steigendem Kalkulationszinssatz steigt die Verzinsungsanforderung auf die jeweils noch ausstehenden Beträge. Damit steigt der Zinsanteil. Der Wiedergewinnungsanteil bleibt konstant. Mithin erhöht sich der Kapitaldienst.

b) Mit steigender Lebensdauer einer Investition sinkt der auf jedes einzelne Jahr anzurechnende Wiedergewinnungsanteil. Der Kapitaldienst nimmt daher ab.

4.5

Bei dem approximativen Kapitaldienst wird die Anschaffungsauszahlung auf die Laufzeit umgelegt (A/n). Zu dem so erhaltenen Wiedergewinnungsanteil werden dann die durchschnittlichen Zinsen addiert. Man erhält die durchschnittlichen Zinsen im Falle der weniger ungenauen Variante, indem man den Mittelwert bildet aus den Zinsen des Erstjahres (A • i) und jenen des letzten Jahres (A/n • i). Es gilt dann:

$$KD_{appr} = \frac{A}{n} + \frac{A \bullet i + \frac{A}{n} \bullet i}{2}$$

Im Falle der sehr ungenauen Variante wird pauschal die Hälfte der Anschaffungsauszahlung verzinst:

$$KD_{appr} = \frac{A}{n} + \frac{A}{2} \bullet i$$

Anwendbar ist der approximative Kapitaldienst nur dann, wenn die Lebensdauer des Beurteilungsobjektes nicht größer als 10 Jahre ist und mit einem Kalkulationszinssatz gerechnet wird, der 10 % nicht übersteigt. Dabei sollte stets der weniger ungenauen Variante der Vorzug gegeben werden.

4.6

Die Begriffe äquivalent, äquidistant und uniform haben folgende Bedeutung:

äquivalent = wirtschaftlich gleichwertig

äquidistant = gleicher zeitlicher Abstand

uniform   = gleich hohe Periodenzahlungen

Eine Transformation gegebener Zahlungsreihen in äquivalente, äquidistante und uniforme Zahlungsreihen ist notwendig, wenn:

(1) die Investitionsrechnung auf der Annuitätenmethode basiert;

(2) die Zahlungsreihe einer Investition im Zeitablauf unterschiedliche Betriebs- und Instandhaltungsauszahlungen a und/oder unterschiedliche jährliche Einzahlungen e aufweist

4.7

a) Es muss überlegt werden, welche Zahlungsreihe der Einmalzahlung beim Zinssatz von $i = 0,10 = 10\%$ gleichwertig ist:

$$e = K_0 \cdot KWF_n$$

$$e = 30\,000 \cdot 0,131474$$

$$e = 3\,944\ (\text{\euro})$$

Bei einem Kalkulationszinssatz von $i = 0,10 = 10\%$ ist das Angebot nicht attraktiv.

b) $$e = 30\,000 \cdot 0,102963$$

$$e = 3\,089\ (\text{\euro})$$

Bei einem Kalkulationszinssatz von $i = 0,06 = 6\%$ sollte der Versicherte das Angebot annehmen.

c) Die Versicherungsgesellschaft muss mit einem Zinssatz gerechnet haben, bei dessen Anwendung die heutigen 30 000 € mit der Zahlungsreihe gleichwertig sind.

$30\,000 = 3\,505 \cdot DSF_{15}$	$30\,000 \cdot KWF_{15} = 3\,505$
$DSF_{15} = \dfrac{30\,000}{3\,505}$	$KWF_{15} = \dfrac{3\,505}{30\,000}$
$DSF_{15} = 8,559$	$KWF_{15} = 0,116833$

Der Diskontierungssummenfaktor DSF in Höhe von 8,559 mit der Laufzeit von 15 Jahren findet sich in der Tabelle bei 8 %. Die Versicherungsgesellschaft hat somit mit einem Kalkulationszinssatz von 8 % gerechnet. Dem KWF von 0,116833 entspricht bei $n = 15$ ebenfalls ein Tabellenzinssatz von 8 %.

4.8

a)

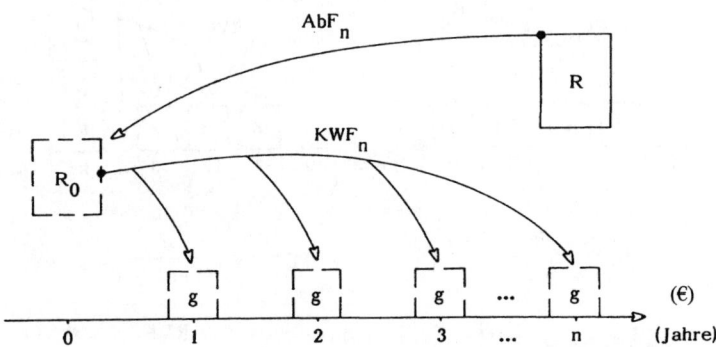

Es ist sinnvoll, den Restwert, der zum Zeitpunkt n anfällt, zunächst auf den Zeitpunkt 0 abzuzinsen und den Barwert R_0 dann mit Hilfe des Kapitalwiedergewinnungsfaktors auf die Laufzeit umzulegen.

1. Schritt: Abzinsen von R:

$$(1) \qquad R_0 = R \cdot \frac{1}{(1+i)^n}$$

2. Schritt: R_0 mit KWF auf die Laufzeit verteilen:

$$(2) \qquad g = R_0 \cdot \frac{i(1+i)^n}{(1+i)^n - 1}$$

$$(1) \text{ in } (2) \rightarrow g = R \cdot \frac{1}{(1+i)^n} \cdot \frac{i(1+i)^n}{(1+i)^n - 1}$$

$$g = R \cdot \frac{i}{(1+i)^n - 1}$$

b)

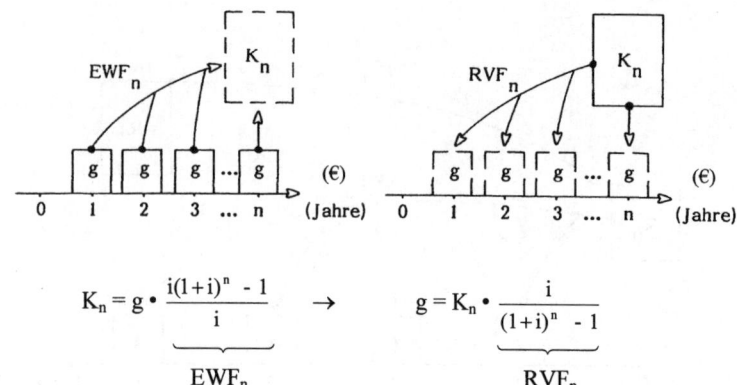

$$K_n = g \cdot \frac{i(1+i)^n - 1}{i} \qquad \rightarrow \qquad g = K_n \cdot \frac{i}{(1+i)^n - 1}$$

$$\underbrace{\qquad\qquad}_{EWF_n} \qquad\qquad\qquad \underbrace{\qquad\qquad}_{RVF_n}$$

Man erhält den RVF bei gegebenem Endwertfaktor (EWF), indem man die linke Gleichung nach g auflöst. Der RVF ist der Kehrwert des EWF.

4.9

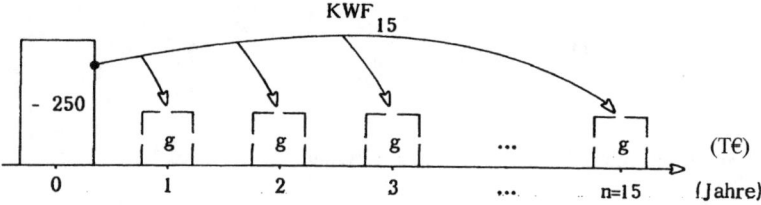

Die Frage ist: Welche Reihe jährlicher Nettoeinzahlungen g ist bei $i = 9\,\%$ und $n = 15$ der Einmalzahlung äquivalent?

Wenn man die Einmalzahlung auf die Laufzeit umlegt, ergibt sich:

$$g = \text{Einmalzahlung} \cdot KWF_{15}$$
$$g = 250\,000 \cdot 0{,}124059$$
$$g = 31\,015\ (\mathrm{\text{€}})$$

Bei einem durchschnittlichen Wert des Rationalisierungseffektes von 31 015 € (= Minderauszahlung) wird der aufgewandte Betrag innerhalb von 15 Jahren wiedergewonnen und die ausstehenden Beträge werden mit 9 % verzinst.

4.10

Die Erweiterungsinvestition ist vorteilhaft, wenn die DJE mindestens so groß sind wie die DJA.

$$DJE \geq DJA$$

$$e + \text{anteiliger Restwert} \geq a + \text{anteilige Anschaffungsauszahlung}$$

$$16\,000 + 2\,000 \cdot RVF_5 \gtreqless 6\,000 + 40\,000 \cdot KWF_5$$

a) Bei $i_1 = 0{,}12 = 12\,\%$ ergibt sich:

$$16\,000 + 2\,000 \cdot 0{,}1574097 \gtreqless 6\,000 + 40\,000 \cdot 0{,}27741$$

$$16\,315 < 17\,096$$

Die DJA sind größer als die DJE. Es tritt ein durchschnittlicher jährlicher Verlust von 781 € auf. Die Investition ist daher bei einem Kalkulationszinssatz von 12 % nicht vorteilhaft.

b) Bei $i_2 = 0{,}06 = 6\,\%$ ergibt sich:

$$16\,000 + 2\,000 \cdot 0{,}1773964 \gtreqless 6\,000 + 40\,000 \cdot 0{,}237396$$

$$16\,355 < 15\,496$$

Bei einem Kalkulationszinssatz von 6 % entsteht ein DJÜ von 859 €. Die Investition ist daher vorteilhaft.

4.11

a) Annuität = Einmalzahlung (Schuld) • KWF_4

   Annuität = 10 000 • 0,315471

   Annuität = 3 155 (€)

b)

Jahr	ausstehender Betrag am Jahresanfang	Annuität	Zins-anteil	Tilgungs-anteil	ausstehender Betrag am Jahresende
1	10 000	3 155	1 000	2 155	7 845
2	7 845	3 155	785	2 370	5 475
3	5 475	3 155	548	2 607	2 868
4	2 868	3 155	287	2 868	0
kumulierte Tilgungsanteile:				10 000	

4.12

Die Differenz entsteht dadurch, dass der am Ende des 6. Jahres ausstehende Betrag noch zu 12 % verzinst werden muss. Rechnet man zum ausstehenden Betrag von 21 713 € noch einen Zinsanteil von 2 610 € hinzu, so erhält man den Kapitaldienst von 24 323 € (Ungenauigkeiten entstehen durch Auf- und Abrunden.).

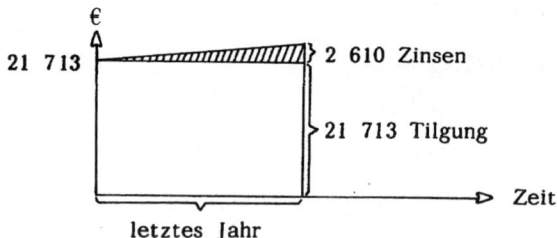

Abb.: Aufteilung des Kapitaldienstes

4.13

a) Geht man nach der Annuitätenmethode vor, so ergibt sich folgender extra profit oder durchschnittlicher jährlicher Überschuss (DJÜ):

$$DJÜ = DJE - DJA$$

$$DJÜ = 150\ 000 + 20\ 000 \cdot 0,1363154 - 60\ 000 - 420\ 000 \cdot 0,216315$$

$$DJÜ = 1\ 874\ (€)$$

Dieser Betrag von 1 874 € fällt 6 Jahre lang an. Bezieht man die entsprechende Zahlungsreihe auf den Zeitpunkt 0, so ergibt sich der Barwert BW der DJÜ:

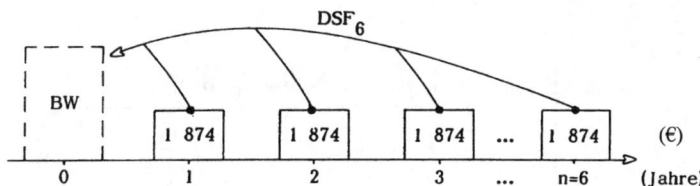

Für BW gilt:

$$BW = DJÜ \cdot DSF_6$$

$$BW = 1\ 874 \cdot 4,62288$$

$$BW = 8\ 663\ (€)$$

Ermittelt man den Kapitalwert als Barwert aller Ein- und Auszahlungen gemäß Kapitalwertmethode, so ergibt sich:

$$C_0 = (e - a) \cdot DSF_6 + R \cdot AbF_6 - A$$

$$C_0 = 90\ 000 \cdot 4,62288 + 20\ 000 \cdot 0,63017 - 420\ 000$$

$$C_0 = 8\ 663\ (€)$$

Vergleicht man die durch beide Verfahren erhaltenen Zahlenwerte, so stellt man fest, dass der Barwert der DJÜ dem Kapitalwert entspricht. Es gilt also: $C_0 = BW$, d. h., die Annuitätenmethode stellt eine Umformung der Kapitalwertmethode dar.

Es gilt:

$$DJÜ = C_0 \cdot KWF_n \qquad \text{und} \qquad C_0 = DJÜ \cdot DSF_n$$

$$1\,874 = 8\,663 \cdot 0{,}216315 \qquad\qquad 8\,663 = 1\,874 \cdot 4{,}62288$$

b)

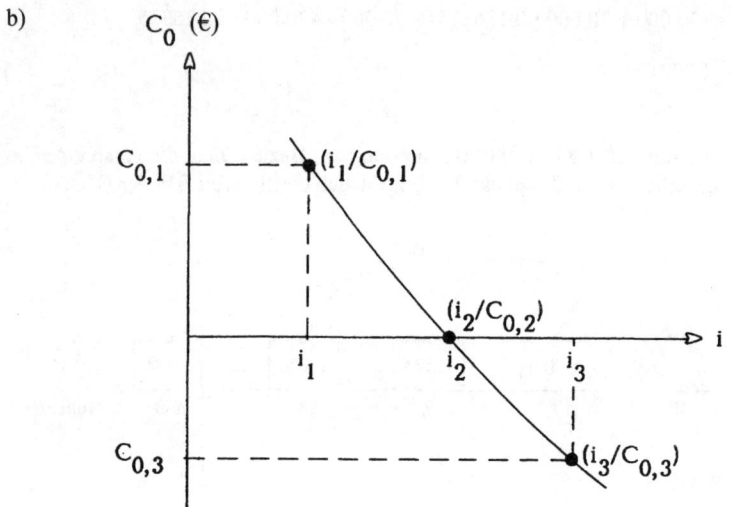

Abb.: Kapitalwertkurve

Für die Kapitalwertkurve benötigt man drei Punkte, also drei Kapitalwerte, zur Renditenbestimmung. Wendet man die Regula falsi an, benötigt man zwei Wertepaare, also zwei Kapitalwerte, zur Effektivzinsermittlung. Wenn man aber Kapitalwerte ausrechnen muss, um den internen Zinssatz zu erhalten, so wird deutlich, dass die interne Zinsfuß-Methode auf der Kapitalwertmethode basiert. Im Übrigen ist schon in der Definition des internen Zinssatzes als Zinssatz, bei dem der Kapitalwert gleich Null wird, der Rückgriff auf die Kapitalwertmethode sichtbar.

4.14

Bestimmungs-gleichung $\Rightarrow$ Fall $\Downarrow$	genauer Kapitaldienst $A \cdot KWF$	approximativer Kapitaldienst $\dfrac{A}{n} + \dfrac{A}{2} \cdot i$	approximativer Kapitaldienst $\dfrac{A}{n} + \dfrac{A \cdot i + \dfrac{A}{n} \cdot i}{2}$
a) $\begin{array}{l} i = 0{,}06 \\ n = 4 \end{array}$	1 443	1 400	1 438
b) $\begin{array}{l} i = 0{,}10 \\ n = 10 \end{array}$	814	750	775
c) $\begin{array}{l} i = 0{,}20 \\ n = 20 \end{array}$	1 027	750	775

Man erkennt, dass der Unterschied zwischen dem approximativen Kapitaldienst und dem genauen Kapitaldienst mit steigendem n und steigendem i rapide wächst. Der approximative Kapitaldienst stellt nur dann eine brauchbare Näherungslösung dar, wenn i < 10 % und n < 10 Jahre gilt.

4.15

a) Aufgrund der unterschiedlichen Höhen der Zahlungen ist es notwendig, die Zahlungsreihe auf den Zeitpunkt 0 abzuzinsen und dann in eine äquivalente, äquidistante und uniforme Zahlungsreihe umzuwandeln.

1. Schritt: Abzinsen der Einzahlungen

$$E_0 = 18\,000 \cdot 0{,}925926 + 20\,000 \cdot 0{,}857339 + 22\,000 \cdot 0{,}793832$$
$$+ 24\,000 \cdot 0{,}73503 + 24\,000 \cdot 0{,}680583 + (250\,000 + 24\,000) \cdot 0{,}63017$$

$$E_0 = 257\,920 \; (\text{€})$$

2. Schritt: Verteilung der barwertigen Einzahlungen auf die Laufzeit

$$DJE = E_0 \cdot KWF_6$$

$$DJE = 257\,920 \cdot 0{,}216315$$

$$DJE = 55\,792 \; (\text{€})$$

3. Schritt: Abzinsen der Auszahlungen

$A_0 = 300\ 000 + 12\ 000 \cdot 0{,}925926 + 5\ 000 \cdot 0{,}857339 + 3\ 000 \cdot 0{,}793832$
$\qquad + 3\ 000 \cdot 0{,}73503 + 2\ 000 \cdot 0{,}680583 + 2\ 000 \cdot 0{,}63017$

$A_0 = 322\ 605\ (\text{€})$

4. Schritt. Verteilung der barwertigen Auszahlungen auf die Laufzeit

$DJA = 322\ 605 \cdot 0{,}216315$

$DJA = 69\ 784\ (\text{€})$

Die Investition „Kauf eines Mietshauses" ist also nicht lohnend, da die DJA größer sind als die DJE.

b) $C_0 = E_0 - A_0 = 257\ 920 - 322\ 605 = -64\ 685\ (\text{€})$

$DJÜ = C_0 \cdot KWF_6 = -64\ 685 \cdot 0{,}216315 = -13\ 992\ (\text{€})$

$C_n = C_0 \cdot AuF_6 = -64\ 685 \cdot 1{,}586874 = -102\ 647\ (\text{€})$

4.16

Formular zur DJÜ-Berechnung					
Zeitpunkt/ Wirt- schaftsjahr	Auszahlun- gen A, a (€)	Einzahlun- gen e, R (€)	Nettoein- zahlungen (€)	Abzinsungs- faktor (8 %)	Barwerte (8 %) (€)
	I	II	III = II - I	IV	V = III • IV
0 20..				1,000000	
1 20..				0,925926	
2 20..				0,857339	
3 20..				0,793832	
4 20..				0,735030	
5 20..				0,680583	
6 20..				0,630170	
7 20..				0,583490	
8 20..				0,540269	
9 20..				0,500249	
10 20..				0,463193	
11 20..				0,428883	
12 20..				0,397114	
13 20..				0,367698	
14 20..				0,340461	
15 20..				0,315242	
16 20..				0,291890	
17 20..				0,270269	
18 20..				0,250249	
19 20..				0,231712	
20 20..				0,214548	
21 20..				0,198656	
22 20..				0,183941	
23 20..				0,170315	
24 20..				0,157699	
25 20..				0,146018	
26 20..				0,135202	
27 20..				0,125187	
28 20..				0,115914	
29 20..				0,107328	
30 20..				0,099377	
Kapitalwert (= Summe aller Barwerte) DJÜ = Kapitalwert • KWF =					

5.1

Entscheidungsregel Kostenvergleichsrechnung: Eine Anlage II ist gegenüber einer Anlage I stets dann vorzuziehen, wenn die Jahreskosten der Anlage II kleiner sind als die der ersten Anlage.

Entscheidungsregel Gewinnvergleichsrechnung: Von zwei Investitionsmöglichkeiten ist jene vorzuziehen, die den höheren Jahresgewinn erbringt.

Die Globalgrößen, die in die Rechnung eingehen, werden gewöhnlich wie folgt differenziert:

Kostenvergleichsrechnung:

$$K_I \geq K_{II}$$

$$B_I + \frac{A_I - R_I}{n_I} + \frac{A_I + R_I}{2} \cdot i \geq B_{II} + \frac{A_{II} - R_{II}}{n_{II}} + \frac{A_{II} + R_{II}}{2} \cdot i$$

Gewinnvergleichsrechnung:

$$G_I \geq G_{II}$$

$$p_I x_I - k_{v_I} x_I - K_{f_I} \geq p_{II} x_{II} - k_{v_{II}} x_{II} - K_{f_{II}}$$

5.2

Eine Kostenvergleichsrechnung wird hauptsächlich bei Rationalisierungsinvestitionen angewandt, da sich dabei auf der Ertragsseite gewöhnlich nichts ändert. Es braucht also nur die Kostenseite der Investition betrachtet zu werden. Möglich ist die Anwendung der Kostenvergleichsrechnung aber auch bei Erweiterungsinvestitionen, wenn mehrere Investitionen zur Verfügung stehen, die gleiche Erträge aufweisen. Die Gewinnvergleichsrechnung wird dann angewandt, wenn bei verschiedenen Investitionen mit unterschiedlichen Erträgen zu rechnen ist. Das ist in der Regel bei Erweiterungsinvestitionen der Fall. Aber auch bei Rationalisierungsinvestitonen kann die Gewinnvergleichsrechnung unter Umständen eingesetzt werden, nämlich dann, wenn die neue Anlage qualitativ bessere Güter herzustellen vermag und dadurch der Verkaufspreis erhöht werden kann.

5.3

Die statischen Methoden haben folgende Nachteile:

a) Die Rechnungen erfolgen nicht auf finanzmathematischer Basis.

b) Es erfolgt keine Erfassung der Zeitpräferenz.

c) Als Grundlage dienen unzweckmäßige Rechnungselemente.

d) Es wird auf eine Einzelschätzung der Rechnungselemente verzichtet.

Verwendet man die Kosten- und Gewinnvergleichsrechnung im Rahmen eines Alternativenvergleiches, so ist neben den Nachteilen a) bis d) die Tatsache zu berücksichtigen, dass man auf die Ermittlung eines genauen Kapitaldienstes verzichtet und stattdessen einen approximativen Kapitaldienst verwendet. Dies kann insbesondere bei langlebigen Großinvestitionen und hohen Kalkulationszinssätzen zu Fehlentscheidungen führen.

Soll das Ersatzproblem gelöst werden, begehen Vertreter der Kostenvergleichsrechnung darüber hinaus einen Grundsatzfehler, wenn sie den Kapitaldienst der alten Anlage als entscheidungsrelevant ansehen. Das ist falsch, denn die Kapitalkosten der alten Anlage verschwinden nicht dadurch, dass man die alte Anlage durch eine neue ersetzt.

5.4

Zu vergleichen sind:

(5.6) $$B_{neu} + KD_{neu}^{appr} \leq B_{alt} + KD_{alt}^{appr}$$

(5.8) $$B_{neu} + KD_{neu}^{appr} \leq B_{alt}$$

Es ist einsichtig, dass eine alte Anlage schneller ersetzt wird, wenn man den Kapitaldienst dieser alten Anlage mit in die Rechnung einbezieht, da bei diesem Vorgehen die rechte Seite der Gleichung um den Betrag

$$KD_{alt}^{appr} = \frac{A_{alt}}{2} \cdot i + \frac{A_{alt}}{n_{alt}}$$

größer ist. Bei diesem Vorgehen werden die (fixen) Kapitalkosten fälschlicherweise wie variable Kosten behandelt, d. h. es wird eine sofortige Abbaufähigkeit der Fixkosten der alten Anlage unterstellt.

5.5

Der Satz ist falsch. Denn mit steigendem Restwert der alten Anlage nimmt der Nettoanschaffungspreis der neuen Anlage ($A_{neu} - R_{alt}$) ab. Mit sinkender Nettoanschaffungsauszahlung für eine neue Investition steigt aber deren Vorteilhaftigkeit, so dass hohe Restwerte begünstigend und nicht hemmend auf Neuinvestitionen wirken. Ähnlich argumentiert Gleichung (5.11): Mit steigendem Alt-Restwert wachsen die entgangenen Zinsen i • R_{alt} und die auf die nächsten Jahre entfallenden Restwertminderungen ΔR_{alt}.

5.6

Im ersten Satz wird die Schwierigkeit jeder zukunftsbezogenen Rechnung angesprochen: Der Rechnende muss Schätzungen der künftigen Zahlungen vornehmen. Detaillierte Schätzungen sind in der Tat schwierig, es wäre jedoch eine seltsame Logik, wenn man aufgrund der Schwierigkeit der Zukunftsschätzungen zu dem Ergebnis käme, die statischen Verfahren seien den dynamischen vorzuziehen: Man kann eine Schwachstelle nicht dadurch beseitigen, dass man ihr eine zweite hinzufügt.

Ähnliches gilt für den zweiten Satz: Es mag in Einzelfällen kompliziert sein, den Investitionsprojekten Zahlungen zuzuordnen. Die Gefahr von Fehlentscheidungen wird jedoch noch erhöht, wenn man angesichts einer harten Nuss mit statischen Verfahren rechnet.

5.7

a) $KD_{appr} = \dfrac{A - R}{n} + \dfrac{A + R}{2} \cdot i$

$KD_{appr} = \dfrac{100\,000 - 20\,000}{10} + \dfrac{100\,000 + 20\,000}{2} \cdot 0,10$

$KD_{appr} = 8\,000 + 60\,000 \cdot 0,10 = 14\,000\ (\text{€})$

b) $KD_{appr} = \dfrac{A - R}{n} + \dfrac{A + R}{2} \cdot i$

$KD_{appr} = \dfrac{100\,000 - (-20\,000)}{10} + \dfrac{100\,000 + (-20\,000)}{2} \cdot 0,10$

$KD_{appr} = 12\,000 + 40\,000 \cdot 0,10 = 16\,000\ (\text{€})$

5.8

Zeichnerische Lösung:

Zeichnet man die zu den Alternativen Fremdbezug, Verfahren I und Verfahren II gehörenden Kostenfunktionen in ein Diagramm, so ergeben sich in der nachfolgenden Abbildung kritische Mengen von $x_{kr} = 200$ und $x'_{kr} = 500$.

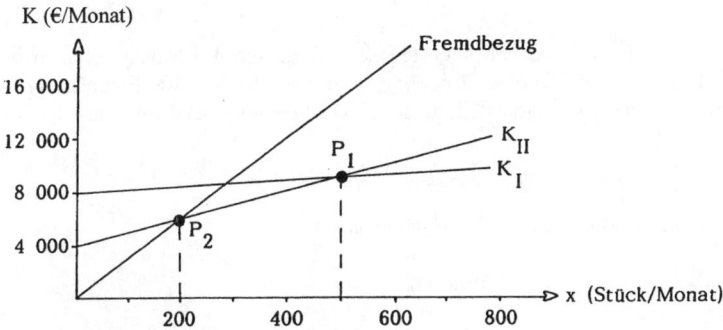

Abb.: Grafische Ermittlung der kritischen Mengen

Rechnerische Lösung:

Durch Gleichsetzen von K_I und K_{II} erhält man den Schnittpunkt:

$$K_I = K_{II}$$
$$8\,000 + 2\,x'_{kr} = 4\,000 + 10x'_{kr}$$
$$8x'_{kr} = 4\,000$$
$$x'_{kr} = 500 \text{ (Stück/Monat)}$$

Bei einer Produktion von mehr als 500 Einheiten pro Monat sollte man die alte Anlage identisch ersetzen.

Bei einer Produktion bis zu 500 Einheiten pro Monat stehen zur Wahl der Fremdbezug (K_{III} = 30x) und eine Anlage mit der Kostenfunktion K_{II} = 4 000 + 10x. Durch Gleichsetzen ergibt sich P_2:

$$K_{III} = K_{II}$$

$$30x_{kr} = 4\ 000 + 10x_{kr}$$

$$x_{kr} = 200\ (\text{Stück/Monat})$$

Bis zu einer Produktion von höchstens 200 Einheiten pro Monat sollte man den Fremdbezug nutzen. Bei einer Produktion zwischen 200 und 500 Einheiten pro Monat sollte das weniger automatisierte neue Verfahren eingesetzt werden.

5.9

Die Gewinnfunktion des alten Verfahrens lautet:

$$G_{alt} = 10x - K_{alt}$$

$$G_{alt} = 10x - 2\ 000 - 5x$$

$$G_{alt} = 5x - 2\ 000 \qquad (x_{max}^{alt} = 1\ 500)$$

Für die Gewinnfunktion des neuen Verfahrens gilt:

$$G_{neu} = 10x - K_{neu}$$

$$G_{neu} = 10x - 6\ 000 - 2x$$

$$G_{neu} = 8x - 6\ 000 \qquad (x_{max}^{neu} = 2\ 000)$$

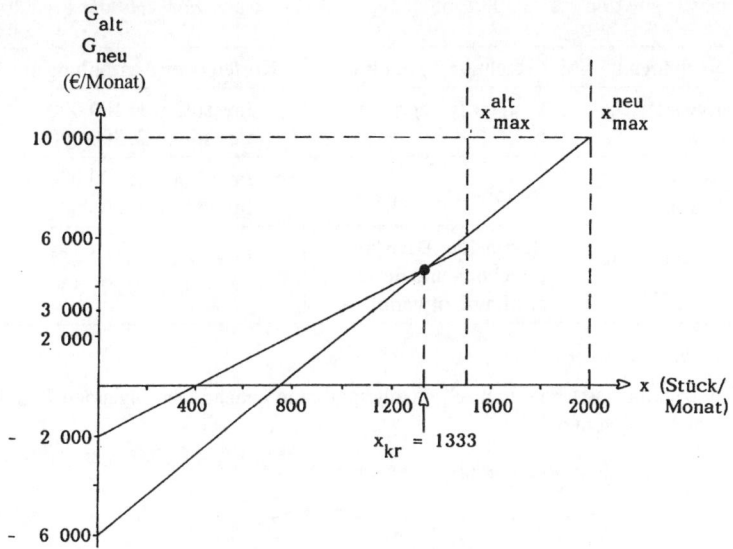

Abb.: Gewinnvergleich zweier Verfahren

Die Abbildung zeigt, dass sich der Übergang zum neuen Verfahren beim Ersatz des technisch veralteten bisherigen Verfahrens dann lohnt, wenn die künftige Monatsproduktion bei wenigstens 1 333 Einheiten liegt. Bei dieser kritischen Menge x_{kr} sind beide Verfahren gewinngleich.

$$G_{alt} = G_{neu}$$

$$5x_{kr} - 2\,000 = 8x_{kr} - 6\,000$$

$$x_{kr} = 1\,333 \text{ (Stück/Monat)}$$

5.10

Verfahren	Rechnungsgrundsatz	Kosten oder Auszahlungen
primitive statische Verfahren	Erstjahr ist repräsentativ	Investition 1: 100 000 Investition 2: 300 000
verbesserte statische Verfahren	Mittelwertbildung	Investition 1: 200 000 Investition 2: 200 000
dynamische Verfahren (i = 0, 12)	Summe der Barwerte errechnen und diese auf Laufzeit verteilen	Investition 1: 192 461 Investition 2: 207 539

Die finanzmathematische Durchschnittsbildung kann anhand der folgenden Zeitbilder demonstriert werden:

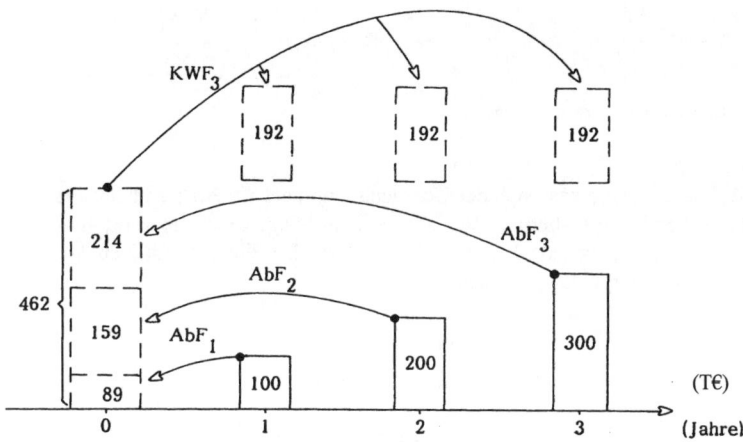

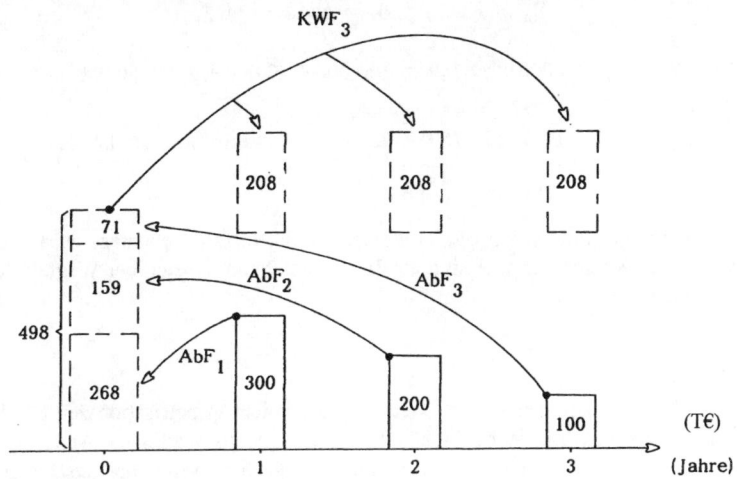

Abb.: Finanzmathematische Durchschnittsbildung

5.11

a) Der Sofortersatz der alten Maschine durch die neue ist stets dann vorteilhaft, wenn die folgende Beziehung erfüllt ist:

$$B_{neu} + KD_{neu} \leq B_{alt}$$

$$60\,000 + 200\,000 \cdot 0,263797 \gtreqless 100\,000$$

$$\boxed{112\,759 > 100\,000} \quad \rightarrow \text{Weiterbetrieb lohnend}$$

Die alte Anlage sollte vorläufig nicht ersetzt werden, da die zeitlichen Durchschnittskosten der neuen Anlage größer sind als die durch den Wegfall der alten Anlage vermeidbaren Kosten B_{alt}. (Zu dieser Aussage wäre man auch unter Verwendung des approximativen Kapitaldienstes für die alte Anlage gekommen.)

b) Wird für die alte Anlage noch ein Restwert erlöst, so ist zu prüfen, ob die zeitlichen Grenzkosten bei Weiterbetrieb der Altanlage über den zeitlichen Durchschnittskosten bei Anschaffung der Neuanlage liegen.

$$B_{neu} + KD_{neu} \underset{<}{\overset{\geq}{=}} B_{alt} + \Delta R_{alt} + i \cdot R_{t-1}^{alt}$$

$$60\,000 + 52\,759 \underset{<}{\overset{\geq}{=}} 100\,000 + 20\,000 + 0{,}10 \cdot 60\,000$$

$$\boxed{112\,759 \; < \; 12\,600} \qquad \rightarrow \text{Sofortersatz lohnend}$$

Die alte Anlage sollte sofort ersetzt werden, da die für die Neuanlage zusätzlich entstehenden Kosten geringer sind als die vermeidbaren Kosten bei Wegfall der alten Anlage.

5.12

Eine Investition ist dann vorteilhaft, wenn die tatsächliche Amortisationszeit t nicht größer ist als die vom Investor subjektiv festgesetzte höchste zulässige Amortisationszeit t_{max} ($t \leq t_{max}$). Oder: Die Investition ist lohnend, wenn ihre tatsächliche Amortisationszeit nicht größer ist als ihre Nutzungsdauer.

5.13

1. Durchschnittsrechnung: Sie stellt zwei Größen einander gegenüber, nämlich den Kapitaleinsatz A und die durchschnittlichen jährlichen Nettoeinzahlungen (e - a) und errechnet so die Amortisationszeit t:

$$t = \frac{A}{\varnothing\,(e - a)}$$

2. Kumulationsrechnung: Sie addiert die jährlichen Nettoeinzahlungen ($e_k - a_k$) so lange, bis diese, zusammen mit dem Restwert R, die Höhe der Anschaffungsauszahlung A erreicht haben:

$$A = \sum_{k=1}^{k=t} (e_k - a_k) + R_k$$

Die Kumulationsrechnung ist das bessere Verfahren, denn sie berücksichtigt die Unterschiede in der Höhe der jährlichen Rückflüsse, da die effektiven jährlichen Rückflüsse in die Rechnung eingehen.

5.14

(1) Trotz einer Kapitalrückflusszeit, die unter der maximal zulässigen Amortisationszeit liegt, kann eine Investition unvorteilhaft sein, da in die Amortisationsrechnung keine Mindestverzinsungsanforderung eingeht.

(2) Zwei Investitionen können trotz gleicher Kapitalrückflusszeiten unterschiedlich vorteilhaft sein, da die Amortisationsrechnung keine Rücksicht darauf nimmt, wann die größeren und wann die kleineren Zahlungen anfallen.

(3) Die Amortisationsrechnung birgt die Gefahr, dass kurzfristige Investitionen gegenüber langfristigen bevorzugt werden. Langfristige Investitionen werden durch die Vorgabe von höchstzulässigen Amortisationszeiten häufig förmlich abgewürgt.

5.15

Die statische Amortisationsrechnung ermittelt den Zeitraum, in dem die Anschaffungsauszahlung ohne Zinsen wiedergewonnen wird. Die dynamische Amortisationsrechnung ermittelt dagegen den Zeitraum, in dem die Anschaffungsauszahlung inklusive Zinsen auf die ausstehenden Beträge wiedergewonnen wird. Da für diesen Zeitraum $C_0 = 0$ gilt, basiert die dynamische Amortisationsrechnung auf der Kapitalwertmethode.

5.16

Die statische Variante der Amortisationsrechnung ist als Grenzfall in der dynamischen enthalten, wenn Sie mit einem Kalkulationszinssatz von Null rechnen. Bei $i = 0$ stimmen statische und dynamische Amortisationszeit überein. Der Ansatz von $i = 0$ ist genauso subjektiv wie jeder andere Ansatz. Allerdings ist die Mindestverzinsungsanforderung von Null nicht realistisch. Man kommt also nicht darum herum, einen von Null verschiedenen Kalkulationszinssatz festzulegen, auch wenn das schwierig und subjektiv sein mag.

5.17

Formular zur Amortisationsrechnung

Zeitpunkt/ Geschäfts- jahr	Auszahlungen A,a (€) I	Einzahlungen e, R (€) II	Nettoein- zahlungen (€) III = II - I	Faktoren (8 %) IV	Barwerte (8 %) (€) V = III · IV	Kumulierte Nettoeinzahlungen (€) VI = Summe III	Kumulierte Barwerte (€) VII = Summe V
0　20..				1,000000			
1　20..				0,925926			
2　20..				0,857339			
3　20..				0,793832			
4　20..				0,735030			
5　20..				0,680583			
6　20..				0,630170			
7　20..				0,583490			
8　20..				0,540269			
9　20..				0,500249			
10　20..				0,463193			
11　20..				0,428883			
12　20..				0,397114			
13　20..				0,367698			
14　20..				0,340461			
15　20..				0,315242			
16　20..				0,291890			
17　20..				0,270269			
18　20..				0,250249			
19　20..				0,231712			
20　20..				0,214548			
21　20..				0,198656			
22　20..				0,183941			
23　20..				0,170315			
24　20..				0,157699			
25　20..				0,146018			

Das Formular bietet eine bequeme Amortisationszeitberechnung. Aus Spalte VI (kumulierte Nettoeinzahlungen) lässt sich die statische, aus Spalte VII (kumulierte Barwerte) lässt sich die dynamische Amortisationszeit entnehmen. Ein Objekt hat sich statisch amortisiert oder bezahlt gemacht, wenn die Gesamtsumme all seiner Ein- und Auszahlungen gerade den Wert Null erreicht. Entsprechend hat sich ein Objekt dynamisch amortisiert oder bezahlt gemacht, wenn die Gesamtsumme all seiner Ein- und Auszahlungsbarwerte gerade gleich Null ist. In beiden Fällen ist zu beachten, dass in der angesprochenen Gesamtsumme alle Ein- und Auszahlungen, namentlich auch die Anschaffungsauszahlung, enthalten sind. Wenn die Gesamtsumme den Wert Null erreicht, ist demnach auch die Anschaffungsauszahlung wiedergewonnen (statische Amortisationszeit) bzw. wiedergewonnen und verzinst (dynamische Amortisationszeit).

Was die Ergebnisgenauigkeit angeht, so lässt sich aus dem Formular zur Amortisationszeitberechnung erkennen, zwischen welchen beiden Zeitpunkten oder im Laufe welchen Jahres sich ein Objekt statisch und dynamisch bezahlt macht. Mögliches Ergebnis: Ein Objekt amortisiert sich zwischen den Zeitpunkten 10 und 11, also im Laufe des 11. Nutzungsjahres der Investition. Mit dieser Genauigkeit kommt man in den meisten Praxisfällen aus. Sind die Daten jedoch vergleichsweise sicher, also mit weniger Schätzungenauigkeit belastet, kann eine größere Genauigkeit sinnvoll sein. Diese lässt sich mittels linearer Interpolation errechnen.

5.18

Die statische Rentabilitätsrechnung bezeichnet eine Investition dann als vorteilhaft, wenn sie eine vorgegebene Mindestrentabilität erreicht. Die Rentabilität einer Erweiterungsinvestition ermitteln Sie durch folgende Formel:

$$\text{Rent} = \frac{\text{Gewinn (DM / Jahr)}}{\text{Kapitaleinsatz (DM)}}$$

Die Rentabilitätsformel bei Rationalisierungsinvestitionen lautet:

$$\text{Rent} = \frac{\text{Minderkosten (DM / Jahr)}}{\text{Kapitaleinsatz (DM)}}$$

5.19

Der Kapitaleinsatz, das durchschnittlich gebundene Kapital DGK, kann ganz unterschiedlich quantifiziert werden. Praxisannahmen sind:

- Kapitaleinsatz = volle Anschaffungsauszahlung,
- Kapitaleinsatz = halbe Anschaffungsauszahlung (häufigste Annahme),
- Kapitaleinsatz = jeweilige Restwerte bzw. Buchwerte oder Durchschnitte dieser Werte.

Eine genaue Bestimmung des Kapitaleinsatzes setzt eine Analyse des Verlaufes der zeitlichen Wiedergewinnung des gebundenen Kapitals voraus, z. B.:

- Gebundenes Kapital wird kontinuierlich vermindert; R = 0.

$$DGK = \frac{A}{2}$$

- Gebundenes Kapital wird kontinuierlich vermindert; R > 0.

$$DGK = \frac{A + R}{2}$$

- Gebundenes Kapital wird am Jahresende reduziert; R = 0.

$$DGK = \frac{A}{2} \cdot \frac{n + 1}{n}$$

- Gebundenes Kapital wird am Jahresende reduziert; R > 0.

$$DGK = \frac{A - R}{2} \cdot \frac{n + 1}{n} + R$$

5.20

Die interne Zinsfuß-Methode ermittelt die Effektivverzinsung einer Investition, wobei die jeweils noch ausstehenden Beträge und die zeitliche Verteilung der Zahlungen berücksichtigt werden. Die statische Rentabilitätsrechnung ermittelt die jährliche Verzinsung als Durchschnittswert, wobei für die jeweils ausstehenden Beträge eine Fiktion, der „Kapitaleinsatz", angesetzt wird. Die zeitliche Verteilung der Zahlungen wird nicht berücksichtigt, da man sowohl beim Gewinn als auch beim Kapitaleinsatz mit Durchschnittswerten rechnet. Der interne Zinssatz ist das Ergebnis einer dynamischen, die Rentabilität ist das Resultat einer statischen Rechnung.

5.21

a) Durch die neue Anlage entstehen Minderkosten von

$$2\,400\,(8,00 - 5,50) = 6\,000\,€$$

pro Jahr. Bei einer Anschaffungsauszahlung von 24 000 € ergibt sich somit eine Amortisationszeit t von

$$t = \frac{24\,000}{6\,000}$$

$$t = 4\,\text{(Jahre)}$$

Die Investition sollte durchgeführt werden, da die tatsächliche Amortisationszeit von 4 Jahren unter der maximal zulässigen von 5 Jahren liegt.

b)

Jahre	Rückflüsse (€)	AbF (10 %)	Barwerte (€)	kumulierte Barwerte (€)
1	6 000	0,909091	5 455	5 455
2	6 000	0,826446	4 959	10 414
3	6 000	0,751315	4 508	14 922
4	6 000	0,683013	4 098	19 020
5	6 000	0,620921	3 726	22 746
6	6 000	0,564474	3 387	26 133

Die dynamische Amortisationsrechnung verdeutlicht, dass die Investition erst nach dem 5. Jahr amortisiert ist. Die Rationalisierungsinvestition kann daher unter Berücksichtigung einer Mindestverzinsungsanforderung von 10 % nicht als vorteilhaft bezeichnet werden.

5.22

Für die drei Fälle ergeben sich folgende Kapitalwerte:

1. Fall: $\quad C_{0,1} = -100\ 000 + 60\ 000 \cdot 0,909091 + 40\ 000 \cdot 0,826446$

$\qquad C_{0,1} = -100\ 000 + 87\ 603$

$\qquad C_{0,1} = -12\ 397$ (€)

2. Fall: $\quad C_{0,2} = -100\ 000 + 60\ 000 \cdot 0,909091 + 40\ 000 \cdot 0,826446$
$\qquad\qquad + 10\ 000 \cdot 0,751315$

$\qquad C_{0,2} = -100\ 000 + 95\ 116$

$\qquad C_{0,2} = -4\ 884$ (€)

3. Fall: $\quad C_{0,3} = -100\ 000 + 60\ 000 \cdot 0,909091 + 40\ 000 \cdot 0,826446$
$\qquad\qquad + 10\ 000 \cdot 0,751315$

$\qquad C_{0,3} = -100\ 000 + 105\ 361$

$\qquad C_{0,3} = +5\ 361$ (€)

Aufgrund der Kapitalwertberechnung kann man feststellen, dass nur der 3. Fall vorteilhaft ist. In Fall 1 erzielt der Investor keine, in Fall 2 keine angemessene Verzinsung der investierten Geldmittel.

5.23

a)

	- 120	+ 20	+ 22	+ 24	+ 26	+ 28	+30	+ 32	(T€)
	0	1	2	3	4	5	6	7	(Jahre)

$$\text{Durchschnittswert der jährlichen Rückflüsse} = \frac{20+22+24+26+28+30+32}{7} = 26 \text{ (T€)}$$

$$\text{Amortisationszeit nach Durchschnittsrechnung} = \frac{\text{Anschaffungsauszahlung}}{\varnothing \text{ Rückflüsse}} = \frac{120\,000}{26\,000} = 4{,}6 \text{ (Jahre)}$$

b)

Jahre	Rückflüsse (€)	Kumulierte Rückflüsse (€)	Abzinsungs-faktor (10 %)	Barwertige Rückflüsse (€)	Kumulierte barwertige Rückflüsse (€)
	I	II = Σ I	III	IV = I • III	V = Σ IV
1	20 000	20 000	0,909091	18 182	18 182
2	22 000	42 000	0,826446	18 182	36 364
3	24 000	66 000	0,751315	18 032	54 396
4	26 000	92 000	0,683013	17 758	72 154
t→ 5	28 000	120 000	0,620921	17 386	89 540
6	30 000	150 000	0,564474	16 934	106 474
7	32 000	182 000	0,513158	16 421	122 895 ← t_d

Übers.: Statische und dynamische Amortisationszeit

$$t_d = n_1 - C_{0,1} \cdot \frac{n_2 - n_1}{C_{0,2} - C_{0,1}}$$

$$t_d = 6 + 13\,526 \cdot \frac{7-6}{2\,895 + 13\,526}$$

$$t_d = 6 + \frac{13\,526}{16\,421} = 6{,}82 \text{ (Jahre)}$$

Der Investor hat die Auswahl zwischen drei Amortisationszeiten:

- statische Amortisationszeit (Durchschnittsrechnung)   = 4,6 Jahre,
- statische Amortisationszeit (Kumulationsrechnung)   = 5,0 Jahre,
- dynamische Amortisationszeit ($C_0 = 0$)   = 6,8 Jahre.

5.24

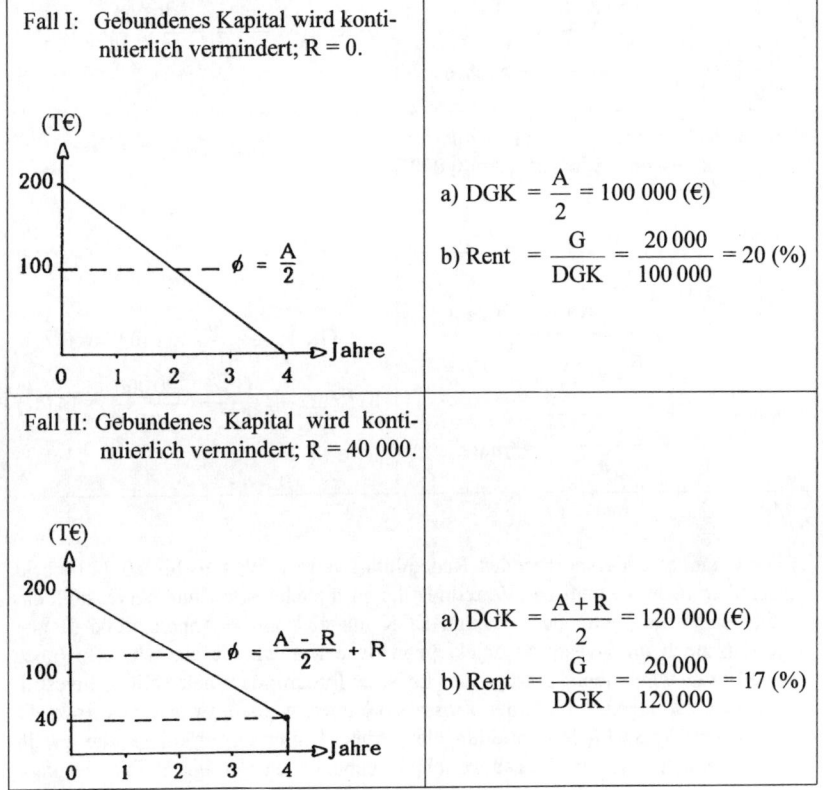

Grafische Darstellung	DGK- und Rentabilitätsermittlung
Fall I: Gebundenes Kapital wird kontinuierlich vermindert; $R = 0$.	a) $\text{DGK} = \dfrac{A}{2} = 100\,000$ (€) b) $\text{Rent} = \dfrac{G}{\text{DGK}} = \dfrac{20\,000}{100\,000} = 20$ (%)
Fall II: Gebundenes Kapital wird kontinuierlich vermindert; $R = 40\,000$.	a) $\text{DGK} = \dfrac{A+R}{2} = 120\,000$ (€) b) $\text{Rent} = \dfrac{G}{\text{DGK}} = \dfrac{20\,000}{120\,000} = 17$ (%)

$\phi = \dfrac{A}{2}$

$\phi = \dfrac{A - R}{2} + R$

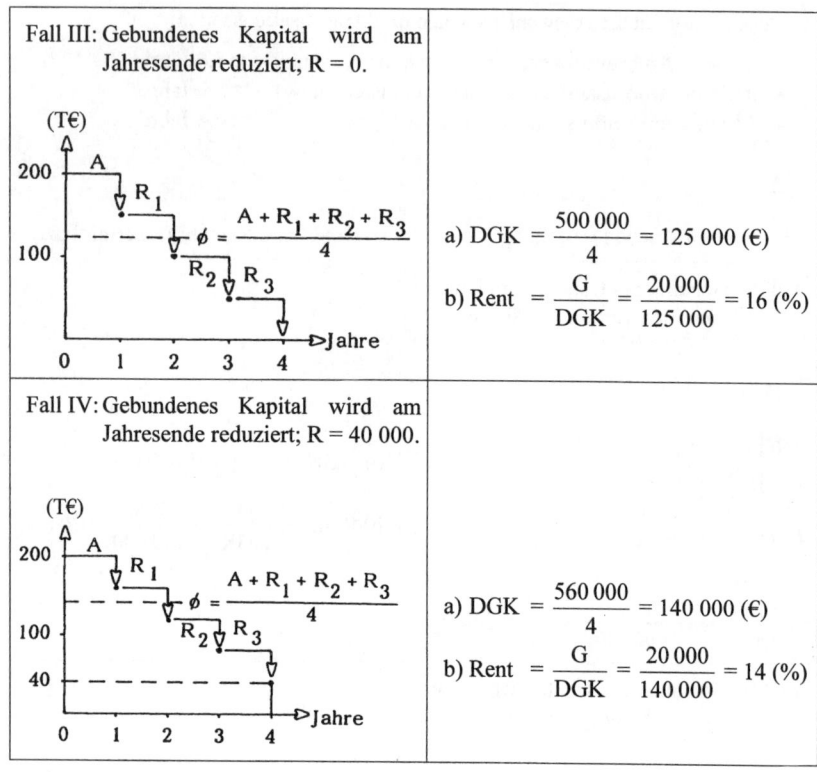

Fall III: Gebundenes Kapital wird am Jahresende reduziert; R = 0.

a) $DGK = \dfrac{500\,000}{4} = 125\,000\ (\text{€})$

b) $Rent = \dfrac{G}{DGK} = \dfrac{20\,000}{125\,000} = 16\ (\%)$

Fall IV: Gebundenes Kapital wird am Jahresende reduziert; R = 40 000.

a) $DGK = \dfrac{560\,000}{4} = 140\,000\ (\text{€})$

b) $Rent = \dfrac{G}{DGK} = \dfrac{20\,000}{140\,000} = 14\ (\%)$

c) Die einander widersprechenden Rentabilitätswerte von 14 % bis 20 % berücksichtigen nicht die zeitliche Verteilung der zusätzlichen Gewinne. Auch stellt das durchschnittlich gebundene Kapital DGK nur eine grobe Anhaltsgröße für das jeweils noch im Investitionsobjekt gebundene Kapital, die ausstehenden (noch wiederzugewinnenden) Beträge dar. Es ist zu fordern, dass betriebliche Investitionsentscheidungen am internen Zinssatz orientiert werden. Er erfasst korrekt die zeitlichen Unterschiede im Zahlungsfall. Außerdem erfasst er korrekt die jeweils noch ausstehenden, im Investitionsobjekt gebundenen Beträge als Verzinsungsbasis.

6.1

Ein kritischer Wert ist der Maximal- oder Minimalwert einer in die Investitionsrechnung eingehenden Größe, bei dem sich die Investition gerade noch (oder gerade eben) lohnt.

Beispiele: • kritische Lebensdauer (n_{kr})

• kritischer Preis (p_{kr}) $\left.\right\}$ Mindestwerte

• kritische Produktmenge (x_{kr})

• kritische Anschaffungsauszahlung (A_{kr})

• kritischer Rohstoffpreis (q_{kr}) $\left.\right\}$ Höchstwerte

• kritischer Zinssatz (Z_{kr})

6.2

Die Ermittlung des kritischen Wertes einer Größe, die in die Investitionsrechnung eingeht, kann grundsätzlich nach 3 Methoden erfolgen:

1. nach der Kapitalwertmethode ($C_0 = 0$),

2. nach der internen Zinsfuß-Methode ($i = r$),

3. nach der Annuitätenmethode (DJE = DJA).

Die drei Methoden sind unterschiedliche Formulierungen eines einheitlichen Sachverhalts: Der kritische Wert ist so zu fixieren, dass die betrachtete Investition gerade eben oder gerade noch vorteilhaft ist. Dabei ist die Nutzung der internen Zinsfuß-Methode unüblich, weil rechnerisch aufwendig.

6.3

Der interne Zinsfuß einer Investition ist der Zinssatz, bei dem der Kapitalwert gerade gleich Null ist. Die Investition ist bei diesem Zinssatz gerade noch lohnend. Setzt man den Kalkulationszinssatz i unter dem internen Zinssatz fest, ist der Kapitalwert positiv. Erhöht man den Kalkulationszinssatz sukzessive, sinkt der Kapitalwert und strebt gegen Null, wenn i gegen r strebt. Bei einem die Rendite übersteigenden Kalkulationszinssatz wird die Investition wegen des negativen Kapitalwertes unvorteilhaft. Also ist der kritische Kalkulationszinssatz, bei dem die Investition gerade eben vorteilhaft ist, durch die Rendite, den internen Zinssatz, gegeben.

6.4

Sie legen den Kalkulationszinssatz fest und errechnen die kritische Anschaffungsauszahlung A_{kr}, bei der sich die Investition eben noch lohnt:

1. Schritt: $C_0 = (e - a) \bullet DSF_n + R \bullet AbF_n - A$

2. Schritt: $0 = (e - a) \bullet DSF_n + R \bullet AbF_n - A_{kr}$

3. Schritt: $A_{kr} = (e - a) \bullet DSF_n + R \bullet AbF_n$

Man erkennt, dass die kritische Anschaffungsauszahlung ermittelt werden kann, wenn neben dem Kalkulationszinssatz die jährlichen Nettoeinzahlungen (= Nettomiete = e - a) sowie der spätere Restwert und die Lebensdauer bekannt sind. Kritischer Preis ist der Barwert der künftigen Nettoeinzahlungen und des künftigen Restwertes.

6.5

Im Zeitablauf der Entwicklung eines Produktes können mehrere kritische Preise errechnet werden. Um den kritischen Preis für einen bestimmten Zeitpunkt t festzustellen, dürfen nur diejenigen Zahlungen berücksichtigt werden, die zum Zeitpunkt t oder später anfallen. Zahlungen, die bereits vorher geleistet worden sind, können nicht mehr beeinflusst werden, sind also nicht mehr entscheidungsrelevant.

Der Verzicht auf die Fortführung des Projektes bringt nur den Wegfall der künftigen Zahlungen. Da die künftig anfallenden Zahlungen als Gesamtsumme umso kleiner werden, je weiter das Projekt fortschreitet, d. h. je näher der Betrachtungszeitpunkt t an das Ende des Projektes rückt, fällt der entscheidungsrelevante kritische Preis im Zeitablauf.

6.6

Kritischer Wert einer Variablen in Bezug auf zwei Investitionen ist der Wert der betreffenden Variablen, bei dem beide Objekte gleich vorteilhaft oder gleich unvorteilhaft sind. Man benötigt ihn beim Alternativenvergleich und ermittelt ihn wahlweise

(1) nach der Kapitalwertmethode: $C_0^I = C_0^{II}$

(2) nach der internen Zinsfuß-Methode: $r_I = r_{II}$ (unüblich, weil aufwendig)

(3) nach der Annuitätenmethode: $DJÜ_I = DJÜ_{II}$

6.7

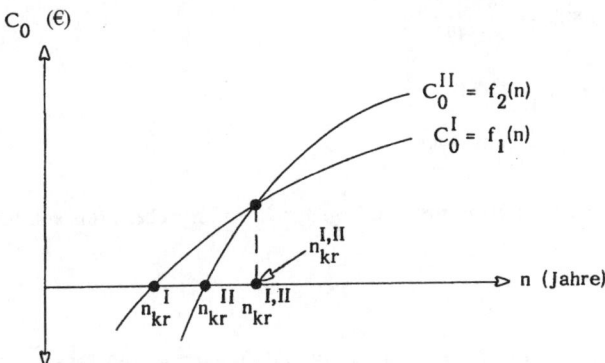

Abb.: Drei kritische Werte der Nutzungsdauer

Die Abbildung zeigt die Kapitalwertkurven zweier Investitionen. Und sie zeigt drei kritische Werte

n_{kr}^{I} = kritische Nutzungsdauer der Investition I (ab hier wird I vorteilhaft),

n_{kr}^{II} = kritische Nutzungsdauer der Investition II (ab hier wird II vorteilhaft),

$n_{kr}^{I,II}$ = kritische Nutzungsdauer in Bezug auf Investition I und II (hier sind beide Objekte gleich vorteilhaft),

6.8

(1) Stelle C_0-Funktion auf:

$$C_0 = [12\ 000 \cdot p - (2\ 000 + 0,15 \cdot 12\ 000)] \cdot 5,334926$$
$$+ 1\ 000 \cdot 0,466507 - 19\ 000$$

(2) Setze $C_0 = 0$:

$$0 = [12\ 000 \cdot p_{kr} - (2\ 000 + 18\ 000)] \cdot 5,334926$$
$$+ 466,51 - 19\ 000$$

(3) Löse nach p_{kr} auf:

$$12\,000 \cdot p_{kr} - 3\,800 \;=\; \frac{18\,533,49}{5,334926}$$

$$12\,000 \cdot p_{kr} \;=\; 7\,274$$

$$p_{kr} \;=\; 0,61 \;(\text{€/St})$$

Bei Anwendung der Kapitalwertmethode ergibt sich ein kritischer Preis von 0,61 €
je Schüssel.

6.9

(1) Stelle C_0-Funktion auf: $C_0 = (1\,500 - 1\,000) \cdot 6,144567 + R \cdot 0,385543 - 5\,000$

(2) Setze $C_0 = 0$: $0 = 500 \cdot 6,144567 + R_{kr} \cdot 0,385543 - 5\,000$

(3) Löse nach R_{kr} auf: $R_{kr} = 5\,000 \;(\text{€})$

Der Restwert muss also mindestens die Höhe der Anschaffungsauszahlung erreichen, damit sich die Investition lohnt.

6.10

Der Rationalisierungseffekt RE pro Jahr (d. h. die jährliche Minderauszahlung)
muss mindestens so groß sein, dass die Anschaffungsauszahlung während der Laufzeit von 5 Jahren wiedergewonnen wird und die jeweils noch ausstehenden Beträge
mit dem Kalkulationszinssatz verzinst werden.

Es muss also gelten:

$$\mathrm{RE} = \mathrm{A} \cdot \overset{\displaystyle KWF_n}{\underset{\big\downarrow}{\frac{i(1+i)^n}{(1+i)^n - 1}}}$$

$$\mathrm{RE} = 90\,000 \cdot 0,263797$$

$$\mathrm{RE} = 23\,742 \;(\text{€/Jahr})$$

Damit sich die Investition lohnt, müssen jährlich mindestens 23 742 € eingespart
werden können.

6.11

Der Investor kann maximal eine Kaufsumme in Höhe des Barwertes der künftigen Jahresnettomieten bezahlen. Wenn er zu diesem Höchstpreis kauft, verzinst sich seine Anschaffungsauszahlung genau mit 10 %. Der Barwert der Nettomieten wird folgendermaßen ermittelt:

Jahre	Nettomieten (€/Jahr)	Diskontie-rungssum-menfaktor	Zeitwerte (€)	Abzin-sungsfaktor	Barwerte (€)
1 bis 5	100 000	3,790787	379 079		379 079
6 bis 10	120 000	3,790787	454 894	0,620921	282 453
11 bis 15	150 000	3,790787	568 618	0,385543	219 227
16 bis 35	200 000	8,513564	1 702 713	0,239392	407 616
			Barwert aller Nettomieten:		1 288 375

Der Höchstpreis des Investors, d. h. die kritische Anschaffungsauszahlung in Bezug auf das Investitionsobjekt, beläuft sich auf knapp 1,3 Mio Euro.

6.12

a) Für den Kapitalwert einer Investition gilt definitionsgemäß:

$$C_0 = -A + (e-a) \cdot \underbrace{\frac{(1+i)^n - 1}{i(1+i)^n}}_{DSF_n} + \underbrace{R(1+i)^{-n}}_{AbF_n}$$

Unter Benutzung der im gegebenen Fall vorliegenden Daten kann man schreiben:

$$C_0 = -12\,500 + (5\,700 - 2\,700) \cdot \frac{(1+0{,}06)^n - 1}{0{,}06(1+0{,}06)^n} + 2\,0000(1+0{,}06)^{-n}$$

$n_1 = 4$ Jahre $\quad \rightarrow \quad C_{0,1} = -12\,500 + 3\,000 \cdot 3{,}465106 + 2\,000 \cdot 0{,}792094$

$$C_{0,1} = -12\,500 + 10\,395 + 1\,584 = -521 \ (€)$$

$n_2 = 5$ Jahre $\quad \rightarrow \quad C_{0,2} = -12\,500 + 3\,000 \cdot 4{,}212364 + 2\,000 \cdot 0{,}747258$

$$C_{0,2} = -12\,500 + 12\,637 + 1\,495 = +1\,632 \ (€)$$

$$n_3 = 6 \text{ Jahre} \quad \rightarrow \quad C_{0,3} = -12\,500 + 3\,000 \cdot 4{,}917324 + 2\,000 \cdot 0{,}704961$$

$$C_{0,3} = -12\,500 + 14\,752 + 1\,410 = +3\,662 \; (\text{€})$$

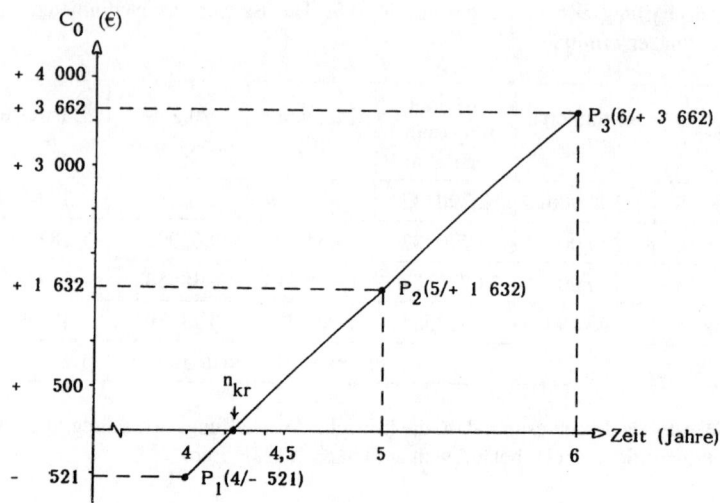

Abb.: Ermittlung der kritischen Lebensdauer

b) Es gilt:

$$n_{kr} = n_1 - C_{0,1} \cdot \frac{n_2 - n_1}{C_{0,2} - C_{0,1}}$$

Setzt man die Koordinaten von P_1 und P_2 in die Gleichung ein, so ergibt sich:

$$n_{kr} = 4 + 521 \cdot \frac{5 - 4}{1\,632 + 521}$$

$$n_{kr} = 4 + \frac{521}{2\,153} = 4{,}24 \; (\text{Jahre})$$

c) Dieses Ergebnis lässt sich mittels Logarithmierens bestätigen:

(1) Stelle C_0-Funktion auf:

$$C_0 = -12\,500 + 3\,000 \cdot \frac{1{,}06^n - 1}{0{,}06 \cdot 1{,}06^n} + \frac{2\,000}{1{,}06^n}$$

(2) Setze $C_0 = 0$:

$$0 = -12\,500 + 3\,000 \cdot \frac{1,06^{n_{kr}} - 1}{0,06 \cdot 1,06^{n_{kr}}} + \frac{2\,000}{1,06^{n_{kr}}} \qquad | \cdot 1,06^{n_{kr}} \cdot 0,06 \rightarrow$$

(3) Löse nach $1,06^{n_{kr}}$ auf:

$$0 = -750 \cdot 1,06^{n_{kr}} + 3\,000(1,06^{n_{kr}} - 1) + 120$$

$$0 = -750 \cdot 1,06^{n_{kr}} + 3\,000 \cdot 1,06^{n_{kr}} - 2\,880 \qquad | +2\,880 \rightarrow$$

$$2\,880 = 2\,250 \cdot 1,06^{n_{kr}} \qquad | : 2\,250 \rightarrow$$

$$1,06^{n_{kr}} = 1,28 \qquad | \lg \rightarrow$$

$$n_{kr} \cdot \lg 1,06 = \lg 1,28$$

$$n_{kr} = \frac{\lg 1,28}{\lg 1,06} = \frac{0,1072}{0,0253} = 4,24 \text{ (Jahre)}$$

d) Es gilt: $\qquad C_0 = (e - a) \cdot DSF_n - A$

$$0 = (e - a) \cdot DSF_{n_{kr}} - A$$

$$DSF_{n_{kr}} = \frac{A}{(e - a)} = \frac{12\,500}{3\,000} = 4,166667$$

$$
\begin{array}{ll}
n = 4 & \rightarrow DSF = 3,465106 \\
\text{errechnet} & \rightarrow DSF = 4,166667 \\
n = 5 & \rightarrow DSF = 4,212364
\end{array}
$$
$\xrightarrow[\text{polation}]{\text{Inter-}} n_{kr} = 4,94 \text{ (Jahre)}$

6.13

a) Für den kritischen Wert q_{kr}^I einer Rohstoffeinheit muss in Bezug auf Investition I nach der Annuitätenmethode gelten:

(1) Stelle DJÜ-Funktion auf: $\quad DJ\ddot{U} = DJE_I - DJA_I$

(2) Setze $DJ\ddot{U} = 0$: $\qquad 0 = 1\,200 - 100 - 30q_{kr}^I - 3\,000 \cdot 0,174015$

(3) Löse nach q_{kr}^{I} auf: $30q_{kr}^{I}$ = 578

$\phantom{(3) Löse nach q_{kr}^{I} auf:}$ q_{kr}^{I} = 19,27 (€/Stück)

Investition I ist nur dann lohnend, wenn der Preis für eine Rohstoffeinheit nicht über 19,27 € liegt.

b) Der kritische Preis q_{kr}^{II} für eine Rohstoffeinheit in Bezug auf Investition II wird entsprechend errechnet:

(1) Stelle DJÜ-Funktion auf: DJÜ = DJE_{II} - DJA_{II}

(2) Setze DJÜ = 0:   0 = 1 200 - 150 - $10q_{kr}^{II}$ - 5 000 • 0,174015

(3) Löse nach q_{kr}^{II} auf: $10q_{kr}^{II}$ = 180

$\phantom{(3) Löse nach q_{kr}^{II} auf:}$ q_{kr}^{II} = 18 (€/Stück)

Investition II ist nur dann lohnend, wenn der Preis für eine Rohstoffeinheit 18 € nicht übersteigt.

c) Für den kritischen Preis $q_{kr}^{I,II}$ in Bezug auf beide Investitionen, d. h. für jenen Preis, bei dem beide Investitionen gleich vorteilhaft sind, muss gelten:

$$DJÜ_{I} = DJÜ_{II}$$

$$DJE_{I} - DJA_{I} = DJE_{II} - DJA_{II}$$

oder wegen $DJE_{I} = DJE_{II} \rightarrow DJA_{I} = DJA_{II}$

$$100 + 30q_{kr}^{I,II} + 3\ 000 • 0,174015 = 150 + 10q_{kr}^{I,II} + 5\ 000 • 0,174015$$

$$100 + 30q_{kr}^{I,II} + 522 = 150 + 10q_{kr}^{I,II} + 870$$

$$20q_{kr}^{I,II} = 398$$

$$q_{kr}^{I,II} = 19,90 \ (€/Stück)$$

Nimmt der Rohstoffpreis den Wert 19,90 € an, so sind beide Investitionen gleichwertig.

Es muss beachtet werden, dass dieser kritische Wert höher ist als der kritische Wert für Investition I und Investition II. Mithin sind bei einem Rohstoffpreis von 19,90 € beide Investitionen gleich unvorteilhaft. Die folgende Abbildung illustriert diesen Sachverhalt, sie zeigt die DJÜ beider Investitionen in Abhängigkeit vom Rohstoffpreis.

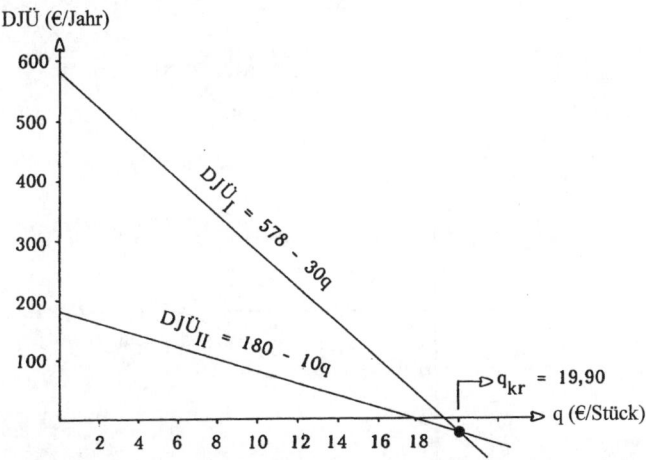

Abb.: DJÜ-Funktionen in Abhängigkeit vom Rohstoffpreis

Der Schnittpunkt der DJÜ-Funktionen liegt im negativen Bereich. Beide Investitionen sind gleich unwirtschaftlich, falls der Rohstoffpreis von 19,90 € erreicht wird. Liegt der Rohstoffpreis unter 18 €/Einheit, so sind beide Alternativen vorteilhaft; die Investition I ist jedoch wegen der höheren Überschüsse vorzuziehen.

6.14

a) Die Investition lohnt sich nur dann, wenn die jährlichen Auszahlungen sowie der Kapitaldienst auf die Anschaffungsauszahlung durch den Minderverbrauch an Heizöl ausgeglichen werden. Es gilt:

Minderauszahlung = $400 + 4\,000 \cdot KWF_{12}$

Minderauszahlung = $400 + 4\,000 \cdot 0{,}146763$

Minderauszahlung = 987 (€/Jahr)

b) Die Erwartung künftig steigender Ölpreise und das ökologische Gewissen.

6.15

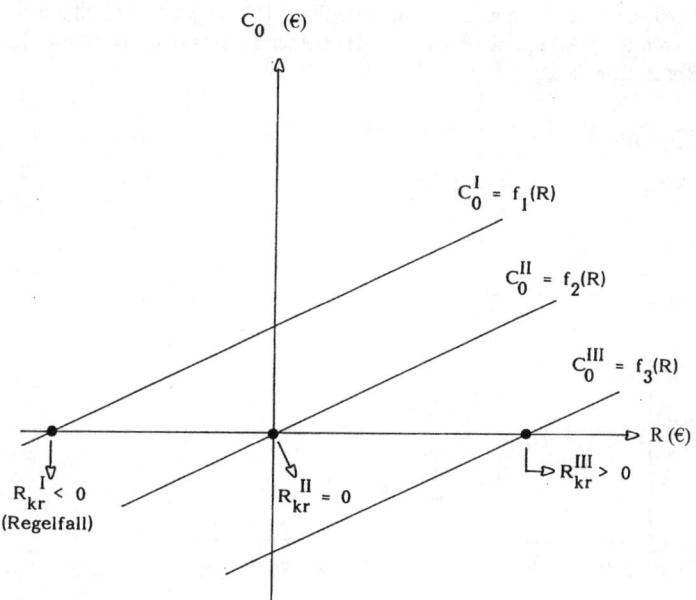

C_0 (€)

$$C_0^I = f_1(R)$$

$$C_0^{II} = f_2(R)$$

$$C_0^{III} = f_3(R)$$

R (€)

$R_{kr}^{III} > 0$

$R_{kr}^I < 0$
(Regelfall)

$R_{kr}^{II} = 0$

Abb.: Drei mögliche Kapitalwertfunktionen

Der kritische Restwert, bei dem sich eine Investition gerade eben lohnt, d. h. bei dem ihr Kapitalwert und ihr durchschnittlicher jährlicher Überschuss Null sind, ist völlig unabhängig vom tatsächlichen Restwert. Letzterer kann positiv, Null oder negativ sein (Demontagekosten, Beseitigung oder Vermeidung von Umweltschäden). Der kritische Restwert ist im ersten Fall bei der Kapitalwertfunktion $C_0^I = f_1(R)$ negativ. Das heißt, die Investition I verkraftet es, wenn der Investor am Ende der Nutzungsdauer noch einen gewissen Geldbetrag hingeben muss, wenn er die Maschine I abbaut. Investition I bleibt vorteilhaft, wenn die Abschlusszahlung nicht größer ist als R_{kr}. Investition II verträgt einen Restwert von Null, wird dieser unterschritten, lohnt sich Objekt II nicht mehr. Die dritte Investition ist erst dann lohnend, wenn sie am Ende noch einen positiven Restwert erbringt, der mindestens die Höhe R_{kr} aufweist.

In der betrieblichen Praxis ist der Fall I die Regel: Fast alle Investitionen verkraften es, wenn der Investor abschließend eine bestimmte (nicht zu große) Restwertauszahlung zu tätigen hat.

Lösung Testklausur

1. (-) (+) (-)	11. (-) (+) (+)	21. (-) (+) (-)
2. (+) (-) (+)	12. (-) (-) (+)	22. (+) (+) (+)
3. (-) (+) (-)	13. (+) (+) (-)	23. (+) (+) (-)
4. (+) (+) (-)	14. (-) (+) (+)	24. (+) (-) (+)
5. (-) (+) (-)	15. (+) (+) (-)	25. (-) (+) (+)
6. (+) (-) (+)	16. (-) (-) (+)	26. (+) (+) (+)
7. (-) (-) (+)	17. (-) (+) (-)	27. (+) (-) (-)
8. (+) (-) (+)	18. (+) (-) (-)	28. (+) (+) (+)
9. (-) (-) (+)	19. (-) (+) (-)	29. (+) (+) (-)
10. (+) (+) (-)	20. (-) (+) (+)	30. (-) (-) (+)

Punktvergabe

Kennzeichen richtig	=	1 Punkt,
Kennzeichen weiß nicht oder falsch	=	0 Punkte.

Beispiel

Bewertung

	(a)	(b)	(c)	Punktzahl
Musterlösung zu Satz (1)	(-)	(+)	(-)	3
andere Lösungen	(+)	(+)	(-)	2
	(+)	(-)	(-)	1
	( )	( )	( )	0
	(+)	(-)	(+)	0

Note	Punkte
5	bis 44
4	ab 45
3	ab 60
2	ab 72
1	ab 86

Investitionsrechnungsformular

Im praktischen Fall ist es zweckmäßig, zwischen Kleininvestitionen, mittleren Investitionen und Großinvestitionen zu unterscheiden und diese Unterscheidung mit einer gestaffelten Kompetenz zu verbinden, die wie folgt aussehen kann:

Investitionsart	Anschaffungsauszahlung	Entscheidungsbefugnis
Kleininvestition	bis 20 000 €	Abteilungsebene
mittlere Investition	über 20 000 bis 200 000 €	Leitung Zweigbetrieb
Großinvestition	über 200 000 €	Leitung Gesamtunternehmung

Diese Gliederung entspricht dem Standard bundesdeutscher Großunternehmungen, wobei bei besonders umfangreichen Investitionen neben dem Vorstand auch der Aufsichtsrat zu befragen ist (bei der Lufthansa müssen die Räte jeder Investition zustimmen, die über 7,5 Millionen Euro hinausgeht). Kleininvestitionen können formlos beantragt und entschieden werden. Bei mittleren und großen Investitionen empfiehlt sich eine ausführliche Investitionsrechnung, bei der man gleichzeitig mehrere Methoden einsetzt. Am besten sollte man den Kapitalwert, den internen Zinssatz und den durchschnittlichen jährlichen Überschuss ermitteln. Mit anderen Worten: Die drei dynamischen Investitionsrechnungsverfahren schließen sich bei praktischer Anwendung keineswegs aus, sie ergänzen einander vielmehr. Sie beleuchten das Investitionsobjekt von verschiedenen Seiten: Wie hoch ist der barwertige Überschuss, die Rendite, der durchschnittliche jährliche Überschuss? Daneben interessiert sich die Praxis sehr stark für die Amortisationszeit: Mehr als die Hälfte der Großen nutzt diese Methode. Deshalb sollte man zusätzlich die statische und dynamische Amortisationszeit ins Formular aufnehmen.

Eine solche Betrachtung von Investitionsobjekten ist in der Bundesrepublik bei Großunternehmungen die Regel. Die Umsatzmilliardäre setzen üblicherweise drei bis vier Methoden nebeneinander ein und gelangen so zu einem abgerundeten Bild ihrer Investitionen, das eine gute Entscheidungshilfe darstellt. Die Investitionsentscheidung selbst hängt allerdings nicht allein vom Ergebnis der Investitionsrechnung, sondern auch von solchen Faktoren ab, die nicht in Euro und Cent bewertbar sind. Das Rechnungsergebnis ist eine Entscheidungshilfe, nicht mehr, aber auch nicht weniger.

Das Investitionsrechnungsformular (vgl. S. 348 f.) soll eine doppelte Aufgabe erfüllen: Einmal dient es der Durchführung der Investitionsrechnung, zum Zweiten der Kurzinformation der Unternehmungsleitung, wenn über die Investitionen entschieden wird. Der entscheidende Unternehmer kann dem oberen Formularteil (Eingabewerte) alle wesentlichen Rechnungsannahmen entnehmen: Er sieht die angenommenen Ein- und Auszahlungen, deren zeitliche Verteilung, die Nutzungsdauer und die Zinssätze. Der untere Formularteil (Ausgabewerte) enthält nicht nur Rechenergebnisse, sondern auch eine Kurzbeschreibung des jeweiligen Rechengangs, die als Gedächtnisstütze und Interpretationshilfe für den Benutzer gedacht ist. Das Formular bietet eine übersichtliche Darstellung der Rechnungsannahmen, Rechnungswege und Rechnungsergebnisse. Es kann Ihnen als Anregung für die Gestaltung Ihres Formulars dienen, denn tendenziell besitzt jede Unternehmung ihr eigenes Formular. Sie sollten das abgedruckte Formular durch betriebsspezifische Änderungen und Ergänzungen an die Erfordernisse Ihres Unternehmens anpassen.

Wenn Sie bei Ihrer praktischen Arbeit häufig mit Investitionsentscheidungen zu tun haben, dann kann es sinnvoll sein, von der manuellen Lösung abzugehen und den im Formular angegebenen Lösungsweg zu programmieren. Das ist bei Benutzung geeigneter Tabellenprogramme kein großes Problem. Alternativ dazu wäre auch die Beschaffung eines fertigen Investitions-Software-Paketes denkbar. In beiden Fällen besteht die Zielsetzung darin, dass der Anwender nur die in Spalte I und II abgefragten Ein- und Auszahlungen einzugeben hat; alles Übrige erledigt der PC.

In unserem Formular betrachten wir einen Unternehmer, der mit einem Kalkulationszinssatz von 8 % rechnet. Er ermittelt die Kapitalwerte einmal für diesen Zinssatz und zum anderen für einen Satz von 12 %. Die beiden Werte zeigen dann nicht nur, wie empfindlich der Kapitalwert auf Zinserhöhungen reagiert, sondern stellen auch die Eingabewerte in der Formel zur Renditenberechnung dar. Beim Zeitbild der Investition wurde berücksichtigt, dass bei manchen Großvorhaben mit erheblichen Vorlaufzeiten zu rechnen ist, so dass die Anschaffungsauszahlung teilweise schon vor dem Zeitpunkt 0 anfällt. Die zum Zeitpunkt - 1 (- 2) anfallenden Zahlungen sind demnach mit dem Aufzinsungsfaktor auf 0 zu beziehen. Somit stehen in der Spalte der Faktoren zunächst Aufzinsungsfaktoren und dann (ab Zeitpunkt 1) Abzinsungsfaktoren.

Investitionsrechnungsformular: Eingabewerte

Zeitpunkt/ Geschäfts-jahr	Auszahlungen A,a (€)	Einzahlungen e, R (€)	Nettoein-zahlungen (€)	Faktoren (8 %)	Barwerte (8 %) (€)	Kumulierte Nettoein-zahlungen (€)	Kumulierte Barwerte (€)	Faktoren (12 %)	Barwerte (12 %) (€)
	I	II	III = II - I	IV	V = III · IV	VI = Summe III	VII = Summe V	VIII	IX = III · VIII
-2 20..				1,166400				1,254400	
-1 20..				1,080000				1,120000	
0 20..				1,000000				1,000000	
1 20..				0,925926				0,892857	
2 20..				0,857339				0,797194	
3 20..				0,793832				0,711780	
4 20..				0,735030				0,635518	
5 20..				0,680583				0,567427	
6 20..				0,630170				0,506631	
7 20..				0,583490				0,452349	
8 20..				0,540269				0,403883	
9 20..				0,500249				0,360610	
10 20..				0,463193				0,321973	
11 20..				0,428883				0,287476	
12 20..				0,397114				0,256675	

Investitionsrechnungsformular: Ausgabewerte

Zielgröße	Rechengang	Ergebniswert	Symbol
Kapitalwert (8 %)	Spalte V summieren		$C_{0,1}$
Kapitalwert (12 %)	Spalte IX summieren		$C_{0,2}$
Rendite (interner Zinsfuß)	$r = 8 - C_{0,1} \cdot \dfrac{12 - 8}{C_{0,2} - C_{0,1}}$		r
Durchschnittlicher jährlicher Überschuss (8 %)	$C_{0,1}$ • Kapitalwiedergewinnungsfaktor (8 %)		$DJÜ_1$
Durchschnittlicher jährlicher Überschuss (12 %)	$C_{0,2}$ • Kapitalwiedergewinnungsfaktor (12 %)		$DJÜ_2$
Statische Amortisationszeit	Ermittlung der Zeit, in der die Gesamtsumme der kumulierten Nettoeinzahlungen gleich null ist (VI = Summe III)		t
Dynamische Amortisationszeit (8 %)	Ermittlung der Zeit, in der die Gesamtsumme der kumulierten Barwerte der Nettoeinzahlungen gleich null ist (VII = Summe V)		t_d

Tabellen für die finanzmathematischen Faktoren

Der Tabellenanhang ist ein notwendiges Hilfsmittel für die Beurteilung und Berechnung finanzmathematischer Probleme, wie sie beispielsweise im Bereich der

- Zinseszinsrechnung,
- Investitions- und Wirtschaftlichkeitsrechnung,
- Rentenrechnung,
- Tilgungsrechnung,
- Renditenberechnung,
- Versicherungsmathematik

auftreten können.

Mit der hier gewählten Darstellung wird versucht, einige Schwächen der üblichen Tabellenwerke zu vermeiden:

(1) Herkömmliche Tabellenwerke enden häufig bei einem Zinssatz von 10 %. Da man in der Praxis bei Investitionsrechnungen häufig mit zweistelligen Kalkulationszinsfüßen zu rechnen hat, erschließt der Tabellenanhang einen Bereich von 3 % bis 20 %.

(2) Häufig sind die Schritte zwischen den einzelnen Zinssätzen im Hinblick auf praktische Probleme, etwa Renditeberechnungen, zu groß. Deshalb werden die Faktoren hier in dem für Renditeberechnungen relevanten Bereich von 5 % bis 12 % in kleinen Schritten von 0,5 Prozentpunkten ausgewiesen.

(3) In den bekannten Standardtabellenwerken werden die einzelnen Faktoren gewöhnlich getrennt voneinander aufgelistet. Da zur Lösung eines praktischen Problemes häufig mehrere Faktoren benötigt werden, ist in diesem Falle ein ständiges Umblättern notwendig. Um dieses Umblättern zu vermeiden, sind im Tabellenanhang alle Faktoren für einen bestimmten Rechnungszinssatz auf einer Seite zusammengefasst.

Zur Lösung praktischer Probleme kann es notwendig sein, auf ein ausführliche-res Tabellenwerk zurückzugreifen[1].

Sollen Investitions- und Finanzierungsentscheidungen unter Berücksichtigung von Preissteigerungen getroffen werden, so sind die Faktorenwerte entsprechend umzu-rechnen[2].

Die folgende Übersicht gibt eine stark komprimierte Darstellung der sechs finanz-mathematischen Faktoren und ihrer Wirkungsweise.

In der ersten Spalte sind die sechs Faktoren in der Schreibweise wiedergegeben, die in der Betriebswirtschaftslehre üblich ist. In allgemein-mathematischen Darstellun-gen findet man häufig eine alternative Schreibweise, wobei (1+i) = q gesetzt wird. Diese Schreibweise ist in der zweiten Spalte ergänzend aufgenommen worden. Die dritte Spalte enthält die verschiedenen Bezeichnungen für die Faktoren sowie die zugehörigen Abkürzungen. So wird etwa der DSF im Bereich der Rentenrechnung häufig auch (Renten-)Barwertfaktor genannt; im Bereich der Unternehmensbewer-tung nennt man den DSF auch Kapitalisierungsfaktor. Der KWF heißt Verrentungs-faktor, wenn es um die Ermittlung einer Rente geht; bei Banken spricht man vom Annuitätenfaktor, wenn die zu einem bestimmten Darlehen gehörende Annuität er-mittelt werden soll. In der vierten Spalte werden die Faktoren im Hinblick auf ihre finanzmathematische Funktion verbal beschrieben. Die verbale Beschreibung wird in der fünften Spalte durch eine schematische Zeitstrahl-Darstellung ergänzt, die die Funktion von der grafischen Seite erschließt.

---

[1] Vgl. hierzu: K.-D. Däumler, Finanzmathematisches Tabellenwerk. Hier sind die finanzmathematischen Faktoren für Zinssätze von 0,10 % bis 30 % ausgewiesen.

[2] Zur Technik der Berücksichtigung von Preissteigerungsraten vgl.: Derselbe, Anwendung von Investitions-rechnungsverfahren in der Praxis, S. 138 ff. Tabellen für die finanzmathematischen Faktoren unter Berück-sichtigung von Preissteigerungsraten von 1 % bis 10 % finden sich im Finanzmathematischen Tabellen-werk.

Faktor	Andere Schreibweise $(1+i) = q$	Bezeichnung
$(1+i)^n$	q^n	Aufzinsungsfaktor (AuF)
$(1+i)^{-n}$	q^{-n}	Abzinsungsfaktor (AbF) Diskontierungsfaktor
$\dfrac{(1+i)^n - 1}{i(1+i)^n}$	$\dfrac{q^n - 1}{q^n(q-1)}$	Diskontierungssummenfaktor (DSF) Abzinsungssummenfaktor Barwertfaktor Rentenbarwertfaktor Kapitalisierungsfaktor
$\dfrac{i(1+i)^n}{(1+i)^n - 1}$	$\dfrac{q^n(q-1)}{q^n - 1}$	Kapitalwiedergewinnungsfaktor (KWF) Verrentungsfaktor Annuitätenfaktor
$\dfrac{i}{(1+i)^n - 1}$	$\dfrac{q-1}{q^n - 1}$	Restwertverteilungsfaktor (RVF) Rückwärtsverteilungsfaktor
$\dfrac{(1+i)^n - 1}{i}$	$\dfrac{q^n - 1}{q-1}$	Endwertfaktor (EWF) Aufzinsungssummenfaktor Rentenendwertfaktor

Funktion (verbal)	Funktion (grafisch)
zinst einen jetzt fälligen Geldbetrag K_0 mit Zins und Zinseszins auf einen nach n Perioden fälligen Geldbetrag K_n auf (verwandelt „Einmalzahlung jetzt" in „Einmalzahlung nach n Perioden")	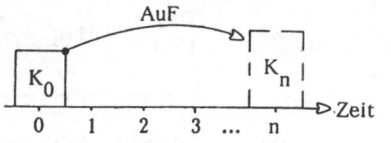
zinst einen nach n Perioden fälligen Geldbetrag K_n unter Berücksichtigung von Zins und Zinseszins auf einen jetzt fälligen Geldbetrag K_0 ab (verwandelt „Einmalzahlung nach n Perioden" in „Einmalzahlung jetzt")	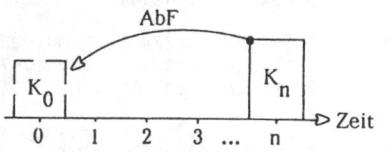
zinst die Glieder g einer Zahlungsreihe unter Berücksichtigung von Zins und Zinseszins ab und addiert gleichzeitig die Barwerte (verwandelt Zahlungsreihe in „Einmalzahlung jetzt")	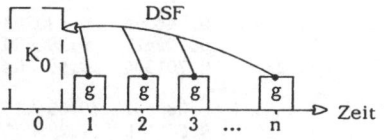
verteilt einen jetzt fälligen Geldbetrag K_0 in gleiche Annuitäten g unter Berücksichtigung von Zins und Zinseszins auf n Perioden (verwandelt „Einmalzahlung jetzt" in Zahlungsreihe)	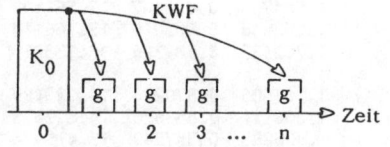
verteilt eine nach n Perioden fällige Einmalzahlung K_n unter Berücksichtigung von Zins und Zinseszins auf die Laufzeit von n Perioden (verwandelt „Einmalzahlung nach n Perioden" in Zahlungsreihe)	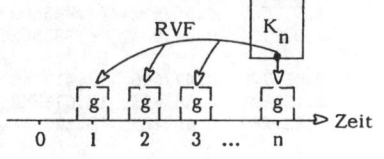
zinst die Glieder g einer Zahlungsreihe unter Berücksichtigung von Zins und Zinseszins auf und addiert gleichzeitig die Endwerte (verwandelt Zahlungsreihe in „Einmalzahlung nach n Perioden")	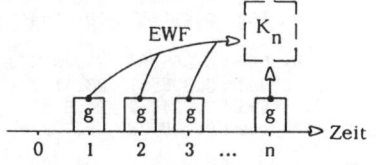

	AuF $(1+i)^n$	AbF $(1+i)^{-n}$	DSF $\dfrac{(1+i)^n - 1}{i(1+i)^n}$	KWF $\dfrac{i(1+i)^n}{(1+i)^n - 1}$	EWF $\dfrac{(1+i)^n - 1}{i}$	RVF $\dfrac{i}{(1+i)^n - 1}$
n						
1	1.030000	0.970874	0.970874	1.030000	1.000000	1.000000
2	1.060900	0.942596	1.913470	0.522611	2.030000	0.492611
3	1.092727	0.915142	2.828611	0.353530	3.090900	0.323530
4	1.125509	0.888487	3.717098	0.269027	4.183627	0.239027
5	1.159274	0.862609	4.579707	0.218355	5.309136	0.188355
6	1.194052	0.837484	5.417191	0.184598	6.468410	0.154598
7	1.229874	0.813092	6.230283	0.160506	7.662462	0.130506
8	1.266770	0.789409	7.019692	0.142456	8.892336	0.112456
9	1.304773	0.766417	7.786109	0.128434	10.159106	0.098434
10	1.343916	0.744094	8.530203	0.117231	11.463879	0.087231
11	1.384234	0.722421	9.252624	0.108077	12.807796	0.078077
12	1.425761	0.701380	9.954004	0.100462	14.192030	0.070462
13	1.468534	0.680951	10.634955	0.094030	15.617790	0.064030
14	1.512590	0.661118	11.296073	0.088526	17.086324	0.058526
15	1.557967	0.641862	11.937935	0.083767	18.598914	0.053767
16	1.604706	0.623167	12.561102	0.079611	20.156881	0.049611
17	1.652848	0.605016	13.166118	0.075953	21.761588	0.045953
18	1.702433	0.587395	13.753513	0.072709	23.414435	0.042709
19	1.753506	0.570286	14.323799	0.069814	25.116868	0.039814
20	1.806111	0.553676	14.877475	0.067216	26.870374	0.037216
21	1.860295	0.537549	15.415024	0.064872	28.676486	0.034872
22	1.916103	0.521893	15.936917	0.062747	30.536780	0.032747
23	1.973587	0.506692	16.443608	0.060814	32.452884	0.030814
24	2.032794	0.491934	16.935542	0.059047	34.426470	0.029047
25	2.093778	0.477606	17.413148	0.057428	36.459264	0.027428
26	2.156591	0.463695	17.876842	0.055938	38.553042	0.025938
27	2.221289	0.450189	18.327031	0.054564	40.709634	0.024564
28	2.287928	0.437077	18.764108	0.053293	42.930923	0.023293
29	2.356566	0.424346	19.188455	0.052115	45.218850	0.022115
30	2.427262	0.411987	19.600441	0.051019	47.575416	0.021019
35	2.813862	0.355383	21.487220	0.046539	60.462082	0.016539
40	3.262038	0.306557	23.114772	0.043262	75.401260	0.013262
45	3.781596	0.264439	24.518713	0.040785	92.719861	0.010785
50	4.383906	0.228107	25.729764	0.038865	112.796867	0.008865

3,00 %

n	AuF $(1+i)^n$	AbF $(1+i)^{-n}$	DSF $\dfrac{(1+i)^n - 1}{i(1+i)^n}$	KWF $\dfrac{i(1+i)^n}{(1+i)^n - 1}$	EWF $\dfrac{(1+i)^n - 1}{i}$	RVF $\dfrac{i}{(1+i)^n - 1}$
			4,00 %			
1	1.040000	0.961538	0.961538	1.040000	1.000000	1.000000
2	1.081600	0.924556	1.886095	0.530196	2.040000	0.490196
3	1.124864	0.888996	2.775091	0.360349	3.121600	0.320349
4	1.169859	0.854804	3.629895	0.275490	4.246464	0.235490
5	1.216653	0.821927	4.451822	0.224627	5.416323	0.184627
6	1.265319	0.790315	5.242137	0.190762	6.632975	0.150762
7	1.315932	0.759918	6.002055	0.166610	7.898294	0.126610
8	1.368569	0.730690	6.732745	0.148528	9.214226	0.108528
9	1.423312	0.702587	7.435332	0.134493	10.582795	0.094493
10	1.480244	0.675564	8.110896	0.123291	12.006107	0.083291
11	1.539454	0.649581	8.760477	0.114149	13.486351	0.074149
12	1.601032	0.624597	9.385074	0.106552	15.025805	0.066552
13	1.665074	0.600574	9.985648	0.100144	16.626838	0.060144
14	1.731676	0.577475	10.563123	0.094669	18.291911	0.054669
15	1.800944	0.555265	11.118387	0.089941	20.023588	0.049941
16	1.872981	0.533908	11.652296	0.085820	21.824531	0.045820
17	1.947900	0.513373	12.165669	0.082199	23.697512	0.042199
18	2.025817	0.493628	12.659297	0.078993	25.645413	0.038993
19	2.106849	0.474642	13.133939	0.076139	27.671229	0.036139
20	2.191123	0.456387	13.590326	0.073582	29.778079	0.033582
21	2.278768	0.438834	14.029160	0.071280	31.969202	0.031280
22	2.369919	0.421955	14.451115	0.069199	34.247970	0.029199
23	2.464716	0.405726	14.856842	0.067309	36.617889	0.027309
24	2.563304	0.390121	15.246963	0.065587	39.082604	0.025587
25	2.665836	0.375117	15.622080	0.064012	41.645908	0.024012
26	2.772470	0.360689	15.982769	0.062567	44.311745	0.022567
27	2.883369	0.346817	16.329586	0.061239	47.084214	0.021239
28	2.998703	0.333477	16.663063	0.060013	49.967583	0.020013
29	3.118651	0.320651	16.983715	0.058880	52.966286	0.018880
30	3.243398	0.308319	17.292033	0.057830	56.084938	0.017830
35	3.946089	0.253415	18.664613	0.053577	73.652225	0.013577
40	4.801021	0.208289	19.792774	0.050523	95.025516	0.010523
45	5.841176	0.171198	20.720040	0.048262	121.029392	0.008262
50	7.106683	0.140713	21.482185	0.046550	152.667084	0.006550

	5,00 %					
	AuF	AbF	DSF	KWF	EWF	RVF
n	$(1+i)^n$	$(1+i)^{-n}$	$\dfrac{(1+i)^n - 1}{i(1+i)^n}$	$\dfrac{i(1+i)^n}{(1+i)^n - 1}$	$\dfrac{(1+i)^n - 1}{i}$	$\dfrac{i}{(1+i)^n - 1}$
1	1.050000	0.952381	0.952381	1.050000	1.000000	1.000000
2	1.102500	0.907029	1.859410	0.537805	2.050000	0.487805
3	1.157625	0.863838	2.723248	0.367209	3.152500	0.317209
4	1.215506	0.822702	3.545951	0.282012	4.310125	0.232012
5	1.276282	0.783526	4.329477	0.230975	5.525631	0.180975
6	1.340096	0.746215	5.075692	0.197017	6.801913	0.147017
7	1.407100	0.710681	5.786373	0.172820	8.142008	0.122820
8	1.477455	0.676839	6.463213	0.154722	9.549109	0.104722
9	1.551328	0.644609	7.107822	0.140690	11.026564	0.090690
10	1.628895	0.613913	7.721735	0.129505	12.577893	0.079505
11	1.710339	0.584679	8.306414	0.120389	14.206787	0.070389
12	1.795856	0.556837	8.863252	0.112825	15.917127	0.062825
13	1.885649	0.530321	9.393573	0.106456	17.712983	0.056456
14	1.979932	0.505068	9.898641	0.101024	19.598632	0.051024
15	2.078928	0.481017	10.379658	0.096342	21.578564	0.046342
16	2.182875	0.458112	10.837770	0.092270	23.657492	0.042270
17	2.292018	0.436297	11.274066	0.088699	25.840366	0.038699
18	2.406619	0.415521	11.689587	0.085546	28.132385	0.035546
19	2.526950	0.395734	12.085321	0.082745	30.539004	0.032745
20	2.653298	0.376889	12.462210	0.080243	33.065954	0.030243
21	2.785963	0.358942	12.821153	0.077996	35.719252	0.027996
22	2.925261	0.341850	13.163003	0.075971	38.505214	0.025971
23	3.071524	0.325571	13.488574	0.074137	41.430475	0.024137
24	3.225100	0.310068	13.798642	0.072471	44.501999	0.022471
25	3.386355	0.295303	14.093945	0.070952	47.727099	0.020952
26	3.555673	0.281241	14.375185	0.069564	51.113454	0.019564
27	3.733456	0.267848	14.643034	0.068292	54.669126	0.018292
28	3.920129	0.255094	14.898127	0.067123	58.402583	0.017123
29	4.116136	0.242946	15.141074	0.066046	62.322712	0.016046
30	4.321942	0.231377	15.372451	0.065051	66.438848	0.015051
35	5.516015	0.181290	16.374194	0.061072	90.320307	0.011072
40	7.039989	0.142046	17.159086	0.058278	120.799774	0.008278
45	8.985008	0.111297	17.774070	0.056262	159.700156	0.006262
50	11.467400	0.087204	18.255925	0.054777	209.347996	0.004777

	AuF	AbF	DSF	KWF	EWF	RVF
n	$(1+i)^n$	$(1+i)^{-n}$	$\dfrac{(1+i)^n - 1}{i(1+i)^n}$	$\dfrac{i(1+i)^n}{(1+i)^n - 1}$	$\dfrac{(1+i)^n - 1}{i}$	$\dfrac{i}{(1+i)^n - 1}$

5,50 %

n	AuF	AbF	DSF	KWF	EWF	RVF
1	1.055000	0.947867	0.947867	1.055000	1.000000	1.000000
2	1.113025	0.898452	1.846320	0.541618	2.055000	0.486618
3	1.174241	0.851614	2.697933	0.370654	3.168025	0.315654
4	1.238825	0.807217	3.505150	0.285294	4.342266	0.230294
5	1.306960	0.765134	4.270284	0.234176	5.581091	0.179176
6	1.378843	0.725246	4.995530	0.200179	6.888051	0.145179
7	1.454679	0.687437	5.682967	0.175964	8.266894	0.120964
8	1.534687	0.651599	6.334566	0.157864	9.721573	0.102864
9	1.619094	0.617629	6.952195	0.143839	11.256260	0.088839
10	1.708144	0.585431	7.537626	0.132668	12.875354	0.077668
11	1.802092	0.554911	8.092536	0.123571	14.583498	0.068571
12	1.901207	0.525982	8.618518	0.116029	16.385591	0.061029
13	2.005774	0.498561	9.117079	0.109684	18.286798	0.054684
14	2.116091	0.472569	9.589648	0.104279	20.292572	0.049279
15	2.232476	0.447933	10.037581	0.099626	22.408663	0.044626
16	2.355263	0.424581	10.462162	0.095583	24.641140	0.040583
17	2.484802	0.402447	10.864609	0.092042	26.996403	0.037042
18	2.621466	0.381466	11.246074	0.088920	29.481205	0.033920
19	2.765647	0.361579	11.607654	0.086150	32.102671	0.031150
20	2.917757	0.342729	11.950382	0.083679	34.868318	0.028679
21	3.078234	0.324862	12.275244	0.081465	37.786076	0.026465
22	3.247537	0.307926	12.583170	0.079471	40.864310	0.024471
23	3.426152	0.291873	12.875042	0.077670	44.111847	0.022670
24	3.614590	0.276657	13.151699	0.076036	47.537998	0.021036
25	3.813392	0.262234	13.413933	0.074549	51.152588	0.019549
26	4.023129	0.248563	13.662495	0.073193	54.965981	0.018193
27	4.244401	0.235605	13.898100	0.071952	58.989109	0.016952
28	4.477843	0.223322	14.121422	0.070814	63.233510	0.015814
29	4.724124	0.211679	14.333101	0.069769	67.711354	0.014769
30	4.983951	0.200644	14.533745	0.068805	72.435478	0.013805
35	6.513825	0.153520	15.390552	0.064975	100.251364	0.009975
40	8.513309	0.117463	16.046125	0.062320	136.605614	0.007320
45	11.126554	0.089875	16.547726	0.060431	184.119165	0.005431
50	14.541961	0.068767	16.931518	0.059061	246.217476	0.004061

				6,00 %		
n	AuF $(1+i)^n$	AbF $(1+i)^{-n}$	DSF $\dfrac{(1+i)^n - 1}{i(1+i)^n}$	KWF $\dfrac{i(1+i)^n}{(1+i)^n - 1}$	EWF $\dfrac{(1+i)^n - 1}{i}$	RVF $\dfrac{i}{(1+i)^n - 1}$
1	1.060000	0.943396	0.943396	1.060000	1.000000	1.000000
2	1.123600	0.889996	1.833393	0.545437	2.060000	0.485437
3	1.191016	0.839619	2.673012	0.374110	3.183600	0.314110
4	1.262477	0.792094	3.465106	0.288591	4.374616	0.228591
5	1.338226	0.747258	4.212364	0.237396	5.637093	0.177396
6	1.418519	0.704961	4.917324	0.203363	6.975319	0.143363
7	1.503630	0.665057	5.582381	0.179135	8.393838	0.119135
8	1.593848	0.627412	6.209794	0.161036	9.897468	0.101036
9	1.689479	0.591898	6.801692	0.147022	11.491316	0.087022
10	1.790848	0.558395	7.360087	0.135868	13.180795	0.075868
11	1.898299	0.526788	7.886875	0.126793	14.971643	0.066793
12	2.012196	0.496969	8.383844	0.119277	16.869941	0.059277
13	2.132928	0.468839	8.852683	0.112960	18.882138	0.052960
14	2.260904	0.442301	9.294984	0.107585	21.015066	0.047585
15	2.396558	0.417265	9.712249	0.102963	23.275970	0.042963
16	2.540352	0.393646	10.105895	0.098952	25.672528	0.038952
17	2.692773	0.371364	10.477260	0.095445	28.212880	0.035445
18	2.854339	0.350344	10.827603	0.092357	30.905653	0.032357
19	3.025600	0.330513	11.158116	0.089621	33.759992	0.029621
20	3.207135	0.311805	11.469921	0.087185	36.785591	0.027185
21	3.399564	0.294155	11.764077	0.085005	39.992727	0.025005
22	3.603537	0.277505	12.041582	0.083046	43.392290	0.023046
23	3.819750	0.261797	12.303379	0.081278	46.995828	0.021278
24	4.048935	0.246979	12.550358	0.079679	50.815577	0.019679
25	4.291871	0.232999	12.783356	0.078227	54.864512	0.018227
26	4.549383	0.219810	13.003166	0.076904	59.156383	0.016904
27	4.822346	0.207368	13.210534	0.075697	63.705766	0.015697
28	5.111687	0.195630	13.406164	0.074593	68.528112	0.014593
29	5.418388	0.184557	13.590721	0.073580	73.639798	0.013580
30	5.743491	0.174110	13.764831	0.072649	79.058186	0.012649
35	7.686087	0.130105	14.498246	0.068974	111.434780	0.008974
40	10.285718	0.097222	15.046297	0.066462	154.761966	0.006462
45	13.764611	0.072650	15.455832	0.064700	212.743514	0.004700
50	18.420154	0.054288	15.761861	0.063444	290.335905	0.003444

	AuF	AbF	DSF	KWF	EWF	RVF
				6,50 %		
n	$(1+i)^n$	$(1+i)^{-n}$	$\dfrac{(1+i)^n - 1}{i(1+i)^n}$	$\dfrac{i(1+i)^n}{(1+i)^n - 1}$	$\dfrac{(1+i)^n - 1}{i}$	$\dfrac{i}{(1+i)^n - 1}$
1	1.065000	0.938967	0.938967	1.065000	1.000000	1.000000
2	1.134225	0.881659	1.820626	0.549262	2.065000	0.484262
3	1.207950	0.827849	2.648476	0.377576	3.199225	0.312576
4	1.286466	0.777323	3.425799	0.291903	4.407175	0.226903
5	1.370087	0.729881	4.155679	0.240635	5.693641	0.175635
6	1.459142	0.685334	4.841014	0.206568	7.063728	0.141568
7	1.553987	0.643506	5.484520	0.182331	8.522870	0.117331
8	1.654996	0.604231	6.088751	0.164237	10.076856	0.099237
9	1.762570	0.567353	6.656104	0.150238	11.731852	0.085238
10	1.877137	0.532726	7.188830	0.139105	13.494423	0.074105
11	1.999151	0.500212	7.689042	0.130055	15.371560	0.065055
12	2.129096	0.469683	8.158725	0.122568	17.370711	0.057568
13	2.267487	0.441017	8.599742	0.116283	19.499808	0.051283
14	2.414874	0.414100	9.013842	0.110940	21.767295	0.045940
15	2.571841	0.388827	9.402669	0.106353	24.182169	0.041353
16	2.739011	0.365095	9.767764	0.102378	26.754010	0.037378
17	2.917046	0.342813	10.110577	0.098906	29.493021	0.033906
18	3.106654	0.321890	10.432466	0.095855	32.410067	0.030855
19	3.308587	0.302244	10.734710	0.093156	35.516722	0.028156
20	3.523645	0.283797	11.018507	0.090756	38.825309	0.025756
21	3.752682	0.266476	11.284983	0.088613	42.348954	0.023613
22	3.996606	0.250212	11.535196	0.086691	46.101636	0.021691
23	4.256386	0.234941	11.770137	0.084961	50.098242	0.019961
24	4.533051	0.220602	11.990739	0.083398	54.354628	0.018398
25	4.827699	0.207138	12.197877	0.081981	58.887679	0.016981
26	5.141500	0.194496	12.392373	0.080695	63.715378	0.015695
27	5.475697	0.182625	12.574998	0.079523	68.856877	0.014523
28	5.831617	0.171479	12.746477	0.078453	74.332574	0.013453
29	6.210672	0.161013	12.907490	0.077474	80.164192	0.012474
30	6.614366	0.151186	13.058676	0.076577	86.374864	0.011577
35	9.062255	0.110348	13.686957	0.073062	124.034690	0.008062
40	12.416075	0.080541	14.145527	0.070694	175.631916	0.005694
45	17.011098	0.058785	14.480228	0.069060	246.324587	0.004060
50	23.306679	0.042906	14.724521	0.067914	343.179672	0.002914

				7,00 %		
n	AuF $(1+i)^n$	AbF $(1+i)^{-n}$	DSF $\dfrac{(1+i)^n - 1}{i(1+i)^n}$	KWF $\dfrac{i(1+i)^n}{(1+i)^n - 1}$	EWF $\dfrac{(1+i)^n - 1}{i}$	RVF $\dfrac{i}{(1+i)^n - 1}$
1	1.070000	0.934579	0.934579	1.070000	1.000000	1.000000
2	1.144900	0.873439	1.808018	0.553092	2.070000	0.483092
3	1.225043	0.816298	2.624316	0.381052	3.214900	0.311052
4	1.310796	0.762895	3.387211	0.295228	4.439943	0.225228
5	1.402552	0.712986	4.100197	0.243891	5.750739	0.173891
6	1.500730	0.666342	4.766540	0.209796	7.153291	0.139796
7	1.605781	0.622750	5.389289	0.185553	8.654021	0.115553
8	1.718186	0.582009	5.971299	0.167468	10.259803	0.097468
9	1.838459	0.543934	6.515232	0.153486	11.977989	0.083486
10	1.967151	0.508349	7.023582	0.142378	13.816448	0.072378
11	2.104852	0.475093	7.498674	0.133357	15.783599	0.063357
12	2.252192	0.444012	7.942686	0.125902	17.888451	0.055902
13	2.409845	0.414964	8.357651	0.119651	20.140643	0.049651
14	2.578534	0.387817	8.745468	0.114345	22.550488	0.044345
15	2.759032	0.362446	9.107914	0.109795	25.129022	0.039795
16	2.952164	0.338735	9.446649	0.105858	27.888054	0.035858
17	3.158815	0.316574	9.763223	0.102425	30.840217	0.032425
18	3.379932	0.295864	10.059087	0.099413	33.999033	0.029413
19	3.616528	0.276508	10.335595	0.096753	37.378965	0.026753
20	3.869684	0.258419	10.594014	0.094393	40.995492	0.024393
21	4.140562	0.241513	10.835527	0.092289	44.865177	0.022289
22	4.430402	0.225713	11.061240	0.090406	49.005739	0.020406
23	4.740530	0.210947	11.272187	0.088714	53.436141	0.018714
24	5.072367	0.197147	11.469334	0.087189	58.176671	0.017189
25	5.427433	0.184249	11.653583	0.085811	63.249038	0.015811
26	5.807353	0.172195	11.825779	0.084561	68.676470	0.014561
27	6.213868	0.160930	11.986709	0.083426	74.483823	0.013426
28	6.648838	0.150402	12.137111	0.082392	80.697691	0.012392
29	7.114257	0.140563	12.277674	0.081449	87.346529	0.011449
30	7.612255	0.131367	12.409041	0.080586	94.460786	0.010586
35	10.676581	0.093663	12.947672	0.077234	138.236878	0.007234
40	14.974458	0.066780	13.331709	0.075009	199.635112	0.005009
45	21.002452	0.047613	13.605522	0.073500	285.749311	0.003500
50	29.457025	0.033948	13.800746	0.072460	406.528929	0.002460

	7,50 %					
n	AuF $(1+i)^n$	AbF $(1+i)^{-n}$	DSF $\dfrac{(1+i)^n - 1}{i(1+i)^n}$	KWF $\dfrac{i(1+i)^n}{(1+i)^n - 1}$	EWF $\dfrac{(1+i)^n - 1}{i}$	RVF $\dfrac{i}{(1+i)^n - 1}$
1	1.075000	0.930233	0.930233	1.075000	1.000000	1.000000
2	1.155625	0.865333	1.795565	0.556928	2.075000	0.481928
3	1.242297	0.804961	2.600526	0.384538	3.230625	0.309538
4	1.335469	0.748801	3.349326	0.298568	4.472922	0.223568
5	1.435629	0.696559	4.045885	0.247165	5.808391	0.172165
6	1.543302	0.647962	4.693846	0.213045	7.244020	0.138045
7	1.659049	0.602755	5.296601	0.188800	8.787322	0.113800
8	1.783478	0.560702	5.857304	0.170727	10.446371	0.095727
9	1.917239	0.521583	6.378887	0.156767	12.229849	0.081767
10	2.061032	0.485194	6.864081	0.145686	14.147087	0.070686
11	2.215609	0.451343	7.315424	0.136697	16.208119	0.061697
12	2.381780	0.419854	7.735278	0.129278	18.423728	0.054278
13	2.560413	0.390562	8.125840	0.123064	20.805508	0.048064
14	2.752444	0.363313	8.489154	0.117797	23.365921	0.042797
15	2.958877	0.337966	8.827120	0.113287	26.118365	0.038287
16	3.180793	0.314387	9.141507	0.109391	29.077242	0.034391
17	3.419353	0.292453	9.433960	0.106000	32.258035	0.031000
18	3.675804	0.272049	9.706009	0.103029	35.677388	0.028029
19	3.951489	0.253069	9.959078	0.100411	39.353192	0.025411
20	4.247851	0.235413	10.194491	0.098092	43.304681	0.023092
21	4.566440	0.218989	10.413480	0.096029	47.552532	0.021029
22	4.908923	0.203711	10.617191	0.094187	52.118972	0.019187
23	5.277092	0.189498	10.806689	0.092535	57.027895	0.017535
24	5.672874	0.176277	10.982967	0.091050	62.304987	0.016050
25	6.098340	0.163979	11.146946	0.089711	67.977862	0.014711
26	6.555715	0.152539	11.299485	0.088500	74.076201	0.013500
27	7.047394	0.141896	11.441381	0.087402	80.631916	0.012402
28	7.575948	0.131997	11.573378	0.086405	87.679310	0.011405
29	8.144144	0.122788	11.696165	0.085498	95.255258	0.010498
30	8.754955	0.114221	11.810386	0.084671	103.399403	0.009671
35	12.568870	0.079562	12.272511	0.081483	154.251606	0.006483
40	18.044239	0.055419	12.594409	0.079400	227.256520	0.004400
45	25.904839	0.038603	12.818629	0.078011	332.064515	0.003011
50	37.189746	0.026889	12.974812	0.077072	482.529947	0.002072

	AuF	AbF	DSF	KWF	EWF	RVF
n	$(1+i)^n$	$(1+i)^{-n}$	$\dfrac{(1+i)^n - 1}{i(1+i)^n}$	$\dfrac{i(1+i)^n}{(1+i)^n - 1}$	$\dfrac{(1+i)^n - 1}{i}$	$\dfrac{i}{(1+i)^n - 1}$
1	1.080000	0.925926	0.925926	1.080000	1.000000	1.000000
2	1.166400	0.857339	1.783265	0.560769	2.080000	0.480769
3	1.259712	0.793832	2.577097	0.388034	3.246400	0.308034
4	1.360489	0.735030	3.312127	0.301921	4.506112	0.221921
5	1.469328	0.680583	3.992710	0.250456	5.866601	0.170456
6	1.586874	0.630170	4.622880	0.216315	7.335929	0.136315
7	1.713824	0.583490	5.206370	0.192072	8.922803	0.112072
8	1.850930	0.540269	5.746639	0.174015	10.636628	0.094015
9	1.999005	0.500249	6.246888	0.160080	12.487558	0.080080
10	2.158925	0.463193	6.710081	0.149029	14.486562	0.069029
11	2.331639	0.428883	7.138964	0.140076	16.645487	0.060076
12	2.518170	0.397114	7.536078	0.132695	18.977126	0.052695
13	2.719624	0.367698	7.903776	0.126522	21.495297	0.046522
14	2.937194	0.340461	8.244237	0.121297	24.214920	0.041297
15	3.172169	0.315242	8.559479	0.116830	27.152114	0.036830
16	3.425943	0.291890	8.851369	0.112977	30.324283	0.032977
17	3.700018	0.270269	9.121638	0.109629	33.750226	0.029629
18	3.996019	0.250249	9.371887	0.106702	37.450244	0.026702
19	4.315701	0.231712	9.603599	0.104128	41.446263	0.024128
20	4.660957	0.214548	9.818147	0.101852	45.761964	0.021852
21	5.033834	0.198656	10.016803	0.099832	50.422921	0.019832
22	5.436540	0.183941	10.200744	0.098032	55.456755	0.018032
23	5.871464	0.170315	10.371059	0.096422	60.893296	0.016422
24	6.341181	0.157699	10.528758	0.094978	66.764759	0.014978
25	6.848475	0.146018	10.674776	0.093679	73.105940	0.013679
26	7.396353	0.135202	10.809978	0.092507	79.954415	0.012507
27	7.988061	0.125187	10.935165	0.091448	87.350768	0.011448
28	8.627106	0.115914	11.051078	0.090489	95.338830	0.010489
29	9.317275	0.107328	11.158406	0.089619	103.965936	0.009619
30	10.062657	0.099377	11.257783	0.088827	113.283211	0.008827
35	14.785344	0.067635	11.654568	0.085803	172.316804	0.005803
40	21.724521	0.046031	11.924613	0.083860	259.056519	0.003860
45	31.920449	0.031328	12.108402	0.082587	386.505617	0.002587
50	46.901613	0.021321	12.233485	0.081743	573.770156	0.001743

8,00 %

	8,50 %					
	AuF	AbF	DSF	KWF	EWF	RVF
n	$(1+i)^n$	$(1+i)^{-n}$	$\dfrac{(1+i)^n - 1}{i(1+i)^n}$	$\dfrac{i(1+i)^n}{(1+i)^n - 1}$	$\dfrac{(1+i)^n - 1}{i}$	$\dfrac{i}{(1+i)^n - 1}$
1	1.085000	0.921659	0.921659	1.085000	1.000000	1.000000
2	1.177225	0.849455	1.771114	0.564616	2.085000	0.479616
3	1.277289	0.782908	2.554022	0.391539	3.262225	0.306539
4	1.385859	0.721574	3.275597	0.305288	4.539514	0.220288
5	1.503657	0.665045	3.940642	0.253766	5.925373	0.168766
6	1.631468	0.612945	4.553587	0.219607	7.429030	0.134607
7	1.770142	0.564926	5.118514	0.195369	9.060497	0.110369
8	1.920604	0.520669	5.639183	0.177331	10.830639	0.092331
9	2.083856	0.479880	6.119063	0.163424	12.751244	0.078424
10	2.260983	0.442285	6.561348	0.152408	14.835099	0.067408
11	2.453167	0.407636	6.968984	0.143493	17.096083	0.058493
12	2.661686	0.375702	7.344686	0.136153	19.549250	0.051153
13	2.887930	0.346269	7.690955	0.130023	22.210936	0.045023
14	3.133404	0.319142	8.010097	0.124842	25.098866	0.039842
15	3.399743	0.294140	8.304237	0.120420	28.232269	0.035420
16	3.688721	0.271097	8.575333	0.116614	31.632012	0.031614
17	4.002262	0.249859	8.825192	0.113312	35.320733	0.028312
18	4.342455	0.230285	9.055476	0.110430	39.322995	0.025430
19	4.711563	0.212244	9.267720	0.107901	43.665450	0.022901
20	5.112046	0.195616	9.463337	0.105671	48.377013	0.020671
21	5.546570	0.180292	9.643628	0.103695	53.489059	0.018695
22	6.018028	0.166167	9.809796	0.101939	59.035629	0.016939
23	6.529561	0.153150	9.962945	0.100372	65.053658	0.015372
24	7.084574	0.141152	10.104097	0.098970	71.583219	0.013970
25	7.686762	0.130094	10.234191	0.097712	78.667792	0.012712
26	8.340137	0.119902	10.354093	0.096580	86.354555	0.011580
27	9.049049	0.110509	10.464602	0.095560	94.694692	0.010560
28	9.818218	0.101851	10.566453	0.094639	103.743741	0.009639
29	10.652766	0.093872	10.660326	0.093806	113.561959	0.008806
30	11.558252	0.086518	10.746844	0.093051	124.214725	0.008051
35	17.379642	0.057539	11.087781	0.090189	192.701675	0.005189
40	26.133016	0.038266	11.314520	0.088382	295.682536	0.003382
45	39.295084	0.025448	11.465312	0.087220	450.530397	0.002220
50	59.086316	0.016924	11.565595	0.086463	683.368418	0.001463

9,00 %					
AuF	AbF	DSF	KWF	EWF	RVF
$(1+i)^n$	$(1+i)^{-n}$	$\dfrac{(1+i)^n - 1}{i(1+i)^n}$	$\dfrac{i(1+i)^n}{(1+i)^n - 1}$	$\dfrac{(1+i)^n - 1}{i}$	$\dfrac{i}{(1+i)^n - 1}$

n	AuF	AbF	DSF	KWF	EWF	RVF
1	1.090000	0.917431	0.917431	1.090000	1.000000	1.000000
2	1.188100	0.841680	1.759111	0.568469	2.090000	0.478469
3	1.295029	0.772183	2.531295	0.395055	3.278100	0.305055
4	1.411582	0.708425	3.239720	0.308669	4.573129	0.218669
5	1.538624	0.649931	3.889651	0.257092	5.984711	0.167092
6	1.677100	0.596267	4.485919	0.222920	7.523335	0.132920
7	1.828039	0.547034	5.032953	0.198691	9.200435	0.108691
8	1.992563	0.501866	5.534819	0.180674	11.028474	0.090674
9	2.171893	0.460428	5.995247	0.166799	13.021036	0.076799
10	2.367364	0.422411	6.417658	0.155820	15.192930	0.065820
11	2.580426	0.387533	6.805191	0.146947	17.560293	0.056947
12	2.812665	0.355535	7.160725	0.139651	20.140720	0.049651
13	3.065805	0.326179	7.486904	0.133567	22.953385	0.043567
14	3.341727	0.299246	7.786150	0.128433	26.019189	0.038433
15	3.642482	0.274538	8.060688	0.124059	29.360916	0.034059
16	3.970306	0.251870	8.312558	0.120300	33.003399	0.030300
17	4.327633	0.231073	8.543631	0.117046	36.973705	0.027046
18	4.717120	0.211994	8.755625	0.114212	41.301338	0.024212
19	5.141661	0.194490	8.950115	0.111730	46.018458	0.021730
20	5.604411	0.178431	9.128546	0.109546	51.160120	0.019546
21	6.108808	0.163698	9.292244	0.107617	56.764530	0.017617
22	6.658600	0.150182	9.442425	0.105905	62.873338	0.015905
23	7.257874	0.137781	9.580207	0.104382	69.531939	0.014382
24	7.911083	0.126405	9.706612	0.103023	76.789813	0.013023
25	8.623081	0.115968	9.822580	0.101806	84.700896	0.011806
26	9.399158	0.106393	9.928972	0.100715	93.323977	0.010715
27	10.245082	0.097608	10.026580	0.099735	102.723135	0.009735
28	11.167140	0.089548	10.116128	0.098852	112.968217	0.008852
29	12.172182	0.082155	10.198283	0.098056	124.135356	0.008056
30	13.267678	0.075371	10.273654	0.097336	136.307539	0.007336
35	20.413968	0.048986	10.566821	0.094636	215.710755	0.004636
40	31.409420	0.031838	10.757360	0.092960	337.882445	0.002960
45	48.327286	0.020692	10.881197	0.091902	525.858734	0.001902
50	74.357520	0.013449	10.961683	0.091227	815.083556	0.001227

	AuF	AbF	DSF	KWF	EWF	RVF
n	$(1+i)^n$	$(1+i)^{-n}$	$\dfrac{(1+i)^n - 1}{i(1+i)^n}$	$\dfrac{i(1+i)^n}{(1+i)^n - 1}$	$\dfrac{(1+i)^n - 1}{i}$	$\dfrac{i}{(1+i)^n - 1}$

9,50 %

n	AuF	AbF	DSF	KWF	EWF	RVF
1	1.095000	0.913242	0.913242	1.095000	1.000000	1.000000
2	1.199025	0.834011	1.747253	0.572327	2.095000	0.477327
3	1.312932	0.761654	2.508907	0.398580	3.294025	0.303580
4	1.437661	0.695574	3.204481	0.312063	4.606957	0.217063
5	1.574239	0.635228	3.839709	0.260436	6.044618	0.165436
6	1.723791	0.580117	4.419825	0.226253	7.618857	0.131253
7	1.887552	0.529787	4.949612	0.202036	9.342648	0.107036
8	2.066869	0.483824	5.433436	0.184046	11.230200	0.089046
9	2.263222	0.441848	5.875284	0.170205	13.297069	0.075205
10	2.478228	0.403514	6.278798	0.159266	15.560291	0.064266
11	2.713659	0.368506	6.647304	0.150437	18.038518	0.055437
12	2.971457	0.336535	6.983839	0.143188	20.752178	0.048188
13	3.253745	0.307338	7.291178	0.137152	23.723634	0.042152
14	3.562851	0.280674	7.571852	0.132068	26.977380	0.037068
15	3.901322	0.256323	7.828175	0.127744	30.540231	0.032744
16	4.271948	0.234085	8.062260	0.124035	34.441553	0.029035
17	4.677783	0.213777	8.276037	0.120831	38.713500	0.025831
18	5.122172	0.195230	8.471266	0.118046	43.391283	0.023046
19	5.608778	0.178292	8.649558	0.115613	48.513454	0.020613
20	6.141612	0.162824	8.812382	0.113477	54.122233	0.018477
21	6.725065	0.148697	8.961080	0.111594	60.263845	0.016594
22	7.363946	0.135797	9.096876	0.109928	66.988910	0.014928
23	8.063521	0.124015	9.220892	0.108449	74.352856	0.013449
24	8.829556	0.113256	9.334148	0.107134	82.416378	0.012134
25	9.668364	0.103430	9.437578	0.105959	91.245934	0.010959
26	10.586858	0.094457	9.532034	0.104909	100.914297	0.009909
27	11.592610	0.086262	9.618296	0.103969	111.501156	0.008969
28	12.693908	0.078778	9.697074	0.103124	123.093766	0.008124
29	13.899829	0.071943	9.769018	0.102364	135.787673	0.007364
30	15.220313	0.065702	9.834719	0.101681	149.687502	0.006681
35	23.960406	0.041736	10.086995	0.099138	241.688483	0.004138
40	37.719399	0.026512	10.247247	0.097587	386.519992	0.002587
45	59.379340	0.016841	10.349043	0.096627	614.519364	0.001627
50	93.477257	0.010698	10.413707	0.096027	973.444808	0.001027

	10,00 %					
n	AuF $(1+i)^n$	AbF $(1+i)^{-n}$	DSF $\dfrac{(1+i)^n - 1}{i(1+i)^n}$	KWF $\dfrac{i(1+i)^n}{(1+i)^n - 1}$	EWF $\dfrac{(1+i)^n - 1}{i}$	RVF $\dfrac{i}{(1+i)^n - 1}$
1	1.100000	0.909091	0.909091	1.100000	1.000000	1.000000
2	1.210000	0.826446	1.735537	0.576190	2.100000	0.476190
3	1.331000	0.751315	2.486852	0.402115	3.310000	0.302115
4	1.464100	0.683013	3.169865	0.315471	4.641000	0.215471
5	1.610510	0.620921	3.790787	0.263797	6.105100	0.163797
6	1.771561	0.564474	4.355261	0.229607	7.715610	0.129607
7	1.948717	0.513158	4.868419	0.205405	9.487171	0.105405
8	2.143589	0.466507	5.334926	0.187444	11.435888	0.087444
9	2.357948	0.424098	5.759024	0.173641	13.579477	0.073641
10	2.593742	0.385543	6.144567	0.162745	15.937425	0.062745
11	2.853117	0.350494	6.495061	0.153963	18.531167	0.053963
12	3.138428	0.318631	6.813692	0.146763	21.384284	0.046763
13	3.452271	0.289664	7.103356	0.140779	24.522712	0.040779
14	3.797498	0.263331	7.366687	0.135746	27.974983	0.035746
15	4.177248	0.239392	7.606080	0.131474	31.772482	0.031474
16	4.594973	0.217629	7.823709	0.127817	35.949730	0.027817
17	5.054470	0.197845	8.021553	0.124664	40.544703	0.024664
18	5.559917	0.179859	8.201412	0.121930	45.599173	0.021930
19	6.115909	0.163508	8.364920	0.119547	51.159090	0.019547
20	6.727500	0.148644	8.513564	0.117460	57.274999	0.017460
21	7.400250	0.135131	8.648694	0.115624	64.002499	0.015624
22	8.140275	0.122846	8.771540	0.114005	71.402749	0.014005
23	8.954302	0.111678	8.883218	0.112572	79.543024	0.012572
24	9.849733	0.101526	8.984744	0.111300	88.497327	0.011300
25	10.834706	0.092296	9.077040	0.110168	98.347059	0.010168
26	11.918177	0.083905	9.160945	0.109159	109.181765	0.009159
27	13.109994	0.076278	9.237223	0.108258	121.099942	0.008258
28	14.420994	0.069343	9.306567	0.107451	134.209936	0.007451
29	15.863093	0.063039	9.369606	0.106728	148.630930	0.006728
30	17.449402	0.057309	9.426914	0.106079	164.494023	0.006079
35	28.102437	0.035584	9.644159	0.103690	271.024368	0.003690
40	45.259256	0.022095	9.779051	0.102259	442.592556	0.002259
45	72.890484	0.013719	9.862808	0.101391	718.904837	0.001391
50	117.390853	0.008519	9.914814	0.100859	1163.908529	0.000859

	AuF $(1+i)^n$	AbF $(1+i)^{-n}$	DSF $\dfrac{(1+i)^n - 1}{i(1+i)^n}$	KWF $\dfrac{i(1+i)^n}{(1+i)^n - 1}$	EWF $\dfrac{(1+i)^n - 1}{i}$	RVF $\dfrac{i}{(1+i)^n - 1}$
n						
1	1.105000	0.904977	0.904977	1.105000	1.000000	1.000000
2	1.221025	0.818984	1.723961	0.580059	2.105000	0.475059
3	1.349233	0.741162	2.465123	0.405659	3.326025	0.300659
4	1.490902	0.670735	3.135858	0.318892	4.675258	0.213892
5	1.647447	0.607000	3.742858	0.267175	6.166160	0.162175
6	1.820429	0.549321	4.292179	0.232982	7.813606	0.127982
7	2.011574	0.497123	4.789303	0.208799	9.634035	0.103799
8	2.222789	0.449885	5.239188	0.190869	11.645609	0.085869
9	2.456182	0.407136	5.646324	0.177106	13.868398	0.072106
10	2.714081	0.368449	6.014773	0.166257	16.324579	0.061257
11	2.999059	0.333438	6.348211	0.157525	19.038660	0.052525
12	3.313961	0.301754	6.649964	0.150377	22.037720	0.045377
13	3.661926	0.273080	6.923045	0.144445	25.351680	0.039445
14	4.046429	0.247132	7.170176	0.139467	29.013607	0.034467
15	4.471304	0.223648	7.393825	0.135248	33.060035	0.030248
16	4.940791	0.202397	7.596221	0.131644	37.531339	0.026644
17	5.459574	0.183164	7.779386	0.128545	42.472130	0.023545
18	6.032829	0.165760	7.945146	0.125863	47.931703	0.020863
19	6.666276	0.150009	8.095154	0.123531	53.964532	0.018531
20	7.366235	0.135755	8.230909	0.121493	60.630808	0.016493
21	8.139690	0.122855	8.353764	0.119707	67.997043	0.014707
22	8.994357	0.111181	8.464945	0.118134	76.136732	0.013134
23	9.938764	0.100616	8.565561	0.116747	85.131089	0.011747
24	10.982335	0.091055	8.656616	0.115519	95.069854	0.010519
25	12.135480	0.082403	8.739019	0.114429	106.052188	0.009429
26	13.409705	0.074573	8.813592	0.113461	118.187668	0.008461
27	14.817724	0.067487	8.881079	0.112599	131.597373	0.007599
28	16.373585	0.061074	8.942153	0.111830	146.415097	0.006830
29	18.092812	0.055271	8.997423	0.111143	162.788683	0.006143
30	19.992557	0.050019	9.047442	0.110528	180.881494	0.005528
35	32.936673	0.030361	9.234654	0.108288	304.158792	0.003288
40	54.261416	0.018429	9.348292	0.106971	507.251579	0.001971
45	89.392794	0.011187	9.417271	0.106188	841.836132	0.001188
50	147.269869	0.006790	9.459140	0.105718	1393.046373	0.000718

10,50 %

11,00 %					
	AuF	AbF	DSF	KWF	EWF	RVF
n	$(1+i)^n$	$(1+i)^{-n}$	$\dfrac{(1+i)^n - 1}{i(1+i)^n}$	$\dfrac{i(1+i)^n}{(1+i)^n - 1}$	$\dfrac{(1+i)^n - 1}{i}$	$\dfrac{i}{(1+i)^n - 1}$
1	1.110000	0.900901	0.900901	1.110000	1.000000	1.000000
2	1.232100	0.811622	1.712523	0.583934	2.110000	0.473934
3	1.367631	0.731191	2.443715	0.409213	3.342100	0.299213
4	1.518070	0.658731	3.102446	0.322326	4.709731	0.212326
5	1.685058	0.593451	3.695897	0.270570	6.227801	0.160570
6	1.870415	0.534641	4.230538	0.236377	7.912860	0.126377
7	2.076160	0.481658	4.712196	0.212215	9.783274	0.102215
8	2.304538	0.433926	5.146123	0.194321	11.859434	0.084321
9	2.558037	0.390925	5.537048	0.180602	14.163972	0.070602
10	2.839421	0.352184	5.889232	0.169801	16.722009	0.059801
11	3.151757	0.317283	6.206515	0.161121	19.561430	0.051121
12	3.498451	0.285841	6.492356	0.154027	22.713187	0.044027
13	3.883280	0.257514	6.749870	0.148151	26.211638	0.038151
14	4.310441	0.231995	6.981865	0.143228	30.094918	0.033228
15	4.784589	0.209004	7.190870	0.139065	34.405359	0.029065
16	5.310894	0.188292	7.379162	0.135517	39.189948	0.025517
17	5.895093	0.169633	7.548794	0.132471	44.500843	0.022471
18	6.543553	0.152822	7.701617	0.129843	50.395936	0.019843
19	7.263344	0.137678	7.839294	0.127563	56.939488	0.017563
20	8.062312	0.124034	7.963328	0.125576	64.202832	0.015576
21	8.949166	0.111742	8.075070	0.123838	72.265144	0.013838
22	9.933574	0.100669	8.175739	0.122313	81.214309	0.012313
23	11.026267	0.090693	8.266432	0.120971	91.147884	0.010971
24	12.239157	0.081705	8.348137	0.119787	102.174151	0.009787
25	13.585464	0.073608	8.421745	0.118740	114.413307	0.008740
26	15.079865	0.066314	8.488058	0.117813	127.998771	0.007813
27	16.738650	0.059742	8.547800	0.116989	143.078636	0.006989
28	18.579901	0.053822	8.601622	0.116257	159.817286	0.006257
29	20.623691	0.048488	8.650110	0.115605	178.397187	0.005605
30	22.892297	0.043683	8.693793	0.115025	199.020878	0.005025
35	38.574851	0.025924	8.855240	0.112927	341.589555	0.002927
40	65.000867	0.015384	8.951051	0.111719	581.826066	0.001719
45	109.530242	0.009130	9.007910	0.111014	986.638559	0.001014
50	184.564827	0.005418	9.041653	0.110599	1668.771152	0.000599

n	AuF $(1+i)^n$	AbF $(1+i)^{-n}$	DSF $\dfrac{(1+i)^n - 1}{i(1+i)^n}$	KWF $\dfrac{i(1+i)^n}{(1+i)^n - 1}$	EWF $\dfrac{(1+i)^n - 1}{i}$	RVF $\dfrac{i}{(1+i)^n - 1}$
			11,50 %			
1	1.115000	0.896861	0.896861	1.115000	1.000000	1.000000
2	1.243225	0.804360	1.701221	0.587813	2.115000	0.472813
3	1.386196	0.721399	2.422619	0.412776	3.358225	0.297776
4	1.545608	0.646994	3.069614	0.325774	4.744421	0.210774
5	1.723353	0.580264	3.649878	0.273982	6.290029	0.158982
6	1.921539	0.520416	4.170294	0.239791	8.013383	0.124791
7	2.142516	0.466741	4.637035	0.215655	9.934922	0.100655
8	2.388905	0.418602	5.055637	0.197799	12.077438	0.082799
9	2.663629	0.375428	5.431064	0.184126	14.466343	0.069126
10	2.969947	0.336706	5.767771	0.173377	17.129972	0.058377
11	3.311491	0.301979	6.069750	0.164751	20.099919	0.049751
12	3.692312	0.270833	6.340583	0.157714	23.411410	0.042714
13	4.116928	0.242900	6.583482	0.151895	27.103722	0.036895
14	4.590375	0.217847	6.801329	0.147030	31.220650	0.032030
15	5.118268	0.195379	6.996708	0.142924	35.811025	0.027924
16	5.706869	0.175227	7.171935	0.139432	40.929293	0.024432
17	6.363159	0.157155	7.329090	0.136443	46.636161	0.021443
18	7.094922	0.140946	7.470036	0.133868	52.999320	0.018868
19	7.910838	0.126409	7.596445	0.131641	60.094242	0.016641
20	8.820584	0.113371	7.709816	0.129705	68.005080	0.014705
21	9.834951	0.101678	7.811494	0.128016	76.825664	0.013016
22	10.965971	0.091191	7.902685	0.126539	86.660615	0.011539
23	12.227057	0.081786	7.984471	0.125243	97.626586	0.010243
24	13.633169	0.073351	8.057822	0.124103	109.853643	0.009103
25	15.200983	0.065785	8.123607	0.123098	123.486812	0.008098
26	16.949096	0.059000	8.182607	0.122210	138.687796	0.007210
27	18.898243	0.052915	8.235522	0.121425	155.636892	0.006425
28	21.071540	0.047457	8.282979	0.120730	174.535135	0.005730
29	23.494768	0.042563	8.325542	0.120112	195.606675	0.005112
30	26.196666	0.038173	8.363715	0.119564	219.101443	0.004564
35	45.146112	0.022150	8.503041	0.117605	383.879238	0.002605
40	77.802705	0.012853	8.583887	0.116497	667.849607	0.001497
45	134.081553	0.007458	8.630799	0.115864	1157.230898	0.000864
50	231.069896	0.004328	8.658020	0.115500	2000.607793	0.000500

12,00 %					
	AuF	AbF	DSF	KWF	EWF	RVF
n	$(1+i)^n$	$(1+i)^{-n}$	$\dfrac{(1+i)^n - 1}{i(1+i)^n}$	$\dfrac{i(1+i)^n}{(1+i)^n - 1}$	$\dfrac{(1+i)^n - 1}{i}$	$\dfrac{i}{(1+i)^n - 1}$
1	1.120000	0.892857	0.892857	1.120000	1.000000	1.000000
2	1.254400	0.797194	1.690051	0.591698	2.120000	0.471698
3	1.404928	0.711780	2.401831	0.416349	3.374400	0.296349
4	1.573519	0.635518	3.037349	0.329234	4.779328	0.209234
5	1.762342	0.567427	3.604776	0.277410	6.352847	0.157410
6	1.973823	0.506631	4.111407	0.243226	8.115189	0.123226
7	2.210681	0.452349	4.563757	0.219118	10.089012	0.099118
8	2.475963	0.403883	4.967640	0.201303	12.299693	0.081303
9	2.773079	0.360610	5.328250	0.187679	14.775656	0.067679
10	3.105848	0.321973	5.650223	0.176984	17.548735	0.056984
11	3.478550	0.287476	5.937699	0.168415	20.654583	0.048415
12	3.895976	0.256675	6.194374	0.161437	24.133133	0.041437
13	4.363493	0.229174	6.423548	0.155677	28.029109	0.035677
14	4.887112	0.204620	6.628168	0.150871	32.392602	0.030871
15	5.473566	0.182696	6.810864	0.146824	37.279715	0.026824
16	6.130394	0.163122	6.973986	0.143390	42.753280	0.023390
17	6.866041	0.145644	7.119630	0.140457	48.883674	0.020457
18	7.689966	0.130040	7.249670	0.137937	55.749715	0.017937
19	8.612762	0.116107	7.365777	0.135763	63.439681	0.015763
20	9.646293	0.103667	7.469444	0.133879	72.052442	0.013879
21	10.803848	0.092560	7.562003	0.132240	81.698736	0.012240
22	12.100310	0.082643	7.644646	0.130811	92.502584	0.010811
23	13.552347	0.073788	7.718434	0.129560	104.602894	0.009560
24	15.178629	0.065882	7.784316	0.128463	118.155241	0.008463
25	17.000064	0.058823	7.843139	0.127500	133.333870	0.007500
26	19.040072	0.052521	7.895660	0.126652	150.333934	0.006652
27	21.324881	0.046894	7.942554	0.125904	169.374007	0.005904
28	23.883866	0.041869	7.984423	0.125244	190.698887	0.005244
29	26.749930	0.037383	8.021806	0.124660	214.582754	0.004660
30	29.959922	0.033378	8.055184	0.124144	241.332684	0.004144
35	52.799620	0.018940	8.175504	0.122317	431.663496	0.002317
40	93.050970	0.010747	8.243777	0.121304	767.091420	0.001304
45	163.987604	0.006098	8.282516	0.120736	1358.230032	0.000736
50	289.002190	0.003460	8.304498	0.120417	2400.018249	0.000417

	AuF	AbF	DSF	KWF	EWF	RVF
n	$(1+i)^n$	$(1+i)^{-n}$	$\dfrac{(1+i)^n - 1}{i(1+i)^n}$	$\dfrac{i(1+i)^n}{(1+i)^n - 1}$	$\dfrac{(1+i)^n - 1}{i}$	$\dfrac{i}{(1+i)^n - 1}$

14,00 %

n	AuF	AbF	DSF	KWF	EWF	RVF
1	1.140000	0.877193	0.877193	1.140000	1.000000	1.000000
2	1.299600	0.769468	1.646661	0.607290	2.140000	0.467290
3	1.481544	0.674972	2.321632	0.430731	3.439600	0.290731
4	1.688960	0.592080	2.913712	0.343205	4.921144	0.203205
5	1.925415	0.519369	3.433081	0.291284	6.610104	0.151284
6	2.194973	0.455587	3.888668	0.257157	8.535519	0.117157
7	2.502269	0.399637	4.288305	0.233192	10.730491	0.093192
8	2.852586	0.350559	4.638864	0.215570	13.232760	0.075570
9	3.251949	0.307508	4.946372	0.202168	16.085347	0.062168
10	3.707221	0.269744	5.216116	0.191714	19.337295	0.051714
11	4.226232	0.236617	5.452733	0.183394	23.044516	0.043394
12	4.817905	0.207559	5.660292	0.176669	27.270749	0.036669
13	5.492411	0.182069	5.842362	0.171164	32.088654	0.031164
14	6.261349	0.159710	6.002072	0.166609	37.581065	0.026609
15	7.137938	0.140096	6.142168	0.162809	43.842414	0.022809
16	8.137249	0.122892	6.265060	0.159615	50.980352	0.019615
17	9.276464	0.107800	6.372859	0.156915	59.117601	0.016915
18	10.575169	0.094561	6.467420	0.154621	68.394066	0.014621
19	12.055693	0.082948	6.550369	0.152663	78.969235	0.012663
20	13.743490	0.072762	6.623131	0.150986	91.024928	0.010986
21	15.667578	0.063826	6.686957	0.149545	104.768418	0.009545
22	17.861039	0.055988	6.742944	0.148303	120.435996	0.008303
23	20.361585	0.049112	6.792056	0.147231	138.297035	0.007231
24	23.212207	0.043081	6.835137	0.146303	158.658620	0.006303
25	26.461916	0.037790	6.872927	0.145498	181.870827	0.005498
26	30.166584	0.033149	6.906077	0.144800	208.332743	0.004800
27	34.389906	0.029078	6.935155	0.144193	238.499327	0.004193
28	39.204493	0.025507	6.960662	0.143664	272.889233	0.003664
29	44.693122	0.022375	6.983037	0.143204	312.093725	0.003204
30	50.950159	0.019627	7.002664	0.142803	356.786847	0.002803
35	98.100178	0.010194	7.070045	0.141442	693.572702	0.001442
40	188.883514	0.005294	7.105041	0.140745	1342.025099	0.000745
45	363.679072	0.002750	7.123217	0.140386	2590.564800	0.000386
50	700.232988	0.001428	7.132656	0.140200	4994.521346	0.000200

	AuF	AbF	DSF	KWF	EWF	RVF
n	$(1+i)^n$	$(1+i)^{-n}$	$\dfrac{(1+i)^n - 1}{i(1+i)^n}$	$\dfrac{i(1+i)^n}{(1+i)^n - 1}$	$\dfrac{(1+i)^n - 1}{i}$	$\dfrac{i}{(1+i)^n - 1}$

16,00 %

n	AuF	AbF	DSF	KWF	EWF	RVF
1	1.160000	0.862069	0.862069	1.160000	1.000000	1.000000
2	1.345600	0.743163	1.605232	0.622963	2.160000	0.462963
3	1.560896	0.640658	2.245890	0.445258	3.505600	0.285258
4	1.810639	0.552291	2.798181	0.357375	5.066496	0.197375
5	2.100342	0.476113	3.274294	0.305409	6.877135	0.145409
6	2.436396	0.410442	3.684736	0.271390	8.977477	0.111390
7	2.826220	0.353830	4.038565	0.247613	11.413873	0.087613
8	3.278415	0.305025	4.343591	0.230224	14.240093	0.070224
9	3.802961	0.262953	4.606544	0.217082	17.518508	0.057082
10	4.411435	0.226684	4.833227	0.206901	21.321469	0.046901
11	5.117265	0.195417	5.028644	0.198861	25.732904	0.038861
12	5.936027	0.168463	5.197107	0.192415	30.850169	0.032415
13	6.885791	0.145227	5.342334	0.187184	36.786196	0.027184
14	7.987518	0.125195	5.467529	0.182898	43.671987	0.022898
15	9.265521	0.107927	5.575456	0.179358	51.659505	0.019358
16	10.748004	0.093041	5.668497	0.176414	60.925026	0.016414
17	12.467685	0.080207	5.748704	0.173952	71.673030	0.013952
18	14.462514	0.069144	5.817848	0.171885	84.140715	0.011885
19	16.776517	0.059607	5.877455	0.170142	98.603230	0.010142
20	19.460759	0.051385	5.928841	0.168667	115.379747	0.008667
21	22.574481	0.044298	5.973139	0.167416	134.840506	0.007416
22	26.186398	0.038188	6.011326	0.166353	157.414987	0.006353
23	30.376222	0.032920	6.044247	0.165447	183.601385	0.005447
24	35.236417	0.028380	6.072627	0.164673	213.977607	0.004673
25	40.874244	0.024465	6.097092	0.164013	249.214024	0.004013
26	47.414123	0.021091	6.118183	0.163447	290.088267	0.003447
27	55.000382	0.018182	6.136364	0.162963	337.502390	0.002963
28	63.800444	0.015674	6.152038	0.162548	392.502773	0.002548
29	74.008515	0.013512	6.165550	0.162192	456.303216	0.002192
30	85.849877	0.011648	6.177198	0.161886	530.311731	0.001886
35	180.314073	0.005546	6.215338	0.160892	1120.712955	0.000892
40	378.721158	0.002640	6.233497	0.160424	2360.757241	0.000424
45	795.443826	0.001257	6.242143	0.160201	4965.273911	0.000201
50	1670.703804	0.000599	6.246259	0.160096	10435.648773	0.000096

	AuF	AbF	DSF	KWF	EWF	RVF
			18,00 %			
n	$(1+i)^n$	$(1+i)^{-n}$	$\dfrac{(1+i)^n - 1}{i(1+i)^n}$	$\dfrac{i(1+i)^n}{(1+i)^n - 1}$	$\dfrac{(1+i)^n - 1}{i}$	$\dfrac{i}{(1+i)^n - 1}$
1	1.180000	0.847458	0.847458	1.180000	1.000000	1.000000
2	1.392400	0.718184	1.565642	0.638716	2.180000	0.458716
3	1.643032	0.608631	2.174273	0.459924	3.572400	0.279924
4	1.938778	0.515789	2.690062	0.371739	5.215432	0.191739
5	2.287758	0.437109	3.127171	0.319778	7.154210	0.139778
6	2.699554	0.370432	3.497603	0.285910	9.441968	0.105910
7	3.185474	0.313925	3.811528	0.262362	12.141522	0.082362
8	3.758859	0.266038	4.077566	0.245244	15.326996	0.065244
9	4.435454	0.225456	4.303022	0.232395	19.085855	0.052395
10	5.233836	0.191064	4.494086	0.222515	23.521309	0.042515
11	6.175926	0.161919	4.656005	0.214776	28.755144	0.034776
12	7.287593	0.137220	4.793225	0.208628	34.931070	0.028628
13	8.599359	0.116288	4.909513	0.203686	42.218663	0.023686
14	10.147244	0.098549	5.008062	0.199678	50.818022	0.019678
15	11.973748	0.083516	5.091578	0.196403	60.965266	0.016403
16	14.129023	0.070776	5.162354	0.193710	72.939014	0.013710
17	16.672247	0.059980	5.222334	0.191485	87.068036	0.011485
18	19.673251	0.050830	5.273164	0.189639	103.740283	0.009639
19	23.214436	0.043077	5.316241	0.188103	123.413534	0.008103
20	27.393035	0.036506	5.352746	0.186820	146.627970	0.006820
21	32.323781	0.030937	5.383683	0.185746	174.021005	0.005746
22	38.142061	0.026218	5.409901	0.184846	206.344785	0.004846
23	45.007632	0.022218	5.432120	0.184090	244.486847	0.004090
24	53.109006	0.018829	5.450949	0.183454	289.494479	0.003454
25	62.668627	0.015957	5.466906	0.182919	342.603486	0.002919
26	73.948980	0.013523	5.480429	0.182467	405.272113	0.002467
27	87.259797	0.011460	5.491889	0.182087	479.221093	0.002087
28	102.966560	0.009712	5.501601	0.181765	566.480890	0.001765
29	121.500541	0.008230	5.509831	0.181494	669.447450	0.001494
30	143.370638	0.006975	5.516806	0.181264	790.947991	0.001264
35	327.997290	0.003049	5.538618	0.180550	1816.651612	0.000550
40	750.378345	0.001333	5.548152	0.180240	4163.213027	0.000240
45	1716.683879	0.000583	5.552319	0.180105	9531.577105	0.000105
50	3927.356860	0.000255	5.554141	0.180046	21813.093666	0.000046

n	AuF $(1+i)^n$	AbF $(1+i)^{-n}$	DSF $\dfrac{(1+i)^n - 1}{i(1+i)^n}$	KWF $\dfrac{i(1+i)^n}{(1+i)^n - 1}$	EWF $\dfrac{(1+i)^n - 1}{i}$	RVF $\dfrac{i}{(1+i)^n - 1}$
1	1.200000	0.833333	0.833333	1.200000	1.000000	1.000000
2	1.440000	0.694444	1.527778	0.654545	2.200000	0.454545
3	1.728000	0.578704	2.106481	0.474725	3.640000	0.274725
4	2.073600	0.482253	2.588735	0.386289	5.368000	0.186289
5	2.488320	0.401878	2.990612	0.334380	7.441600	0.134380
6	2.985984	0.334898	3.325510	0.300706	9.929920	0.100706
7	3.583181	0.279082	3.604592	0.277424	12.915904	0.077424
8	4.299817	0.232568	3.837160	0.260609	16.499085	0.060609
9	5.159780	0.193807	4.030967	0.248079	20.798902	0.048079
10	6.191736	0.161506	4.192472	0.238523	25.958682	0.038523
11	7.430084	0.134588	4.327060	0.231104	32.150419	0.031104
12	8.916100	0.112157	4.439217	0.225265	39.580502	0.025265
13	10.699321	0.093464	4.532681	0.220620	48.496603	0.020620
14	12.839185	0.077887	4.610567	0.216893	59.195923	0.016893
15	15.407022	0.064905	4.675473	0.213882	72.035108	0.013882
16	18.488426	0.054088	4.729561	0.211436	87.442129	0.011436
17	22.186111	0.045073	4.774634	0.209440	105.930555	0.009440
18	26.623333	0.037561	4.812195	0.207805	128.116666	0.007805
19	31.948000	0.031301	4.843496	0.206462	154.740000	0.006462
20	38.337600	0.026084	4.869580	0.205357	186.688000	0.005357
21	46.005120	0.021737	4.891316	0.204444	225.025600	0.004444
22	55.206144	0.018114	4.909430	0.203690	271.030719	0.003690
23	66.247373	0.015095	4.924525	0.203065	326.236863	0.003065
24	79.496847	0.012579	4.937104	0.202548	392.484236	0.002548
25	95.396217	0.010483	4.947587	0.202119	471.981083	0.002119
26	114.475460	0.008735	4.956323	0.201762	567.377300	0.001762
27	137.370552	0.007280	4.963602	0.201467	681.852760	0.001467
28	164.844662	0.006066	4.969668	0.201221	819.223312	0.001221
29	197.813595	0.005055	4.974724	0.201016	984.067974	0.001016
30	237.376314	0.004213	4.978936	0.200846	1181.881569	0.000846
35	590.668229	0.001693	4.991535	0.200339	2948.341146	0.000339
40	1469.771568	0.000680	4.996598	0.200136	7343.857840	0.000136
45	3657.261988	0.000273	4.998633	0.200055	18281.309940	0.000055
50	9100.438150	0.000110	4.999451	0.200022	45497.190750	0.000022

20,00 %

Literaturverzeichnis (Quellen und weiterführende Literatur)

O. L. Adelberger/H. Günter, Fall- und Projektstudien zur Investitionsrechnung, München 1982.

R. V. Bächtold, Investitionsrechnung, Grundlagen und Tabellen, 2. Aufl., Bern/ Stuttgart 1975.

Chr. von Berg/H. Wiedling, Dynamische Wirtschaftlichkeitsrechnung mit dem PC, Wiesbaden 1989.

P. Betge, Investitionsplanung, Wiesbaden 1995.

C. Bewer, Faktorentabellen, Düsseldorf 1983.

H.-T. Beyer/U. Bestmann (Hrsg.), Finanzlexikon, 2. Aufl., München 1989.

H. Bieg/H. Kußmaul, Investitions- und Finanzierungsmanagement, Band 1: Investition, München 2000.

E. Biergans, Investitionsrechnung. Verfahren der Investitionsrechnung und ihre Anwendung in der Praxis, Nürnberg 1973.

H. Blohm/K. Lüder, Investition, 8. Aufl., München 1995.

Dieselben, Investition, 3. Aufl., München 1974.

E. v. Böhm-Bawerk, Kapital und Kapitalzins, 2. Abteilung: Positive Theorie des Kapitals, 1. Bd., unveränd. Nachdr. d. 4. Aufl., Meisenheim a. Glan 1961.

H. Brandt, Investitionspolitik des Industriebetriebes, 3. Aufl., Wiesbaden 1970.

D. Brenzke, Wirtschaftlichkeitsrechnungen in öffentlichen Betrieben und Verwaltungen, Kronach/München 1989.

N. Broer/K.-D. Däumler, Investitionsrechnungsmethoden in der Praxis. Eine Umfrage, in: Buchführung, Bilanz, Kostenrechnung (BBK), Herne 1986, Heft 13, Fach 2, S. 709 ff.

K. Bröhl, Der Kalkulationszinsfuß. Ein Beitrag zur Gesamtbewertung von Unternehmungen, Kölner Diss. 1966.

W. Busse v. Colbe/G. Lassmann, Betriebswirtschaftstheorie, Band 3, Investitionstheorie, 3. Aufl., Berlin/Heidelberg/New York/Tokio 1990.

E. Caprano/A. Gierl, Finanzmathematik, 6. Aufl., München 1999.

K.-D. Däumler, Betriebliche Finanzwirtschaft, 8. Aufl., Herne/Berlin 2002.

Derselbe, Zum Einfluss der Gewinnbesteuerung auf die Höhe des Kalkulationszinsfußes, in: Der graduierte Betriebswirt, Wiesbaden, Jg. 6 (1973), S. 335 ff.

Derselbe, Investitionsrechnung - Leitfaden für Praktiker, 2. Aufl., Herne/Berlin 1996.

Derselbe, Anwendung von Investitionsrechnungsverfahren in der Praxis, 4. Aufl., Herne/Berlin 1996.

Derselbe, Finanzmathematisches Tabellenwerk, 4. Aufl., Herne/Berlin 1998.

K.-D. Däumler/J. Grabe, Kostenrechnung 1. Grundlagen, 8. Aufl., Herne/Berlin 2000.

Dieselben, Kostenrechnung 2. Deckungsbeitragsrechnung, 7. Aufl., Herne/Berlin 2002.

Dieselben, Kostenrechnung 3. Plankostenrechnung, 6. Aufl., Herne/Berlin 1998.

Dieselben, Kalkulationsvorschriften bei öffentlichen Aufträgen, Herne/Berlin 1984.

Dieselben, Kostenrechnungs- und Controllinglexikon, 2. Aufl., Herne/Berlin 1997.

K.-D. Däumler/D. Heidtmann, Anwendung von Investitionsrechnungsverfahren bei mittelständischen Unternehmungen, in: Buchführung, Bilanz, Kostenrechnung (BBK), Beilage zu Heft 12/1997, S. 4 ff.

H. J. Davenport, The Economics of Enterprise, New York 1906.

Deutsche Bundesbank, Monatsberichte, Frankfurt, verschiedene Jahrgänge.

I. Fisher, The Nature of Capital and Income, New York 1906.

S. R. Frey, Richtig entscheiden, Teil 2, Investitionspolitik, Winterthur 1984.

U. Götze/J. Bloech, Investitionsrechnung, Berlin/Heidelberg 1993.

H.-W. Grabbe, Investitionsrechnung in der Praxis - Ergebnisse einer Unternehmensbefragung, Köln 1976.

D. I. Green, Pain-cost and Opportunity-cost, in: Quarterly Journal of Economics, Boston. Vol. 8 (1894).

L. Haberstock, Grundzüge der Kosten- und Erfolgsrechnung, 3. Aufl., München 1982.

S. Hafner/H. Wiedling/M. Zaslawski, Investitionsplanung auf dem IBM PC, Wiesbaden 1987.

H. Hax, Investitionstheorie, 5. Aufl., Würzburg/Wien 1985.

M. Heinhold, Investitionsrechnung. Studienbuch, 8. Aufl., München 1999.

B. Herrmann, Anwendung der Investitionsrechnungsmethoden in der Praxis, Diplomarbeit, FH Kiel 1997.

S. Hoffmann, Mathematische Grundlagen für Betriebswirte, 6. Aufl., Herne/Berlin 2002.

D. Hofmann, Planung und Durchführung von Investitionen, Wiesbaden 1993.

B. Huch/W. Behme/Th. Ohlendorf, Rechnungswesenorientiertes Controlling, 2. Aufl., Heidelberg 1995.

Institut der deutschen Wirtschaft (Hrsg.), Deutschland in Zahlen 2002, Köln 2002.

H. Jacob, Investitionsrechnung, in: Allgemeine Betriebswirtschaftslehre, hrsg. v. H. Jacob, 5. Aufl., Wiesbaden 1988.

E. Kappler/H. Rehkugler, Kapitalwirtschaft, in: Industriebetriebslehre, hrsg. v. E. Heinen, 9. Aufl., Wiesbaden 1991.

W. Kilger, Flexible Plankostenrechnung und Deckungsbeitragsrechnung, 10. Aufl., Wiesbaden 1993.

H. Kobelt/P. Schulte, Finanzmathematik, 7. Aufl., Herne/Berlin 1999.

H. Köhler, Finanzmathematik, 4. Aufl., München/Wien 1997.

L. Kruschwitz, Investitionsrechnung, 8. Aufl., München 2000.

W. Lücke, Investitionslexikon, 2. Aufl., München 1991.

K. Lüder, Investitionsplanung, München 1977.

A. E. Luger/H.-G. Geisbusch/J. M. Neumann, Allgemeine Betriebswirtschaftslehre, Band 2, Funktionsbereiche des betrieblichen Ablaufs, 4. Aufl., München/Wien 1999.

W. Männel, Die Wahl zwischen Eigenfertigung und Fremdbezug, 2. Aufl., Stuttgart 1981.

A. Marshall, Principles of Economics. An Introductory Volume, 8th. Ed., London 1959.

M. J. Matschke, Investitionsplanung und Investitionskontrolle, Herne/Berlin 1993.

G.-H. Melcher/R. Schmitten, Leitfaden für Investitionsentscheidungen, Nürnberg o. J.

P. Meyer, Arbeitsbuch Investitionslehre, 8. Aufl., Kiel 2000.

R. M. Michel, Taschenbuch Investitionscontrolling: Know-how der Investitionsrechnung, Heidelberg 1992.

H. D. Möser, Finanz- und Investitionswirtschaft in der Unternehmung, 2. Aufl., Landsberg 1993.

B. W. Müller-Hedrich, Betriebliche Investitionswirtschaft, 8. Aufl., Stuttgart 1997.

H. Münstermann, Die Bedeutung der Opportunitätskosten für unternehmerische Entscheidungen, in: Zeitschrift für Betriebswirtschaft, Wiesbaden, Jg. 36 (1966).

Derselbe, Wert und Bewertung der Unternehmung, 3. Aufl., Wiesbaden 1970.

M. Munz, Investitionsrechnung, 2. Aufl., Wiesbaden 1974.

K. Olfert, Investition, 8. Aufl., Ludwigshafen 2001.

V. Opitz, Lexikon Wirtschaftlichkeitsrechnung, Wiesbaden 1995.

L. Perridon/M. Steiner, Finanzwirtschaft der Unternehmung, 11. Aufl., München 2002.

P. Pflaumer, Investitionsrechnung, 4. Aufl., München 2000.

H. Rinne, Tabellen zur Finanzmathematik, Meisenheim a. Glan 1973.

H. Sander, So optimieren Sie Ihre Investitionen, in: Status, München 1986, Heft 8, S. 24 ff.

J. F. Schär, Allgemeine Handelsbetriebslehre, 5. Aufl., Leipzig 1923.

H. Schierenbeck, Grundzüge der Betriebswirtschaftslehre, 15. Aufl., München 2000.

D. Schneider, Investition, Finanzierung und Besteuerung, 7. Aufl., Wiesbaden 1992.

E. Schneider, Kritisches und Positives zur Theorie der Investition, in: Weltwirtschaftliches Archiv. Zeitschrift des Instituts für Weltwirtschaft, Hamburg, Bd. 98 (1967), S. 314 ff.

Derselbe, Wirtschaftlichkeitsrechnung. Theorie der Investition, 8. Aufl., Tübingen 1973.

K.-W. Schulte, Wirtschaftlichkeitsrechnung, 4. Aufl., Heidelberg/Wien 1986.

A. G. Schwellnuss, Investitions-Controlling, München 1991.

G. Seicht, Investition und Finanzierung, 8. Aufl., Wien 1995.

H. v. Stackelberg, Grundlagen der theoretischen Volkswirtschaftslehre, Tübingen/Zürich 1951.

E. Staehelin, Investitionsrechnung, 9. Aufl., Chur/Zürich 1998.

Statistisches Jahrbuch für die Bundesrepublik Deutschland, diverse Jahrgänge.

J. Süchting, Finanzmanagement, 6. Aufl., Wiesbaden 1994.

G. Terborgh, Leitfaden der betrieblichen Investitionspolitik, Wiesbaden 1962.

K. W. ter Horst, Investitionsplanung, Stuttgart 1980.

Derselbe, Investition, Stuttgart 2001.

F. Trechsel, Investitionsplanung und Investitionsentscheidung, Bern 1973.

Th. Veit/H. Walz/D. Gramlich, Investitions- und Finanzplanung, 3. Aufl., Heidelberg 1990.

U. Wehrle-Streif, Empirische Untersuchung zur Investitionsrechnung, Köln 1989.

H. Wildemann, Investitionsplanung und Wirtschaftlichkeitsrechnung für flexible Fertigungssysteme (FFS), Stuttgart 1987.

ZVEI, ZVEI Schriftenreihe 5, Leitfaden für die Beurteilung von Investitionen, hrsg. v. Betriebswirtschaftlichen Ausschuss des Zentralverbandes der elektrotechnischen Industrie e. V., Frankfurt 1971.

Anwendersoftware: Investitionsrechnung.xls auf der CD

1. Systemvoraussetzungen

Die Datei Investitionsrechnung.xls läuft nur unter Microsoft Excel. Die Mindestanforderungen an den Computer orientieren sich daher an den Anforderungen für Microsoft Excel. Für die aktuelle Version Excel 2000, auf der das Investitionsrechnungsformular entwickelt wurde, lauten diese Systemanforderungen:

- PC mit Pentium 75 MHz-Prozessor oder höher

- Für Windows 95 oder Windows 98:
  16 MB Arbeitsspeicher (RAM) für das Betriebssystem sowie zusätzlich 4 MB für Microsoft Excel

- Für Windows NT Workstation, Version 4.0 oder höher:
  32 MB Arbeitsspeicher (RAM) für das Betriebssystem sowie zusätzlich 4 MB für Microsoft Excel

- CD-ROM-Laufwerk

- VGA oder höher auflösende Grafikkarte; SVGA wird empfohlen

- Monitor-Auflösung von 800 x 600 Bildpunkten

- Computer-Maus oder kompatibles Zeigegerät

Das Investitionsrechnungsformular ist lauffähig unter Microsoft Excel 97 oder Microsoft Excel 2000 in den Betriebssystemumgebungen Windows 95, Windows 98 oder Windows NT. Der Einsatz unter früheren Versionen von Excel wird von dieser Datei nicht unterstützt.

2. Installation

Investitionsrechnung.xls muss nicht explizit installiert werden. Legen Sie die CD in das CD-Laufwerk ein und starten Sie den Windows-Explorer. Navigieren Sie zu der Datei Investitionsrechnung.xls und kopieren Sie diese in einen beliebigen Ordner auf der Festplatte. Öffnen Sie die Datei in diesem Ordner mit einem Doppelklick auf die linke Maustaste.

Microsoft Excel startet und zeigt die geöffnete Datei Investitionsrechnung.xls mit dem Hauptmenü. Falls Microsoft Excel nicht startet, konsultieren Sie gegebenenfalls die Dokumentation, die der Installationsversion von Microsoft Excel beiliegt.

3. Leistungsumfang

Investitionsrechnung.xls beschränkt sich auf die Betrachtung einzelner Investitionsobjekte mit endlichen Nutzungsdauern und ist durch ein Grundmodell gekennzeichnet, das auf den dynamischen Rechenverfahren basiert und mit dem sich durch entsprechende Variationen auch Preissteigerungen und Steuern in die Berechnung einbeziehen lassen. Des Weiteren wurde die Berechnung der optimalen Nutzungsdauer und des optimalen Ersatzzeitpunktes sowie die Berücksichtigung von Risiken mittels einer Sensibilitätsanalyse integriert.

4. Handhabung

Beim Starten von Investitionsrechnung.xls erscheint zuerst eine Mitteilung, dass in dem Investitionsrechnungsformular Makros enthalten sind. Diese müssen unbedingt aktiviert werden, da sonst die meisten Funktionen nicht ausführbar sind. Danach erscheint automatisch das Hauptmenü mit den Schaltflächen zum Ansteuern der entsprechenden Formulare bzw. zum Beenden. Überdies erfolgt die Anpassung der Symbolleisten, die sich beim Beenden selbsttätig entladen und den Ursprungszustand von Excel wieder herstellen.

Die Datenerfassung erfolgt zentral in dem Formular „Eingabedaten". In diesem werden alle Daten erfasst, die allgemein gültig sind. Zur besseren Identifikation besitzen die Eingabezellen für die Datenerfassung in allen Formularen einen grünen, die Ergebniszellen einen roten Rahmen.

Um die Daten für ein neues Investitionsobjekt oder zum Zwecke der Investitionskontrolle für bestehende Objekte einzugeben, ist zum Aufruf des Formulars „Eingabedaten" die entsprechende Schaltfläche zu betätigen.

Alternativ lässt sich die Dateneingabe über die Eingabemasken

- Grundannahmen,
- Ein- und Auszahlungen,

- Restwerte,
- Steuern

vornehmen.

Sie werden über die Symbolleiste „Eingabedaten ändern" aufgerufen. Um die Daten auf diese Weise einzugeben, muss das Eingabedaten-Formular nicht aufgerufen werden. Die Datenerfassung lässt sich somit an jeder Stelle vornehmen. Zur besseren Übersichtlichkeit werden beim Aufruf dieser Maske die vorhandenen Werte zunächst eingelesen und nach Dateneingabe bzw. -änderung an die entsprechenden Eingabezellen der Tabellenkalkulation zurückgegeben.

Die einzelnen Tabellenblätter sind geschützt, so dass Eingaben nur in den entsprechenden Eingabezellen möglich sind. Dieser Blattschutz lässt sich über „Extras - Schutz - Blattschutz aufheben" beseitigen.

5. Einsatzmöglichkeiten

Die Datei Investitionsrechnung.xls ermöglicht es dem Anwender, die quantifizierbaren Größen, die für investitionsbezogene Entscheidungen wichtig sind, ohne Rechenaufwand zu bestimmen, durch Diagramme optisch aufzubereiten und dem Entscheidungsträger möglichst schnell und anschaulich zur Verfügung zu stellen.

Potentielle Zielgruppen für die Anwendung dieser Datei sind z.B. Schulen, Studenten, Lehrkräfte, Unternehmen. Dabei sind insbesondere in der betrieblichen Praxis folgende Situationen denkbar:

1. Unternehmen, die die dynamischen Verfahren anwenden und dafür bereits eigene Tabellenkalkulationsprogramme benutzen.

➢ Sie könnten die eingesetzte Software einem Vergleich mit der Datei Investitionsrechnung.xls unterziehen. Möglicherweise ergeben sich dabei neue Anreize zur Umgestaltung des vorhandenen Programms. Ebenso wäre die Übernahme einiger oder aller entwickelten Formulare und Diagramm in die bestehende Software denkbar.

2. Unternehmen, die ihre dynamischen Investitionsrechnungen ohne EDV durchführen.

➢ Käme Investitionsrechnung.xls hier zum Einsatz, könnte dies eine erhebliche Arbeitserleichterung bedeuten.

3. Unternehmen, die wegen des höheren Rechenaufwands nicht die dynamischen Verfahren für ihre Investitionsrechnungen benutzen.

➢ Falls der Grund der Ablehnung der größere Rechenaufwand ist, so ist dies nach Einführung von Investitionsrechnung.xls kein Argument mehr.

Stichwortverzeichnis

Das NWB-Lehrbuchkonzept mit der praxisorientierten Stoffauswahl.

Betriebswirtschaft in Studium und Praxis

Mit Beispielen, Abbildungen, Übersichten, Antworten und Lösungen!

Grundlagen der Investitions- und Wirtschaftlichkeitsrechnung
Mit Anwendersoftware
Däumler / 11. Auflage. 2003.
386 Seiten. € 24,80
ISBN 3 482 52301 0

Prüfungstraining für Wirtschaftsstudierende
Pepels (Hrsg.) 2001.
XII, 306 Seiten. € 24,90
ISBN 3 482 53241 9

Unternehmensführung
Meier / 2. Auflage. 2002.
308 Seiten. € 29,90
ISBN 3 482 48962 9

Betriebliche Finanzwirtschaft
Däumler / 8. Auflage. 2002.
623 Seiten. € 24,90
ISBN 3 482 56458 2

Mathematische Grundlagen für Betriebswirte
Hoffmann / 6. Auflage. 2002.
306 Seiten. €19,50
ISBN 3 482 56676 3

Bildungsmanagement im mittelständischen Unternehmen
Grüner / 2000. XVI, 198 Seiten.
€ 24,90 / ISBN 3 482 51331 7

Finanzmathematisches Tabellenwerk
Mit Anwendungsbeispielen, Berechnungsgrundlagen und Software
Däumler / 4. Auflage. 1998.
296 Seiten. € 24,-
ISBN 3 482 56384 5

Kostenrechnung 1: Grundlagen
Däumler/Grabe / 8. Auflage. 2000.
531 Seiten. € 24,-
ISBN 3 482 70738 3

Kostenrechnung 2: Deckungsbeitragsrechnung
Däumler/Grabe / 7. Auflage. 2002.
325 Seiten. € 22,-
ISBN 3 482 70747 2

Kostenrechnung 3: Plankostenrechnung
Däumler/Grabe / 6. Auflage. 1998.
361 Seiten. € 19,-
ISBN 3 482 70756 1

Kundendienstmanagement
Harms /1999. 313 Seiten.
€ 29,90 / ISBN 3 482 51141 1

Betriebliches Umweltmanagement
Michaelis / 1999. XX, 318 Seiten.
€ 29,90 / ISBN 3 482 51191 8

Personalmanagement
Schmeisser/Clermont / 1999.
XX, 234 Seiten. € 27,-
ISBN 3 482 51151 9

Wirtschaftsrecht für Betriebswirte
Ullrich / 2. Auflage. 2002.
219 Seiten. € 24,90
ISBN 3 482 53252 4

Projektmanagement Bd.1: Grundlagen
Diethelm / 2000. XII, 401 Seiten.
€ 29,90 / ISBN 3 482 51171 3

Projektmanagement Bd.2: Sonderfragen
Diethelm / 2001. X, 295 Seiten.
€ 29,90 / ISBN 3 482 51401 1

Personalplanung
Horsch / 2000. XVIII, 301 Seiten.
€ 29,90 / ISBN 3 482 53181 1

Qualitätsmanagement
Ebel / 2001. 367 Seiten.
€ 29,90 / ISBN 3 482 51431 3

Handelsmarketing
Baum / 2002.
345 Seiten. € 29,80
ISBN 3 482 53821 2

Moderne Marketingpraxis
Pepels / 2002.
XVIII, 363 Seiten. € 26,80
ISBN 3 482 51451 8

Beschaffungsmarketing und -logistik
Eichler / 2002.
XVI, 325 Seiten. € 29,80
ISBN 3 482 53791 7

Einführung in die internationale Rechnungslegung
Plininger / 2003.
Ca. 220 Seiten. Ca. € 25,-
ISBN 3 482 52041 0
(In Vorbereitung)

Einführung in die Buchführung und Bilanzierung
Hufnagel/Holdt / 2003.
Ca. 250 Seiten. Ca. € 25,-
ISBN 3 482 53831 X
(In Vorbereitung)

Einführung in die Betriebswirtschaftslehre: Das System Unternehmung
Grass / 2. Auflage. 2003.
Ca. 370 Seiten. Ca.€ 32.-
ISBN 3 482 51622 7
(In Vorbereitung)

Lernen und üben mit System!

 VERLAG NEUE WIRTSCHAFTS-BRIEFE
44621 HERNE
www.nwb.de